应用型本科高校"十四五"规划经济管理类专业数字化精品教材

2021市属高校教育项目重点课题（课题编号2021002）成果

BRAND MANAGEMENT: STRATEGY, METHOD & PRACTICE

品牌管理：战略、方法与实务

主　编 ◎ 熊　凯　王　娟
副主编 ◎ 洪　菲　廖泉军　邓红珍
参　编 ◎ 倪艳霞　尤　仁　凌统炜　周　红

华中科技大学出版社
http://press.hust.edu.cn
中国·武汉

内 容 简 介

本书从中国企业品牌发展和国际品牌竞争大环境的现实出发,立足于应用型大学本科教育的特点,以提升大学生的综合素质和应用能力为目标,力求全面、系统、深入地阐述品牌管理的战略、方法与实务。本书分4篇,总共15章,包括品牌概述、品牌个性、品牌形象、品牌文化、品牌定位、品牌设计、品牌传播、品牌危机管理、品牌资产、品牌经营战略、品牌延伸战略、品牌全球化战略、网络品牌、品牌数字化与数字品牌、品牌价值链管理等内容。

本书适合国内高等院校工商管理、市场营销、公共管理、电子商务等专业的本科生使用。同时,对于从事企业品牌管理、营销、策划等相关工作的人员,本书也能起到很好的指导和借鉴作用。

图书在版编目(CIP)数据

品牌管理:战略、方法与实务/熊凯,王娟主编. —武汉:华中科技大学出版社,2023.2
ISBN 978-7-5680-8930-2

Ⅰ.①品… Ⅱ.①熊… ②王… Ⅲ.①品牌-企业管理-教材 Ⅳ.①F273.2

中国国家版本馆 CIP 数据核字(2023)第 019406 号

品牌管理:战略、方法与实务 熊 凯 王 娟 主编
Pinpai Guanli:Zhanlüe、Fangfa yu Shiwu

策划编辑:	周晓方 宋 焱
责任编辑:	苏克超
装帧设计:	廖亚萍
责任校对:	张汇娟
责任监印:	周治超
出版发行:	华中科技大学出版社(中国·武汉) 电话:(027)81321913
	武汉市东湖新技术开发区华工科技园 邮编:430223
录 排:	华中科技大学出版社美编室
印 刷:	武汉市籍缘印刷厂
开 本:	787mm×1092mm 1/16
印 张:	24
字 数:	566千字
版 次:	2023年2月第1版第1次印刷
定 价:	59.90元

本书若有印装质量问题,请向出版社营销中心调换
全国免费服务热线:400-6679-118 竭诚为您服务
版权所有 侵权必究

应用型本科高校"十四五"规划经济管理类专业数字化精品教材

编委会

顾　问

潘　敏

主任委员

张捍萍

副主任委员

黄其新　　王　超　　汪朝阳

委　员（以姓氏拼音为序）

何　静　李　燕　刘　勋

肖华东　邹　蔚

主编简介

熊 凯

男，汉族，湖北孝感人，江汉大学商学院教授，硕士生导师，管理学博士，中国高等院校市场学研究会理事，湖北省市场营销学会理事。主要研究方向为服务营销与管理、品牌营销与管理等，在《经济管理》《商业经济与管理》《当代财经》等核心期刊上公开发表论文60多篇，出版专著1部，主编教材2部。主持省部级、市级科研项目20多项，参与国家级项目和企业横向课题多项。

王 娟

女，汉族，任职于华中师范大学经济与工商管理学院，管理学博士，美国UMM访问学者。主要从事战略管理、营销管理相关研究。多次为湖北武商集团、湖北三博集团、湖北残联、湖北体彩中心等企事业单位和组织进行管理咨询和培训工作。在国内外专业学术刊物上发表学术论文多篇，承担和参与省部级、市级科研和教研项目多项。

总　序

在"ABCDE＋2I＋5G"(人工智能、区块链、云计算、数据科学、边缘计算＋互联网和物联网＋5G)等新科技的推动下,企业发展的外部环境日益数字化和智能化,企业数字化转型加速推进,互联网、大数据、人工智能与业务深度融合,商业模式、盈利模式的颠覆式创新不断涌现,企业组织平台化、生态化与网络化,行业将被生态覆盖,产品将被场景取代。面对新科技的迅猛发展和商业环境的巨大变化,江汉大学商学院根据江汉大学建设高水平城市大学的定位,大力推进新商科建设,努力建设符合学校办学宗旨的江汉大学新商科学科、教学、教材、管理、思想政治工作人才培养体系。

教材具有育人功能,在人才培养体系中具有十分重要的地位和作用。教育部《关于加快建设高水平本科教育　全面提高人才培养能力的意见》提出,要充分发挥教材的育人功能,加强教材研究,创新教材呈现方式和话语体系,实现理论体系向教材体系转化、教材体系向教学体系转化、教学体系向学生知识体系和价值体系转化,使教材更加体现科学性、前沿性,进一步增强教材的针对性和时效性。教育部《关于深化本科教育教学改革　全面提高人才培养质量的意见》指出,鼓励支持高水平专家学者编写既符合国家需要又体现个人学术专长的高水平教材。《高等学校课程思政建设指导纲要》指出,高校课程思政要落实到课程目标设计、教学大纲修订、教材编审选用、教案课件编写各方面。《深化新时代教育评价改革总体方案》指出,完善教材质量监控和评价机制,实施教材建设国家奖励制度。

为了深入贯彻习近平总书记关于教育的重要论述,认真落实上述文件精神,也为了推进江汉大学新商科人才培养体系建设,江汉大学商学院与华中科技大学出版社开展战略合作,规划编著应用型本科高校"十四五"规划经济管理类数字化精品系列教材。江汉大学商学院组织骨干教师在进行新商科课程体系和教学内容改革的基础上,结合自己的研究成果,分工编著了本套教材。本套教材涵盖大数据管理与应用、工商管理、物流管理、金融学、国际经济与贸易、会计学和旅游管理7个专业的20门核心课程教材,具体包括《大数据概论》《运营管理》《国家税收》《品牌管理:战略、方法与实务》《现代物流管理》《供应链管理理论与案例》《国际贸易实务》《房地产金融与投资》《保险学基础与应用》《证券投资学精讲》《成本会计学》《管理会计学:理论、实务与案例》《国际财务管理理论与实务》《大数据时代的会计信息化》《管理会计信息化:架构、运维与整合》《旅游市场营销:项目与方法》《旅游学原理、方法与实训》《调酒项目策划与实践》《茶文化与茶艺:方法与操作》《旅游企业公共关系理论、方法与案例》。

  本套教材的编著力求凸显如下特色与创新之处。第一,针对性和时效性。本套教材配有数字化和立体化的题库、课件PPT、知识活页以及课程期末模拟考试卷等教辅资源,力求实现理论体系向教材体系转化、教材体系向教学体系转化、教学体系向学生知识体系和价值体系转化,使教材更加体现科学性、前沿性,进一步增强教材针对性和时效性。第二,应用性和实务性。本套教材在介绍基本理论的同时,配有贴近实际的案例和实务训练,突出应用导向和实务特色。第三,融合思政元素和突出育人功能。本套教材为了推进课程思政建设,力求将课程思政元素融入教学内容,突出教材的育人功能。

  本套教材符合城市大学新商科人才培养体系建设对数字化精品教材的需求,将对江汉大学新商科人才培养体系建设起到推动作用,同时可以满足包括城市大学在内的地方高校在新商科建设中对数字化精品教材的需求。

  本套教材是在江汉大学商学院从事教学的骨干教师团队对教学实践和研究成果进行总结的基础上编著的,体现了新商科人才培养体系建设的需要,反映了学科动态和新技术的影响和应用。在本套教材编著过程中,我们参阅了国内外学者的大量研究成果和实践成果,并尽可能在参考文献和版权声明中列出,在此对研究者和实践者表示衷心感谢。

  编著一套教材是一项艰巨的工作。尽管我们付出了很大的努力,但书中难免存在不当和疏漏之处,欢迎读者批评指正,以便在修订、再版时改正。

丛书编委会
2022年3月2日

前 言

随着中国经济的崛起和腾飞,更多的中国产品走向全球。中国制造成为中国创造,中国商品走向全世界,中国品牌走向全世界,中国文化走向全世界。2022年5月10日,在第六个"中国品牌日"之际,我国提出了"中国品牌,强国有我"的主题口号,吹响了中国自主民族品牌复兴的号角。大力发挥我国自主品牌的引领作用,推动供给结构和需求结构升级,有利于激发企业创新创造活力,提升产品品质,实现价值链升级;有利于引领消费,创造新需求,树立自主品牌消费信心,更好发挥需求对经济增长的拉动作用,满足人们更高层次的物质文化和精神文化需求,实现全社会更加和谐、更加公平、更加持续地发展。

鉴于此,我们编写了这本教材。本书在全面梳理以往学者关于品牌管理相关论述的基础上,结合国内外对品牌管理前沿问题的探索,深度挖掘品牌管理相关理论,并与我国企业品牌管理实践相结合,通过大量中国本土案例来诠释品牌管理的理论精髓,充分体现了理论联系实际的实用性和适用性。与其他同类教材相比,本书具有以下几个方面的特点。

(1) 创新性。与市场上的同类教材不同,本书在理论体系的构架上是一次全新的突破和创新。本书分为概论篇、基础篇、战略篇和前沿篇共四篇,总共十五章,这种内容上的编排是比较新颖的。在20多年的教学过程中,我们发现以往同类教材里面的内容大多是不太规整的,学生也很难一窥全貌,本书在很大程度上解决了这一难题。

(2) 前沿性。品牌管理是一门实用性非常强的课程,随着互联网、新媒体、大数据、数字化等概念和理论的兴起和普及,品牌管理理论中的许多内容也必须紧跟这一潮流进行调整和改变。在内容上,本书增加了新媒体营销、社会化媒体营销、网络品牌、品牌数字化、数字品牌、品牌价值链等新理论新知识,体现了课程理论的前沿性。

(3)思政性。在编写过程中,本书力求品牌管理理论与中国本土案例相结合,在弘扬中国自主品牌、讲好中国品牌故事、弘扬中国民族文化的同时,培养学生大力弘扬和宣传民族自主品牌,在日常生活中传递中国品牌形象正能量,不断提升学生对中国民族品牌的自豪感与社会责任感。

(4)本土化。本书诠释理论知识时,为了让读者对理论有更进一步的理解,匹配了大量的相关案例。在案例选择上,本书尽量选择中国的本土品牌案例,尤其是湖北的、武汉的品牌案例非常多,这对于弘扬中国品牌文化,宣传湖北及武汉的品牌形象,都具有重要的现实意义。

(5)易读性。本书在语言风格上强调通俗易懂,不是一味地枯燥说教。本书每一章开头都有导入案例,在具体理论阐述时都有同步案例、知识活页等内容。为了加强读者对理论知识的理解,本书还把大量的知识链接、同步案例、习题及答案等内容以数字资源的形式展现出来,只要拿出手机扫一扫二维码,这些内容就一目了然,这更增加了本书的可读性。

本书由江汉大学商学院熊凯教授和华中师范大学王娟博士担任主编,江汉大学商学院洪菲副教授、廖泉军副教授和邓红珍老师担任副主编,另外参编的还有倪艳霞、尤仁、凌统炜、周红等老师。本书分为四篇,共计十五章,具体分工如下:第一章、第六章由邓红珍编写,第二章由倪艳霞编写,第三章、第七章、第九章由熊凯编写,第四章、第五章由洪菲编写,第八章由凌统炜编写,第十章、第十三章由廖泉军编写,第十一章由周红编写,第十二章由尤仁编写,第十四章、第十五章由王娟编写,全书最后由熊凯、王娟总纂和定稿。

本书出版受江汉大学"城市圈经济与产业集成管理"学科群资助。在编写过程中,得到了江汉大学商学院有关领导和老师的关心、帮助和支持,也得到了华中科技大学出版社领导和有关人员的大力帮助,对他们表示真挚的感谢!同时,在编写过程中,研究生韩诗琪和本科生田奥、刘安娜等同学在资料整理、案例收集、文字校对等方面付出了辛勤的劳动,对这些同学也一并表示感谢!

本书在编写过程中,参考和引用了国内外有关学者的论著和观点,也参考和引用了大量的网站资料,在此谨向这些作者表示诚挚的感谢!由于编者水平有限,书中疏漏不当之处在所难免,恳请各位专家、同仁和读者不吝赐教!

编　者

2022 年 12 月

目 录

第一篇 概论篇

第一章 品牌概述 ... 3
- 第一节 品牌的内涵 ... 6
- 第二节 品牌的基本概念 ... 15
- 第三节 品牌的特征和意义 ... 20
- 第四节 品牌的种类 ... 26

第二章 品牌个性 ... 33
- 第一节 品牌个性概述 ... 36
- 第二节 品牌个性的维度 ... 44
- 第三节 品牌个性的塑造 ... 50

第三章 品牌形象 ... 56
- 第一节 品牌形象概述 ... 59
- 第二节 品牌形象模型 ... 61
- 第三节 品牌形象识别 ... 63
- 第四节 品牌形象塑造 ... 70

第四章 品牌文化 ... 73
- 第一节 品牌文化概述 ... 75
- 第二节 品牌文化的价值效应 ... 84
- 第三节 品牌文化的培育 ... 86

第二篇 基础篇

第五章 品牌定位 ... 95
- 第一节 品牌定位概述 ... 97
- 第二节 品牌定位的战略及过程 ... 103
- 第三节 品牌定位策略 ... 107

第六章　品牌设计 112
第一节　品牌名称设计 115
第二节　品牌标志设计 131

第七章　品牌传播 150
第一节　品牌传播概述 152
第二节　品牌传播的过程 155
第三节　品牌传播的广告与公关策略 158
第四节　品牌整合营销传播策略 165
第五节　品牌社会化媒体传播策略 170

第八章　品牌危机管理 177
第一节　品牌危机及其特征 178
第二节　品牌危机产生的原因 182
第三节　品牌危机管理 185

第九章　品牌资产 195
第一节　品牌资产概述 196
第二节　品牌资产的构成 201
第三节　品牌资产的评估 211
第四节　品牌资产的管理与保护 219

第三篇　战略篇

第十章　品牌经营战略 229
第一节　品牌经营战略概述 232
第二节　单一品牌战略 236
第三节　多品牌战略 240
第四节　主副品牌战略 245
第五节　品牌联合（联名）战略 248

第十一章　品牌延伸战略 255
第一节　品牌延伸战略概述 257
第二节　品牌延伸的效用 264
第三节　品牌延伸策略 267

第十二章 品牌全球化战略 — 276
- 第一节 品牌全球化 — 278
- 第二节 品牌全球化战略 — 283
- 第三节 品牌全球化的原则和趋势 — 289
- 第四节 中国企业的品牌全球化 — 293

第四篇 前沿篇

第十三章 网络品牌 — 301
- 第一节 网络品牌概述 — 303
- 第二节 网络品牌的创建和发展 — 307
- 第三节 网络品牌的传播 — 313
- 第四节 网络品牌的维护和管理 — 317

第十四章 品牌数字化与数字品牌 — 324
- 第一节 数字经济时代与企业数字营销 — 326
- 第二节 品牌数字化与数字品牌 — 335
- 第三节 打造数字品牌 — 343

第十五章 品牌价值链管理 — 353
- 第一节 品牌价值概述 — 355
- 第二节 品牌价值链模型 — 360
- 第三节 品牌价值链管理 — 365

参考文献 — 369

第一篇

概 论 篇

本篇主要介绍品牌的起源、概念、内涵、类型、作用等基本内容,以及品牌个性、品牌形象、品牌文化等与品牌概念相关的内容。通过学习本篇内容,读者可以对品牌有一个比较全面的理解。

第一章 品牌概述

品牌在我们的现实生活中无处不在。几乎任何事物都能被赋予品牌——无论是一篮子苹果还是整个城市,它用以识别个别或一组制造商所提供的产品或服务,并使之与竞争对手所提供的产品或服务相区别。品牌是有感情的——它能抓住整个世界的心和思想,并激发出无比的忠诚和情感。品牌也是一种强有力的武器,它能够彻底改变顾客行为,并支配整个世界格局。

◇ **学习目标**

本章主要阐述品牌的内涵、品牌定位的意义、品牌的特征与意义、品牌的种类。本章的学习目标包括知识目标、能力目标和情感目标三个方面,具体内容如下。

1. 知识目标

(1)理解品牌的定义、内涵与实质;

(2)了解品牌的特征与类型;

(3)理解品牌与产品、商标的区别和联系;

(4)熟悉品牌的作用。

2. 能力目标

(1)能用自己的语言清晰表达品牌的概念,解释其内涵;

(2)能举例说明品牌对企业竞争的重要性;

(3)能联系现实识别品牌,并对品牌进行分类。

3. 情感目标

(1)培养学生品牌管理意识,深刻理解品牌对于消费者、企业和社会发展的重要意义;

(2)培养学生树立大力发展民族品牌的志向。

◇ **学习重难点**

1. 品牌的内涵

2. 品牌的基本概念

3. 品牌的特征和意义

4. 品牌的种类

◇ **本章关键词**

品牌　产品　商标　名牌　产品品牌　服务品牌

◇ **导入案例**

93岁的回力还能"潮"多久？

国货正在成为年轻一代消费者的新宠。从李宁、安踏到回力、百雀羚，一轮轮的国货消费热潮持续升温，消费者不再简单满足于购买国外商品，而是转向带有民族文化认同的"国潮"产品，市场为他们赋予了一个新的名字——新国货。

已经93岁"高龄"的回力就是新国货的典型代表之一。20世纪七八十年代，回力鞋一度成为国民鞋的代名词。很多中国运动员在奥运赛场夺冠后都是穿着巨力鞋站上领奖台，那时的回力风光无限。从曾经的风光无限到20世纪90年代的逐渐落寞，再到2010年以后的逐步回归，最终搭上"新国潮"热的回力终于成为佼佼者回到大众的视野。承载着几代中国人回忆的回力是如何从一个濒临破产的企业再度成为国人心目中的新国货的？

风光无限之后的衰退

1927年，回力诞生于上海正泰橡胶厂，1935年注册了中文"回力"商标和英文"Warrior"品牌。"回力"商标的创意源于英文"Warrior"，意为战士、勇士、斗士，由此谐音得到"回力"中文商标名，而"回力"寓意"回天之力"，即"能战胜困难的巨大力量"。1948年"全运会"期间，回力在运动场内设置醒目的大型广告牌，借以吸引观众，特别是青年学生。1949年，新中国成立后，回力球鞋成了国内体育界的专用战靴，郎平、周晓兰等不同年代的顶尖运动员穿的都是回力鞋。1956年，具有纪念意义的经典565篮球鞋面世。1984年，在美国洛杉矶举行的第23届奥运会上，中国女排获得了史上第一个奥运会冠军。全体女排队员穿着回力鞋上台领奖，电视台还给回力鞋来了一个特写镜头。

随着改革开放的深入，进入20世纪90年代以后，耐克、阿迪达斯、匡威等国际知名运动品牌纷纷进入中国市场，其全新的运动科技、时尚的设计迅速俘获了中国消费者的心，而经历高光荣誉的回力鞋缺乏创新，没有推出更符合时代特色的新产品，迅速走向衰落。

传奇的起死回生

一个奇特的经历改变了回力的命运。

2005年，法国人派特斯·巴斯坦到上海参加武术培训班。他喜欢收集各类球鞋。当他发现武术培训班的成员穿着统一的回力运动鞋，他震惊了。富有生意头脑的派特斯看准了商机，决定把这一款运动鞋引入欧洲市场，它们的宣传语是"中国功夫专用鞋"和"经典复古款式"。原本在中国售价不到2欧元的鞋子，到了法国售价竟然高达50欧元。由于定位精准，又满足了法国人对中国这个东方国家神秘感的想象，回力鞋在法国意外地获得了成功。

回力鞋在法国火爆后，派特斯签约成为回力海外市场总代理，并聘请了国内外数百名知名设计师为回力鞋增加时尚感。没想到，这个在国内濒临破产的运动鞋，竟意外地成为外国明星们的新宠儿。2008年，《指环王》中"精灵王子"的扮演者在曼哈顿的《纽约，我爱你》片场穿着一双回力鞋的装扮迅速火遍网络。其实"精灵王子"脚上穿的并不是回力鞋，而是被换血成为"法国精品"的Feiyue（飞跃）球鞋。

在此事件的发酵下，回力和飞跃都迎来了一片"复兴"之势。越来越多的好莱坞明星开始穿中国的回力球鞋。时尚杂志《ELLE》曾四次对回力进行报道，并声称"这绝对是挑战匡威在年轻人心目中的时尚主导地位"。很快这股时尚潮流推向国内，国内的明星率先开始穿回力鞋。随着杨幂明星等陆续"种草"，国人开始重新审视回力品牌，并开始争相购买回力鞋。

从2008年起，回力推出的新款总计200多个系列，5000多个款式。2015年，回力产品在市场上的销量达到6000万双左右。从2010年到2015年，回力的销售收入和利润总额平均增幅分别达到28%和33%，实现了1.8亿双的销售数量。2008年，回力在国内的销售额仅为1.8亿元，但2016年，回力的零售额已经达到50亿元。回力搭上了新国潮的列车，重新崛起。回力之所以能成为新一代国民潮鞋，离不开年轻消费群体的追捧。通过明星带货、娱乐营销等方式，许多年轻消费者成为其忠实消费者，回力的"国民潮牌"地位愈发稳固。

潮牌如何持续潮下去？

今天的回力凭借战略转型实现了重新崛起，成为当下新国货的代表产品，但这股"新国潮"能否持续得到新一代消费者的喜爱，还是一个未知数；回力能否一直潮下去，能否持续创新，这都需要时间检验。

事实上，回力在产品创新方面乏善可陈，反而出现了很多模仿大牌设计的争议之声。对于回力而言，如果一直是"借鉴"和"模仿"其他大品牌，对于经典国货以及消费者的信心都是一种打击。据悉，现在回力鞋的生产以代工模式为主，产品外包给国内12家生产厂，上海总部只留下管理和研发团队。代工厂数量众多，太过分散，使得回力产品的质量控制变得困难。如2020年初，回力鞋业因童鞋样品抽查不合格被国家市场监管总局通报。

在这一波"新国潮"崛起中,切不可因为质量问题让国货蒙上粗制滥造的阴影,这对回力积攒的口碑与情怀将是一种很大的消耗。一旦情怀消耗过大,低价低质的口碑最终会成为阻碍回力复兴发展的致命一环。

■ 思考题:
1. 回力是如何从一个濒临破产的企业再次成为国人心中的新国货?
2. 你认为93岁的回力还能"潮"多久?为什么?

(资料来源:赵正.93岁的回力还能"潮"多久[J].商学院,2020(11).)

第一节　品牌的内涵

一、品牌的界定

品牌是一个使用频繁的词语,伴随着品牌内涵的不断发展和演变,品牌定义也在不断地发展和变化,直到今天,在营销界和广告界仍然没有一个统一的、大家公认的品牌定义。

(一)品牌概念的形成

20世纪80年代末大卫·艾克(David Aker,又译作戴维·阿克、大卫·阿克等)推出《管理品牌资产》一书后,品牌价值成为企业界、广告界、传媒业的热门话题。人们逐渐发现品牌概念、品牌认知、品牌个性、品牌文化、品牌精神等均是吸引消费者并维持消费者忠诚,在市场竞争中必不可少的利器,这推动着人们对于品牌进行深入研究,逐渐形成关于品牌价值的系统理论。

然而,无论是品牌专家大卫·艾克,还是其他品牌研究人士,在讨论使品牌由形而下的产品视觉识别符号向形而上的理念、文化、精神等抽象意义延伸的因素时,均没有涉及问题的本质。

杰斯帕·昆德在论述品牌精神的形成原因时认为,消费者并非机器人,他们不只是购买产品,同时也在选择一种观念和态度。当面临日益多样化的选择时,消费者的购买倾向更加受制于其信仰。此时的购买动机产生于对品牌的卓越性的信仰,消费者绝不在稀薄的空气中寻找这种信仰。

这种从消费者的角度分析品牌精神形成的原因在众多的品牌研究中虽不多见,却是一种非常正确的思路,只是杰斯帕·昆德并没有在他的《公司精神》一书中对这一问题做全面深入的诠释。

(二)品牌定义

1. 品牌定义回顾

在品牌这一概念被正式提出的 50 多年时间里,其定义可谓是众说纷纭,下面将列举四种说法。

1)品牌综合说

1994 年,美国著名营销学家菲利普·科特勒为品牌下的定义为:品牌就是一个名字、称谓、符号或设计,或是上述的总和,其目的是使自己的产品或服务有别于其他竞争者。他曾阐述了品牌的 6 层含义:一是属性,即一个品牌固有的外在印象;二是利益,即使用该品牌带来的满足;三是价值,即该品牌的使用价值和价值感;四是文化,即附加和象征该品牌的文化;五是个性,即品牌可以给人带来浮想和心理定势的特点;六是使用者,即品牌还体现了购买或使用这种产品的是哪一类消费者。一个品牌只有具备所有 6 层含义,才是一个完整的品牌。

奥美广告公司的创始人、著名广告大师大卫·奥格威于 1955 年从广告传播的角度首次提出了品牌形象理论,并对品牌的概念进行了如下界定:品牌是一种错综复杂的象征,它是品牌的属性、名称、包装、价格、历史、声誉、广告风格的无形组合。奥格威认为,品牌不仅是商品的名称和标志,还是一个商品所体现出来的综合形象以及它在消费者心目中的感受和所具有的社会属性的象征意义。

美国学者 Lynn B. Upshaw 在谈及品牌特征的意义时说:"从更广的意义上说,品牌是消费者眼中的产品和服务的全部,也就是人们看到的各种因素集合起来形成的产品表现,包括销售策略、人性化的产品个性以及两者的结合等,或是全部有形或无形要素的自然参与,比如,品牌名称、标识、图案等要素。"

这种说法虽然对品牌做了较完整的概括,但只是注重从品牌的产出方或品牌本身来说,而对品牌的接受方、评价方——消费者没有给予足够的重视。

2)品牌标志说

韩光军等在《打造品牌》中认为,品牌是指能够体现产品个性,将不同产品区别开来的特定名称、标志物、标志色、标志字以及标志性包装等的综合体,它是消费者记忆商品的工具,是有利于消费者回忆的媒介。我国学者杨欢进等在其著作《名牌战略的理论与实践》中提出:"毫无疑问,品牌是商品的牌子,是商品的商标。"

美国学者 Lynn B. Upshaw 在《塑造品牌特征》一书中将品牌定义为名称、标识和其他可展示的标记,使其产品或服务区别于其他产品和服务。王书卿在《国际名牌策划与实例》中提出:"从最简单的角度来讲,品牌就是一个可依赖的,而且被消费者所确认的、新产品的标志。"此外,王海涛等在《品牌竞争时代》中说:"严格说来,广泛意义上的品牌包括三个层次的内涵:首先,品牌是一种商标,这是从其法律意义上说的;其次,品牌是一种牌子,是金字招牌,这是从其经济或市场意义上说的;再次,品牌是一种口碑、一种品味、一种格调,这是从其文化或心理意义上说的。"

作为标志的品牌,肩负着识别和区分的主要功能。这种说法基于最初始、最直观、最外在的品牌含义,但没有揭示品牌的完整内涵。

3)品牌价值说

何君、厉戟在《新品牌——品牌识别经营原理》一书中认为,品牌不仅是不同企业产品的标识,更多的是营销价值资讯的载体。特定品牌往往代表特定的产品品质、产品风格、服务水平、流行时尚等方面的资讯,这些资讯逐渐被市场广泛了解和接受,在消费者心中就成为特定的消费价值、消费情感的代表。

《大营销——新实际营销战略》一书对品牌这样定义:品牌是一种独立的资源和资本,它是能够进行运营的,品牌是一种知识产权,可以像资本一样运营,实现增值。韩志锋在《品牌是一种资源》中说,品牌是企业内在属性在外部环境中创造出来的一种资源。它不仅是企业内在属性在外部环境集中体现出来的(外化的)有价值的形象标志,而且因为其能整合企业外部不同资源对企业内在属性发展产生反作用,它更是一种资源。

这种说法着眼于品牌具有的价值,站在经济学的立场上,从品牌的外延,如品牌资产方面进行阐述,突出品牌作为一种无形财产时给企业带来的财富、利润,给社会带来的文化及时尚等价值意义。其认为品牌即一种价值,在一定程度上能够脱离产品而存在,可以买卖,是一种获利能力。这种说法主要侧重于品牌在市场运营中的作用。

4)品牌关系说

一个完整的品牌定义应从两个不同角度来阐释。从消费者角度来讲,品牌是消费者对一个企业、一个产品所有期望的总结;从企业的角度来讲,品牌是企业向目标市场传递企业形象、企业文化、产品理念等有效要素,并和目标群体建立稳固关系的一种载体、一种产品品质的担保及履行职责的承诺。将品牌视为关系,是由于它达成了企业和消费者以及产品和消费者之间的沟通,而这恰恰是品牌价值得以体现的基础。

联合利华的董事长 Michael Perry 认为,品牌是指消费者如何感受产品,它代表消费者在其生活中对产品与服务的感受而滋生的信任、相关性与意义的总和。赵军在《名牌在传播中诞生》一书中认为,品牌是一个以消费者为中心的概念,没有消费者就没有品牌,品牌的价值体现在品牌与消费者的关系中。1989 年伦敦商界召开的题为"永恒的品牌"的研讨会中有这样一个观点:"一个品牌是消费者意识感觉的简单收集。"哈佛大学商学院的 David

Arnold认为,品牌就是一种类似成见的偏见,成功的品牌是长期持续地建立产品定位及个性的结果,消费者对它有较高的认同。

这种说法充分肯定了消费领域对品牌的打造所具有的决定性作用,较前几种定义无疑是一种飞跃,但它又片面强调了消费者的作用,忽视了品牌自身因素的功能,同时也只偏重说明产品与消费者间的关系,而忽略了其他关系利益团体,如政府、供应商、技术市场等对品牌的影响,而在整合营销学中认为,其他关系利益团体对品牌的影响并不亚于消费者。

以上,我们把传统及现今业界对品牌的定义进行了一番梳理和分析。上述种种定义有着不同的侧重点,也有着各自的优缺点。

2. 本书对品牌的定义

通过上述对若干品牌定义的分析,结合多年来国内外知名品牌的营销与传播活动的实践经验和体会,本书提出关于品牌的定义。

品牌是企业组织以其具有优异品质的商品或服务为载体,以商品的功能属性或精神属性为诉求内容,通过各种营销和传播活动与目标消费者建立彼此相互认同,并为双方带来利益的关系总和。

对这个定义,可从以下三个方面加以理解(见图1-1)。

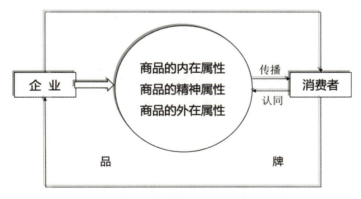

图1-1 品牌定义的模型

1)品牌是一种关系,这种关系必须是以消费者为中心

品牌的存在与发展以消费者的认可为前提,没有消费者的认可,品牌就没有价值可言。因此,品牌的价值就体现在品牌与消费者之间的关系之中,这种关系绝不只是单方获益的关系,必须是能够给双方创造价值、带来利益的共生双赢的关系。

2)品牌依托于商品的三重基本属性,即商品的内在属性、商品的精神属性以及商品的外在属性(有别于其他商品)

商品的内在属性是品牌的基础,品牌必须以优异的商品为基础,能够满足消费者的物质需求。商品的精神属性是品牌的核心,品牌必须以独特的文化和价值观念为诉求内容,以满足消费者的精神需求。商品的外在属性(识别系统)则有助于消费者对品牌形象与品牌个性的认知和理解。

3）品牌的价值在于传播

这里的传播包括所有与消费者沟通的环节,如产品设计、包装设计、定价策略、销售推广、广告创意、公共关系、新闻报道、人员直销、展会营销等。这些传播活动有助于消费者对品牌的全面认知,所营造的品牌形象成为品牌资产的一部分。

二、品牌的内涵与实质

关于品牌的内涵与实质,早在20世纪60年代中期,世界著名的品牌营销专家大卫·奥格威曾对其做过深刻论述:"品牌是一种错综复杂的象征,它是品牌属性、名称、包装、价格、历史声誉、广告方式的无形总和。品牌同时也因消费者对其使用的印象以及自身的经验而有所界定。"

（一）品牌的内涵

严格地讲,广义的品牌是向消费者传递一种信息,包括六个层面的内涵。

1. 属性

一个品牌首先代表特定产品的属性。例如"海尔"表现出的质量可靠、服务上乘、"一流的产品,完善的服务",奠定了海尔中国家电第一品牌的成功基础。

2. 利益

此处指品牌给购买者带来的物质、精神上的利益。品牌可以给购买者提供多种利益,可以满足其生理上和心理上的需要。比如奔驰汽车,不仅是实用而安全的汽车,可以满足购买者对交通工具的需要,而且给购买者带来了荣耀——它象征着财富,标志着身价,证明着品质,积淀着文化,装点着生活,引导着时尚,它可以满足购买者的心理需要。

3. 价值

品牌的价值特指可以兼容多个产品的理念,是品牌向消费者承诺的功能性、情感性及自我表现性利益,体现了制造商的某种价值感。品牌的价值是一种超越企业实体和产品以外的价值,是与品牌的知名度、认同度、美誉度、忠诚度等消费者对品牌的印象紧密相关的、能给企业和消费者带来效用的价值,是产品属性的升华。例如,"高标准、精细化、零缺陷"是"海尔"体现的服务价值。

4. 文化

此处指品牌的附加值及品牌象征的文化。品牌是一种文化,品牌中蕴含着丰富的文化内涵。品牌是文化的载体,文化是品牌的灵魂,是凝结在品牌上的企业精华。成功的品牌都有深厚的文化底蕴。例如,"海尔"体现了一种文化,即高效率、高品质。

5. 个性

品牌应像人一样,传达出差异化的个性。品牌个性,是指企业赋予品牌的个性内涵。品牌的个性是品牌存在的灵魂,品牌个性是品牌与消费者沟通的心理基础。从深层次来看,消费者对品牌的喜爱源于对品牌个性的认同。例如,"海尔"最突出的品牌个性是真诚,这是"海尔"品牌立足于不败之地的基石。

6. 使用者

品牌应体现出购买或使用产品的消费者类型。品牌将消费者区隔开来,这种区隔不仅从消费者的年龄、收入等表象特征体现出来,更多地体现在消费者的心理特征和生活方式上。如买奔驰车的人大多是追求彰显身份和地位的成功人士。

品牌的内涵在于它除了向消费者传递品牌的属性和利益外,更重要的是它向消费者所传递的品牌价值、品牌个性及在此基础上形成的品牌文化。属性、利益、使用者、价值、个性及文化这六种要素共同构成品牌的内涵,这六者是一个紧密联系的统一体,具体关系见图1-2。

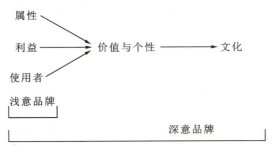

图 1-2 品牌内涵关系图

如图 1-2 所示,属性、利益和使用者是形成一个品牌的基础,价值与个性是在此基础上的浓缩和提炼,而文化则是进一步的升华。品牌的挑战是要深度地开发品牌的意义,如果一个品牌只具备"属性、利益和使用者"这三个基本要素,我们称之为浅意品牌;如果一个品牌能被看出所有六层意义,我们称之为深意品牌。在品牌的六大元素中,价值是品牌的精髓,处于中心地位,是成为深意品牌的关键。

（二）品牌的实质

莱斯利·德·彻纳东尼认为，品牌是构思于品牌计划中的复杂贡献品，但最终它们存在于消费者心中。品牌主要依靠一个连续的过程而存在，在此过程中，品牌能表达一系列价值的、贯穿组织的协调活动，并以某种方式被顾客理解和吸收，以巩固品牌的存在，并通过组织对顾客反应的回应，提高品牌成功的可能性。梅多斯认为，树立品牌不是为消费者做事，而是和他们一起做事。消费者以特别的方式理解品牌，有时不同于商家提供的方式。

 1. 品牌是消费者与企业联系的桥梁

品牌对于消费者发挥着极为重要的作用，品牌可以为消费者带来一系列效用，如产品来源识别、生产者责任确定、减少风险、降低寻找成本、质量符号以及与生产者的契约、协定等。通过品牌，消费者密切了与企业的关系，消费者权益得到保障。

 2. 品牌是企业的市场符号

品牌作为企业的市场符号，代表了企业在市场上的所有行为和身份，也代表了企业在市场中的地位和实力。品牌作为凝结企业经营理念、产品品质、价格和服务的意义集合体，能有效地将纷繁的企业信息浓缩为符号，并赋予其精神价值和文化内涵。

 3. 品牌资产增强企业竞争优势，提升企业竞争力

品牌理论和实践的发展，使品牌具有资产价值。品牌资产价值的建立是一个渐进的过程，涉及顾客忠诚、质量、市场份额、领导能力等方面。随着品牌资产价值的增加，企业的市场地位逐步提升，企业对市场和消费者的影响增加，品牌所具有的特性，使之成为竞争对手不能模仿和复制的独特能力。

◇ **同步案例1-1**

二厂汽水——武汉人的独家记忆

还记得儿时的旧光景吗？玻璃瓶金属盖，呲呲地气泡响。对于出生在20世纪80年代前的"老武汉"们来说，橘子味、柠檬味、香蕉味，玻璃瓶里花花绿绿的液体，二厂汽水的颜色就是童年的颜色。

作为老武汉人夏天独家记忆的二厂汽水(见图1-3),经历了几十年的辉煌,但伴随着可口可乐、百事可乐等大量国外饮料品牌进入中国,二厂汽水受到了冲击,风光不再。2000年,在生产完最后一批二厂汽水后宣布停产,从此消失在武汉人的夏天。

图1-3　二厂汽水

重出江湖的"武汉二厂汽水"

2017年,土生土长的"80后"女孩金亚雯受到老汽水老情怀的启发,希望能做出陪伴当代年轻人成长的"潮牌饮料"。于是,新的二厂汽水改为添加真正的果汁,无蔗糖,热量低,更健康;容器依旧是玻璃瓶,但造型上稍作改良,让握感更舒适,瓶盖也改为旋盖;包装不完全走复古路线,而是把创意和回忆杂糅,既保留20世纪80年代风情又符合当下审美(见图1-4)。这么一款"老"汽水一经上市就引起了强烈轰动,时隔20年,它再一次回到了武汉人的夏天。

图1-4　重出江湖的汉口二厂汽水

做年轻人喜欢的标签化的产品

国货复古风可以说是汉口二厂最鲜明的标签,其偏向将市场定位于"95后""00后"。因此产品在包装上虽然复古,但标签注重年轻化的表达,比如荔枝味的汽水,取名"励志"汽水。

重线上传播,重内容营销,懂流量经济

汉口二厂从初创至今时间不长,但几乎每一款产品上市后都能迅速成为爆款,引起大规模线上自流量传播。

从热播综艺《拜托了,冰箱》中被明星强烈推荐,到"口红一哥"李佳琦在直播时强烈"安利"励志汽水,汉口二厂上市两年就已经是业界当红品牌之一。

注重口味和时尚

年轻人追求新、质感、面子和精神共鸣,汉口二厂正好遵循了颜值第一的想法,比如使用通透度更高的化妆品级别玻璃,在瓶身上设计了凸起的复古花纹。

在口味的创新和原料的优化上,选择了真正的果汁而非香精,其中橙汁汽水的果汁含量为60%,不仅口感极佳,而且口味也很丰富,如柠檬海盐、百香果乳酸菌和青提冰激凌等,汉口二厂的汽水口味上新频率高,帮助品牌赢得了"注意力"。

(资料来源:米可怡.品牌几何.2020-06-15.)

数字资源1-1
2021新国货
品牌影响力
排行榜

第二节　品牌的基本概念

一、品牌与产品

品牌与产品有诸多联系,但二者毕竟不同。产品是具体的,消费者可以触摸、感觉或看见(有形物品可视,无形服务可感受),而品牌是抽象的,是消费者对产品的感受总和,两者既有区别又有联系。

（一）品牌与产品的区别

现代企划鼻祖史蒂芬·金认为:"产品是工厂里所生产的东西,品牌是消费者所购买的东西。产品可以被竞争者模仿,品牌却是独一无二的。产品易过时落伍,成功的品牌却能经久不衰。"所有的品牌都是产品,但是并非所有的产品都是品牌。

1. "产品"强调功能属性,"品牌"暗含感觉、象征、认知

"产品"一词在营销学意义上,给人传递的第一印象是"功能属性"（功能利益）,"产品"暗含以功能属性满足顾客需求的"物体"。品牌则不同,除将功能属性视为基础与必需之外,更强调产品的内涵、价值观、感觉和象征意义,它是产品及其背后的公司文化等所有感知和感觉的总和。

2. 产品最终由生产部门生产出来,而品牌形成于整个营销组合环节

品牌是根据产品设计出来的。营销组合的每一个环节都要传达品牌的相同信息,才能使消费者形成对品牌的认同。如一种定位于高档品牌的产品,必然是高价位,辅之以精美的包装,在高档商店或专卖店出售。商业传播与品牌的关系更加密切,强势品牌的产品广告投入要高于一般品牌。

3. 产品重在质量与服务，而品牌贵在传播

品牌的"质量"在传播，品牌的传播包括所有的品牌与消费者沟通的环节与活动，如产品的设计、包装、促销、广告等。传播的效用有两点：一是形成和加强消费者对品牌的认知；二是传播费用转化为品牌资产的一部分。

4. 任何产品都有生命周期，强势品牌可常青

不断地开发新产品是企业赢得消费者的重要手段，任何产品都会在完成其历史使命后退出市场舞台。作为品牌载体的产品也只有不断更新才能使得品牌之树常青。

（二）品牌与产品的联系

1. 产品是品牌赖以存在的基础

没有好产品，品牌就缺乏坚实的根基。品牌不仅代表一系列产品属性，而且体现某种特定的利益和功能，品牌的这种使人感知的利益是由产品属性转化而来的。例如，奔驰汽车，"工艺精湛、制造优良"的属性可转化为"安全"这种功能性和情感性利益；"昂贵"的属性可转化为"这车令人羡慕，让我感觉到自己很重要并受人尊重"的情感性利益；"耐用"属性的功能性利益则是"可以使用多年或多年内不需要买新车"等。

2. 品牌为产品积累价值

品牌的不断成长将为更多的产品创造更多的机会，同时也会促进现有产品品牌的成长。通过在研究和开发方面的稳定投资，确保了消费市场对技术的迅速吸收等手段，为其他不相关或是相关的产品创造竞争优势。因此，企业品牌与产品品牌是互动的，相互促进、相辅相成的。

二、品牌与商标

品牌与商标是极易混淆的一对概念，两者既有联系又有区别。品牌并不完全等同于商标。

（一）商标的概念

商标是产品文字名称、图案记号，或两者相结合的一种设计，向有关部门注册登记后，经批准享有其专用权的标志。在我国，国务院工商行政管理部门商标局主管全国商标注册和管理工作，商标一经商标局核准即为注册商标，商标注册人享有商标专用权，受法律保护。假冒商标，仿冒商标，抢先注册都构成商标的侵权。《中华人民共和国商标法》于1982年第五届全国人民代表大会常务委员会第二十四次会议通过，1993年第七届全国人民代表大会常务委员会第三十次会议修正，2013年第十二届全国人民代表大会常务委员会第四次会议第三次修正。

（二）商标与品牌

商标与品牌的关系体现在以下四个方面。

1. 商标是部分，品牌是整体

商标是品牌中的标志和名称部分，便于消费者识别。而品牌是一个综合的象征，需要赋予其形象、个性、生命。要真正成为品牌，还要着手完善品牌个性、品牌认同、品牌定位、品牌传播、品牌管理等方面的内容。

2. 商标是法律概念，品牌是市场概念

商标的法律作用是通过商标专用权的确立、转让、争议、仲裁等法律程序来保护商标所有者的合法权益；同时促使生产经营者保证商品质量，维护商标信誉。品牌的市场作用表现在，品牌是对消费者的一种保证，成为消费者选择商品的依据；品牌因特有的附加值而成为规避单纯价格竞争的手段；品牌可以使企业实现利润最大化；品牌是身份和地位的象征，有利于促进产品销售和树立企业形象。

3. 企业掌管商标，消费者关注品牌

当消费者不再重视某个品牌，这个品牌就一无所值了，它只是存在于消费者的头脑中。假若品牌出现危机，消费者对品牌的信心下降，那么品牌价值就会降低。

4. 商标与品牌名字可以相结合

商标与品牌名字相结合可以达到由此及彼的联想记忆效果，使商标与品牌名字的记忆

相互促进，记忆更为牢固。商标与品牌名字相一致，主要有以下几种情况。

（1）商标与品牌名称完全一致，即用品牌名字的某种字体作为品牌标志。例如海尔、可口可乐等。

（2）商标所表达的意思与品牌名称意思相同，即图案是名称的具体形象。例如雀巢、苹果等。

（3）商标由品牌名字的个别字或字母构成。例如 LG、麦当劳等。

（4）商标是品牌名称的象形物，但与商标名称概念的具体形象有所不同。例如方正电脑、中国联通等。

◇ 同步案例1-2

海尔的商标设计

海尔（Haier）的商标设计如图 1-5 所示。英文标志每笔的笔画简洁，共 9 画，"a"减少了一个弯，表示海尔人认准目标不回头；"r"减少了一个分支，表示海尔人向上、向前的决心不动摇。英文海尔标志的设计核心是速度，因为在信息化时代，组织的速度、个人的速度都要求更快。英文标志的风格是简约、活力、向上。英文新标志整体结构简约，显示海尔组织结构更加扁平化，每个人更加充满活力，对全球市场有更快的反应速度。

图 1-5　海尔的商标

海尔的汉字标志，是中国传统的书法字体，它的设计核心是动态与平衡；风格是变中有稳。两个书法字体的海尔，每一笔都蕴涵着勃勃生机，视觉上有强烈的飞翔动感，充满了活力，意味着海尔人为了实现创世界名牌的目标，不拘一格，勇于创新。《孙子兵法》说："能因敌变化而取胜者，谓之神。"信息时代全球市场变化非常快，谁能够以变制变，先变一步，谁就能够取胜。

海尔在不断打破平衡的创新中，又要保持相对的稳定，所以，在"海尔"这两个字中都有一个笔画在整个字体中起平衡作用，"海"字中的一横，"尔"字中的一竖，"横平竖直"，使整个字体在动感中又有平衡，意味着变中有稳，企业无论如何变化都是为了稳步发展。

（资料来源：李和平. 品牌经营与管理[M]. 广州：暨南大学出版社，2007.）

三、品牌与名牌

名牌，顾名思义，是指著名的品牌，它具有高知名度、高美誉度和高市场占有率等特点，名牌也因此获得了较高的附加价值。名牌往往由某权威机构进行评定。我国于1995年开始对中国名牌产品进行认定，1995年至1999年由国家工商行政管理局进行了两年一次的"中国驰名商标"认定；2001年以后，由国家质检总局"中国名牌产品促进会"进行评定，分别在确定的行业中进行评定。

在政府官员、企业界及消费者的口语中，往往用名牌来比喻强势品牌，"树精品名牌战略"的口号比比皆是，用名牌替代品牌，导致企业品牌营销走入误区。品牌与名牌的区别是明显的。如前所述，品牌深远的内涵使得企业塑造品牌必须是一个系统工程，品牌价值、个性和文化的形成是一个不断积累、丰富、完善和更新的过程，品牌是企业整体素质的体现。名牌，顾名思义是指知名度较高的品牌（知名度是品牌特征的一部分）。一个只有知名度的品牌，无法形成强势品牌。将名牌视同为品牌表现在企业的品牌营销行为上便是，做品牌就是做广告。在中国企业的品牌营销历史上追求品牌知名度而不注重品牌，其他内涵的品牌都是昙花一现，秦池、爱多等品牌运用的模式给人们留下了深刻的教训。

品牌是一个持续树立的过程，涉及企业运作的方方面面，只有真正树立品牌意识，加上科学的管理，优秀的人才，先进的营销策略，过硬的产品质量，才能实现可持续性发展，产品才具有竞争力、生命力，才能打造一个真正的强势品牌。

◇ **知识活页**

中国最早的商标

我们都知道，商标是用来区别一个经营者的品牌或服务和其他经营者的商品或服务的标记。那么中国的商标的发展起源又是如何呢？

中国的商标制度已有100多年的历史。1904年11月23日，清政府海关总税务司在津沪两地正式受理商标挂号（即注册），标志着商标制度在中国正式开始实施。

通过查询相关文献发现，我国最早的商标（见图1-6）可以追溯到北宋时期，是我国已发现的古代最完善的商标。当时位于山东省济南市内，有家姓刘的针铺店，以白兔捣药图为商标（标记），在当地颇负盛名。这个商标是用铜板印制而成的，整体外形近似方形，中间绘有白兔捣药图，画像鲜明突出，文字辨识度清晰。图画的上端，横写着店名"济南刘家功夫针铺"，两侧写有"认门前白兔儿为记"的条幅（见图1-7），图下方从右到左是关于经商范围、方法和质量要求的告白。

图 1-6 中国第一个商标

图 1-7 "济南刘家功夫针铺"

小小一块铜板,不仅清楚地说明了店铺的名称,同时还注明店铺的经营范围、方法、质量等,形象生动,简洁明了,真可谓设计精巧。铜版下方的广告文字说:"收买上等钢条,造功夫细针。不误宅院使用,转卖兴贩,别有加饶,谓记白。"

这件珍贵历史文物现存于国家博物馆,它不仅是中国最早的商标,也是目前中国公认的,相对保存完好的宋代时期的商业广告。国外最早的商标,是 1473 年出现在英国伦敦街头的张贴印刷商标,比我国宋朝的刘家功夫针铺商标要晚好几百年。

(资料来源:小知.现存完整!中国最早的商标.2019-08-16.)

第三节 品牌的特征和意义

一、品牌的特征

一般而言,品牌的特征主要表现在以下七个方面。

(一)品牌的价值性

美国可口可乐公司的副总裁在 1967 年曾说过这样一段令人难忘的话:如果可口可乐公

司在全世界的所有工厂一夜之间被大火烧光,只要"可口可乐"的品牌还在,就可以东山再起,因为大银行家们肯定会争先恐后地向可口可乐公司提供贷款。可口可乐的发展证实了品牌价值的确有如此神奇的力量。

可见,品牌是有价值的,品牌的拥有者凭借品牌能够不断地获取利润,消费者对喜爱的品牌,愿意付出更高的价钱。但品牌价值是无形的,它不像企业的其他有形资产直接体现在资产负债上。

(二)品牌的专有性

品牌的专有性是指产品一经企业注册或申请专利等,其他企业不得再用。一件产品可以被竞争者模仿,但品牌是独一无二的,品牌在其经营过程中,通过良好的质量、优质的服务建立良好的信誉,这种信誉一经消费者认可,很容易形成品牌忠诚,它也强化了品牌的专有性。

(三)品牌的不确定性

品牌建立后,在其成长过程中并非一帆风顺。由于市场千变万化,竞争日趋激烈,品牌在成长过程中存在一定的风险,对其评估也存在难度。品牌的风险来源于多个方面:有时由于企业产品质量出现意外,有时由于服务不过关,有时由于品牌资本盲目扩张,运作不佳;这些均给企业品牌的维护带来难度,对企业品牌价值的评估也出现不确定性。

(四)品牌的文化性

品牌具有一定的个性,品牌是文化的象征。例如,百事可乐体现了有朝气的、年轻的、最新的、外向的;惠普体现了有教养的、有影响力的、称职的;凌志体现了自负的、富有的;耐克体现了运动的、粗犷的;金利来传达了一种阳刚、气度不凡的个性;娃哈哈则象征着一种幸福、安康、希望;红豆集团则以"红豆相思"的文化内涵吸引着众多中外顾客。

(五)品牌的联想性

品牌必须通过文字、图案和符号等直接物质载体呈现出来,通过产品的质量、服务、知名度、美誉度、市场占有率等间接物质载体来体现,使品牌有形化。如李宁牌服饰采用热情、奔放、飘逸、充满活力的红色,使人感觉到生命的律动;可口可乐的文字,使人们联想到饮用后的舒畅感觉。

（六）品牌的扩张性

品牌具有识别功能,它代表一种产品或一个企业;企业可以利用这一功能发挥品牌对市场的开拓能力,以便企业利用品牌资产进行扩张。例如,海尔集团从1984年到1991年的7年时间里,从只生产一种产品"海尔牌"电冰箱,扩展到电冰柜、空调器、洗衣机、微波炉、电视机、热水器、电脑、手机等多个门类的产品,成为国内企业中实行品牌扩张的成功典范。

（七）品牌的故事性

品牌必须有故事,更要会讲故事,故事是品牌的筋骨。世界知名的奢侈品广告,珠宝和英国女王、红酒和法国总统、轿车和德国贵族。每个故事里都洋溢着品牌的高贵气息和诱人芬芳,这样的故事一定会吸引人,而这样的品牌绝对会打动人。

品牌的故事可以包括企业发展中的细节,企业和顾客的故事、企业和社会公益的故事、企业和员工的故事等。品牌故事常见的表现形式就是平面和电视专题,企业访谈和事件追踪,积极紧密地与广告结合,将企业品牌资源运用到极致;还有一种形式是制造故事——借助新闻公关的力量。没有故事的品牌是平庸的品牌,故事更多表现在积极推进社会发展上——"为中国加油""为奥运会捐款""让世界充满爱"这样的品牌故事越来越多地获得了社会各层面的认同。

◇ 知识活页

最受年轻人追捧的品牌的特征

在研究了几十个被年轻人热捧的品牌和网红产品后,归纳出最受年轻人喜欢的品牌或者产品的七大特征。

一、拥有独特的卖点或者超高的颜值

年轻一代在电子产品及纷繁复杂的信息中长大,他们的情感阈值和对于品牌的感官吸引阈值非常高,如果一款产品不能在第一时间吸引他们,则基本上很难留住他们的注意力。因此,那些能够"疯传"和"流行"的产品,一定是能够将感官吸引最大化,并且通过活动体验或环境氛围给产品加分,让年轻人对于快乐和刺激的追求得到实现的产品。例如,元气森林的气泡水,就是颜值高,0热量,还好喝,五感刺激有两感都超预期了。

二、产品或品牌拥有社交基因或谈资

中国年轻一代（"90后""00后"）大部分是独生子女,在他们眼里,朋友和社交占据了生活的绝大部分,他们也极其在意别人的看法。如果一个产品可以引发社交,势必奠定"疯传"和"流行"的基础。例如,钟薛高和五芳斋粽子合作,出了一款粽子味的冰激凌,其特别的味道和奇怪的体验立刻成为年轻人讨论和追捧的新宠。

三、品牌个性符合年轻人的情感需求

"网红"品牌和流行品牌除了符合年轻人的口味和社交需求外,一般都在品牌个性上有符合年轻人情感需求的表达,让年轻人产生最大的认同感。

(1)倡导尽情享受青春里任意矫情的阶段,最大限度利用好年轻这一段时光。

(2)调性有趣,不循规蹈矩,不安于现状,活力四射。

(3)强调酷感,不好买,或某一类人才会用。

四、品牌善于制造流行感

流行感是大众感官评价的标准,基于对人性的认知,不论年轻人还是中年人、老年人,对于流行的底层认知是从众心理。大家都在尝试,所以值得一试。因此,"网红"品牌或流行品牌,一定是善于制造流行感的。流行感的制造有非常多的形式,例如品牌大面积投给KOL进行人际传播,然后再大量投放到小红书、各种直播平台等"种草"渠道;除此之外,在人际传播中裂变出很多流行热点,然后加以发酵传播,再施以"短期缺货""加价购买"等饥饿营销手段,品牌的流行感马上就被营造出来了。

五、品牌和受众互动性强

互动性是网络传播时代衡量一个品牌是否老化的标志之一。越年轻化的品牌,越得到年轻人喜欢的品牌和产品越会做"互动",普通一点的是引发一个小话题,抽取小奖品、小礼物等,高明一点的是制造快闪店,或让品牌拟人化,又或是让产品产生话题,在社交媒体上传播,直接与客户沟通产生交集。例如三得利透明奶茶饮料引发的社交大讨论。

六、善于利用流量明星

在年轻人心里,"爱豆"是一种独特的存在,支持"爱豆"就是支持其所有的一切,包括产品,预算充足的"网红"产品一般会参与到娱乐节目中,或以某个"爱豆"的名义迅速出位,预算低的则是用行业的KOL渠道,尽量在短期内做到同类产品中的第一,迅速提升影响力。例如,钟薛高和汉口二厂,后期都是通过明星代言和娱乐活动,增加曝光度,火速维持了热点话题指数。

七、品牌能带来幸福感

年轻人喜欢能够激发积极情感或释放压力、减轻消极情感的活动。对于全世界的年轻人来说,享受假期、男欢女爱、尝试挑战并小有成就在获得幸福感的原因中排名前三,与朋友家人联系、听歌、毕业、考取驾照、遇见真爱都是年轻人生活中非常重要的时刻,网红品牌和流行品牌,就能抓住这些时刻,参与到年轻人的生活中。

例如,可口可乐定制毕业瓶,一生只能拥有一枚的戒指品牌 Darry Ring,甚至随时随地都能感受到能量回来的"脉动"等都在利用"幸福感"这种情绪而被消费者记住和喜欢。

(资料来源:米可怡.品牌几何.2020-06-15.)

二、品牌的社会经济意义

品牌具有巨大的社会经济价值,可以从品牌对消费者、公司和社会的价值等不同视角来进行分析。

(一)品牌对消费者的价值

 1. 降低购买风险

购买产品即是风险选择,消费者购买产品需要承担功能风险、生理风险(使用产品生理上的安全)、资金风险、社会风险、心理风险和时间风险。

无品牌产品,消费者无法追溯到产品的制造者,因而产品若出现质量事故便无法找到责任承担者。而品牌能够追溯产品的制造者和销售者,提高消费者对购买和消费产品的安全感,减少消费者购买和消费的风险。知名度越高的品牌,其风险也就越小,知名度与风险呈反比。

 2. 降低搜寻成本

从经济学角度看,市场存在信息不对称性,消费者在产品购买前必须搜寻很多的信息。而品牌名则充当了质量信号的作用。当顾客知道某个品牌并对它有了一定了解后,就降低了产品的搜寻成本。

3. 表明对顾客的承诺

顾客对品牌的信任表明,顾客相信这种品牌会有相应的功能表现。品牌声誉是建立在长期的产品性能、促销、定价、服务等基础之上的,代表了对顾客的承诺。只要品牌对产品效用、利益、优势的承诺持续兑现,品牌与顾客之间的契约关系就能不断强化。

（二）品牌对公司的价值

对于公司而言，品牌的价值体现在以下几个方面。

 1. 法律保护的唯一特征

品牌名及其附属标识属于知识产权，公司作为其法定所有者，拥有受法律保护的权利。因而，品牌名及其附属标识通过商标注册，可以保护公司产品的独特性能、工艺、包装等。

 2. 公司的合法资产

品牌是公司过去多年长期投资形成的更为无形和更具持久影响力的资产，它能进行估价和买卖交易。品牌作为合法资产，可以在市场上出售，为其所有者——公司带来当期收益。同时，品牌交易中的溢价就是基于品牌能带来的额外利润。因而，品牌又表明了某种未来收益，是一种权益。

 3. 竞争优势的来源

品牌是公司及其产品实现差异化的武器，经由品牌构筑的产品差异化是竞争对手难以模仿的。生产工艺、产品设计相对更为有形，更易被模仿。但多年的营销活动，让品牌在消费者心目中留下了清晰、独特的印象，这种品牌形象更为抽象、无形，与消费者之间的情感联系更加紧密、持久，因而，更难以被竞争者所模仿。

 4. 长期投资回报

品牌是一种投资，是企业长期营销过程中投资的结果。既然品牌是投资，那么品牌也必将为企业带来收益。例如，可口可乐 700 亿美元左右的品牌价值正是可口可乐公司最大的财富源泉，它为可口可乐公司带来丰厚的回报。

数字资源 1-2
一只变身
"潮牌"的鸭子

（三）品牌对社会的价值

品牌对社会产生良性的促进作用，主要体现在：品牌是人与人之间共享价值观的介质，品牌能够帮助人们建立自我认知，这源于品牌的象征作用。

哈佛商学院教授苏珊·福妮尔曾这样写道：社会对传统和社区的摒弃，抛下很多拥有"空洞自我"的个体，而与大众品牌建立联结可以抚慰这些"空洞自我"，并在这个变幻莫测的世界，为人们提供一个稳定的心灵港湾。这说明，在后现代社会，人们通过拥有品牌，从而建立与品牌之间的情感关系，可以起到支撑社会持续安全的作用。

第四节　品牌的种类

品牌可以依据不同的标准划分为不同的种类，下面介绍六种常见的划分方式。

一、依据影响范围划分

依据品牌所享有的知名度高低及其影响范围，可以将品牌分为世界品牌、国外品牌、国内品牌、本土品牌四种。

 1. 世界品牌

世界品牌是指在国际市场上知名度和美誉度较高，产品辐射全球的品牌。一般而言，世界品牌历史悠久，有的在本国有着几十年甚至上百年的历史；经常能引领业界的发展方向；有支撑该品牌的知识。

 **2. 国外品牌**

国外品牌是指在国外享有较高知名度和认可度，影响和销售在全世界都有的品牌，例如肯德基、万宝路、宝马、可口可乐、微软、迪奥等。

 **3. 国内品牌**

国内品牌是指国内知名度较高，产品在全国范围销售的品牌。例如家电品牌海尔，酒类品牌五粮液，运动品牌361度等。

4. 本土品牌

本土品牌指生产销售的品牌是在一个相对小的区域之内。例如,本地区生产、销售的具有特色的产品,如行吟阁啤酒主要在武汉地区销售,燕京啤酒主要在北京地区销售。

二、依据企业类型划分

依据企业类型,可以将品牌分为制造商品牌和经销商品牌。

1. 制造商品牌

制造商品牌是由生产商创立的,旨在确保顾客购买时将生产商与其产品同等看待。如海尔家电、格力空调等都是制造商品牌。制造商品牌长期以来统治着零售业,制造商要努力刺激产品需求,以激励经销商销售其产品。

2. 经销商品牌

经销商品牌是经销商根据自身的需求及对市场的了解,结合企业发展需要创立的品牌。如"群光广场"就是经销商品牌,它是蓝天集团成立的大型百货商场,以专业经营、创新细腻的服务为核心价值,为人们的生活开创新时尚消费主义。

三、依据产品类型划分

1. 产品品牌

产品品牌是指有形产品的品牌,如宝马、娃哈哈、百事可乐等。品牌源于对产品品牌的研究,迄今为止有关品牌的理论主要围绕产品品牌而建立。

2. 服务品牌

服务品牌是指以无形的服务为载体的品牌。在服务业快速发展的今天,服务品牌已比比皆是,如顺丰速运、中信银行等。与有形产品相比,服务的无形性、易变性、生产与消费的同步性等特点决定了以服务为基础的品牌是以多种相互作用为特点。

四、依据品牌主次划分

依据品牌主次，可以将品牌分为主品牌和副品牌。

1. 主品牌

主品牌指的是在市场中能影响顾客购买的品牌，如海尔集团，旗下有冰箱、彩电、空调、洗衣机等家电产品，所有家电都称"海尔"。

2. 副品牌

副品牌指的是对主品牌的价值识别进行补充和调整的品牌，如：海尔神童洗衣机，副品牌神童传神地表达了"电脑控制、全自动、智慧型"等产品特点和优势。

五、依据品牌源头划分

依据品牌源头，可以将品牌分为自创品牌、引进品牌和合成品牌。

1. 自创品牌

自创品牌是企业根据自身需要和市场需求而创立的品牌，如丰田、凤凰、麦当劳等。

2. 引进品牌

引进品牌是指企业通过收购或其他形式并经相关部门特许经营而形成的品牌。例如，德国某品牌收购的"丝宝"相关日化产品，欧莱雅集团收购法国名牌兰蔻。

3. 合成品牌

合成品牌主要指通过国际或国内交流合作或合资等形式形成的带有各方品牌的产品，如那尔思-利勃斯尔。

六、依据品牌主体划分

依据品牌主体,可以将品牌划分为世界品牌、国家品牌、城市品牌、个人品牌。

 1. 世界品牌

国际红十字会、奥林匹克等属于世界级品牌。

 2. 国家品牌

国家品牌是指一个国家在国民(尤其是外国国民)心目中的总体形象。如长城、巴黎圣母院、比萨斜塔、东方明珠等属于国家品牌。

 3. 城市品牌

城市品牌是指城市建设者分析、提炼、整合所属城市的独特的要素禀赋、历史文化沉淀、产业优势等差异化要素形成的品牌。城市品牌就是一个城市在推广自身城市形象的过程中传递给社会大众的核心概念,如青岛啤酒节、武汉梅花节等属于城市品牌。

 4. 个人品牌

个人品牌是指以个人为载体的品牌。今天,个人品牌涵盖了影视、体育、政治、商业、医院、学校等领域的知名人物。如李宁等属于个人品牌。

◇ 知识活页

中国国家品牌特性

国家品牌是一个时期内一个国家在其他国家公民心目中的总体形象,是一个国家最重要的资产之一,即国家形象和影响力的总和。中国特色社会主义国家品牌是基于中国国情,独立自主形成的。中国问题专家乔舒亚·库珀·雷默曾经将中国独立自主、艰苦努力、主动创新、循序渐进的发展道路和发展模式称为"北京共识",以区别于拉美国家和东欧转轨国家所采用的资本流动开放、私有化、自由化发展。以人民为中心,"立党为公,执政为民""权为民所用,情为民所系,利为民所谋"

的理念,已显示出独具特色的优势。因此,相对于"北京共识""中国模式"的他者认同,"中国国家品牌"更能展示中国特色社会主义内涵及其实践的自觉,更能展示中国发展给本国与世界带来的共享性福祉。

正是中华民族的伟大实践,形成了中国特色社会主义且"综合竞争力"优势明显的中国国家品牌。中国国家品牌的特性可以概括为以下几个方面。

道路自主性

"每一个国家、每一个党都有自己的经历,情况千差万别",应该互相尊重各自的选择;党与党之间要建立独立自主、完全平等、互相尊重、互不干涉内部事务的新型关系。习近平总书记强调:要坚持国家不分大小、强弱、贫富一律平等,尊重各国人民自主选择发展道路的权利,反对干涉别国内政,维护国际公平正义。一个国家的发展道路合不合适,只有这个国家的人民才最有发言权。与西方国家相比,基于中国道路的国家品牌自主性清晰突出,又能为不同国家与民族以自身特色获得发展、屹立于世界各国国家品牌之林提供借鉴。

效率显著性

2020年,中国在人类历史上前所未有地整体消除绝对贫困,全面建成小康社会。中国速度、中国奇迹,无不验证了中国国家品牌效率的显著性。中国共产党领导的多党合作和政治协商制度,最大限度地减少社会内耗,极大突出了制度效能优势。中国制度决定了决策一旦出台,就会全国动员,众志成城地坚决执行下去,集中力量办大事。2020年抗击新冠肺炎疫情的人民战争,在党中央领导下,全国一盘棋,武汉"封城"、全国驰援、总体协同、全民行动,有效控制住疫情,在全世界树立了一个科学施策、高效抗击疫情的标杆。习近平总书记指出,这次抗疫斗争有力彰显了我国社会主义制度具有非凡的组织动员能力、统筹协调能力、贯彻执行能力,能够充分发挥集中力量办大事、办难事、办急事的独特优势。

优势共享性

一场新冠肺炎疫情的防范,检验出了一个国家能否具有优势共享性的品牌特质。中国面对突如其来的疫情,用举国体制、全民行动的方式获得了防控的胜利,并为国际社会争取了宝贵的时间,向全人类提供了开放透明的疫情信息,分享了病毒基因序列信息、诊疗方案及其防控经验,还向世卫组织捐款,向有关国家捐赠或出口急需防疫物资和设备、派遣专家团队、提供作为全球公共产品的疫苗。中国国家制度的优越性不仅使自身很快从疫情阴霾中走出,而且让国际社会获得了益处。

长远一致性

由于品牌是以信誉取胜,这就决定了品牌需要保持长远的一致性。纵观全球,唯有中国特色社会主义国家品牌，才能在具有诸多优胜特点基础上显示出长期一致性。这无疑是由中国共产党的领导决定的。因为，坚持党的集中统一领导，就能保持政治稳定，确保国家始终沿着社会主义方向前进；就能坚持人民当家作主，发展人民民主，依靠人民推动国家发展；就能全面依法治国，建设社会主义法治国家，切实保障社会公平正义和人民权利；就能坚持全国一盘棋，调动各方面积极性，集中力量办大事；就能坚持各民族一律平等，铸牢中华民族共同体意识，实现共同团结奋斗、共同繁荣发展；就能坚持公有制为主体、多种所有制经济共同发展和按劳分配为主体、多种分配方式并存，把社会主义制度和市场经济有机结合起来，不断解放和发展社会生产力，不断保障和改善民生、增进人民福祉。

（资料来源：舒咏平.中国国家品牌内涵、特性及其实现路径研究[J].江淮论坛，2021(4).)

◇ 本章小结

　　品牌内涵体现在六个方面：属性、利益、价值、文化、个性和使用者。属性、利益和使用者构成浅意品牌，价值、文化和个性构成深意品牌。

　　对于品牌的定义存在品牌综合说、品牌标志说、品牌价值说和品牌关系说四种说法。

　　品牌与产品既有区别又有联系，其区别表现为：产品是具体的存在，而品牌存在于消费者的认知中；产品最终由生产部门生产出来，而品牌形成于整个营销组合环节；产品重在质量与服务，而品牌贵在传播。任何产品都有生命周期，强势品牌可常青。

　　品牌与名牌的区别在于，品牌具有丰富的内涵，名牌是指知名度较高的品牌。商标与品牌的区别主要表现在：商标是一个法律概念，而品牌是一个市场概念。

　　品牌具有价值性、专有性、不确定性、文化性、联想性、扩张性和故事性等特征。

　　品牌对于消费者的价值体现为降低购买风险、降低搜寻成本、表明对顾客的承诺；品牌对于公司而言，是法律保护的唯一特征、是公司的合法资产，也是企业竞争优势的来源，有利于企业获得长期投资回报。品牌对社会产生良性的促进作用，能帮助人们建立自我认知。

　　品牌可以依据不同的标准划分为不同的类型，依据影响范围可分为世界品牌、国外品牌、国内品牌和本土品牌；依据企业类型可分为制造商品牌和经销商品牌；依据产品类型可分为产品品牌与服务品牌；依据品牌主次可分为主品牌、副品牌；依据品牌源头可分为自创品牌、引进品牌和合成品牌；依据品牌主体可分为世界品牌、国家品牌、城市品牌和个人品牌。

数字资源1-3
练习与思考
及答案

数字资源1-4
本章知识
链接

第二章 品牌个性

与人有个性一样,品牌也是有个性的。品牌个性是品牌形象的外在体现和品牌价值的核心,也是品牌与消费者建立联系的纽带。品牌个性作为品牌的核心价值,可以为企业带来持续的竞争优势。随着时代的发展,消费者的个性化、差异化越来越大。只有个性鲜明的品牌才能与消费者建立真正的情感关联,才能受到消费者的青睐。了解了品牌个性的来源和个性构成的维度,才能更好地打造有个性的企业品牌,提升品牌价值。

◇ **学习目标**

1. 知识目标

(1)理解品牌个性的内涵;

(2)掌握品牌个性的来源、特征、塑造的方法;

(3)领会品牌个性大五模型;

(4)知晓品牌个性的作用、原则;

(5)掌握品牌个性塑造的步骤及需要注意的问题。

2. 能力目标

(1)熟练分析品牌个性的内涵;

(2)学会运用相关理论分析品牌个性的来源、特征及塑造方法;

(3)学会运用大五模型对品牌个性进行分析;

3. 情感目标

(1)培养学生对中国企业品牌个性的分析能力;

(2)让学生了解品牌个性的重要性,培养学生对企业品牌维护的意识;

(3)通过对品牌个性的本土化研究的学习,培养学生的思辨能力和对知识的应用能力。

◇ **学习重难点**

1. 了解品牌个性的来源和特征

2. 领会品牌个性的大五模型

3. 掌握品牌个性塑造的步骤方法

◇ 本章关键词

品牌个性　品牌个性大五模型　品牌个性维度

◇ 导入案例

将商品全送权威机构质检　网易严选为何愿意每月多花高额质检费？

"以严谨的态度，为中国消费者甄选天下优品"。网易严选，是网易旗下原创生活类自营电商品牌，以"好的生活，没那么贵"为品牌理念，它用严谨的态度、产品首席体验馆去为消费者甄选高品质、高性价比的天下优品，在消费者面前塑造出安全、可靠、值得信赖的品牌个性。

毫不夸张地说，严选的诞生来自网易CEO丁磊的购物体验。作为其一手打造的电商品牌，严选对商品质量有着洁癖一般的要求。很少有用户知道，除了国家强制的3C认证外，严选还自费将商品送往三大国际权威机构进行质检，并为此每月付出高额的成本。

质检结果决定供应商选择

严选诞生的初衷是为中国消费者甄选优品，这个初衷决定了严选团队在寻找合作制造商时的难度——在大品牌供应商中挑选符合ODM资质的厂商。严选内部人士透露，仅仅这一项要求就淘汰了中国90%以上的制造企业。

在合作厂商的挑选过程中，网易会派员工进驻工厂进行考察，除了基本的生产水平外，工厂原料的选择、质量管理体系的执行、污水排放的处理、劳工福利关怀也被纳入考察范畴。所有细节达到一定标准后会进入选品环节。

而所选商品的质量直接决定了与制造商的合作成败。在选品进入流水线生产前，网易严选会要求制造商先生产几个样品。然后网易严选再自费将样品送往全球权威的第三方检测机构——Intertek、Bureau Veritas、SGS其中一家进行质检。质检合格后，网易派驻的员工还必须进行产中检测、产后检测及入库检测等诸多环节，对于库内产品还会进行定期巡检和送第三方检测机构进行质量抽检。

事实上，主动将产品送往权威商业检测机构的品牌商或电商平台并不多，而送检的也大多集中在抽检，检测费用则由商品供应商而非平台承担。

作为一个初创不久的新型电商，网易严选的另类做派或许来自丁磊的高期待。2016年6月，丁磊罕见地接受媒体专访，对外阐释严选创立过程与初衷。这个被外界解读为替严选站台的举动，足见丁磊对它的重视。

自带产品经理情怀的丁磊,也顺其自然地将这份情怀注入了网易旗下的所有产品内,因此江湖上才有了"网易出品必属精品"的说法。幸运的是,这份情怀不仅让严选减轻了营收上的压力,还让它获取了足够的资源去甄选商品,花费诸多人力物力为商品质量进行层层把关。

质检不合格货物全数退回厂家

有两个案例直接反映了网易严选的严苛程度。2016年6月,丁磊在接受媒体采访时就提到,严选打算上线一款枕头,而枕头内的填充物是高山荞麦壳。因为担心土壤污染对荞麦壳造成影响,严选团队在云南、四川、贵州等西部省份四处寻找,最后选中四川凉山一家茶厂生产苦荞麦茶后留下的荞麦壳,并将这一片区的荞麦壳全部包下。

除了原材料寻找过程,还有一个不为外界所了解的退货故事。2016年8月中旬,从韩国运送过来且即将上线的一批砂锅,最终在入库检测这个环节因为质检不合格,导致整批货物需要全部退回给供应商。而这批砂锅接近2000件,除了运输费,光关税就是不菲的一笔开支。面临即将产生的损失,韩国方面的供货商曾多次打电话求情,但严选方面依然坚决选择退货。不过,严选团队也透露,这种大批次的退货情况还是非常少见的。

严选目前商品类目中,其中有不少商品来自丁磊的推荐,有些商品则是他体验后才准予上线。可以说,丁磊既是网易严选商品的把关人,也是一名"老板买手"。

坚持品质优先策略

作为一个志在打造全品类的生活电商品牌,严选目前上线的商品种类其实并不那么丰富。有些粉丝就抱怨过商品较少,无法满足购买需求。

可以预见,对质量的严苛程度决定了商品种类的多寡。一件商品从选品到上线的周期就长达两个月,其中样品送检这一环节就要花费15天左右的时间。

在瞬息万变的互联网竞争态势下,这样的商品上线节奏必然导致严选目前的商品容量有限。有趣的是,网易严选并不避讳用户抱怨品类太少,也没有因为用户的反馈而打乱商品上线节奏。质量优先策略一直贯穿网易严选发展历程,如果抛弃了这一策略,严选扮演的恐怕只能是电商领域内的一个平庸角色。

值得一提的是,即便商品种类有限,网易严选依然每月要为商品花费高额质检费。随着发展逐步成熟,未来商品种类的丰富将是必然的。届时,网易严选为商品质检所耗费的成本也将逐步增加。

■ 思考题:
1. 网易严选的品牌个性是什么?
2. 网易严选的品牌个性塑造对你有何启发?

(资料来源:http://www.techweb.com.cn/internet/2016-08-24/2379389.shtml。)

第一节 品牌个性概述

一、品牌个性的含义

（一）个性概述

《心理学大词典》中将个性定义为：一个人的整个精神面貌，即具有一定倾向性的心理特征的总和。菲利普·科特勒从营销心理学的角度将个性定义为：一个人所特有的心理特征，它导致一个人对其所处的环境相对一致和持续不断的反应。对个性的描述可以采用自信力、控制欲、自主性、交际能力、保守和适应能力等性格特征术语。

个性具有以下四点特征：① 内在稳定性；② 外在一致性；③ 人际差异性；④ 整体协调性。

个性结构是多层次的、由复杂的心理特征的独特结合构成的整体，包括以下几个层次：① 能力；② 气质；③ 性格；④ 活动倾向方面的特征，如动机、兴趣、理想、信念等。不同层次的因素相互结合、彼此作用，对人的行为进行调节和控制。

（二）品牌个性概念

学术界对品牌个性进行了大量研究，目前尚无统一定论，主要有以下几种。

(1)美国斯坦福大学品牌个性的研究专家詹尼弗·艾克认为，品牌个性是指与品牌相连的一整套人格化特征。对于品牌的描述，可以分为产品属性的描述和品牌个性的描述。

(2)品牌实务专家林恩·阿普绍认为，品牌个性是指每个品牌向外展示的个性，是品牌带给生活的东西，也是品牌与现在和将来的消费者相联结的纽带。

(3)品牌个性是指产品或品牌特性的传播以及在此基础上消费者对这些特征的感知。品牌个性可以从投入与产出两方面进行解释。

由上可知，品牌个性既包括人格特征的体现，也包括与消费者建立的情感关联以及消费者的自我表达。综上所述，品牌个性的定义如下：品牌个性是品牌形象的外在体现和品牌价值的核心，也是品牌与消费者建立联系的纽带。

二、品牌个性的来源

（一）产品本身

1. 功能

产品是品牌行为最重要的载体，产品自身所具有的功能是吸引消费者的基础。产品只有具备了最基本的物理性质才能成为产品。"英特尔"和"苹果"性能出色的产品为企业带来了巨大的品牌价值，也形成了其独特的品牌个性，而这些品牌个性都是建立在其强大的产品功能基础之上的。

2. 包装和设计

产品的包装被称为"无声的推销员"，这是产品在销售中消费者感知的最直接部分。健康、优良的包装材料，独具匠心的包装造型，标志、图形、字体、色彩等各种手段的综合运用，都可以直接展示品牌的个性、特征，展现品牌的形象，都有助于品牌个性的塑造与强化。例如，"雀巢"的鸟巢图案标志，极易使人联想到待哺的婴儿、慈爱的母亲和健康营养的育儿乳品，突出了"雀巢"对消费者的象征意义。黑色的汽车给人沉稳、练达的感觉，红色的汽车则给人激情、活力的感觉。

3. 价格

产品的定价在一定程度上反映了产品的品质，也体现了品牌个性。不同价位的产品会带给消费者不同的品质形象，从而形成差异化的品牌个性。一般来说，追求高品位的品牌实行的大多是高价位策略，该类品牌被认为是高档的；追求平民化、亲切性的品牌实行的大多是平价策略，该类品牌被认为是朴实的、节约的。

4. 名称

产品名称以语言和文字的形式刺激消费者的听觉器官和视觉器官，从而在消费者心中留下印象，使消费者产生联想和感触。品牌名称创意的关键在于名称所承载的信息是否与消费者潜在的心理欲求相投和。例如，1927 年 Coca-Cola 刚进入中国时，有一个看起来十分通俗但让人摸不着头脑，并且会产生"味同嚼蜡"等不好联想的中文译名——"蝌蚪啃蜡"。

直到后来以350英镑征集到了"可口可乐"译名,也是被广告界公认的较好的品牌中文译名,一方面保持了英文的音节,体现了品牌核心概念"美味与快乐",更重要的是朗朗上口、易于传诵。还有我们日常生活中,非常常见的食用油品牌——"福临门""金龙鱼",迎合消费者讨个好彩头的心理,也是十分成功的品牌代表。

5. 产品类别

产品类别会对品牌个性的定位选择产生影响。例如,银行或保险公司倾向于选择"有能力、技艺精湛、男性化、年长、上流社会"等个性特征;耐克、锐步这样的运动品牌倾向于选择"粗犷、喜欢户外活动、富有冒险精神、年轻、有活力"等个性特征;兰蔻、雅诗兰黛等化妆品倾向于选择"高贵、温柔、典雅、美丽、芬芳"等个性特征。

6. 识别要素

有些品牌识别要素如象征物、Logo 会起到建立或强化品牌个性的作用。例如,被咬了一口的苹果、万宝路牛仔、米其林工人、麦当劳大叔、海尔兄弟都有助于强化个性。有些方方正正的 Logo 如方正、IBM、索尼等,有利于形成"严谨、科学、质量"的个性。一些柔和线条构成的 Logo 如香奈儿、古驰等,则会有"优雅、高贵、典雅"的个性。

(二)品牌使用者

品牌个性的形成和品牌使用者之间是相互依存和相互作用的。一方面,品牌个性是使用者认可的品牌特质,是各品牌之间相互区别的重要特征,因此具有不同个性的品牌会吸引不同类型的使用者。另一方面,当某一类具有相似背景的使用者经常被某一品牌所吸引时,久而久之,这类使用者共有的个性就会被附着在该品牌上,从而进一步强化该品牌的个性。

李维斯"结实、耐用、强壮"的品牌个性来源于其品牌创始初期的消费群体主要是当地矿工;通过使用者形象的传播,Virginia Slims 香烟倾向于被视为女性的,万宝路则被视为男性的。

(三)企业领袖

企业领袖的品质、风格会在潜移默化中被融入到品牌个性之中。人们提到很多品牌时,都会将品牌与其领袖联系在一起,如微软和比尔·盖茨、淘宝和马云、华为和任正非、小米和雷军。这些企业领袖身上独特的个人魅力会被传递到品牌上,从而形成该品牌的个性,将其与其他品牌区分开来。

（四）品牌的历史

品牌诞生的时间也会影响品牌的个性。一般来说，诞生较晚，上市时间较短的品牌占有年轻、时尚、创新的个性优势，如百事；而诞生较早的老字号品牌常常给人成熟、稳重、老练的感觉，如同仁堂。值得注意的是，对于某一类产品品牌而言，有时需要年轻的个性，而有时需要厚重的历史感，例如酒类品牌。香格里拉·藏秘宣称其有152年历史传承，剑南春宣称"千年酒业剑南春"，国酒茅台更是宣称其历史可以追溯到2000多年前。

（五）品牌的来源地

不同的国家因历史、经济、文化、风俗的不同，都有不同的特点、风格，来自某个国家的品牌有时也会被赋予该国的个性特征。例如：德国品牌的严谨；法国品牌的浪漫；意大利品牌的艺术感；日本品牌的轻巧、精细和精致；美国品牌的宽大、厚重和高科技。在中国，白酒的出产地如果是在四川和贵州，会更值得信赖，香烟如果产自云南，会让人感觉更加地道，这是地域对品牌个性的背书作用。

（六）广告及其代言人

在广告的各个组成部分中，由于品牌个性的人性化特点，广告代言人往往成为广告中品牌个性的重要来源。例如，力士的许多广告都是以明星代言为主，表现其高雅的一面，所以高贵、优雅也成为力士的鲜明个性特征；耐克的品牌代言人一直都是著名运动员，由这些运动员来阐释耐克"JUST DO IT"的品牌个性，吸引了众多的青少年；百事可乐将自己定位为"新生代的可乐"，通过代言人树立其"年轻、活泼、时尚"的个性。

◇ **同步案例2-1**

网红"张君雅小妹妹"如何玩转品牌人格化营销？

经常逛超市的朋友或许会看到一款格外引人注目的方便面，它的包装上是一个顶着爆炸头、系着红蝴蝶结的小妹妹形象。这款"萌萌哒"的零食就是"张君雅小妹妹"。

虽然看起来娇小又呆萌，但"张君雅小妹妹"的吸金能量巨大，自从推出以来已经畅销二十余年。它不仅成为零食界的网红品牌，更是将整个公司从负债30多亿元的泥沼中拉出来。据统计，早在2014年张君雅在大陆地区的营业额就已经近10亿元。

数字资源2-1
图片"张君雅小妹妹"（一）

事实上,张君雅小妹妹成为超级网红的背后,暗藏着当下大火的品牌人格化营销推力,它究竟是如何做到的?

1. 外包装上的奥妙:"蹭"上"捏捏族"心理

事实上,"张君雅小妹妹"的出现其实源于维力食品发布的"维力手打面"电视广告,广告中扮演张君雅的小学女生简嘉芸爆红,这成为后来张天民推出"张君雅小妹妹"系列休闲食品的动机。

如何将已经火起来的形象与新产品结合呢?张天民瞄准了当时流行的"捏捏族"。所谓"捏捏族",其实是一群工作压力大的白领,他们选择到超市里揉捏饼干等食品作为宣泄情绪的手段,随后张天民根据这个点推出了第一款产品——捏碎面,可以说这款产品让张君雅的品牌形象一下子在市场上火速流行开来,它主要在两个方面抓住了消费者的心,一个是包装上的卡通形象,另一个是包装上的广告语。

早期"张君雅"捏碎面外包装袋上的"张君雅小妹妹"是根据简嘉芸的原型来设计的,但她并没有像其他品牌的动漫形象一样卖萌耍酷,反而是噘着嘴一副可怜兮兮的样子,甚至脸上还贴着创可贴,这种反主流形式的品牌形象人物瞬间给了消费者极大的新鲜感。

数字资源 2-2
图片"张君雅小妹妹"(二)

另外,其包装袋上的广告语更是让人耳目一新,比如"手下留情、捏卡小力点""再捏我,我会跟阿母讲哦""脸被捏大,长大很难嫁耶……"这些语录让消费者在食用时可以迅速融入到使用场景中,让产品在"不说话"的情形下就能与消费者对话,有许多消费者都表示是冲着语录去买"张君雅小妹妹"的捏碎面。

事实上,做膨化食品的品牌都有一个难题,就是产品在商超的破损率很高,但是"张君雅"却将"捏"当作卖点,完全满足消费者好吃又好玩的心理,因此其一经推出后便受到热捧。

2. 高价背后的阳谋:瞄准高消费人群

除了前面提到的外包装外,很多消费者对于"张君雅"的印象或许就是一个字——贵。

目前"张君雅"系列产品的售价大多为8~13元/包,比同类型的产品如小浣熊、小虎队等贵了2~3倍。最关键的是其凸显了"张君雅"的目标人群定位。

其实目前小浣熊、小虎队的消费者大多数是学生族,而"张君雅"的定位大多数选择了上班族、白领,这类人群有实力也愿意去花更多的钱买好玩又有趣的零食,只要产品有趣并且价格没有贵得离谱,上班族、白领们都可以接受,"张君雅"恰恰做到了。

3. 花式营销如何扩大"张君雅"的知名度

当然,除了产品本身外,花式多样的营销方式也极大地加深了"张君雅"的品牌知名度,主要包括广告、IP营销及线下推广,线上线下火力全开。

(1)广告。在手打面-里长篇广告火了后,维力又趁热打铁接连发布了"张君雅"点心面-捡到篇、捏碎面-点名篇广告,并在各个量贩店、大卖场架起电视机,重复播放广告片,目的是再次唤醒消费者记忆,增加购买欲。这些广告在学生和年轻人群中掀起了许多话题热度,据市场调查数据显示,有70%以上的"张君雅"消费者是在看过广告之后成为忠实顾客的,并且"张君雅"系列广告还获得了台湾地区广告界的最高奖,可以说在销量和口碑上获得了双丰收。

(2)IP周边。开发IP周边近些年越来越受到品牌方的青睐,这种营销方式很能赢得年轻人的青睐,并将品牌扩散到生活的方方面面。而"张君雅"也充分利用其自身人物IP形象,制作出大头贴纸、表情包、公仔等多种小物件。

(3)线下活动。从2009年开始,"张君雅"就持续在做校园、超市、写字楼的试吃、推广活动,那时张君雅的渠道还没有完全打通,但代理商会到各种年轻人聚集的地方做试吃,并带着"张君雅"的卡通人偶像与顾客互动,据称还有员工戴着张君雅的头套到广场上跳舞来吸引行人注意。

4. 品牌如何玩转人格化营销

其实通过复盘"张君雅"的爆红之路,可以得出一个结论,就是其将品牌人格化营销玩出了精髓。所谓品牌人格化,就是将产品或者服务本身的特征转化为具有人性的特征,也可以认为是把品牌当作一个人去运作。在品牌人格化营销中,首先弄清在与人群对话中,品牌要扮演怎样的角色,与目标群体建立何种关系,其实也就是角色定位,比如张君雅的"呆萌女孩"等。其次是要进行特定的场景化消费引导,用文字、图片等形式构建交流通道,将冰冷的消费行为转化成有温度的消费场景,这样才算完成了一次品牌人格化营销。

(资料来源:http://www.qseeking.com/news/789.html.)

三、品牌个性的特征

品牌个性是特定产品人格特征的体现,不仅包括性别、年龄和社会阶层等人口统计特征,还包括如真诚、粗犷、多愁善感等人类个性特征。例如:宝马给人的感觉是年轻的、时髦的,凯迪拉克给人的感觉是年老的、保守的。不同的品牌个性符合不同性格消费者群体的心理特征,也显示了品牌的差异性。

(一)独特性和差异性

品牌个性的本质是为了使消费者认识品牌、区别品牌,与消费者建立情感关联,从而让消费者接纳品牌。当产品的品质、成本、价格、技术、定位等相差不大时，品牌个性是品牌与其他品牌相区分的重要特征。例如，同属可乐系列，可口可乐是传统和正宗的，百事可乐是年轻、有活力的。

（二）持续性和稳定性

如同一个人个性的塑造需要长时间一样，品牌个性的塑造具有长期性、系统性的特点。品牌的塑造并不是一蹴而就的，而是受到多种因素的影响，相互作用和协作，需要经过长时间的沉淀和累积，慢慢演化，直至成熟。如同人类个性，品牌个性具有稳定性。品牌个性是持久占据顾客心理的关键，也是品牌形象与消费者体验相结合的共鸣点。

（三）一致性和对应性

在人类群体中，个体内在的性格与其外在的表象具有一致性和对应性。例如，个体的性格是开放、主动型，则该个体外在的行为表现可能是活泼、善于交际。在消费时代，品牌也是消费者展示自我个性的体现，消费者的衣食住行均体现了消费者的价值取向和消费偏好。

（四）多元化

如同人类个性的多元化，品牌个性也具有多元化特点。例如，同为汽车行业，法拉利是高调、张扬的；奔驰是沉稳、豪华、大气的；大众是稳重、低调的；宝马是个性、运动的。多元化的品牌个性与多元化的消费者相吻合，才能征服不同群体的消费者。

四、品牌个性的作用

（一）体现品牌差异化价值

品牌个性作为品牌核心或延伸识别的一部分，最能代表一个品牌与其他品牌的差异性，尤其是在产品差异性很小的情况下。国内很多企业喜欢用产品属性展示其差异性，但这种差异性是很难保持的，原因在于基于产品属性的差异性易仿效。品牌个性的差异化有助于提高顾客的品牌认知度，给顾客带来最重要、最牢固的差异化优势。

（二）增强企业核心竞争力

品牌个性优势是适应市场发展趋势的企业核心竞争力。企业品牌个性与核心竞争力的联系体现为：企业品牌个性作为核心竞争力不仅表现在独一无二的识别、具有极强的市场穿透力等方面，而且可以通过改变产品的价值构成，使一种表现为物质价值的共性价值转变成为物质与精神并存的个性价值，从而提升产品的整体价值。

（三）激发消费者的购买动机

品牌个性是品牌人性化的体现。品牌个性可以赋予消费者精神化的内容，从而使品牌定位更深刻、更有效。消费者在试着接受一种产品的时候，下意识地把自己与该品牌联系起来，然后做出购买决定。品牌个性契合了消费者内心深层次的感受，以人性化的表达激发了消费者潜在的购买动机，从而使他们选择那些独具个性的品牌。

（四）有利于提升品牌价值

大量的市场调查和研究发现，越来越多的消费者在购买商品时，并非仅仅要满足基本的生活需要，还需要满足社会性、展示性等精神需要。也就是说，品牌可以为消费者同时带来有形和无形的利益，而只有消费者将品牌与他们的有形和无形利益结合在一起的时候，品牌价值才能够真正体现出来。从这个意义上来讲，品牌个性在消费者无形利益的提供上发挥着重要的作用，因此鲜明的品牌个性有利于提升品牌价值。

◇ 知识活页

品牌联想：在记忆中任何与品牌相联系的东西。例如，提到耐克，许多人很容易想到这是一个美国的品牌，想到运动鞋，想到商标图案，想到迈克尔·乔丹。从品牌联想的角度，品牌个性是一个品牌与某一或某些个性特征之间的联系。由于这种联系的存在，当人们看到一个品牌时，就会想到与其相联系的个性。因此，品牌个性是品牌联想的一种。

第二节　品牌个性的维度

一、品牌个性大五模型

品牌个性根源于消费者对品牌所赋予的人性特征,所以在测量品牌个性的已有研究中,人类个性维度是重要的参考基础。

(一)人类个性的大五模型

Tupes 和 Christal 是最早发现个性五大特质的研究者。他们以 Cattell 的双极特质形容词作为研究材料,对 8 组被试的相关矩阵进行重新分析,发现了 5 个相对显著而且稳定的因素。他们所发现的因素后来被称为"大五因素"(the Big Five),借以强调每一因素的宽泛性。以经典特质论来看,每一个因素就是一种"巨型特质"(giant trait)。自此,很多研究都验证了"大五因素"的存在。人类个性的大五模型见表 2-1。

表 2-1　人类个性的大五模型

因素	内涵
开放性(openness)	具有想象、审美、情感丰富、求异、创造、智能等特质
尽责性(conscientiousness)	具有胜任、公正、条理、尽职、成就、自律、谨慎、克制等特质
外向性(extroversion)	表现出热情、社交、果断、活跃、冒险、乐观等特质
宜人性(agreeableness)	具有信任、利他、直率、依从、谦虚、移情等特质
神经质(neuroticism)	难以平衡焦虑、敌对、压抑、自我意识、冲动、脆弱等情绪的特质

(二)品牌个性的大五模型

Jennifer Aaker 通过运用一系列严格的过程,发展并评估了品牌个性量表(Brand Personality Scales,BPS)。其研究的基本目的是发展可靠的、有效的、能够广泛运用的品牌个性测量方法。她首先对心理学和市场营销学领域中的相关文献作了全面的回顾,收集了总共 309 个分散的品牌个性特征。接着,通过受访者对这些特征在品牌描述性上的打分结果,将特征减少到 114 个。接着选取 631 个美国消费者对筛选出代表产品和服务的 37 个品牌在这 114 个个性特征上进行有效性的打分，通过分数的统计结果总结出品牌个性的五个维度——真诚（sincerity）、兴奋（excitement）、能力（competence）、教养（sophistication）和强韧（ruggedness），如表 2-2 所示。这五个维度可以再细分为 15 个不同的方面，共有 42 个指标。由于 Aaker 的品牌个性量表也有五个方面的维度，所以也称为新大五模型。

表 2-2　Aaker 的品牌个性维度量表

品牌个性维度	不同层面	品牌个性特征
真诚	脚踏实地	淳朴的、小镇的、家庭为重的
	诚实	真诚的、诚心的、真实的
	健康	原创的、健康的
	愉悦	愉悦的、感情丰富的、友好的
兴奋	大胆	时髦的、大胆的、令人兴奋的
	活泼	酷的、活泼的、年轻的
	有想象力	独特的、有想象力的
	时尚	时尚的、独立的、现代的
能力	可靠	可信的、勤奋的、安全的
	智慧	智慧的、技术的、团结的
	成功	成功的、领导者的、自信的
教养	上流社会	上流社会的、富有魅力的、优雅的
	迷人	迷人的、女性化的、柔顺的
强韧	户外	户外的、男性化的、西部的
	结实	粗犷的、强硬的

（注：Aaker J L. Dimensions of brand personality[J]. Journal of Marketing Research,1997,34(3).）

Aaker 指出，品牌个性的大五模型中的真诚、兴奋和能力与人类个性特征研究的大五模型中的宜人性、外向性、尽责性一一对应，为研究品牌个性与消费者个性之间的关系提供了有价值的参考。Aaker 的品牌个性维度量表在西方营销理论研究和实践中得到了广泛的运用。品牌个性的大五模型揭示了 93% 被观察的品牌差异，非常贴切地描述了很多品牌的个性。例如，康柏和柯达的"真诚"品牌个性非常明显，万宝路、耐克的"强韧"品牌个性突出，劳力士和香奈儿体现了上层社会有"教养"的男人和女人。

二、品牌个性的本土化研究

为了发展中国本土的品牌个性维度，黄胜兵、卢泰宏等学者在三个一线城市——北京、上海和广州以及两个二线城市——成都和长春进行了问卷测试，采用西方的词汇法、因子分析和特质论等作为方法论基础，从中国传统文化角度，通过对这五个城市消费者的实证研究，阐释了中国的品牌个性维度——仁、智、勇、乐、雅。

第一个维度——仁。该维度主要包括的词语有平和的、环保的、和谐的、仁慈的、家庭的、温馨的、经济的、正直的、有义气的、忠诚的、务实的、勤奋的等,这些词语一般都是用来形容人们所具有的优良品行和高洁品质,表示的是"爱人"及"爱物"之意。这些词语都是属于古汉语中"仁"的范畴。

第二个维度——智。该维度主要包括的词语有专业的、权威的、可信赖的、专家的、领导者的、沉稳的、成熟的、负责任的、严谨的、创新的、有文化的等。考虑到与第一个维度相对应,这里使用了一个比"术"或"才"更抽象的词"智"来命名第二个维度。因为在古汉语中,"智"的外延不仅局限于"术""数"或者"才",也包括智敏、沉稳、严谨、贤能等。这样能更加贴切地描述本维度中所包括的词汇,也更能体现中国传统文化。

第三个维度——勇。该维度主要包括的词语有勇敢的、威严的、果断的、动感的、奔放的、强壮的、新颖的、粗犷的等。这些词语可以用来形容"勇"所具有的"不惧""不避难"的个性特征,既包括作为一种道德的勇,如勇敢、果断等,也包括作为个人形象特征的勇,如强壮、粗犷等。

第四个维度——乐。该维度主要包括的词语有欢乐的、吉祥的、乐观的、自信的、积极的、酷的、时尚的等。这一维度的词语都是用来形容高兴的、乐观的、自信的、时尚的外在形象特征。仔细分析这些词语,可以发现几个层次的含义:来自内心的积极、自信和乐观;表现为外在形象的时尚和酷;既有表示群体欢乐的,也有表示个体欢乐的。这些词语都反映的是"乐",只是"乐"的表现形式有所不同。

第五个维度——雅。该维度主要包括的词语有高雅的、浪漫的、有品位的、体面的、气派的、有魅力的、美丽的等。这些词语可以用来形容儒雅的言行风范,浪漫的、理想的个性,以及秀丽的、端庄的容貌特征,或者体现别人对自己的尊重。这些词语有些与传统文化中的"雅"相联系,有些则与现代意义上的"雅"相联系。

为了便于不同研究者对所获得的品牌个性维度结构的对比分析,识别差异点和相同点,黄胜兵、卢泰宏等学者对中国品牌个性维度的内部结构进行层级细化,如表2-3所示。层级结构一般由最具有代表性的、最可靠或者最稳定的一些个性词语组成,它们帮助把一级维度剖分为若干个在意义上更加狭义、具体,更加容易理解和解释的部分。

表2-3 中国品牌个性维度及其特性表现

品牌个性维度	品牌个性次级维度	品牌个性特征
仁	诚家	温馨的、诚实的、家庭的
仁	和	和谐的、平和的、环保的
仁	仁义	正直的、有义气的、仁慈的
仁	朴	质朴的、传统的、怀旧的
仁	俭	平易近人的、友善的、经济的
智	稳谨	沉稳的、严谨的、有文化的
智	专业	专业的、可信赖的、领导者的
智	创新	进取的、有魄力的、创新的

续表

品牌个性维度	品牌个性次级维度	品牌个性特征
勇	勇德	果敢的、威严的、果断的
	勇形	奔放的、强壮的、动感的
乐	群乐	吉祥的、欢乐的、健康的
	独乐	乐观的、自信的、时尚的
雅	现代之雅	体面的、有品位的、气派的
	传统之雅	高雅的、美丽的、浪漫的

◇ **同步案例2-2**

扬州谢馥春的品牌个性维度分析

扬州谢馥春,始建于清道光十年(公元1830年),当时主营香粉、头油、香件、藏香等产品。集众家之长,对传统工艺不断创新和发展,1915年在美国巴拿马万国博览会上获奖,成为当时著名的国际化妆品品牌。从创始人谢宏业开始,至1956年公私合营,历经了谢家五代人的苦心经营,2006年获批商务部首批"中华老字号"称号。其虽然在21世纪初曾经历过品牌老化(衰退)阶段,但是很快品牌复活,得以重获新生,2013年荣登"中华老字号品牌价值百强榜",堪称高资产的江苏老字号品牌。谢馥春目前不仅在各地有专卖店,而且在线上还有官方旗舰店。目前,网购已成为现代人普遍的消费习惯。本研究从以下几个方面进行分析。

一、主页面分析

进入旗舰店,即出现五幅滚动页面,同时对文字和画面进行分析。

(一)主页面文字分析

在文字方面,共包括五方面的内容:一是婉约风格的古词,"粉香映叶花羞日……""旧识凌波女……"给人以浓郁的中国传统文化之印象。二是产品名称,滚动页面上的"名媛香膏""名媛唇脂""凝脂膏""桂花油""胭脂水"五款名称,显著区别于现代化妆品中诸如"粉饼、粉底""唇膏、唇彩、唇蜜""腮红""乳液"等名称,强烈显示出品牌的传统文化底蕴。而"名媛"二字更是让人联想到曾经的那个年代。以上均显示出品牌的文化性。三是产品上新,"新年有新品""新品上市"。显示品牌的创新性。四是功能,"一物多用""莹亮""粉香""匀""娇"。显示品牌的关爱程度。五是时尚,"三生三世",借用潮剧《三生三世十里桃花》。由于该剧为古装剧,用在此处毫无违和感。显示出品牌的欢乐性。

（二）主页面画面分析

在画面上：古词呈从右向左竖向排列，是中国文字传统排列方式；鸭蛋盒形，正是沿用了老字号谢馥春当年打响品牌时的经典造型；盒盖上的花鸟图案、凝脂膏上的花卉图案也是典型的中国画风。桃花既是中国传统花卉，又是《三生三世十里桃花》的主图案；蝴蝶和中国经典爱情故事"梁祝"有着千丝万缕的联系。竹编是中国传统手工艺；桂花是中国人非常喜爱的传统花卉；玫瑰图案较为时尚；玫瑰胭脂水包装上则是一位蛾眉凤目、欲语还休的中国古典仕女画像。页面的整体背景颜色均较为淡雅，吻合中国传统文化不张扬、含蓄的精神。综合显示出品牌的文化性、欢乐性。相较于国际品牌或者现代品牌的化妆品而言，谢馥春品牌围绕古典美，在品牌个性上向消费者清晰地传递出"有文化"特别是"有传统文化"这一个性，同时在传统配方、传统技艺基础上不忘创新，并结合流行元素显示时尚感，也即突出传递出品牌中"智"和"乐"的个性。

二、产品创新

（一）产品坚持创新

道光年间谢馥春品牌初创阶段，相关史料显示，创新是其品牌发展和壮大的灵魂。当初谢家为了和戴春林、薛天锡两家竞争，巧妙地将中草药和香粉结合形成了自家特色，同时在香粉的包装上也进行了改进。对于两家竞争对手单一的桂花头油，谢馥春创新性地采用药材炮制头油，并将名称创新性地改成冰麝油。同时积极开发新产品，例如香棒、香囊、香袋、香珠、香串等。无论是对已有产品的革新还是创新品种，当年的谢馥春都通过创新树立、壮大了自己的品牌，受到各级消费者的追捧。通过对旗舰店的产品进行浏览和分析，可以发现，谢馥春在今天依然注重创新。主要体现在以下几个方面。一是原料创新。如香粉，史料记载的传统香粉主要是石粉、米粉、豆粉，结合时令，选用白兰、茉莉、珠兰、玫瑰等鲜花，再加以适量冰片、麝香，制成既有花香又有保健作用的各种香粉。新产品茯苓莹亮粉则使用珍珠粉，添加白茯苓。雪莲美肌蜜粉是在传统香粉工艺基础上融入雪莲花。再如玫瑰胭脂水在古法制作的基础上添加了玫瑰精油和透明质酸钠。二是品种创新。史料记载的谢馥春产品种类为香粉、头油、香件，现在的谢馥春产品则是结合护肤彩妆业的发展，迎合消费者妆容需求，在传统香粉、头油、香件基础上，进一步增加了胭脂、口脂、唇彩、眼影、眉黛、面贴膜、洁面乳、爽肤水、乳液、焕颜霜、蜜粉、粉底乳、修颜乳、护手精华等丰富的品种。三是技艺创新。如结合现代工艺研发出馥春肽羊胚胎肽冻干粉，同时配合古法制作的玉板进行按摩吸收。通过配方升级解决了帘秀眼影的膏体软化问题等。四是功能创新。如玫瑰胭脂水可以唇腮两用，既作为胭脂又作为唇彩。飞燕胭脂可同时作为腮红、眼影和口红。谢馥春品牌注重创新，同时创新紧扣传统文化主题，始终不偏不离地突显其古典特征。创新性充分彰显出谢馥春品牌"智"的个性，而"智"也正是最为消费者认同的理想中的品牌个性。

(二)产品注重自然

谢馥春产品注重自然,也即采用自然原料,使用诸如"鲜花熏染、冰麝定香"等古法炮制,所谓古方古法,很多彩妆产品的自然性甚至做到了免卸妆的程度。同时,古方古法也体现出谢馥春品牌在化妆品领域中的专业性。自然性充分体现出谢馥春品牌对消费者的关怀关爱,显示出品牌"仁"的个性,同样是消费者理想中的品牌个性。专业性则同样体现了"智"的个性。同时在产品浏览过程中,笔者也发现了更多的品牌关爱。各种产品都有详细的使用说明,例如彩妆产品玫瑰胭脂水,通过过程图片和文字说明向消费者生动展示了如何点染双颊和唇部。眉粉的使用说明还给出了和各种不同脸型相配的眉形。这种关爱也正表现出该品牌"仁"的个性。此外,在浏览过程中,笔者能明显感觉到一种不一样的体验,无论是古典妆容的美女图像,还是诗情画意的古诗词,还是不同于现代妆容的古典化妆方式和程序,都让人有一种怀旧的、浪漫的、娇慵的甚至新奇的综合体验,这对于爱好传统文化的消费者无疑是一种很好也很特别的体验。这和前文提到过的"时尚"共同构成了该品牌"乐"的个性。当然,总体的格调向人传递出淡淡的"雅"意,构建出该品牌"雅"的个性。

三、品牌故事分析

打开主页上的"谢馥春故事",通过图文向人传递出如下信息。一是历史悠久,始创于道光十年,即公元1830年。二是产品质量过硬,从1915年在巴拿马万国博览会上获奖开始,至今已荣获15项国际、国家、省级荣誉。三是关心国家和民众,做过赈灾、修路、捐资等众多义举。很明显,一方面,历史悠久、质量过硬、荣誉较多是一个中华老字号品牌向消费者传递的强有力的 品牌"能力"感知,再加上产品自然清新、坚持创新、种类丰富等,树立了谢馥春在国妆品牌中首屈一指、质量上乘的产品形象。另一方面,关心国家和民众则是向消费者传递出关爱的"温情"感知。在注重品牌"能力"塑造的同时,也关注品牌"温情"传递,使得谢馥春成为重放光彩的高资产老字号品牌。

(资料来源:张一.基于"扬州谢馥春"个案研究的江苏老字号品牌年轻化对策[J].品牌研究,2019(1).)

第三节 品牌个性的塑造

一、品牌个性塑造的方法

实际上,品牌个性塑造的方法是营销手段的空间组合或时间组合。前者是在空间上将各种影响品牌个性的营销手段组合起来加以使用,后者则是在时间上将某些影响品牌个性的营销手段加以组合使用。

(一)营销手段的空间组合

消费者在了解品牌个性的过程中,会在记忆中通过该品牌的联想物来推断品牌个性,如代言人、广告风格、识别要素等。例如,可口可乐的电视广告总是充满激情、充满青春活力,所以可口可乐具有活泼、激情的个性特征。所以,塑造消费者对品牌个性认知的决定因素是消费者用来形成品牌记忆的联想物,而众多品牌联想物来源于企业在塑造品牌时发起的营销活动。具体而言,产品特征、广告、广告代言人、口号、使用者形象以及其他营销因素的组合运用是塑造品牌个性的主要手段,而且这些营销因素之间要协调一致,才有利于突出鲜明的品牌个性。例如,奔驰具有稳重、老练的成功人士的个性,如果用年轻的代言人、活泼的广告风格,就不合适。

(二)营销手段的时间组合

Aaker 和 Founier 认为,在品牌与人的关系中,消费者会通过品牌的行为和活动来推断品牌的个性。正如人的个性判断一样,当一个人多次做事表现出考虑周详时,他的"细致"个性就会被推断出来。当一个人多次遇到困难都能百折不挠时,他就会被认为是个性"顽强""坚忍""执着"等。一个品牌跨时间的行为表现,往往也铸就了它的品牌个性。品牌行为与品牌个性如表 2-4 所示。

表 2-4 品牌行为与品牌个性

品牌行为	品牌个性
频繁改变定位、产品形态、标识、广告等	反复无常、精神分裂

续表

品牌行为	品牌个性
频繁优待和赠券	廉价、没有教养
密集的广告	开朗、流行
强大的顾客服务、易于使用的包裹等	平易近人
保持不变的人物和包装	熟悉、舒适
高价、排他性的分销，在高端杂志上做广告	势利、老练
友好的广告、代言人	友好
与文化活动的联系	关注文化

（资料来源：黄合水. 品牌学概论[M]. 北京：高等教育出版社，2009.）

二、品牌个性塑造的原则

塑造品牌个性的方法多种多样，包括各种营销手段在时间和空间上的组合。但不论采用何种方法，在品牌个性塑造的过程中都应遵循以下基本原则。

（一）持续一致性原则

品牌个性的形成得益于企业在经营过程中的塑造。在品牌个性的形成过程中，必须坚持持续一致性原则。持续一致性包括时间的一致性和空间的一致性，即在一段时间内，围绕品牌个性特征进行的整合传播活动应保持一致。从内容上来讲，品牌的个性特征及其内涵、对目标消费者的生活方式和价值观的理解要保持持续一致；从形式上来讲，品牌传播的各项要素的基本结合方式，以及展现形象的核心图案和品牌代言人的形象气质等应该持续、连贯。当然，品牌传播的语句、风格等的持续、连贯，并不要求完全雷同，而是"稳中有变"。

（二）人性化原则

品牌个性的塑造要以市场和消费者为轴心。这种个性既要区别于竞争品牌，又要与消费者的个性心理相符合。若不符合消费者的意图又不能提高消费者的价值，这种个性就失去了其本来意义。品牌个性的一个重要作用就是与消费者沟通，进行情感上的交流。在品牌个性的塑造过程中，要坚持人性化原则。一方面，人性化的品牌个性可以使人们感到亲切，拉近消费者与品牌之间的距离；另一方面，人性化的品牌个性也有利于消费者展示自己的个性。

（三）功能性原则

产品自身所展示的功能是品牌吸引消费者的基础，失去了产品功能上的特性，再美好、独特的品牌个性也是虚无缥缈的。保时捷、苹果、英特尔、香奈儿等均拥有自己独特的品牌个性，但这些品牌个性的塑造都是建立在产品首先能够满足消费者物质需要的基础之上的。因此，企业在塑造品牌个性的过程中，首先要以人为本进行产品的设计和开发，提高产品的功能性，克服形式主义的错误。

（四）独特性原则

品牌个性的独特性原则包括两层含义：一是品牌个性中必须有竞争品牌的个性中所没有的内容；二是独特并非奇特，不是不顾目标顾客群的现实或渴望的个性，胡乱捏造，而是要追求有效的独特性。值得注意的是，"独特性"并不是要求品牌的整体个性的各个方面均要与竞争品牌完全不同。相互竞争的品牌广义上的客户群是基本相同的，而品牌个性要能反映目标客户群的总体个性。因此，一系列相互竞争的品牌其个性存在部分相似甚至趋同性，应该被视为是合理的。例如，可口可乐和百事可乐，其品牌个性虽然具有很大的差异性，但都有"活泼、快乐"的特质。

三、品牌个性塑造的步骤

（一）确定品牌个性目标

品牌个性是品牌的人性化表现，它具有品牌人格化的独特性。塑造品牌个性，要尽可能使品牌个性与消费者的个性或与其追求的个性相一致。品牌的个性目标必须与品牌允诺的功能或心理上的利益相一致，如耐克公司成功地将竞争、成功、有趣和获胜的情绪与品牌联系起来。

（二）一切从品牌核心价值出发

品牌核心价值是品牌个性的内核，而品牌个性是品牌核心价值的表现，两者是相互统一的。在了解品牌个性的情况下，塑造品牌个性必须首先考虑品牌核心价值是什么，并以它为核心，一切从这里出发，不断地塑造和演绎品牌个性。比如，戴比尔斯为了扩大消费市场，通过品牌核心价值塑造钻石"坚定的、永恒的"的品牌个性，创造了一个经典动人的爱情故事，也成就了一个巨大的产业，成为戴比尔斯企业文化的象征。海尔品牌的核心价值是"真诚到永远",海尔通过砸冰箱事件、五星级售后服务、海尔兄弟电视剧等塑造了"真诚的、负责任的、创新的"品牌个性。

(三)实施品牌个性战略

确定好品牌的个性特征及核心价值后,就需要品牌个性战略来进行品牌个性战略识别。品牌个性的确定和发展取决于品牌传播组合中的众多因素,如企业形象、品牌个性的词汇描述、品牌名称、包装、定价、促销的影响,因此品牌个性的成功创造有赖于这些不同力量的联合作用。例如,摩托车品牌哈雷-戴维森的创始人花费了大量的时间,与摩托车手们共度周末,陪伴他们旅行,分析他们所谈论的话题,了解他们的喜好和需求、所制订的计划,以及他们希望做什么,从总体上了解他们思想的各个方面。通过调查、骑行体验和共同生活明确了摩托车手们激情、爱国、自由、勇敢、阳刚、男子气概以及追求传统等个性特点,并用激情、自由、勇敢等词汇来设计品牌传播活动,用这些词汇塑造摩托车品牌的个性,把摩托车运动塑造并发展为一种充满乐趣、激动人心、享有盛誉的休闲活动。

宝洁公司的四种主要产品飘柔、海飞丝、潘婷、沙宣的功能和消费群体定位是,飘柔——柔顺一族,海飞丝——有头屑人群,潘婷——保养一族,沙宣——保湿一族。针对不同的消费者群体进行品牌定位,塑造了各自的品牌个性。飘柔的个性特征是自信,海飞丝的个性特征是潇洒,潘婷的个性特征是靓丽,沙宣的个性特征是时尚。

四、品牌个性塑造应注意的问题

(一)处理好品牌个性和品牌适用性的关系

品牌个性和品牌适用性是一对矛盾的统一体。品牌个性越强则其消费群体受众会减少,导致品牌适用性下降。因此,塑造品牌个性时必须注意,品牌个性不能对品牌适用性有太大的损害,否则市场占有率太低,不利于品牌的传播和维护。

(二)把握好追求个性的程度

塑造品牌个性要求创新,但并不是一味求奇、求异。塑造品牌的过程中应该深入市场调研,了解消费者的心理和需求,并赋予其深刻的内涵,才能达到应有的效果。

(三)塑造品牌个性不能急功近利

品牌个性的塑造是一项系统工程和一个循序渐进的过程,单靠一方面或者想一蹴而就是很难做到的。品牌个性的塑造需要动用长久、稳定、统一的广告宣传加深消费者对品牌的印象，还需要与产品开发、形象设计、公共关系、促销活动等各方面工作有效配合。

◇ 知识活页

品牌个性塑造是一个形象匹配过程，即品牌个性设计形象与消费者认知中的个性形象的一致性过程。在品牌个性塑造之前，企业作为品牌的所有者应当进行市场调查，了解自己的品牌在消费者脑海中的印象，并将这种印象做出形象化处理，比如与自然界或者社会中的一些客观事物或者描述性的语言联系在一起。例如，有的品牌给人以强壮的感觉，那么消费者就会联想到强有力的动物，如狮子、老虎、公牛等；有的品牌带给消费者的感觉十分复杂，只能用语言来描述，例如"温柔"又"可爱"，那么企业可能会用"轻风""花朵""明月"等来塑造自己的品牌个性。由于思维世界中的想象力是无穷的，因而对于企业而言，必须能够在众多可以用来塑造品牌个性的客观事物中找到最准确、最有力、最美丽的一个个性形象来塑造自己的品牌。

数字资源 2-3
动感地带的
品牌个性塑造

◇ 本章小结

品牌个性是品牌形象的外在体现和品牌价值的核心，也是品牌与消费者建立联系的纽带。品牌个性作为品牌的核心价值，为企业带来持续的竞争优势。品牌个性的来源主要有产品本身——功能、包装和设计、价格、名称、产品类别、识别要素等，品牌使用者，广告及其代言人，企业领袖，品牌的历史，品牌的来源地等。

品牌个性是特定产品人格特征的体现，不仅包括性别、年龄和社会阶层等人口统计特征，还包括如真诚、粗犷、多愁善感等人类个性特征。品牌个性具有以下特征：独特性和差异性、持续性和稳定性、一致性和对应性、多元化等。

品牌个性的作用：品牌个性是品牌差异化价值的体现；品牌个性可以增强企业的核心竞争力；品牌个性可以激发消费者的购买动机；品牌个性有利于提升品牌价值。

品牌个性的大五模型包括真诚、兴奋、能力、教养、强韧等五个维度。

品牌个性塑造的方法包括营销手段的空间组合和时间组合。品牌个性塑造的原则包括持续一致性、人性化、功能性、独特性。品牌个性塑造的步骤为:确定品牌个性目标;一切从品牌核心价值出发;实施品牌个性战略。品牌个性塑造应注意:处理好品牌个性和品牌适用性的关系;把握好追求个性的程度;塑造品牌的个性不能急功近利。

数字资源2-4
练习与思考
及答案

第三章　品牌形象

品牌形象是企业或某个品牌在市场上、在社会公众心中所表现出的个性特征,它体现公众特别是消费者对品牌的评价与认知。品牌形象与品牌不可分割,品牌形象是品牌表现出来的特征,反映了品牌的实力与本质。品牌形象是消费者对品牌的所有联想的集合体,它反映了品牌在消费者记忆中的图景。品牌形象包括品名、包装、图案广告设计等。形象是品牌的根基,所以企业必须十分注重塑造品牌形象。

◇ 学习目标

本章主要阐述品牌形象的含义、品牌形象的模型、品牌形象的识别过程和品牌形象塑造策略。本章的学习目标包括知识目标、能力目标和情感目标三个方面,具体内容如下。

1. 知识目标

(1)了解品牌形象的含义;

(2)理解品牌形象的构成要素;

(3)掌握品牌形象管理塑造方法。

2. 能力目标

(1)能用自己的语言清晰表达形象和品牌形象的概念,解释其内涵;

(2)能举例说明品牌形象的特征;

(3)能对身边的品牌合理运用品牌形象策略。

3. 情感目标

(1)培养学生认识形象对于企业的重要性;

(2)培养学生塑造本土民族品牌个性形象的志向。

◇ 学习重难点

1. 了解品牌形象的概念及特征

2. 理解品牌形象的艾克模型、凯勒模型和贝尔模型

3. 领会品牌形象识别的概念、要素及系统

4. 掌握品牌形象塑造方法和策略

◇ **本章关键词**

品牌形象　艾克模型　凯勒模型　贝尔模型　品牌形象识别

◇ **导入案例**

鸿星尔克，国货品牌形象的塑造之路

一、坚守匠心，自主技术打造核心竞争力

"匠"是一门技术，"心"是一种执着。鸿星尔克实业有限公司董事长吴荣照认为，技术永远是产品及其企业发展的核心生产力。自品牌建立之初，鸿星尔克就以"科技领跑"作为企业发展战略，打造独具特色的自主知识产权矩阵。截至 2017 年底，共获得授权专利达 206 项，其中发明专利 51 项，实用新型专利 115 项，发明专利拥有量领跑国内同行业，获得由国家知识产权局颁发的"国家知识产权示范企业"荣誉称号。通过对人体力学的潜心研究和中国消费者脚型大数据的分析，鸿星尔克开发出了可为跑者持续提供能量反馈的蓄能科技，可减少足部落地冲击力的 GDS（地面减震系统），以及有效缓冲足部冲击、为足部提供保护的笼骨科技等一大批创新技术。在结合当下流行的设计和精湛的制造工艺打磨后，蓄能跑鞋、GDS 跑鞋、笼骨科技跑鞋等多款代表鸿星尔克自主技术、更懂国人需求的原创产品应运而生，并通过市场检验，得到了广大消费者的喜爱。其中蓄能跑鞋问世以来，产品核心科技已升级到 5.0。

创新不息，前行不止。鸿星尔克作为中国企业精神的表达者和推行者，不断突破旧格局，聚焦新品类，借助对文化形态的深入诠释，力推符合年轻人需求的专业运动新品，大胆尝试、死磕细节，用创新打破产品的边界，让国人因鸿星尔克自豪，传承中国智造，向世界展示今日中国体育品牌的新形象。

二、品牌"强符号"，赋能国货新形象

面对竞争更为激烈的国际市场，传统国产品牌有何底气升级为"大国品牌"？鸿星尔克的答案是打造属于自己的品牌"强符号"，即要在消费者心目中留下深刻印象，被"发现"的同时更要被"记住"。鸿星尔克在业界首推运动科技概念，使其从众多运动品牌中脱颖而出，通过网球赛事营销、影院场景营销等新方式，为品牌赋能。

作为中国早期开展网球赛事营销的品牌，鸿星尔克与网球已结下不解之缘。自 2005 年起，鸿星尔克就先后与 WTA 广州国际女子网球公开赛、上海 ATP1000 大师赛、阿布扎比世界网球锦标赛、中国网球公开赛、珠海网球公开赛等十余项国内外顶级赛事达成合作。鸿星尔克在网球运动上的深耕细作达 10 余年之久，不仅很好地提升了产品品质和服务水平，而且展示了其作为运动品牌的形象和价值。珠海华发体育运营管理

有限公司执行董事吕品德曾表示:"鸿星尔克对网球的这份热爱与执着,是通过其良好的产品以及专业的服务作为背书的,这不仅推动了赛事的成功举办,同时也为品牌赢得了口碑和美誉。"与此同时,鸿星尔克基于消费人群及消费方式的新变化,在品牌营销上大胆尝试跨界营销,与影院联动开展了全场景整合营销。这一创新跨界不仅获得了消费者及业内人士的一致好评,获得2018金成奖"年度最佳内容整合传播金奖",也助推了其品牌持续增值至257.15亿元,并跻身"2018中国最具价值品牌"榜单。

如今,借着"一带一路"政策的东风,鸿星尔克在做更懂中国人的品牌的基础上,大胆革新,用更自信的品牌形象登上国际舞台,不仅让属于自己的品牌强符号"TO BE No.1"在消费者心目中根深蒂固,更将这个品牌的强符号推向全球,在国际上树立全新的国货形象。

三、大国担当成就大国品牌

"路漫漫其修远兮,吾将上下而求索",大国品牌必然要有勇于开拓的奋飞精神和引领行业发展的责任与担当。为应对消费升级,鸿星尔克布局智慧物流的重要成果——长泰电商产业园,于2017年竣工并投入使用。作为全国业内首家运用"互联、智能、绿色"设计理念建造的电商产业园区基地,鸿星尔克为整个行业的智能化转型做出了表率。"电商产业园的落成,让鸿星尔克的线上线下零售渠道进一步拓宽和优化,产品也将更直接、更快速地接受市场和消费者的检验。"鸿星尔克创始人吴荣照说。对于鸿星尔克而言,长泰电商产业园的建成投产,不仅是作为供应链创新方面,推进物流降本增效的一项仓储现代化实践产物,也是企业与时俱进、引领行业发展的责任和担当。

"不惧竞争,勇于开拓。大国品牌的舞台应该在世界!"正如吴荣照所说,"我们要有敢于争锋的自信和魄力,通过自己的努力奋斗,让世界认可中国制造的实力,实现从制造大国到品牌大国的转变。这也是新时代下大国品牌的使命和责任。"

■ 思考题:

1. 鸿星尔克运用了哪些品牌形象策略?
2. 请对鸿星尔克的品牌形象进行整体分析和评价。

(资料来源:https://mq.mbd.baidu.com/r/xF1ACAbmx2? f=cp&u=2bf600caf8c9dcb6.)

第一节 品牌形象概述

一、品牌形象的概念

利维认为,品牌形象是存在于人们心里的关于品牌的各要素的图像及概念的集合体,主要是品牌知识及人们对品牌的主要态度。罗诺兹和刚特曼从品牌策略的角度提出:"品牌形象是在竞争中的一种产品或服务差异化的含义的联想的集合。"他们还列举了品牌形象操作的策略性途径:产品认知、情感或印象、信任度、态度、形象个性等。斯兹提出,品牌应像人一样具有个性形象,这个个性形象不是单独由品牌产品的实质性内容确定的,还应该包括其他一些内容……至此,对品牌形象的认识进入品牌的个性层次。帕克等人提出:"品牌形象产生于营销者对品牌管理的理念中,品牌形象是一种品牌管理的方法。"他们认为,任何产品或服务在理论上都可以用功能的、符号的或经验的要素来表达形象。

品牌形象是消费者对传播过程中所接收到的所有关于品牌的信息进行个人选择与加工之后留存于头脑中的有关该品牌的印象和联想的总和。品牌形象内容主要由两方面构成:一方面是有形内容,另一方面是无形内容。品牌形象的有形内容又称为"品牌的功能性",即与品牌产品或服务相联系的特征。品牌形象的无形内容主要指品牌的独特魅力,是营销者赋予品牌的,反映了人们的情感,显示了人们的身份、地位、心理等个性化要求。

二、品牌形象的特征

(一)主观性

品牌形象是公众对品牌的总的看法和根本印象。是公众对品牌感知、理解和联想的总和,因而它具有主观性。同一品牌在不同的人脑中可能会产生不同的品牌形象,这和 100 个读者心中有 100 个哈姆雷特的道理一样。

（二）识别性

品牌形象虽然是品牌识别在人脑中的主观印象，但品牌形象的基础——品牌识别是客观存在的。从本质上讲，构成品牌的诸多要素如产品质量、服务质量、技术水平、公共关系、广告风格等都是可以识别的。

（三）稳定性

可口可乐总裁曾经说过：假如有一天可口可乐企业被一把火全部烧光，但仅用"Coca-Cola"这几个字母就可以在世界任何一个地方贷款。因为Coca-Cola品牌形象已留在全世界消费者的心中。

（四）发展性

品牌形象的发展性也可称为时代性，是指品牌要随着时代的步伐和各种条件的变化而做出调整，即对品牌识别做出调整。

（五）传播性

品牌要想在公众心目中树立良好的形象，必须借助各种传播手段。离开了传播媒介有效的、广泛的传播，企业对树立品牌形象的过程就会失去引导和控制。

◇ **同步案例3-1**

百年油纸伞，从实用雨伞到工艺收藏

"苏恒泰"品牌1864年在汉口创立，其创立人为湖南长沙东乡石门坎人苏文受。"苏恒泰"油纸伞曾名扬华中，以结实耐用著称。其制作工序繁杂而考究，相传能抵抗6级大风。历经百年风雨后，老字号"苏恒泰"一度在人们的记忆里消失。近半个世纪以来，制伞的传统技艺逐渐失传。

近代，在湖南商人中，有湘阴、湘潭、长沙人在汉口经营伞业，先后达10余家，大多集中在汉口汉正街西关帝庙附近。有一家叫"苏恒泰"的，特别有名，经过数十年的经营，拥有近200人，年经销量达到10万把，在汉口，享誉很高，民间传说不胫而走。抗日战争胜利后，苏恒泰雨伞年产量高达20余万把，不仅畅销国内，而且远销东南亚。湖北

的汉川、钟祥、沔阳一带农民办喜事,必定要买两把苏恒泰雨伞,深蓝色面的给新娘,暗红色面的给新郎,一红一蓝,"油纸"与"有子"音近,早生贵子;伞架为"人"字形,"伞",人字头下面四个"人"字,自古寓意为五子登科。伞骨为竹,竹报平安,节节高升。民间传说桐油可以消灾、辟邪、驱鬼,桐油纸伞放在家中,当然可以平安吉祥了。

2012年2月,武汉市汉剧团排演汉剧《宇宙锋》,采用了"苏恒泰"赠送的仿古油纸伞作为道具伞,标志着"苏恒泰"产品开始进入武汉市民的文化生活中。2013年12月,"苏恒泰"获得了武汉商务局老字号认定。2014年6月,应法国文化界人士邀请,"苏恒泰龙凤油纸伞"作为武汉民间手工艺品,参加了武汉市政府举办的庆祝中法建交50周年民间工艺展,漂洋过海来到法国,为中法人民的友谊做出了自己的贡献。

今天的"苏恒泰"纸伞定位"工艺收藏品",毕竟遮阳挡雨已不是苏恒泰纸伞的主要功能了。五色丝线精制出辛亥革命纪念伞、归元寺佛教伞、黄鹤楼旅游伞,这些油纸伞都具有了收藏观赏的价值。

■ 思考题:
1. 苏恒泰油纸伞品牌形象具有哪些特征?请结合案例具体说明。
2. 在苏恒泰百年历程中是怎样创建老字号品牌的?

(资料来源:https://me.mbd.baidu.com/r/ASlNQtCWly?f=cp&rs=46352241&ruk=PAf-ZTJhf34mX-8xuP8PdQ&u=487bde98ae6eeaa3&urlext=％7B％22cuid％22％3A％220avZa0PWvi0FuHa8_avuugiIBt_OO28rja2yag8RvaKz0qqSB％22％7D.)

第二节 品牌形象模型

一、艾克模型

大卫·艾克在品牌形象的基础上提出了品牌资产模型。该模型认为,品牌资产包括品牌知名度、品牌忠诚、品牌联想,以及品牌的感知质量和其他专有的品牌资产,这几个方面是品牌形象的基本构成要素或影响因素。

其中,品牌知名度是指品牌为消费者所知道的程度。品牌忠诚是指消费者对品牌偏爱的心理反应。品牌联想是指消费者由品牌而产生的印象。品牌感知质量是指消费者对某一品牌的总体质量感受或在品质上的整体印象。其他专有的品牌资产是指那些与品牌密切相关、对品牌竞争优势和增值能力有重大影响、不易准确归纳的特殊资产,一般包括专利、专有技术等。

二、凯勒模型

根据凯勒的定义,品牌形象指的是消费者记忆中品牌联想对品牌感知的反应,品牌联想从总体上体现了品牌形象,决定了品牌在消费者心目中的地位。品牌联想是顾客在与品牌的长期接触中形成的,反映了顾客对品牌的认知和情感,同时也预示着顾客或潜在顾客未来的行为倾向。凯勒品牌形象模型如图3-1所示。

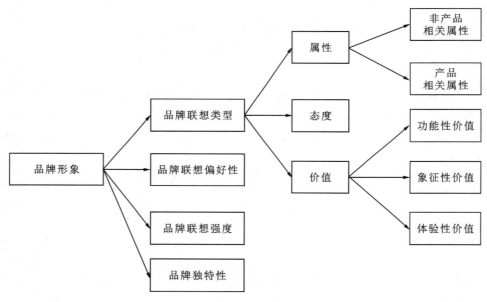

图 3-1 凯勒品牌形象模型

凯勒将品牌联想类型分为属性、价值和态度。属性包括与产品相关的属性和非产品相关属性。价值是消费者印象中与产品或服务属性相关的个人价值和意义。根据相关的潜在动机,价值可分为三类:功能性价值、象征性价值和体验性价值。态度是最高水平和最抽象的品牌联想,它是消费者对品牌的总体评价。品牌态度是形成消费者对品牌行为的基础,通常取决于有关属性和价值的特别考虑。

三、贝尔模型

贝尔认为品牌形象由企业形象、使用者形象、产品形象三者构成(见图3-2)。这三个品牌形象构成元素带来了两个方面的联想：硬性联想和软性联想。

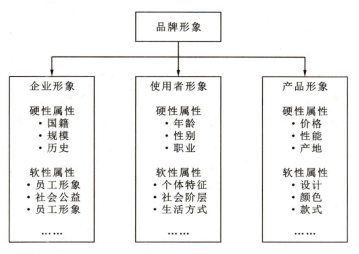

图 3-2 贝尔品牌形象模型

(资料来源：江明华,曹鸿星.品牌形象模型的比较研究[J].北京大学学报,2003(3).)

企业形象包括有关企业的全部信息和使用企业产品的相关经验,主要包括企业的历史(国籍、创立时间、创始人等)、企业的规模和实力、企业的营销意识等。硬性属性是指对品牌的有形的或功能性属性的认知。硬性属性对于一些功能性、易于评估的产品非常重要。软性属性是指消费者对于一个品牌的情感倾向。相对于硬性属性来说,软性属性不易模仿,因此能够创造比较持久的品牌差异,对于形成品牌竞争力更为重要。

第三节　品牌形象识别

一、品牌形象识别概念

美国著名品牌管理研究学者大卫·艾克认为："品牌识别是品牌战略者希望创造和保

持的能引起人们对品牌美好印象的联想物。"这些联想物暗示着企业对消费者的某种承诺,如"香奈儿"是"高尚品位"的化身,"宝马"代表着极致的"驾驶乐趣"。

品牌识别在英文中有两种表示方法,一种为 brand identity,另一种为 brand identification。这两种不同的表示方法同时反映出对于品牌识别基本概念的认识差异——品牌识别是品牌的一种本质属性还是某种具体行为。从大卫·艾克对品牌识别的定义可以知道"品牌识别是一种联想物",目的是"引起人们对品牌的美好印象"。这种对品牌识别的定义与 brand identity 是相吻合的,这个定义认为品牌识别是品牌的一部分,强调品牌识别具有引发消费者对品牌积极联想的作用。

我国品牌研究学者翁向东在《本土品牌策略》一书中对品牌识别做了以下定义:品牌识别是指对产品、企业、人、符号等营销传播活动具体如何体现品牌核心价值进行界定从而形成区别竞争者的品牌联想。这个定义与 brand identification 是相吻合的。它强调品牌识别是品牌所有者的一种行为,其作用是通过传播以建立起品牌的差别化优势。

虽然中外学者对品牌识别的定义在文字表达上有所不同,但在品牌识别的具体内容上大家的看法基本是一致的。在大卫·艾克的品牌识别理论中,品牌识别有三个方面的内容,即品牌精髓、品牌核心识别和品牌延伸识别。

因此,我们可以认为,品牌识别是作为品牌的一种本质属性而存在的,而不是一种具体的动作行为。也就是说,品牌识别的确切含义是 brand identity。

我们可以这样理解,品牌识别是品牌设计团队向市场传递的品牌架构主张,是品牌经过定位、设计后形成的品牌描述,它反映了品牌设计团队期望发展的品牌蓝图。品牌识别有效传递给顾客后形成了品牌联想,这些联想构成了品牌的整体形象。

◇ 同步案例3-2

耐克的品牌识别

耐克(NIKE)是运动与时尚领域中引人注目的成功品牌。NIKE 英文原意指希腊胜利女神,其商标象征着女神翅膀的羽毛,代表着速度,同时也代表着动感和轻柔。小钩子的图案造型简洁有力,疾如闪电,容易让人联想到使用耐克体育用品后所产生的速度和爆发力。和许多强势品牌一样,它也拥有根据细分市场而有所区别的品牌识别。例如,健身细分市场的识别就与网球、篮球等竞技体育细分市场的识别不同。耐克的品牌识别会根据不同的子品牌有所修改,如活力篮球鞋和 Court Challenge 网球鞋。然而,在许多情况下耐克仍然拥有统一的品牌识别,这些统一的品牌识别元素包括以下内容。

(1)核心识别,包括以下内容。产品推动力:运动和健康。使用者类型:顶尖运动员,以及对健身和健康感兴趣的人。表现:建立在卓越技术基础之上的表现出众的鞋。强化生命力:通过运动增强人们的生命力。

(2)延伸识别,包括以下内容。品牌个性:令人兴奋、勇敢、冷静、创新和进取。口号:Just do it。组织联想:与运动员及其体育活动相关联,并支持这些运动员的创新性。代言人:包括迈克尔·乔丹、安德烈·阿加西、迪恩·桑德斯、查尔斯·巴克得和约翰·麦肯罗等多位世界级顶尖运动员。价值体现:功能性利益——能够改进运动、提供舒适的高科技运动鞋;情感利益——运动表现出众的喜悦,感情投入、积极和健康;自我表现象征利益——通过使用与一位明星运动员有联系的、有强烈个性的鞋来实现自我表现;信誉——制造表现出众的鞋、服饰,符合流行时尚。

(资料来源:阿克.创建强势品牌[M].吕一林,译.北京:中国劳动社会保障出版社,2004.)

二、品牌形象识别的基本要素

根据大卫·艾克对品牌识别的定义,我们可以从中看到品牌形象识别的实施要素应该包括以下几个方面。

(一)定义品牌识别

定义品牌识别是实施品牌识别系统的起点,如果要品牌识别体现出企业能组织和希望做些什么,能够和消费者产生共鸣、能造成与竞争对手的显著差异,企业就必须确保由品牌识别体现的品牌形象实现的利益价值主张是与消费者利益价值主张相一致的。

消费者利益价值主张有三种形式,分别为功能型利益价值主张、情感型利益价值主张、自我表现型利益价值主张。通过倾听、了解、获悉的方法确定消费者的利益价值主张,并以此为标准,准确定义品牌识别的具体内容,然后构建具体的品牌形象。

(二)建立与消费者的关系

对与消费者建立关系有两种不同的理解:一种是奥美广告所强调的"品牌是消费者和产品之间的关系";另一种是大卫·艾克在《品牌领导》中描述的"品牌应该和消费者建立如同人际关系般的联系"。要建立品牌与消费者之间的关系,不应该局限于产品的范畴,而应该以消费者为中心,建立起一种"如同人际般的关系"。这就要求赋予品牌人性化的特征,使品牌能够成为消费者的朋友、老师等,使品牌在日常生活中扮演某个角色。

（三）品牌形象的传播

保持品牌形象的持久一致是企业品牌化工作中的重点和难点。为保证形象的持久一致，传播的主体企业在传播的过程中必须清楚三个最为基本的问题：传播的目标受众是谁、传播什么内容和怎样进行传播。消费者利益价值主张指导着企业整个传播战略，它为品牌提供了定位的依据，通过品牌定位明确的目标受众，然后企业配合最能体现消费者利益价值主张渠道，积极向消费者实施以其利益价值主张和品牌识别为主要内容的品牌定位传播，使消费者充分获得品牌形象的有关信息，为在他们心目中能形成一个鲜明、具体的品牌形象提供前提条件。

（四）消费者体验

数字资源 3-1
巍巍城楼古寨，
带富一方百姓

消费者体验过程中的主角是消费者本身，但主导该过程的则是品牌的所有者。在消费者的体验过程中，消费者与品牌的每一次接触都将产生一个或多个接触点。品牌所有者通过这些接触点向消费者传达关于品牌形象的信息，这些信息使消费者能对品牌的具体形象进行感知和联想，加深消费者对品牌形象的印象。消费者与品牌的接触点分为有形的，如产品包装、配送等；无形的，如企业文化、员工士气等。无论是有形的还是无形的接触点，向消费者传播的信息所体现的品牌形象都应该是一致的。

三、品牌形象识别的表现形式

品牌形象不单指企业形象，它涵盖了国家形象、城市形象、组织形象、活动形象、企业形象和个人形象。

（一）国家形象

国家形象塑造是全球化背景下各国面临的共同课题。国家形象并不仅仅是外在形象，而是内容与形式的统一体。在这个统一体中，内容是核心，是基础，它决定形式，并通过形式表现出来。作为民族精神、意志的集中体现，国家形象不但有助于形成公民对国家、民族的向心力与凝聚力，更有助于向外界展示一个鲜明的、一贯的国家整体印象。

（二）城市形象

城市形象是指能够激发人们思想感情活动的城市形态和特征，是城市内部与外部公众对城市内在实力、外显活力和发展前景的具体感知、总体看法和综合评价。按照城市理念、城市行为、城市视觉三个子系统的基本思维来理解和识别城市形象，对于科学把握城市形象演变规律，认识城市形象与城市经济社会发展的互动关系，不断提高城市发展的活力和魅力，具有较强的指导性和可操作性。世界上的许多知名城市如"时尚之都"巴黎、"亚洲国际都会"香港、"花园城市"新加坡等都有自己鲜明的个性。

（三）组织形象

所谓组织形象，就是社会公众对组织综合评价后所形成的总体印象。组织形象包括的内容很多，如组织精神、价值观念、行为规范、道德准则、经营作风、管理水平、人才实力、经济效益、福利待遇等，组织形象是这些要素的综合反映。组织形象是多层次、多维度的，因此我们也应该从不同角度来把握组织形象。知名组织有联合国、世界贸易组织、八国集团、亚太经合组织、欧洲联盟等，它们都有自己的组织形象。

（四）活动形象

活动形象指在一个主题下塑造更深入参与人员及社会公众心里的印象。比如奥运会、足球世界杯、世界小姐大赛，企业的品牌及产品推广活动，社会上团体及个人举办的某些公益活动等。活动形象可以带来更高层次的影响，比如企业的推广影响到企业形象，一场国际赛事活动影响到一个国家形象，社会公益活动带来社会公众的人文形象反映等。

（五）企业形象

企业形象是指人们通过企业的各种标志而建立起来的对企业的总体印象。企业形象是企业精神文化的一种外在表现形式，它是社会公众与企业接触交往过程中所感受到的总体印象。企业形象能否真实反映企业的精神文化，以及能否被社会各界和公众舆论所理解和接受，在很大程度上取决于企业自身的主观努力。

（六）个人形象

个人形象指的是一个人在人际交往中留给他人的总的印象，以及由此而使他人对其形成的总的评价和总的看法。外表的品味形态，让人一眼看穿我们的底细，在速度就是生命的商业世界，愈来愈需要一种快速征服力与瞬间吸引力，有时外表决定了商业活动的成败。

> ◇ 知识活页

> 1. 所有广告都应该有助于建立一个复杂的象征符号，即品牌形象。
>
> ——大卫·奥格威
>
> 2. 品牌是产品海洋中的灯塔，给消费者指明选择产品的方向。
>
> ——路长全

四、品牌形象识别系统

（一）品牌形象识别系统的形成基础

在品牌形象识别系统的形成与发展过程中，工商业界大力倡导的企业识别（CI）对其产生了广泛的影响。一般认为，CI起源于20世纪50年代的美国；70年代在日本形成热潮，并诞生日本型CI；80年代中期至90年代，我国引入CI的概念，并在众多企业中出现了推广的浪潮。从国际上CI发展历程看，其大致经历了三个发展阶段。

 1. 视觉识别阶段

20世纪50年代前后，在美国兴起视觉识别（VI），其背景是受美国"汽车文化"的影响。当时美国的高速公路网已经形成，对道路的交通标志提出了新的要求，为适应高速行车和复杂的路径环境需要，出现了统一而简洁的交通标志识别符号。

 2. 公司文化识别阶段

在美国的影响下，日本继而重视CI并于20世纪70年代前后在学习的基础上形成了日本型CI，即企业识别系统（CIS）。日本型CI的发展在于强调系统性，提出企业识别由三个层面组成：视觉识别（VI）、行为识别（BI）和理念识别（MI）。

 3. 品牌资产阶段

进入20世纪90年代，西方营销界提出的品牌资产理论对品牌的构建产生了重大的影响，品牌的战略地位不断上升。在市场竞争中，突出品牌的威力（而不仅仅是企业整体的实力)日趋产生显著的效果。受到品牌资产理论的影响,企业在建立品牌形象中不断引入新的要素,如品牌定位、品牌识别、品牌家族、品牌个性、品牌联想等,其核心要素是品牌价值。

(二)品牌形象识别系统的构成

品牌形象识别系统由三个子系统构成,即精神识别系统、物质识别系统和管理识别系统。

1. 精神识别系统

精神识别是品牌识别系统最基本、最核心的内容,是品牌的灵魂与核心支撑,它构成品牌所必须具备的相关精神、文化和价值观,决定了品牌的未来发展方向和远景目标。精神识别包含品牌远景识别、品牌目标识别和品牌价值观识别。

2. 物质识别系统

物质识别是品牌识别系统最直观的外在部分,是精神识别的外在化视觉形象,透过具体的、可察觉的视觉载体传达品牌的理念、目标与价值观,展示品牌的独特个性,提高品牌的知名度和认同感。物质识别使用在对目标顾客进行品牌形象传播的各个载体上,反映出品牌形象设计的重要构成要素,即图形、字体、色彩规范和设计风格等。

3. 管理识别系统

管理识别是品牌识别系统中一种动态的识别,是企业品牌文化活动的集合。管理识别在结构上分为内部管理识别和外部管理识别。内部管理是指品牌的内部沟通,强调"顾客如何得到"。企业员工都被视为品牌的代表,影响着顾客对品牌的看法。外部管理是指品牌的外部沟通,包括分销商沟通和消费者沟通。

◇ 知识活页

USP 独特的销售卖点

20世纪50年代初,美国人罗瑟·瑞夫斯提出 USP 理论,要求向消费者说一个"独特的销售主张"(Unique Selling Proposition),简称 USP 理论,其特点是必须向受众陈述产品的卖点,同时这个卖点必须是独特的、能够带来销量的。

第四节 品牌形象塑造

一、品牌形象塑造的原则

品牌形象塑造应把着重点建立在与目标消费群便捷有效沟通的平台上,策划人在进行品牌形象塑造时应遵循以下原则。

(一)系统性原则

品牌形象塑造涉及多方面因素,要做大量艰苦细致的工作,是一项系统工程。它需要企业增强品牌意识,重视品牌战略,周密计划、科学组织、上下配合、各方协调,不断加强和完善品牌管理需要动员各方面力量,合理利用企业的人、财、物、时间、信息、荣誉等各种资源,并对各种资源优化组合,使之发挥最大作用,产生最佳效益。

(二)全员化原则

艾克在《品牌领导》一书中提出,企业应把内部品牌的传播工作放在优先考虑的地位,即在得到外部认同之前,首先在内部推行,达到内部认同。因为内部认知的差异可能误导策略的实施。除了让企业内部全体员工参与品牌形象的塑造之外,就是动员社会公众的力量。

(三)特色性原则

特色性原则是指品牌形象策划上的差异化或个性化。品牌形象设计的目的就是使该品牌具有独特的个性,以在众多同类品牌中脱颖而出,迅速抓住消费者的心理。因此,特色性原则是品牌形象塑造的重要原则,否则策划会失去意义。

二、品牌形象塑造的方法

（一）准确定位，细分市场

每个消费者的消费心理和能力不同，其对品牌的看法也会不同。企业必须先入为主地在消费者心目中留下品牌独特的印象，诸如热情的、青春的、时尚的、高质的、富贵的等等，从而让消费者在心目中产生对品牌的评价。

（二）重视品牌内部教育

让企业的员工从内心深处认识到自己在创造一个伟大品牌，从而形成品牌内部高度凝聚力，使品牌从内向外辐射出去。企业要从诞生开始就注重品牌内部宣传，例如IBM公司一直相当重视员工的品牌内部教育，利用多种方式把内部的所有人员培养成"IBMER"，从而，全世界屹立起一位"蓝色巨人"，这就是内部品牌教育的力量。

（三）重视产品创新

不断变化思维，在消费者心目中建立企业产品"高质量"的印象。任何产品都有其诞生、成长、壮大、衰落的生命周期，消费者会更新换代，时代会迈步向前，企业必须时刻紧跟时代的脚步，不断适应变化的消费者品味，不断用新材料、新技术、新设计的产品形象增加新的产品元素，增加品牌的时尚感。

（四）建立品牌特色性

品牌特色性可以表现为质量特色、服务特色、技术特色、文化特色或经营特色等。品牌形象只有独具个性和特色，才能吸引公众，才能通过鲜明的对比，在众多品牌中脱颖而出。抄袭模仿、步人后尘的品牌形象不可能有好的效果，也不可能有什么魅力。如果能抓住民族特色而赋予品牌形象一定的含义，往往能收到意想不到的效果。

数字资源3-2
达里尔·韦伯的
形象塑造法

◇ **本章小结**

　　品牌形象是消费者对传播过程中所接收到的所有关于品牌的信息进行个人选择与加工之后,留存于头脑中的有关该品牌的印象和联想的总和。良好的品牌形象是企业在市场竞争中的有力武器,深深地吸引着消费者。品牌形象具有主观性、识别性、稳定性、发展性和传播性等特征。

　　不同学者从不同角度出发,提出了不同的品牌形象模型,比较有名的有艾克模型、凯勒模型和贝尔模型。品牌形象识别的实施要素应该包括以下几个方面:定义品牌识别、建立和消费者的关系、品牌形象的传播和消费者体验。品牌形象不单指企业形象,它涵盖了国家形象、城市形象、组织形象、企业形象、活动形象及个人形象。

　　品牌形象塑造的方法有:准确定位,细分市场,重视品牌内部教育,重视产品创新,以及建立品牌特色性等。

数字资源 3-3
练习与思考
及答案

数字资源 3-4
本章知识
链接

第四章 品牌文化

品牌是市场竞争的强有力手段,同时也是一种文化现象,包含丰富的文化内涵。在塑造品牌形象的过程中,文化起着催化剂的作用。具有良好文化底蕴的品牌,能给消费者带来心灵的慰藉和精神的享受。一旦用户选择购买一个产品,就不仅仅是选择了产品质量、产品功能和售后服务,而是选择了产品中蕴含的文化品位。当企业开始建设品牌时,文化必然渗透和充盈其中并发挥无可比拟的作用,而创建品牌就是一个将文化精致而充分展示的过程。文化内涵是提升品牌附加值、产品竞争力的原动力。

◇ **学习目标**

本章主要阐述品牌文化的概念和内涵、品牌文化的特征、品牌文化的构成要素、品牌文化的效用价值以及培育品牌文化的内容和路径,具体内容如下。

1. 知识目标

(1)了解品牌文化的内涵、特征;
(2)理解品牌文化的构成;
(3)掌握发挥品牌文化价值效应的方式;
(4)掌握品牌文化培育的内容和途径。

2. 能力目标

(1)能结合具体品牌分析其品牌文化的构成要素;
(2)能理解品牌文化与企业文化的区别与联系;
(3)能对竞争品牌进行品牌文化的对比分析。

3. 情感目标

(1)培养学生对民族品牌蕴含的文化内涵的深刻理解;
(2)培养学生弘扬民族品牌文化的志向;
(3)培养学生讲好中国故事,传承民族品牌文化。

◇ **学习重难点**

1.品牌文化的价值效应

2. 品牌文化培育的内容

3. 品牌文化培育的路径

◇ **本章关键词**

品牌文化　价值效应　品牌培育

◇ **导入案例**

用内容和创意传播星巴克的品牌文化

星巴克很少做广告,然而它用一次次打动顾客的独特创意,以及细水长流的沟通方式,实现口口相传,数十年间成为中国一个时尚的代名词。

一、星杯秒变"随身花园"

星巴克发现韩国一项数据:每年人均消耗掉的咖啡冷饮塑胶杯约338个,相当于每年总计在韩国制造了3亿个垃圾。于是星巴克与大学生们合作开启了一个超有爱的"星巴克杯DIY随身花园"的公益活动,引起了全球消费者对星巴克品牌的关注与好感。

消费者只要在星巴克购买外带咖啡,就会随之赠送一包植物种子。不知道怎么种没关系,扫描包装袋上的二维码,详细的DIY步骤为你一步步道来,甚至混合了咖啡渣的土壤都为你免费提供。种植过程简单粗暴,只要平衡好合适的温度和湿度,就能轻松种出自己的小花园。环保、绿色,可操作性强,用户兴致高昂,又没什么参与门槛。这项活动迅速席卷51个国家,共97005万个用户参与并分享到Instagram、Pinterest等社交媒体。

二、星杯涂鸦你参与了吗

不仅仅是引发参与,咖啡杯也成了星巴克传播文化的情景地。近几年出现"在杯子上涂鸦"的风潮,其实源于星巴克举行的"White Cup Contest",这个为期21天的竞赛鼓励网友在星巴克纸杯上发挥自己的创作灵感。星巴克在Instagram、Pinterest、Twitter上都建立了相关的活动聚集地,网友可以将自己的作品@到主办方,最终由星巴克选出优胜者。

该活动最有成效的地方在于让涂鸦成为星巴克的一种"文化",在比赛之外它也可以被延续下去并且形成可观的内容,最终的作品都会在星巴克的Pinterest主页中呈现。

为了持续吸引消费者的参与,星巴克还推出了自创杯Doodle it,消费者可以任意地改变杯身上的涂鸦图案,结合毕业季留言、宝宝绘画等生活场景,号召大家一起玩起来。

三、接地气尝试"中国化"

星巴克自1999年进入中国市场以来,一直希望能与中国消费者建立深层联系,在这方面做了很多"中国化"的尝试。

在新春佳节期间,星巴克携手智威汤逊,根据一个普通中国人2月份的行程和日常活动,在微信、微博等社交网络平台上推出了定制版30日"星历"。日历上的日期与实体店提供的食物和饮品相互关联。例如,在2月3日,消费者只要带父母到星巴克并给他们一个温暖的拥抱,即可享受饮品买二送一优惠。在2月7日,消费者只要到店晒年货,即可享受饮料免费升级优惠。又如,消费者只要在社交网络上晒向朋友敬酒的照片,即可赢取限量版回馈卡。在几乎零媒体投入的情况下,"daily goodness"活动在新浪微博上产生了超过1亿的曝光量。而本次节日推广带来的销售额是定期促销时的10倍。

星巴克CEO舒尔茨说:星巴克的成长和成功,不是说我们咖啡做得有多好,而是人们对这样一个消费品牌充满了信任。

■ **思考题:**
1. 你认为星巴克的品牌文化是什么?
2. 星巴克使用了哪些方式传播其品牌文化?请进行评价。

(资料来源:http://www.woshipm.com/operate/363199.html.)

第一节 品牌文化概述

品牌文化是品牌在经营中逐步形成的文化积淀,它代表了企业和消费者的利益认知、情感归属,是品牌与传统文化以及企业个性形象的总和。品牌文化突出企业外在的宣传、整合优势,将企业品牌理念有效地传递给消费者,进而占领消费者的心智。品牌文化是凝结在品牌上的企业精华。

中国的历史文化源远流长,其产品文化也具有几千年的历史。企业应充分利用品牌文化的深厚底蕴塑造"百年不倒"的品牌形象,用具有文化内涵的商品影响消费者,这是企业经营者需要考虑的产品创新、市场创新、营销创新、品牌创新的新课题。

一、品牌文化的内涵

对于品牌文化的内涵,不同的学者从不同的视角进行诠释。品牌鼻祖大卫·艾克提出,品牌文化通过赋予品牌深刻而丰富的文化内涵,建立鲜明的品牌定位,并充分利用各种强有效的内外部传播途径,形成消费者对品牌在精神上的高度认同,创造品牌信仰,最终形成强烈的品牌忠诚。约翰·鲍恩认为,品牌文化包括品牌及其创造者所代表的意识形态及哲学,影响着品牌与生俱来方方面面的和谐,并在某种程度上代表了其创造者的信仰。道格拉斯指出,品牌文化本身是"故事、形象",是由公司、主流文化、影响势力和顾客这四类创作者共同讲述的。

国内学者对品牌文化的内涵有着不同的理解。钟超军认为,品牌文化是共生于品牌所定位的核心目标人群的,它所体现的是品牌聚焦人群的价值观,以及他们所共同拥有的人群文化。李光斗指出,品牌文化是文化特质,如经营观、价值观、审美观等观念形态在品牌中的沉淀,以及它们所代表的利益认知、情感属性、文化传统和个性形象等价值观的综合。

品牌附着特定的文化,而且是一种极富经济内涵的文化。具有让社会大众和消费者认同的品牌可以为企业带来极高的附加值,是企业的一笔巨大财富。

二、品牌文化的特征

品牌文化作为企业文化在品牌中的集中体现,它的独特性在于品牌本身所具有的强大营销动力和市场价值带来的文化共融。总体而言,品牌文化具有以下特征。

(一)品牌文化具有系统性

品牌文化由相互作用、相互影响的多层次的品牌子文化结合而成。品牌文化寻求和体现的是一种整体优势,它把品牌的经营目标、经营理念、道德规范和行为方式等因素融合成为一个有机整体,形成一种文化力量,对品牌运作产生综合作用。

(二)品牌文化具有民族性

品牌文化的民族性是指在品牌文化的形象塑造上具有民族风格和民族特色。品牌总是植根于历史土壤,吸收着民族文化的养分,带着民族精神的基因,这也是形成品牌差异性的重要原因,因为不同国家有不同的文化传统和民族精神。

（三）品牌文化具有鲜明的个性

在竞争激烈和产品同质化日益严重的当下，品牌文化最主要的作用在于使之与竞争品牌相区别，让消费者能够快速地识别某个企业的产品或服务。因此，品牌文化应当具备鲜明的个性特征，通过独特的构图、色彩、故事、形象、品牌传播口号等品牌要素在公众和消费者心中留下深深的烙印。

（四）品牌文化具有相对稳定性

品牌文化作为文化在品牌中的沉淀，是一定的利益认知、感情属性、文化传统和个性形象等价值观念的长期积累，因而具有相对稳定的特点。但是，品牌文化具有的是相对稳定性，而不是绝对稳定。没有一成不变的品牌文化，当其无法促进品牌发展时，就需要对现有的品牌文化进行变革。

◇ **同步案例4-1**

花西子打磨产品，将非遗文化融入品牌灵魂

近年来，一众本土品牌代表的"国潮"文化兴起，吸引了众多年轻人的目光。其中，被冠以"东方美"的彩妆品牌花西子，持续探索对东方文化和东方美学的理解和创新，在打造一系列极具东方美学代表的产品同时，不断以多元化的方式演绎和挖掘中国传统文化。

2020年，花西子在追求东方艺术的道路上，与同样坚守艺术初心的歌手周深"深有共鸣，如遇知音"，在方文山作词、陈致逸作曲、于连军以埙奏乐的共创下，推出同名主题曲《花西子》。凝聚着四位音乐匠人的匠心且富有东方情调的作品，一经上线就受到了大家的热情喜爱。周深用空灵清澈、宁静淡雅、纯净而又充满感情的嗓音演唱，将中国传统东方美学与国风音乐做了一个完美的结合。一年后，花西子在向世界进一步传递东方文化与民族之美的同时，与品牌大使周深共创升级，用中、英、日、意、俄五国语言共同演绎同名主题曲《花西子》国际版。《花西子》国际版在原有曲调的基础上，以不同语言之美演唱东方之韵，解读方文山引诗落笔的东方词，空灵婉转依旧，东方韵味不减。MV配以烟雨江南、湖上泛舟、阆苑瑶台等诗意画面，将东方之美演绎到极致。

2020年10月初，花西子作为非遗传承伙伴，出现在《人民日报》新媒体《非一般非遗》系列纪录片中，以苗族元素作为设计灵感，打造了苗族印象高定系列彩妆产品。该系列一经问世就受到广泛关注，不仅登上央视新闻，还亮相美国纽约时代广场、日本东

京等地区,售卖到全球100多个国家和地区,向世界展示了东方民族之美,同时也让国货彩妆走向了国际市场。

2021年,花西子耗时两年研发打造的"傣族印象"系列产品亮相迪拜世博会,并成为迪拜世博会中国馆指定彩妆产品。花西子与中国馆共同打造了端庄雅致的"华光流彩妆"和"礼仪妆",向来自全球各地的世界友人展现了中华民族时尚之美。

据了解,花西子近两年来通过研发打造民族系列产品,持续向大众传递"民族美就是世界美",并通过参展迪拜世博会、拓展海外电商等战略,将东方文化弘扬至海外,不断吸引着世界对东方美的探索和认知。

(资料来源:https://www.sohu.com/a/505199190_100165733.)

三、品牌文化的构成

品牌文化是企业对品牌战略进行全面规划与实施的过程中不断积累和发展而逐渐形成的,其构成要素主要包括品牌精神文化、品牌物质文化和品牌行为文化。

(一)品牌精神文化

品牌精神文化是在长期的品牌经营过程中,受社会经济和意识形态影响而形成的文化观念和精神成果。品牌精神文化的构成要素包括品牌价值观、品牌情感和品牌个性。

 1. 品牌价值观

品牌价值观是品牌在追求经营成果的过程中所推崇的基本信念和目标,是品牌经营者一致赞同的关于品牌意义的解读。品牌价值观对内为企业员工提供坚定的精神支持,对外决定品牌的个性和形象。例如,有的品牌将"质量"作为价值构成的重要组成部分;有的品牌则强调"便宜"的定价观念,将"经济性"作为品牌价值的重要成分。不同的品牌价值观展示了品牌在经营宗旨方面的差异,影响员工的共同愿景和行为规范。

 **2. 品牌情感**

品牌总是与特定的历史年代、特定的消费文化环境、特定的消费人群结合在一起发挥市

场影响力,因此情感成为品牌文化构成的重要元素,它包括"怀旧""忠诚""信任""期待""认同"等不同心理领域和感知层面。品牌具有情感,可以加深消费者对品牌的认知,丰富消费者的体验,强化品牌形象。例如,南方黑芝麻糊传递给消费者"一般浓香、一缕温暖";三九胃泰在广告中塑造出"悠悠寸草心,报得三春晖"的感人形象等。总体而言,品牌文化中所体现的情感越丰富,品牌对消费者的精神影响越大。

3. 品牌个性

Aaker 指出,品牌个性是有关品牌的人格特质的组合。由于消费者与品牌建立关系时往往会把品牌视作一个形象、一个伙伴或一个人,甚至会把自我的形象投射到品牌上,所以赋予品牌以人格特质的品牌个性非常必要。美国整合营销专家唐·舒尔茨提出:"品牌个性是品牌的生命和灵魂,能让消费者轻易地将它与竞争品牌区分开来,能给消费者一种既熟悉又亲密的朋友般感觉。"例如,网易严选在消费者心目中建立起"安全、可靠、值得信赖"的品牌个性,舒肤佳建立起"关爱、以家庭为重"的品牌个性。

(二)品牌物质文化

品牌物质文化是品牌精神文化的基础和前提,它决定着品牌精神文化的性质与方向。品牌物质文化的构成要素包括产品特质和符号集成。

1. 产品特质

产品特质是产品在物质层面上满足消费者基本需求的功能要素,它包括产品的使用功能和品质特征,是消费者对品牌功能的价值判断标准。

2. 符号集成

各种品牌识别元素的汇总被称为符号集成,它有助于形成品牌在包装与传播方面的差异,可以满足消费者对产品功能以外的需求。符号集成包括品牌的视觉系统(如品牌标识、产品外观设计、品牌名称)、听觉系统(如音色、节拍)、触觉系统(如产品的材质)和嗅觉系统(如产品的气味、味道)。符号集成所创造出的体现在美学感官上的独特风格,能够形成品牌的差异化,提高品牌知名度,在消费者心目中留下深刻的品牌印象。

(三)品牌行为文化

品牌行为文化是品牌精神文化通过品牌营销与传播活动,将品牌的价值观和相关理念予以动态表现的过程,包括品牌营销行为、品牌传播行为和品牌个人行为。

1. 品牌营销行为

品牌营销行为包括产品、价格、促销和分销等。同时，服务也是品牌营销行为的主要内容。通过实施营销行为，让消费者对品牌的具体形象进行感知、体验和联想，如产品质量、价格、售后服务、促销活动等，才能在消费者心中真正地树立品牌形象。

2. 品牌传播行为

品牌传播行为包括广告、公共关系、新闻、促销活动等，它有助于品牌知名度的提高和品牌形象的塑造。推进品牌传播的方式主要包括：① 选择信息源体和信息受体的"共通区"，使消费者的需求与企业品牌文化共通；② 在品牌广告中述说目标对象珍贵的、难以忘怀的生活经历、人生体验和感受，以唤起并激发其内心深处的回忆；③ 注意对文化背景的分析，找出相通区域，在区域内发展创意。

3. 品牌个人行为

数字资源 4-1
元气森林的
独特包装

品牌个人行为是指品牌拥有者如企业家、员工和股东等，向市场传播与品牌有关的信息、价值观的行为。每个与品牌有着直接联系的人的一言一行，都要尽可能与品牌所倡导的文化内涵保持一致。

四、品牌文化的功能

品牌文化在品牌管理过程中发挥的功能主要体现在以下几个方面。

（一）有助于建立品牌忠诚度

品牌文化可以通过建立清晰的品牌定位，在品牌定位的基础上，利用多种内、外部传播途径形成受众对品牌在精神上的高度认同，从而形成一种文化氛围，通过这种文化氛围形成很强的品牌忠诚度。

（二）有助于增强企业凝聚力

成熟的企业品牌和成功的品牌文化是凝聚职工队伍、培养团队精神和推动企业发展的核心动力,能够激励职工奋发进取,提高士气,重视职业道德,形成创业动力。例如海尔"真诚到永远"品牌服务理念,正是海尔的每个员工都将真诚的"烙印"刻在心里,才会使企业员工同心协力,上下一条心,获得消费者的信赖。

（三）有助于促进销售、承载文化传播的功能

一方面,企业作为商业个体,通过品牌管理活动提炼出能够吸引目标消费者的品牌文化,在品牌传播策略的统一规划下,使品牌文化作用于消费者,促进销售和市场份额,谋求商业利益最大化。另一方面,企业在提炼和传播品牌文化的过程中,也会弘扬优秀文化,倡导正确的价值观,产生传播社会文明和促进社会进步的效用。例如,李宁的"让改变发生",苹果的"与众不同的想法"等都在向公众传播社会文明,推动社会文化向更积极的方向发展。

五、品牌文化与企业文化

（一）企业文化

企业文化是一种客观存在的文化现象。从广义的角度来理解,企业文化是指企业在社会实践过程中所创造的物质财富和精神财富的总和。从狭义的角度理解,企业文化是指企业在经营管理过程中所形成的独特的思想意识、价值观念和行为方式,包括企业愿景、文化观念、价值观念、企业精神、道德规范、行为准则、历史传统、企业制度、文化环境、企业产品等,而价值观是企业文化的核心。

企业文化具有以下几个方面的特征。

1. 企业文化具有独特性

企业文化具有鲜明的个性和特点,具有相对独立性。每个企业都有其独特的文化氛围、企业精神、经营理念,在经营管理过程中形成企业独特的价值观。因此,企业文化是各不相同、千差万别的。

2. 企业文化具有相融性

企业文化的相融性是指它需要与企业所处的外部环境相互协调和适应。企业文化是在企业经营管理过程中所形成的独特的思想意识、价值观念和行为方式,它必然要与企业所处的经济环境、政治环境、文化环境以及社区环境相融合,发挥促进企业长期良性发展的作用。

数字资源 4-2
短视频链接：
决胜市场策略，
品牌文化情感
输出成主流

3. 企业文化具有创新性

创新既是时代的呼唤，也是企业文化自身的内在要求。优秀的企业文化往往在继承中创新，随着企业内部环境和国内外市场环境的变化而不断变革和发展，引导企业全体成员追求卓越、追求成效、追求创新。

（二）品牌文化与企业文化的区别

1. 品牌文化与企业文化的起源不同

品牌文化的起点是商品交换。商品的制造者通过名称、标记、图案、符号等形成自身的品牌，在消费者心中留下独特的印记，形成品牌文化。企业文化的起点是企业的问世。企业是工业革命的产物，企业诞生之后方能沉淀企业文化。18世纪以前未产生企业，因此也不存在企业文化。1769年英国的阿克顿特在诺丁汉创办全球第一家企业，但企业文化并未随之问世。企业文化是企业经过历练的产物、结晶，在时间概念上要晚于品牌文化。

2. 品牌文化与企业文化的功能不同

品牌文化通过营销策划、促销活动、广告宣传、客户关系等方面进行整合，利用典故、故事、仪式和人物等文化载体进行传播，让消费者体会到品牌的精神、个性和文化内涵，形成具有忠诚度的品牌消费群体。企业文化是企业在生产经营实践中逐步形成的、为全体员工所认同并遵守的、带有本组织特点的使命、愿景、宗旨、精神、价值观和经营理念，以及这些理念在生产经营实践、管理制度、员工行为方式、企业对外形象上的体现的总和。因此，企业文化就是企业和企业人的思想与行为，具有导向、激励、凝聚、约束四大功能。

3. 品牌文化与企业文化的性向不同

性向是指人的心理活动的倾向性，心理活动倾向于内的称为内倾型，心理活动倾向于外的称为外倾型。品牌文化的性向属于外倾型。品牌文化是一种外向的市场文化，涉及产品的声誉。品牌文化是一种观念文化，改变人们的消费结构和消费观念。企业文化的性向属于内倾型。它是面向企业员工的内向型文化,其本质是通过建立一种共同的价值观,从而形成统一的思维方式和行为方式,凝聚员工人心,提升员工的执行力,增强团队的战斗力。

(三)品牌文化与企业文化的联系

品牌文化是企业文化的重要组成部分,它与管理文化共同构成企业文化体系。品牌文化与企业文化不能分离,否则它将导致企业迷失市场方向,导致企业为追求自身利益最大化而带来消费者叛离。

 1. 品牌文化与企业文化的核心内涵一致

品牌文化与企业文化都服务于企业的战略目标,服务于企业的产品和经营,服务于企业的长远发展,两者的核心内涵是一致的。例如,可口可乐公司塑造了动感激情、富有个性的品牌文化,它的企业文化也必然不能脱离激情、创新,很难想象一批守旧的人能够领导可口可乐公司。海尔品牌给人一种优质、真诚的感觉,其企业文化也是以真诚、创新为核心。

 2. 品牌文化是企业文化的外化形式

品牌文化是企业文化的主要组成部分,是企业文化的外化。因此,品牌文化要以企业的理念和价值观为核心,将企业精神贯穿于品牌塑造的全过程,在企业的产品、服务和品牌塑造的各个方面,将企业理念与消费者进行沟通和整合,让消费者从思想上接受企业的经营理念和价值观。

 3. 品牌文化与企业文化相互促进

品牌文化与企业文化彼此映衬、相互促进。品牌文化是品牌发展的主要动力,是企业与消费者连接的重要方式。品牌文化的建设是在企业文化的指导下进行的,品牌在消费者心中的表现既代表了品牌形象,又彰显了企业形象。良好的品牌形象烘托出良好的企业形象,优秀的企业文化才能孕育出优秀的品牌文化。

◇ **知识活页**

Philippa Hankinson 和 Graham Hankinson 通过对世界前 100 名品牌公司和前 100 名品牌以外公司的比较认为,企业文化是成功管理品牌的一个重要战略性

因素。研究发现,前100名品牌公司的文化明显比其他品牌公司的文化要强势。强有力的企业文化是那些对公司的价值观、信仰和行为等有广泛认同的公司的文化,强势文化常与强势品牌相联系,比如宝洁、耐克和维京等。

第二节 品牌文化的价值效应

品牌文化的价值效应是商业社会中企业价值的延续,通过品牌文化对消费者和市场的感召力,形成了品牌文化的晕轮效应、扩散效应、同化效应和协同效应。

一、晕轮效应

品牌文化的晕轮效应是指品牌文化的价值效应所带来的消费者对品牌认识的差别化效应,即品牌文化所产生的光环让消费者对于某个品牌会产生偏袒性的好感。例如,"海底捞"在经营管理方面并非完美无缺,也曾由于产品质量问题被媒体曝光,但"海底捞"树立的品牌形象能发挥良好的晕轮效应,让消费者通过服务周到这一品质对"海底捞"各方面的特性都产生了深度认可,建立了口碑营销,形成独特的品牌形象。

市场营销专家在2004年曾进行过一次百事可乐和可口可乐的品尝试验。在试验的第一阶段,试验主持者在两个杯子里分别倒上可口可乐和百事可乐,让参与试验的人在不清楚品牌的情况下品尝这两杯饮料,并询问人们觉得哪杯饮料更好喝,哪杯会是可口可乐。在试验的第二阶段,重复第一阶段的试喝,并告诉参与试验的人饮用饮料的品牌,再次询问人们觉得哪杯饮料更好喝。该实验共有67人参与,当参与者不知道自己喝的是哪个品牌的饮料时,他们对两种饮料的偏好基本持平。但是,当他们在知道饮料品牌的情况下进行品尝,反馈则截然不同,可口可乐大获全胜,超过一半的人觉得可口可乐比百事可乐更好喝。于是,参与试验的市场营销专家得出一个结论,即可口可乐成功的品牌文化产生了晕轮效应,让参与试验的人们对可口可乐的口感产生了偏袒性的好感。

品牌文化的晕轮效应主要表现在以下几个方面:第一,消费者会放大品牌的利益,包括产品的功效、服务等;第二,消费者会减弱对品牌的猜疑,即使品牌出现问题消费者也会寻找理由予以原谅;第三,品牌文化的晕轮效应会提高消费者的满意度。

二、扩散效应

品牌文化的扩散效应是指将品牌文化的价值效应在该品牌更多的产品或服务中进行转换扩散,以获得消费者长期的青睐和高度的忠诚。具有优秀品牌文化的品牌可以为消费者带来美好的品牌体验,形成良好的品牌印象。将这样的品牌形象进行转换扩散,能够进行有效的品牌延伸,扩大市场份额,使品牌价值得以进一步提升。

数字资源 4-3
品牌延伸
这件事

利用品牌文化的扩散效应的前提是:原产品具有良好的品牌形象和较高的品牌价值,消费者对其品牌文化产生强烈的认同,从而形成消费者对品牌消费的积极经验和感受,从而利用品牌延伸为新产品的市场营销和竞争带来有益的帮助。雷军将小米的品牌从手机、平板、电视、路由器一直延伸到智能家居,充分利用小米品牌文化的扩散效应。

三、同化效应

品牌文化的同化效应是指通过企业持久的品牌文化传播,逐步改变消费者对产品和品牌的认知,让消费者朝着企业所设计的方向和目标接受和认同品牌文化。在品牌的信息传播过程中,企业通过长期、持续、一致的品牌形象输出可以逐步形成消费者对品牌的认知,弱化消费者的抵触情绪,引导消费者观念的转变,最终同化消费者的认知,获得消费者对品牌和产品的接受和认同。因此,品牌文化是品牌与消费者价值共融的结果。在品牌文化的塑造过程中,企业的品牌价值观处于主导地位,企业将企业精神、经营理念通过产品、营销和服务传递给消费者,并接纳消费者的反馈意见,加以不断修正和强化,最终与消费者达成一致,实现品牌文化的同化效应。

全球的牛奶生产企业为了推动牛奶的销量,通过多种渠道宣传牛奶的营养价值。例如,20世纪90年代以前,美国的高速公路上到处都是牛奶广告,称牛奶是最好的饮品。我国也有牛奶企业曾提出"每天一斤奶,强壮中国人"的广告宣传语,并通过强势的品牌传播激起消费者对于牛奶的消费欲望,大幅拉升牛奶的销量。

四、协同效应

品牌文化的协同效应是指品牌文化的价值效应可以协调品牌与消费者

之间的关系,以及品牌与供应链各环节的利益相关者之间的关系。良好的品牌文化和品牌传播能够与消费者之间搭建紧密的沟通渠道,让消费者对品牌产生偏袒性的好感,对消费者的认知进行同化,获得消费者的认同、拥护和忠诚度。

除此之外,优秀的品牌文化还可以提升品牌价值,增强品牌的市场竞争力,促进市场地位的提升,从而帮助企业获得融资、经营收益和企业信誉等方面的利益。具有竞争优势的品牌可以为企业带来供应链各个环节关系的协调,在价格、付款、品质、运输、服务等方面获得更高的利益,实现企业更好的综合发展。例如,经销商和零售商会为强势品牌提供更好的服务和渠道支持,强势品牌可以通过品牌文化的协同效应获得更低的价格、更好的服务、更顺畅的流通渠道和更好的信誉,甚至在出现品牌危机时,强势品牌也更容易获得供应链各环节的支持和理解,更快化解危机。而拥有强势品牌的企业的良性发展会为其所在供应链各个环节的利益相关者带来更好的经济回报,促使供应链各环节关系更加紧密,为企业未来发展提供更多的支持和协助,最终实现整个供应链各环节关系的良好协调和共赢的局面。

◇ 知识活页

"品牌的冰山"理论

戴维森于1997年提出"品牌的冰山"理论。他认为品牌的标志、符号等是品牌浮在水面的部分,仅占冰山的15%,而冰山藏在水下85%的部分是品牌的"价值观、智慧和文化",冰山的冲击力正是来自庞大的水下部分。"品牌的冰山"理论强调支撑品牌大厦的是品牌的文化基础,离开了坚实的文化根基,品牌的大楼是无法拔地而起的;没有稳固的文化底蕴,品牌是长不大的。

第三节 品牌文化的培育

品牌文化的魅力无穷,品牌文化的培育是一个循序渐进的过程,需要企业集合人力、财力、物力等综合性的资源,以品牌的核心价值为主线,不断注入与品牌相符的文化元素,以市场化的方式进行合理的整合、演绎和传播。

一、品牌文化培育的内容

(一) 品牌产品文化的培育

产品是品牌之本,也是品牌文化的载体。离开了产品,品牌就成了无本之木、无源之水,品牌文化更是无从谈起。饮誉海外的百年品牌全聚德以其全鸭宴名扬天下,全聚德菜系已成为中华民族的饮食文化符号之一。周总理曾将全聚德这块金字招牌精辟地诠释为"全而无缺,聚而不散,仁德至上"。这十二字箴言如今已被全聚德集团定为企业精神文化,渗透到品牌的方方面面。在全聚德厨师的手中,鸭子全身都是宝,经过煎蒸煮炒,成了一道道美味佳肴。"清廷御膳"是满菜和汉菜相结合而成的精华,是中国宴席的集大成者。全聚德的仿膳饭庄在几十年的经营中不断挖掘和整理,共推出清廷御膳菜肴 800 余种。此外,还有名人宴、创新菜、特色菜等全聚德精品菜系,广纳鲁、川、淮、粤之味,菜品丰富,质量上乘。据统计,截至目前,全聚德所有门店已累计接待 200 多个国家和地区的元首和政要。英国首相、德国总理、日本首相等都光顾过全聚德,并对其美食和服务赞赏有加。

(二) 品牌传播文化的培育

品牌传播也称品牌沟通,是连接品牌与消费者的桥梁。传播品牌文化的出发点是消费者的价值取向,品牌营销者通过科学的市场营销调研以了解消费者的价值取向,针对消费者的价值取向确定品牌传播的宗旨,通过象征品牌文化的符号和元素,以消费者喜好的诉求、传播方式向其传播品牌的理念、利益和个性形象等,将品牌文化根植于消费者心中。

 1. 创造品牌元素

品牌营销者根据品牌文化的核心价值观和文化内涵,创造和挑选与之相契合的品牌元素,包括品牌名称、品牌标识、产品包装、产品形象、产品代言人和声音识别等,建立起生动、形象、立体的品牌文化象征体系,深植在消费者的思维体系中。

 2. 营造仪式氛围

仪式是一套综合的象征性行为,品牌营销者可以将产品的使用与特定的使用场合及其寓意紧密联系在一起,形成产品使用时的仪式氛围感。例如,百事可乐在我国春节期间的广告语"祝你百事可乐",既将产品名称植入广告语中,起到绝佳的产品宣传作用,又与中国文化中的"吉利话""好彩头"联系在一起,让消费者在新年或者重大的喜庆场合都会将百事可乐作为餐桌上的首选饮品。

此外,可以将产品的使用过程仪式化。奥利奥饼干的"扭一扭、泡一泡、舔一舔"成为消费者打开奥利奥品尝时的统一标准动作。在"一扭、一泡、一舔"间,奥利奥的品牌文化和独特的品牌形象让人们再也无法忘记。

3. 创建品牌社群

品牌社群是指使用同一品牌的消费者聚合连接而成的、以该品牌为关系纽带的社会群体。品牌社群是以使用相同品牌产品并对该品牌喜爱与认可的消费者为基础,以成员之间的社会关系为核心元素所组成的群体。随着社交网站、即时通信技术的广泛传播和应用,线上品牌社群的建立和经营对于培养品牌文化的重要性更加不可小觑。特别对于Z世代的消费者,当他们需要获取产品的相关信息,希望分享品牌体验,期望获得其他消费者的帮助时,线上品牌社群成为收集和分享信息的第一选择。因此,创建和经营品牌社群成为培育品牌文化内涵的重要内容。

4. 传播品牌故事

文化的形成需要历史的沉淀,品牌文化的培育需要不断积累品牌成长的历史素材,凝结成令人印象深刻的品牌故事,向消费者讲述和传播品牌文化的内涵。作为全球价值较高的酒类品牌,茅台酒以其悠久的历史、独特的酿造过程、动人的飞仙传说成就了独居魅力的品牌形象。根据历史记载,早在2000多年前,茅台镇一带盛产枸酱酒受到汉武帝的赞誉,此后一直作为朝廷贡品享誉于世。如今,茅台酒的生产工艺成为"中国国家级非物质文化遗产",被誉为"中国白酒工艺的活化石"。茅台酒的酿造工艺包括两次投料、七次取酒、八次发酵、九次蒸烤,整个工艺流程严格遵循季节性生产方式,传承古法酿造技艺,采用端午踩曲、重阳下沙高温发酵等复杂工艺,整个酿造周期长达一年时间,加上贮存、勾兑,一瓶茅台酒从投料到出厂至少需要5年的时间,是世界上最为复杂的蒸馏酒酿造工艺。而茅台瓶身的"飞仙"图案作为商标则源于民间关于仙女下凡给善良的茅台镇人以帮助,"每年九月九,赤水河边酿美酒"的优美传说。正是由于这些具有历史感的品牌故事,让茅台成为中国酒类品牌的佼佼者。

◇ **同步案例4-2**

百年老字号"汪玉霞"的品牌故事

对于大多数武汉人而言,"汪玉霞"这个名字是特别的存在。事实上,"汪玉霞"并不是某一个人的名字,而是两个人名的组合。清朝乾隆四年(1739年),来自安徽的富商汪仕良和他的妾蔡玉霞来到武汉,在汉正街灯笼巷共同创办了"汪玉霞"并挂牌营业。

据说蔡玉霞掌中有朱砂痣,被赞有旺夫相,所以这店便取了汪仕良的姓和蔡玉霞的名,合二为一。

"汪玉霞"创建至今已有接近300年的历史,是汉口历史最为悠久的食品老字号。

说到"汪玉霞",几乎所有老武汉人都会脱口而出这样一句歇后语:"汪玉霞的饼子——绝酥(劫数)",然后会心一笑抚掌称赞。这里的"绝酥"本是特指它的咸酥饼、酥糖和酥京果三大主打产品食之清脆爽口,为酥中一绝,后来因方言与"劫数"谐音,便干脆将"饼子"二字舍去,直接说成了"汪玉霞的——劫数",广为流传。时至今日,"汪玉霞"已经成为汉口食品界的一块金字招牌,在老武汉的文化记忆里占有独特地位,"汪玉霞"的饼子,也从乾隆四年香到了现在。

"汪玉霞"绿豆糕既没有南方那么细腻,也没有北方那么干燥,恰如位于中部的武汉,结合南北方优势,拥有自己的特色。汉口是一座因水而成、因商而兴的城市,自明代中后期即崛起,成为我国一大商业重镇,在清朝时更进一步发展为"天下四聚"之一。由于地处九省通衢,交通便利,汉口成为南北商业交流和文化交汇地带,汇集种类齐全、囊括南北的众多老字号,其中尤以经营饮食者为多,但论糕点,武汉人似乎总有一种潜藏于心底的特殊情结,每逢婚丧嫁娶、传统节日、老人祝寿、添丁增口,"汪玉霞"老字号糕点一直伴随着一代又一代武汉人的喜怒哀乐。

作为武汉响当当的百年老字号,"汪玉霞"也在不断发展壮大。2015年,"汪玉霞"在园博园开出第一家门店。2019年,"汪玉霞"食品新工厂落成,为武汉人带来了更好的体验。要说"汪玉霞"能够立足江城接近300年,靠的自然是一口好味道。几代武汉人的人生甜味,就藏在"汪玉霞"的糕点里。云片糕、桃酥、绿豆糕等传统糕点,在"汪玉霞"的改良创新下,不再只是老一辈人的心头好,还得到了年轻一代的追捧。

(资料来源:https://www.sohu.com/a/447295839_572744.)

(三)品牌管理文化的培育

品牌文化是品牌管理的一种有效手段。从品牌内部来说,品牌文化可以形成一种群体的凝聚力,使员工的心理需求得到满足,步调一致地共同为品牌的成长而努力。从品牌竞争的角度来看,品牌文化的最大价值不在于渲染了什么或者美化了什么,而在于它借助文化这一特殊的人性化的力量使消费者产生对文化的认同,从而引起消费者与品牌的共鸣。品牌文化是品牌管理的一种"软性"手段,在品牌的竞争中,在品牌的未来发展中,都是决定其能否成为名牌,能否领先于竞争对手的永久的可持续性发展的关键力量。

品牌管理文化的培育,一方面可以直接引导员工的性格、心理和行为,形成统一的步调;

另一方面,通过价值观念来引导员工,使员工潜移默化地接受本企业的价值观,把思想、观念和行为引导到品牌的发展目标上来,同心协力为实现这个目标而奋斗。世界上许多成功的企业都有着自己独具特色的品牌管理文化。如IBM公司的创始人沃森就十分重视品牌管理文化的培育,早在20世纪20年代就为公司确定了"以人为核心,向所有用户提供最优质服务"的宗旨,明确提出了为职工利益、顾客利益、股东利益服务的三条原则,后来发展为"尊重个人"、"服务"和"完全主义"三信条,这就是IBM公司今天的管理哲学。

二、品牌文化培育的路径

培育强大的品牌文化,是每一个品牌战略的核心使命。根据品牌文化的形成机制及成功品牌的经验,企业可以通过以下环节培育出契合企业价值观的品牌文化。

(一)整合品牌文化资源

建立品牌文化的第一步是确认可以使用的、企业内外部的各种文化资源。企业的外部文化资源包括以下几种。

(1)企业名称(字号):这是企业无形资产中商誉的主要载体。
(2)企业CIS:这是指导企业的所谓"企业形象识别系统",主要通过企业图案标识体现,一般一个企业只有一套CIS。
(3)商标:经注册或未注册的在商品上的标识,企业可能有多个注册商标。
(4)商品名称:企业生产的对商标的称呼,可与商标一致或不一致。
(5)名人:企业家或职工杰出代表在社会上知名度极高,也可作为企业一种品牌资源。

企业的内部文化资源,是指可以反映并影响品牌定位的各种文化因素,包括世界文化、民族文化、地方文化、行业文化、职业文化、企业文化等。

(二)建立品牌价值体系

不同企业可以使用不同的方法建立其品牌价值体系。使用排名法建立品牌价值体系的具体步骤如下:第一步,确定品牌最重要的特征;第二步,了解这个或者这些品牌特征"为什么重要的原因"并将理由记录下来;第三步,"为什么这些品牌特征是重要的"这一问题再次被问及,以求获得新的理由;第四步,重复这一过程直到被调查者给出了一种价值观为止,然后选出第二重要的品牌的特征,重复上述过程,直到收集完所有有关品牌的重要特征。

(三)建立品牌文化体系

企业需要明确整体的品牌体系中所包括的品牌内涵、品牌价值、对客户的承诺、品牌附加值等因素。同时,还需要明确特定产品所包含的品牌内涵和价值。通常情况下,品牌文化体系建立要考虑以下几个因素:确定品牌文化范围,确定品牌文化个性,确定品牌文化价值,确定客户群体,确定客户价值,评估、提升客户关系。

(四)建立品牌文化管理体系

品牌文化管理体系包括品牌文化内部管理体系和品牌文化外部管理体系。品牌文化内部管理体系指的是针对品牌文化的定位,企业内部全体成员从认识上进行高度一致的协同,通过各种管理行为,包括现场管理、服务意识、营销体系等全过程进行品牌协同,即身心一致。

品牌文化外部管理体系指的是通过各种媒体或载体,围绕品牌文化核心进行传播。品牌文化的传播与品牌的传播的着重点不一样,其主要的传播方式不是作为硬性载体的广告,而是借助各种宣传媒体以软文的形式进行长期的潜在渗透。软文的主要着眼点在于建立一种氛围,让顾客潜移默化地接受品牌文化的感染,通过持续的、不断重复的、消费者无意识的传播方式,达到"润物细无声"的品牌文化传播效果。

(五)实施整体方案

品牌文化培育方案的实施以品牌文化的推广为主要内容,即将品牌的VI形象,包括产品、品牌名称、品牌标志、色彩、包装等赋予品牌文化的核心价值,同时通过品牌故事让品牌鲜活、生动起来,并实时进行评价调整。

(六)审查考核

品牌文化的建立绝不可能一蹴而就,它需要较长时间,在这段时间内,企业品牌负责人要对品牌文化的实施进行全面的监控,在品牌文化定位的基础上防止品牌文化的变异,在各种载体上对品牌文化做全方位校验。在信息化时代,品牌文化的监控难度更大。

(七)优化品牌文化

品牌文化的优化是指在品牌文化的形成过程中,企业根据市场和顾客的需要,不断检验品牌文化的定位和延伸,在此基础上进行品牌文化的创新或整合的过程。例如,要创新品牌文化的内涵,可以一种品牌文化资源为突破口,带动其他品牌文化资源的丰富和发展,如以大客户效应组合推广企业品牌文化,围绕技术领先提升企业品牌文化,以知名品牌组建企业等等。同时,需要控制品牌文化的管理幅度,不断精确品牌半径和清洗品牌文化间隙。另外,还需要与客户保持良好的沟通,提高其理解能力和品牌文化融入性,根据品牌现有和未来的市场占有率、盈利能力指标对品牌文化实施分类管理。

◇ 本章小结

　　品牌附着特定的文化,具有让社会大众和消费者认同的品牌可以为企业带来极高的附加值,是企业的一笔巨大财富。品牌中蕴含着企业经营理念,企业经营理念是品牌的灵魂。

　　品牌文化的独特性在于品牌本身所具有的强大营销动力和市场价值带来的文化共融。总体而言,品牌文化的特征主要表现在四个方面:品牌文化的系统性,品牌文化的民族性,品牌文化的鲜明个性,品牌文化的相对稳定性。

　　品牌文化是企业对品牌战略进行全面规划与实施的过程中不断积累和发展而逐渐形成的,其构成要素主要包括品牌精神文化、品牌物质文化、品牌行为文化。品牌文化在品牌管理过程中发挥的功能主要包括:品牌文化有助于建立品牌忠诚度,品牌文化有助于增强企业凝聚力,品牌文化有助于促进销售,承载文化传播的功能。

　　品牌文化与企业文化的区别在于:品牌文化与企业文化的起源不同;品牌文化与企业文化的功能不同;品牌文化与企业文化的性向不同。品牌文化与企业文化的联系在于:核心内涵一致,品牌文化是企业文化的外化形式,品牌文化与企业文化相互促进。

　　品牌文化的价值效应是商业社会中企业价值的延续,通过品牌文化对消费者和市场的感召力,形成了品牌文化的晕轮效应、扩散效应、同化效应和协同效应。

　　品牌文化培育的内容包括三个方面:品牌产品文化的培育,品牌传播文化的培育,品牌管理文化的培育。品牌文化培育的路径包括:整合品牌文化资源,建立品牌价值体系,建立品牌文化体系,建立品牌文化管理体系,实施整体方案,审查考核,优化品牌文化。

数字资源4-4
练习与思考
及答案

第二篇

基 础 篇

　　本篇为品牌基础篇,主要介绍品牌营销和品牌管理等基础理论。其中,品牌营销内容主要介绍品牌营销三步曲:品牌定位、品牌设计、品牌传播。品牌管理内容主要介绍品牌危机管理和品牌资产管理等。读者通过学习本篇内容,可以为下一篇品牌战略的高阶理论学习打下基础。

第五章　品牌定位

　　品牌定位是品牌营销三步曲的第一步。定位不准确或不明确,则后面的一切都是徒劳。所谓品牌定位,是指通过品牌进行精心策划与设计,使其能在目标消费者心目中占有独特的、有价值的位置的行动。品牌定位是市场营销发展的必然产物与客观要求,是品牌建设的基础,是品牌成功的前提,是品牌运作的目标导向,是品牌全程管理的首要任务,在品牌营销和经营管理中有着不可估量的价值。因此,品牌定位理论自诞生之日起,就发挥着愈来愈重要的作用,甚至被提升到品牌经营战略的高度。每个品牌都必须有一个清晰、准确的定位,以便在宣传推广时能向消费者传达有效的信息。

◇ **学习目标**

　　本章主要阐述定位理论的发展、品牌定位的含义、品牌定位的意义、品牌定位的过程和品牌定位的策略,具体内容如下。

1. 知识目标

(1)了解定位理论的产生;

(2)理解品牌定位的含义和意义;

(3)掌握品牌定位的过程、原则和策略。

2. 能力目标

(1)能用自己的语言清晰表达定位和品牌定位的概念,解释其内涵;

(2)能举例说明品牌定位的原则;

(3)能对身边熟悉的品牌运用合适的品牌定位方法;

(4)能结合企业的实际情况对品牌进行定位。

3. 情感目标

(1)培养学生深刻理解品牌定位对企业营销和发展的重要意义;

(2)培养学生树立大力发展民族品牌的志向。

◇ **学习重难点**

1. 理解品牌定位的含义和过程

2. 掌握品牌定位的战略和策略

◇ **本章关键词**

品牌定位　品牌定位战略　品牌定位策略

◇ **导入案例**

茶行业里的"苹果",小罐茶的制胜之本是什么?

"全世界有很多卖衣服的,但只有他卖出了优衣库,卖成了日本首富。"马云曾如此评价优衣库创始人柳井正。但柳井正并不认为优衣库是一家时装公司,而更愿意将其定义为一家科技公司。因此,一直以来优衣库的对手并不是ZARA、H&M,而是英特尔与苹果。

而在中国茶行业,也有这样一家公司,表面上这是一家卖茶的公司,但公司内部在进行各种发明创造,这家公司就是2016年底面世,2017年零售额突破10亿元冲入行业前三的小罐茶。

小罐茶是以一个"外行"身份进入茶行业的现代茶企,所以能够更多地以消费者的视角来看待整个行业。长期以来,消费者对于茶叶的认知可以用一句话概括:买茶时"无标准",喝茶时"太烦琐",送茶时"不清楚价值"。因而小罐茶采取了与传统茶企完全不同的"倒做"逻辑——以消费者思维做茶,确立统一的行业标准,填补行业内高端中国茶的空白,先站稳市场再倒推供应链改革。中国不缺好茶,缺的是把好茶做出品牌,而高端中国茶就是一个很好的突破口。高端意味着品质,意味着创新,意味着行业标杆的树立,在这之上,针对不同饮用场景开发的产品才有了根基和保障。

以高端中国茶为指导的高标准、严要求,体现在小罐茶从产品研发到最终产品,乃至用户体验的全部流程与环节中。小罐茶以高端产品线金罐产品破局,从茶叶、包装及饮用、价格、产业链4个方面入手确立标准,降低了消费者的选择门槛。

小罐茶茶叶均采用统一的原产地原料,用手工采摘高等级的芽叶保证原料的纯正、稀缺和优质。从制茶技艺上,小罐茶牵手八位制茶大师,共同制定符合传统制茶技艺高品质茶叶要求的产品标准,同时全程把关原料采购和生产过程,确保小罐茶产品达到优异的产品品质。这些制茶大师中不乏非物质文化遗产项目传承人,如黄山毛峰制作技艺传承人谢十四、福州茉莉花茶窨制技艺传承人林乃荣、滇红茶制作技艺传承人张成仁等,拉近了消费者与非遗制茶技艺传承人之间的距离,让消费者无须懂茶也能喝到好茶。

小罐茶让中国茶变得年轻、时尚,吸引了包括年轻人在内的人们了解中国茶。如今许多年轻人爱喝咖啡、可乐,觉得茶叶卖场嘈杂、茶叶包装土气、喝茶习惯古板。小罐茶颠覆了传统茶叶固有的思维,在喝茶方式上"一罐一泡",手不沾茶方便卫生;在设计风格上,邀请日本设计师神原秀夫历经 13 稿设计小罐包装,邀请 Apple Store 专用设计师 Tim Kobe 设计实体店面,让国际设计理念与传统茶文化融合。

此外,小罐茶对传统制茶产业的发扬还体现在构建完整的产业链上,斥资 15 亿元建设的行业首个现代化智能工厂即将投入使用,让小罐茶从生产、包装、仓储、物流多方面实现自动化。据悉,小罐茶还在着手整合茶园,并在有条件的地方建立小罐茶的"五星级"茶庄园,更好地从上游把控茶叶品质。从品质、包装到产业链整合都显露出小罐茶的匠心精神,以茶为媒,小罐茶让人体会到中国茶的独特魅力,更展示着当下属于中国茶的一份文化自信。

■ **思考题:**
1. 小罐茶运用了哪些品牌定位策略?
2. 请对小罐茶的品牌定位进行整体分析和评价。

(资料来源:http://www.cb.com.cn/index/show/gd/cv/cv135607651495,http:// www.cb.com.cn/index/show/gd/cv/cv1361090221492。)

第一节　品牌定位概述

一、定位理论

"定位"这一概念的提出始于 20 世纪 60 年代末,并随着时间的推移被赋予更丰富的含义。定位理论的提出者发表多部专著和多篇文章,阐明品牌定位的丰富内涵,具体内容见表 5-1。

表 5-1　定位理论的相关研究成果

时间	理论提出者	研究成果
1969 年	艾·里斯、杰克·特劳特	《定位是人们在今日模仿主义市场所玩的竞争》
1972 年	艾·里斯、杰克·特劳特	《定位时代》

续表

时间	理论提出者	研究成果
1979年	艾·里斯、杰克·特劳特	《广告攻心战略——品牌定位》
1980年	艾·里斯、杰克·特劳特	《定位》
1995年	杰克·特劳特、瑞维金	《新定位》

1969年，广告经理人艾·里斯和杰克·特劳特在美国营销杂志《广告时代》和《工业营销》上发表《定位是人们在今日模仿主义市场所玩的竞争》的文章，首次提出定位（Positioning）的概念。他们认为，随着竞争加剧、产品同质化和信息爆炸导致信息相互干扰，依靠独特的销售卖点（USP）和品牌形象已很难形成差异，为了更有效地赢得顾客，有必要通过定位使自己的产品独树一帜。

1972年，二人在《广告时代》杂志上发表《定位时代》系列文章，引起营销界和广告界的极大反响。1979年，二人又合作出版第一部论述定位理论的专著《广告攻心战略——品牌定位》。1980年，艾·里斯与杰克·特劳特共同撰写营销理论的经典之作《定位》，该书被翻译成14种文字畅销全球。1995年，杰克·特劳特与瑞维金合作，出版了定位理论的刷新之作《新定位》一书。定位理论指出，消费者的大脑就像一块吸满水的海绵，储存着各种各样的产品信息，只有挤掉原有的产品信息，才有可能吸纳新的产品信息。因此，定位并不是仅改变产品的名称、价格及包装，而是要赢得在潜在顾客心中的有利地位，让产品信息占领消费者心智中的空隙。

经过20多年的不断完善与发展，定位理论日趋成熟，将企业关注的焦点由之前的产品属性和形象识别系统转为消费者需求，更加符合市场演变的特点，被奉为营销理论中的经典。

二、品牌定位的含义

杰克·特劳特将品牌定位定义为：定位不是去塑造新而独特的东西，而是对现有产品进行的创造性思维活动，它不是对产品采取什么行动，而是对潜在顾客心理采取行动，目的是在顾客心中占据有利的地位。菲利普·科特勒认为："定位是公司设计出自己的产品、服务以及形象，从而在目标顾客心中确立与众不同的有价值的地位，定位要求企业能确定向目标顾客推销的差别数目及具体差别。"该定义跳出了广告公司视角的局限性，从经营者的角度诠释定位的含义。品牌定位过程中，企业需要不断识别消费者需求，开发相应的产品或服务，并在消费者心目中树立独特的品牌形象，明确不同品牌的差异性。

基于以上两种定义，本书认为，品牌定位是指针对目标市场，企业发现和建立独特的品牌形象，通过整合营销传播的方式，在目标消费者心中占据独特的、有价值的地位的过程或行动。

◇ **同步案例5-1**

Seesaw Coffee：一杯更适合国人口味的创意咖啡，到底是什么？

2021年6月18日，Seesaw位于重庆的第一家门店迎来正式开业。业内有人笑称，这家门店宛如在上演一场咖啡的"三国杀"。同一家商场里，Seesaw在选址上和星巴克以及日本的咖啡品牌％Arabica"狭路相逢"。

在Seesaw看来，虽然同样是咖啡品牌，但各自代表了迥然不同的风格。星巴克以深烘为主，主打偏商务社交的第三空间场景；％Arabica是日式深烘的代表，简约精致的门店设计常引起不少人驻足拍照。而Seesaw则是中国第一批精品咖啡品牌，以能凸显咖啡风味的浅烘见长，会根据不同季节、城市文化和内容主题推出不同的咖啡饮品。

这无疑形成了一个有意思的局面，中、日、美三家咖啡品牌同台竞争较量，没有一家能绕开一个问题：在今天遍地开花的咖啡市场里，消费者为何要为你买单？如果在以前问到Seesaw这个问题，它的答案不出意料应该是咖啡品质或门店服务和体验。但到了如今，Seesaw明显有了一个新的答案——做一杯更适合国人口味的创意咖啡。

创意咖啡其实不是什么全新的品类。在上海，随意走进一家精品咖啡小馆，你大抵都能在菜单上找到一杯创意特调。它像是咖啡师在日常之外的灵感创意表达，以咖啡为基底，在口味、风味和外观形式上进行创新，给人以感官上新的刺激，更受年轻人的喜爱。如今，Seesaw在把这样小而精的创意特调开始大规模复制到门店现制饮品中，在尊重和保留原有咖啡豆风味的基础上，加入食品小料、果汁或气泡水等，研发更符合大众口味的饮品，让原先很多不喝咖啡的人也能接受。

从2020年下半年起，创意轻咖类的产品陆续出现在Seesaw的菜单上。在外人来看，这仅仅是咖啡馆上新的新品；但对Seesaw内部而言，这是它从过去一年至今最重要的产品和市场策略，也是Seesaw未来发展方向的重新定位。围绕创意咖啡这一命题，Seesaw对产品研发、供应链管理、店面和周边设计到传播内容等都进行了重新改造和升级。

结果没想到成绩远超设想。从2020年9月到2021年3月，Seesaw创意咖啡的销售占比从10％提升到了40％，到2021年5月，Seesaw创意咖啡的销售占比已经超过了传统咖啡，复购率高达45％。在一些城市首店，创意咖啡的表现则更为突出。比如，Seesaw专为南京推出的南京限定金陵桂花小拿铁，单个SKU在部分门店销售占比超过50％，一度成为南京门店销量最好的单品。

Seesaw表示，在保持传统意式咖啡客群和复购稳定的基础上，平均单店新增客群约25％，单店模型持续优化，效率也大幅提升了。同时它也印证了Seesaw之前的猜想——创意咖啡更受新一代年轻消费者的喜爱。在推出创意咖啡后，Seesaw咖啡消费的年龄层比例有了明显降低：Z世代的客群占比从5％上涨到了17％。

> 如果总结说，过去九年时间里，Seesaw 的命题是让消费者喝到一杯好咖啡，那现在及未来的命题就是——如何做一杯符合国人口味的创意咖啡。
>
> （资料来源：https://www.brandstar.com.cn/in-depth/2075.）

三、品牌定位的基础

（一）心理基础

品牌定位的目标是在消费者心目中树立差异化的品牌形象。因此，从某种意义而言，品牌定位实际上是一个基于心理过程的概念。美国宾夕法尼亚大学沃顿商学院的一项观察表明，消费者把商品从货架上拿到购物筐里平均要用12秒，平均只能仔细考虑1.2个品牌；消费者选择某品牌的主要原因在于该品牌能给消费者带来自我个性宣泄的满足程度，在于品牌形象对他们持续而深入的影响。而品牌定位是塑造成功品牌形象的重要环节，是求得目标顾客认同与选择的重要手段之一。

企业要善于分析消费者对商品需求的心理特征，通过理性的、感性的或情感的品牌定位方式在消费者心目中树立鲜明的形象是非常必要的。因此，对消费者心理的洞察和了解是品牌定位的首要基础。

（二）市场细分基础

目标市场是企业品牌定位的着眼点。而找到合适目标市场的前提是进行市场细分，只有通过市场细分，才能使企业发现市场机会，从而令企业设计塑造自己独特的产品或品牌个性找到客观依据。例如，美国钟表公司通过市场调查把美国手表市场分为三个子市场：第一个是想买价格低廉、能够计时的手表的顾客市场，其占美国手表市场的23%；第二个是想买价格适中、计时准确且耐用的手表的顾客市场，占美国手表市场的46%；第三个是想买名贵手表、追求其象征性价值的顾客市场，占美国手表市场的31%。当时美国著名的钟表公司几乎都将这三类顾客群作为自己的目标市场，而美国钟表公司当机立断，选择第一、二类顾客群作为自己的目标市场，开发名为"天美时"（TIMEX）的物美价廉的手表并大力促销，最终赢得了消费者的厚爱，塑造了强大的品牌形象。

所以，市场细分是进行品牌定位的必要基础。通过市场细分，企业在目标市场进行市场定位和品牌定位，这是企业赢得和开拓市场、塑造品牌形象的必然选择。

四、品牌定位的意义

（一）树立差异化的品牌形象

品牌形象是品牌的名称、价格、包装、材质、功效、人群、广告、评价等内容的外在展示，是目标消费者对品牌的直接或间接感知。品牌定位的本质就是找准切入点，寻找差异化。因此，准确、清晰的品牌定位非常有利于树立差异化的品牌形象。其中品牌名称的差异化、品牌包装的差异化、品牌目标人群的差异化、品牌对应的产品及服务的差异化、品牌广告风格、广告语甚至广告投放渠道的差异化等，都有助于塑造独一无二的品牌形象。

（二）为产品开发和营销计划指引方向

品牌定位使潜在顾客对该品牌产生正确的认识，进而产生品牌偏好和购买行动，它是企业信息成功通向潜在顾客心智的一条捷径。在品牌定位的统一指引下，企业的产品开发和营销计划得以有序进行，各种短期营销计划不会偏离品牌定位的指向，从而更好地对资源进行合理配置和树立清晰的品牌形象。

（三）提高品牌传播的效率

品牌传播是指借助于广告、公关等手段将所设计的品牌形象传递给目标消费者的营销活动。品牌定位决定了品牌传播的对象和内容，缺少品牌定位指引的品牌传播将会失去方向和依据。因此，品牌传播必须以品牌定位为前提，品牌定位有助于提高品牌传播的效率。例如，广告主题、广告创意、广告表现等要素都需要紧紧围绕品牌定位，服从于品牌定位，服务于品牌定位。特别是广告创意，必须与品牌定位密切相关。如果没有清晰、准确的品牌定位，即使投放大量广告也收不到效果。

◇ **同步案例5-2**

华润雪花推出勇闯天涯Super X新品抢占年轻市场

2018年3月18日，在杭州国际博览中心，一场酷炫、惊艳、科技感十足的新品发布会强势启幕！这场发布会的主角不是手机，不是电脑，不是人工智能，而是一款专为年轻人定制的啤酒新品。这是华润雪花啤酒推出品牌重塑以来首支核心产品——勇闯天涯 Super X,强势深耕年轻人市场。

作为一款主打年轻人市场的啤酒新品,勇闯天涯 Super X 为年轻人量身定制。华润雪花表示,勇闯天涯 Super X 的"Super"代表超级、无限,"X"代表探索、未知,"Super X"意味着未来将为年轻用户带来无限探索的可能。

在包装上,勇闯天涯 Super X 的包装根据年轻消费者的喜好定制,颜色选择了酷炫、锐利的蓝色,瓶身采用圆滑流畅的流线型设计,外观时尚而有个性,符合年轻消费者的审美;在酒体上,作为一款淡爽型啤酒,勇闯天涯 Super X 酒液金黄,泡沫洁白细腻、持续时间长,在泡沫消失后还能持久酒液挂杯,符合一款好酒所具备的特征;在口感上,勇闯天涯 Super X 清新酷爽又不失丰满,酒味醇厚之余又苦味适中,非常符合年轻人口味。视之酷炫,嗅之醇香,品之回甘,是这支新品的最大特点。

据相关分析,进入"互联网+"时代以来,传统信息传播方式受到了极大的冲击,尤其是年轻一代成为消费主力军,碎片化、个性化成为企业品牌与用户之间新的信息传输方式。而相对传统的啤酒行业面对新的营销态势,自我颠覆与创新不仅要停留在产品升级层面,更要积极致力于与用户实现现代化的信息衔接。

对此,华润雪花啤酒深谙其道,不仅请人气偶像王嘉尔做勇闯天涯 Super X 形象代言人,还联手《热血街舞团》和旗下实力选手 X-crew 组合,并冠名热播音乐偶像养成节目《明日之子》,邀请《明日之子》总冠军毛不易为发布会现场助阵……多维度试水娱乐营销,以年轻人喜欢的方式"搞定年轻人"。

(资料来源:https://baijiahao.baidu.com/s?id=15954395638891 71748&wfr=spider&for=pc.)

◇ 知识活页

品牌形象理论

品牌形象理论是20世纪60年代,在形象至上时代由大卫·奥格威提出的营销观点。它的基本内容是:广告要力图使品牌具有并维持一个高知名度的品牌形象;任何一个广告都是对品牌的长期投资,应尽可能维持好品牌的形象;品牌形象要比强调产品的具体功能重要得多;消费者购买时所追求的是"实质利益-心理利益",广告应重视运用形象来满足顾客的心理需求。多年前,万宝路是一种普通的女士香烟,由于没有鲜明的品牌形象,销售一直不理想。1954年,李奥·贝纳为万宝路重塑品牌形象：在广告中突出强壮、有个性和粗犷的男子汉形象。这一品牌形象的大转变取得巨大成功，让万宝路成为世界上销量最大的香烟品牌。

第二节 品牌定位的战略及过程

一、品牌定位的战略

（一）差异化战略

差异化的品牌定位战略使企业的产品、服务、品牌形象与竞争对手产生明显的区别，从而实现在消费者心智中占据独特位置的目标。即使竞争对手已经获得了某个方面的竞争优势，通过进一步细分市场、深入挖掘消费者需求、分析自身产品特点，也可以发现新的品牌定位方式。2006年良品铺子在武汉开设第一家线下门店，其后的十余年间不断扩张，目前门店数已超2200家，覆盖华中、华东、华南、西北、西南等14省（区、市）。良品铺子主打高端品牌战略，打破了休闲食品低价同质化的竞争局面。通过"产品做实高端＋传播做实高端＋体验做实高端"三位一体战略，强化顾客对"良品铺子＝高端零食，高端零食＝良品铺子"的认知，良品铺子连续3年高端销售领先。

（二）增强型战略

增强型的品牌定位战略是指通过更大的营销努力，强化品牌在消费者心智中现有的地位、形象、个性。当现有产品或服务在消费者心目中已经占据优势地位，企业需要反复向消费者宣传该定位，增强其品牌形象。如果现有产品或服务在消费者心目中的品牌定位还不够清晰，则更需要加大品牌定位的宣传力度，强化企业的产品或服务在消费者心目中的形象。妙可蓝多通过在电梯间、超市反复播放的广告"妙可蓝多，妙可蓝多，奶酪棒，奶酪棒"，迅速占领消费者心智，仅用六年时间，成为国内奶酪第一品牌。

（三）利基战略

数字资源 5-1
海澜之家，
男人的衣柜

利基战略是指选择被企业忽视的某些细分市场，或是寻找尚未被满足的消费者需求进行品牌定位和宣传。这一战略适用于新品类的开拓企业，也适用于竞争品牌高度集中的蓝海市场的新进企业，并且特别有助于综合实力偏弱的中小企业的品牌定位和发展。聚龙集团在 1998 年选择指甲钳为新业务，现已成为中国第一、世界第三的指甲钳生产商。中集集团是全球集装箱业务冠军，2002 年开始寻找新的利基业务，经过两年多的调查、分析和研究，最后决定进入半挂车业务，现已成长为在全球多个行业具有领先地位的企业。

二、品牌定位的过程

品牌定位是一个科学整合分析消费者需求、竞争者品牌定位、企业自身资源和品牌个性的过程。品牌定位的过程需要遵循以下步骤，包括市场细分、确定目标市场、消费者需求分析、竞争者分析、品牌自我分析和确定品牌定位策略。

（一）市场细分

市场细分是指通过市场调研，企业根据消费者需求和欲望、购买习惯以及购买行为等方面存在的差异，把某一产品的市场整体划分成若干个消费群体市场的过程。市场细分使企业容易发现机会，从而使企业设计品牌个性、塑造品牌形象有了客观依据。在进行市场细分时，应当通过确定市场细分变量，作为划分细分市场的标准。市场细分变量主要划分为四种，包括地理因素、人口因素、消费者心理因素和消费行为因素。

（二）确定目标市场

目标市场是品牌定位的归宿点，是企业在进行市场细分之后的若干个子市场中，运用市场营销活动进行市场方向的优选过程。

企业在划分好细分市场之后，将评估每个细分市场的吸引力程度，根据自身状况和产品特点，结合营销目标，选择对企业和产品最具优势和吸引力的细分市场，即目标市场。企业可以根据实际情况，决定进入目标市场中的一个或多个细分市场。

确定目标市场的程序如下。

第一,对细分市场进行评估,以确定目标市场。企业评估细分市场的核心是确定细分市场的实际容量,评估时应考虑三个方面的因素:细分市场的规模、细分市场的内部结构吸引力和企业的资源条件。

第二,选择细分市场的进入方式。可选择集中进入、有选择的专门化进入、专门化进入、无差异进入和差异进入等方式。

(三)消费者需求分析

确定目标市场后,需要对消费者的购买倾向、动机、细分市场构成、尚未满足的需求进行分析。具体包括三个方面的内容。① 消费者购买动机分析,其目的在于确定驱使消费者购买和使用该品牌的产品功能、情感和自我表达利益。② 消费者购买倾向分析,它的最佳实施途径是研究市场动态。例如,雀巢公司通过对饮料产品的消费者调查,发现了4个发展趋势:更关注健康、对即食饮料的偏好不断增长、对热饮的偏好向冷饮转变,以及对异国风味和品种饮料需求的上升。这反映了消费者对现有产品的厌倦感,以及对探索外国文化的更大兴趣。这些趋势为雀巢 Juicy Juice 和 Perrier 提供了定位选择。③ 细分市场销量趋势和盈利前景分析,通过发现细分市场的销售额增长和减少的原因也可以为品牌定位提供有用的信息。

(四)竞争者分析

竞争者分析主要研究竞争对手的品牌形象、定位及其优势和弱点,以便寻求企业的差异性品牌定位,凸显品牌个性特点。

第一,确认竞争者品牌形象。企业需要了解消费者如何认知竞争者品牌,特别是品牌提供的价值、品牌-顾客关系和品牌个性。这些信息可以通过定性研究如焦点小组访谈或定量调查等方式获得,用以评估竞争者品牌形象价值。

第二,进行竞争者定位分组。仔细分析全部竞争者的定位,能够为企业自身的差异性品牌定位提供依据。企业可以根据竞争者所使用定位战略的不同,将其分组,评估各个定位组群的优势和劣势,决定自身的定位战略。

第三,实施竞争者品牌的动态跟踪。在进行竞争者分析时,不仅要了解竞争者目前的品牌形象,还需要考虑这些形象过去的变化,以及未来可能的变化。例如,宝马是定位于"极限驾乘机器"的高端汽车。1990年,这一理念遇到了困难,部分原因是在20世纪80年代所谓雅皮士的生活方式不再受到推崇。因此,宝马推出了较便宜的新车型,并通过强调价值和安全性能,以及宝马传统的驾驶体验,实现了品牌定位的"非雅皮化"。

第四,分析竞争者的优势和劣势。研究竞争者的优势和劣势,可以为企业提供进行准确品牌定位的重要信息。通过识别竞争者优势和劣势,将使企业避免发生模仿竞争者品牌定位的情况,同时攻击竞争者的重点也将放在其弱点部位,这将使品牌竞争更为有效。

（五）品牌自我分析

品牌自我分析的内容包括企业自身资源、企业形象、品牌传统、品牌优势与劣势几个方面。品牌定位常常受到企业自身资源的制约，因此品牌定位必须与企业的总体发展战略保持一致，与企业规模、技术水平、服务水平、营销渠道、人力资源等相关因素相匹配。企业形象是企业在消费者心目中的总体印象和评价，通过对企业形象的分析可以帮助企业找准品牌定位的出发点，制定符合整体企业形象的品牌定位。品牌传统的分析让企业回顾品牌创办的历史和愿景，有助于企业确定品牌识别应当包含的内容，还有助于偏离轨道的品牌回到正确的道路上。品牌优势和劣势的分析，让企业了解自身擅长的方面，从而继续挖掘其品牌定位的优势，实现可持续性品牌定位。

（六）确定品牌定位策略

在综合分析消费者需求、竞争者发展状况以及内部资源后，企业需要根据市场环境的发展趋势和要求，针对消费者心理，制定能充分利用自身资源并有别于竞争对手的品牌定位策略。具体内容包括确定品牌涵盖的产品线、寻找产品本身的风格和创造品牌差异。首先，企业经营的产品或服务品种多样，因此企业在进行品牌定位时需要确定品牌涵盖的产品线。其次，产品的品牌定位应源于其独特的个性和特点，在品牌定位时，应当挖掘产品自身的特点，这是品牌定位的基础。例如，我国瓶装饮用水市场的后来者农夫山泉是一种来自千岛湖水下70米深层的天然水，它口感好且味道微甜。因此农夫山泉将其定位为"有点甜"的天然水，迅速获得消费者的青睐，与纯净水平起平坐，成为天然水品牌的领袖。最后，创造品牌差异。品牌定位还需要提供与竞争者不同的差异点，品牌可以针对竞争者的功能性利益定位，宣布自己以更低的价格提供优于或相当于竞争者的产品，或宣布自己提供不同的功能性利益。

◆ 知识活页

管理者语录

所谓定位，就是令你的企业和产品与众不同，形成核心竞争力；对受众而言，即鲜明地建立品牌。

——杰克·特劳特

所谓定位，就是让品牌在消费者的心智中占据较有利的位置，使品牌成为某个类别或某种特性的代表品牌。这样当消费者产生相关需求时，便会将定位品牌作为首选，也就是说这个品牌占据了这个定位。

——邓德隆

第三节 品牌定位策略

一、品牌定位的原则

（一）消费者导向原则

品牌定位的成功源于对消费者的深入分析和了解。因此，只有针对消费者进行品牌定位，充分了解和把握消费者的需求，找到消费者的特定偏好；同时借助多种传播手段，才能让品牌在消费者心中形成独特的、有利的位置。红罐王老吉的热卖就是较好的例证。加多宝集团通过市场调研了解到中国几千年的中医概念"清热祛火"在全国广为普及，"上火"的概念也在各地深入人心。基于消费者的需求，红罐王老吉将其定位为"预防上火"的饮料，成功地将红罐王老吉淡淡的中药味劣势转化为"预防上火"的有力支撑，再通过"怕上火，喝王老吉"的传播推广主题，将红罐王老吉和"传统凉茶"区分开来，促使消费者在吃火锅、烧烤时，自然联想到红罐王老吉，从而促成购买。

（二）产品契合原则

企业进行品牌定位时必须考虑产品的质量、结构、性能、款式、用途等相关因素。品牌定位会由于产品的使用价值不同而有所差异。第一，当产品使用范围较大时，可以扩大定位外延，以满足不同消费者的不同需求，食品、饮料等都属于这一类。如茅台酒定位为"健康酒"，并以"国酒茅台，喝出健康来"的口号进行品牌宣传，从而形成区别于其他酒的品牌定位。第二，当产品使用范围较窄时，其品牌定位就需要针对特定的目标消费群体。例如，沃尔沃定位于"安全耐用"，宝马定位于"驾驶乐趣"，丰田定位于"经济可靠"，奔驰定位于"地位与服务"，不同汽车品牌基于产品特点的不同进行鲜明的品牌定位，彰显独特的品牌形象。

（三）差异化竞争优势原则

品牌定位的本质是差异性，因此具备差异化的竞争优势是品牌定位时需要考虑的重要因素。第一，找到竞争者，作为品牌定位的参照物。第二，通过向消费者传达差异性的品牌信息，形成具有差异化竞争优势的品牌定位。例如，恰恰瓜子改变了传统瓜子行业的品牌定位，由炒改为煮，宣称"恰恰瓜子是煮出来的"。这种差异化的定位形成了完全不同的独特卖点，锁定了消费者，将小小的瓜子从安徽卖向全球。

（四）简明性原则

简明性原则要求企业从品牌的众多特点中找到1~2个关键要素，高度概括品牌的本质特征，并以简明的方式表达出来，让消费者一看即知，快速清晰地领会品牌定位，并产生共鸣。"为什么你应投资于伯爵表，它是世界上最贵的表"、"海尔——中国造"、"全心全意小天鹅"、"金利来，男人的世界"，就是充分运用简化原则进行品牌定位的成功范例。如果面面俱到，过多地罗列品牌特点，往往容易导致品牌定位的失败。

二、品牌定位的策略

定位是经常向消费者宣传的那部分品牌识别，目的是有效地建立品牌与竞争者的差异性，在消费者心智中占据一个与众不同的位置。定位是技术性较强的策略，离不开科学严密的思维，必须讲究策略和方法。

（一）基于产品角度的品牌定位

1. 功效定位

强调产品的功效是定位的常见形式。很多产品具有多重功效，定位时向顾客传达单一功效还是多重功效并没有绝对的定论，但由于能记住的信息是有限的，顾客往往只对某一强烈诉求产生较深的印象。因此，承诺一个功效点的单一诉求更能突出个性，获得成功的定位。如洗发水中飘柔的承诺是"柔顺"，海飞丝的承诺是"去头屑"，潘婷的承诺是"健康亮泽"；舒肤佳强调"有效去除细菌"。

2. 质量/价格定位

该定位将质量和价格结合起来构筑品牌识别。质量和价格通常是消费者最关注的要素，顾客都希望买到质量好、价格适中或便宜的物品。因而这种定位往往表现为宣传产品的价廉物美和物有所值。例如，雕牌用"只选对的，不买贵的"暗示雕牌的实惠价格，沃尔玛超市宣传"天天平价"的平民定位，奥克斯空调告诉消费者"让你付出更少，得到更多"，都是既考虑质量又考虑价格的定位策略。

3. 类别定位

类别定位就是与某些知名而又属司空见惯类型的产品做出明显的区别，或将自己的产品定位为与之不同的另类，这种定位也可称为与竞争者划定界线的定位。如美国的七喜汽水，之所以能成为美国第三大软性饮料，就是由于采用了这种策略，宣称自己是"非可乐"型饮料，是代替可口可乐和百事可乐的消凉解渴饮料，突出其与"两乐"的区别，因而吸引了相当部分的"两乐"转移者。又如娃哈哈出品的"有机绿茶"与一般的绿茶构成显著差异，元气森林主打"0 蔗糖，低脂肪"，也都是类别定位方法的运用。

（二）基于竞争角度的品牌定位

1. 对比定位

对比定位是指通过与竞争对手的客观比较来确定自己的定位，也可称为排挤竞争对手的定位。在该定位中，企业设法改变竞争者在消费者心目中的现有形象，找出其缺点或弱点，并用自己的品牌进行对比，从而确立自己的地位。在止痛药市场，美国的泰诺击败占"领导者"地位的阿司匹林，也是采用这一定位策略。由于阿司匹林有潜在的引发肠胃微量出血的可能，泰诺就宣传"为了千千万万不宜使用阿司匹林的人们，请大家选用泰诺"；又如农夫山泉通过天然水与纯净水的客观比较，确定天然水优于纯净水的事实，宣布停产纯净水，只出品天然水，鲜明地亮出自己的定位，从而树立了专业的健康形象。

2. 首席定位

首席定位即强调品牌在同行业或同类中的领导性和专业性地位。如百威啤酒宣称是"全世界最大、最有名的美国啤酒"；雅戈尔宣称是"衬衫专家"；格兰仕宣称是"柜机专家"，致使其他的竞争品牌不能采用相同的定位策略。这些都是首席定位方法的表现。

（三）基于品牌识别的品牌定位

1. 情感定位

情感定位是将人类情感中的关怀、牵挂、思念、温暖、怀旧、爱等情感内涵融入，使消费者在购买、使用产品的过程中获得这些情感体验，从而唤起消费者内心深处的认同和共鸣，最终获得消费者对品牌的喜爱和忠诚。浙江纳爱斯的雕牌洗衣粉，借用社会关注资源，在塑造上大打情感牌，其创造的"下岗片"，就是较成功的情感定位方法，"……妈妈，我能帮您干活啦"的真情流露引起了消费者内心深处的震颤以及强烈的情感共鸣，自此，纳爱斯雕牌更加深入人心；哈尔滨啤酒"岁月流转，情怀依旧"的内涵让人勾起无限的岁月怀念。

2. 自我表现定位

该定位通过表现某种独特形象和内涵，让品牌成为表达个人价值观、审美情趣、自我个性、生活品味、心理期待的一种载体和媒介，使顾客获得一种自我满足和自我陶醉的快乐感觉。如果汁"酷儿"的代言人"大头娃娃"，右手叉腰，左手拿着果汁饮料，陶醉地说着"QOO……"，这个有点儿笨手笨脚的形象正好符合儿童"快乐、喜好助人但又爱模仿大人"的心理，小朋友看到酷儿就像看到了自己，因而博得了小朋友的喜爱。

3. 文化定位

文化定位就是将某种文化内涵注入品牌之中，形成文化上的识别，使品牌形象更加独具特色。如珠江云峰酒业推出的"小糊涂仙"酒，就成功地实施了文化定位，他们借"聪明"与"糊涂"反衬，将郑板桥的"难得糊涂"的名言融入酒中，由于把握了消费者的心理，将一个没什么历史渊源的品牌运作得风生水起；"金六福"酒把在中国具有亲和力与广泛群众基础的"六福"文化——"寿、康、德、和、孝、富"作为内涵，融入到"酒文化"之中，使"金六福"酒销量大增。

◇ 本章小结

品牌定位是指针对目标市场，企业发现和建立独特的品牌形象，通过整合营销传播的方式，在目标消费者心中占据独特的、有价值的地位的过程或行动。品牌定位不是要创造出新的、不同的东西，而是将消费者的需求和品牌特性相连接，强化或改善潜在消费者对某个品牌的态度、看法，使品牌在消费者心中占据独特的位置。

成功的品牌定位应建立在深入了解消费者的心理基础和准确的市场细分基础之上。精准的品牌定位能够为企业树立差异化的品牌形象，为产品开发和营销计划指引方向，提高品牌传播的效率。

品牌定位应当遵循差异化战略、增强型战略和利基战略，通过整合分析消费者需求、竞争者品牌定位、企业自身资源和品牌个性，制定成功的品牌定位策略。品牌定位的过程需要遵循以下步骤，包括消费者需求分析、竞争者分析、品牌自我分析和确定品牌定位策略。

有效的品牌定位需要遵循以下原则:消费者导向原则、产品契合原则、竞争性原则和简明性原则。品牌定位的策略包括:功效定位、质量/价格定位、类别定位、对比定位、首席定位、情感定位、自我表现定位和文化定位。

数字资源 5-2
练习与思考
及答案

数字资源 5-3
本章知识
链接

第六章 品牌设计

品牌形象一旦确定,作为品牌外部视觉形象设计的"品牌设计",就成为品牌营销全过程中的一个关键环节。没有顾客乐于接受的品牌外部视觉形象,就不能有效地进行品牌传播,诱使顾客购买品牌标定的商品,品牌整体定位就失去了意义。因此,品牌设计可谓意义重大。品牌名称和标志是品牌的核心要素,是品牌显著特征的浓缩,是企业的无形资产,也是企业宣传品牌的重要手段。一个好的品牌名称和标志,相当于节省了50%的广告费,也会让品牌具备一定的先发优势。一个企业要想获得成功,必须对品牌进行精心设计。

◇ 学习目标

本章主要阐述品牌名称的功能与作用、品牌名称设计的类型、品牌命名的准则、品牌命名的策略、品牌命名的程序和品牌标志的作用、品牌标志设计的原则、品牌标志设计的风格、品牌标志的设计方法以及标志色的运用。本章的学习目标包括知识目标、能力目标和情感目标三个方面,具体内容如下。

1. 知识目标

(1)理解品牌名称设计的类型、品牌命名的程序;
(2)掌握品牌命名的准则及策略;
(3)理解并掌握品牌标志设计的原则和方法。

2. 能力目标

(1)能用自己的语言清晰表达品牌名称和品牌标志的概念,解释其内涵;
(2)能运用所学知识诠释身边熟悉的品牌标志;
(3)能结合企业的实际情况对品牌进行设计。

3. 情感目标

(1)培养学生深刻理解品牌标志对于品牌和企业发展的重要意义;
(2)培养学生设计具有正面民族形象的品牌标志和品牌名称。

◇ 学习重难点

1.品牌名称设计
2.品牌标志设计

本章关键词

品牌名称　品牌标志　品牌名称设计　品牌标志设计

导入案例

解锁茶颜悦色品牌爆红的秘密

2020年5月,一个上百家店全都开在长沙的区域性隐形冠军——茶颜悦色准备走出长沙、进军武汉了,网友沸腾了,#茶颜悦色进驻武汉#立马上了微博热搜。茶颜悦色被网友喻为"最会做文创的茶饮店",深得崇尚个性、格调的年轻消费群体的喜爱。它为什么能成为茶饮界的"顶流"品牌,爆红的秘密是什么?

在"颜值即正义"的时代,大街小巷全都是可爱、卡通风格,而茶颜悦色选择独树一帜,对饮品届中国风市场的空白进行深耕。此时又恰逢国潮兴起,茶颜悦色借着一股东风,从产品到店内设计乃至服务都始终如一地贯穿中国风,瞬间变得"显眼"。茶颜悦色自创立之初,便立志要做"一杯有温度的茶",将中茶西做,这在茶饮界开辟了特色鲜明的细分品类,成功实现中国风的自我定位。茶颜悦色作为一个很神奇的品牌,将传统古典美与现代美结合,使设计融入到茶颜悦色的每一个细胞中。

Logo设计

茶颜悦色的Logo(见图6-1)头像是小说《西厢记》主角崔莺莺的执扇图,一个拿着摇扇的古风美女,六边形窗棂,古香古色的画面感,辨别度高,文字也是少女那种纤细的字体。它的产品"同心瓶",它的那句广告语"但愿君心似我心",无一不暗含着少女心事、情事。你通过那一句话、一张图触动了你的心事,就与它产生情感上的连接。此时,它就不再只是一杯茶,而是一种文化符号。

图6-1　茶颜悦色的Logo

产品命名

茶颜悦色在产品上也下了不少功夫,不仅形成了自己独特的奶茶口感和特色,在产品命名上也是别出心裁。比如奶罩茶系列以绿茶命名为"浣纱绿",红茶为"红颜",并添加

113

坚果、巧克力等配料,被称为"豆蔻";每一杯茶的名字都古意盎然——幽兰拿铁、素颜锡兰,桂花弄……单品名也极具古风——声声乌龙、烟花易冷、筝筝纸鸢、蔓越阑珊……单听名字,就充满了诗情画意。"知乎,茶也"系列,将宋词、传统颜色、明月等元素完美结合。这种独特的产品符号化表达,不仅内化为品牌的一部分,更加强其在大众范围内的传播渗透。

视觉设计

在视觉设计上,茶颜悦色对于中国风的诠释更是深刻到位,它为每家主题店赋予不同的传统文化元素,营造质感层次丰富的体验空间,不断刷新大众对于茶文化的认知。装茶的纸杯精美到壁纸级别,你可以在杯壁上看到《百花图卷》和《千里江山图》的国画元素。而且,文创周边的各种茶杯、帆布包、茶叶礼盒等设计也采用了中国传统文化的风格。自带中国风格,不刻意迎合市场需求的茶叶品牌,自然赢得崇尚个性和风格的年轻消费者的喜欢。

店面设计

每一家店面相当于一个品牌的符号,自2013年12月成立以来,茶颜悦色深耕长沙,采用高密集的打法,在长沙城内中心商圈以及人流量密集处,大量开设直营店,十米一家,一街十店,开出了170多家店面。这种高密度的布局覆盖不断地加强和刺激人们的视觉和记忆力,快速提升了茶颜悦色的品牌效应。

在店铺形象设计上,采用典雅中国风。深色的砖墙、深色的木质楼梯、木质的桌椅、古代美人、戏剧的挂饰、吊灯……都透露着复古的气息,与店铺的古典风格搭配和谐,给消费者留下深刻的记忆,对茶颜悦色的门店过目不忘。除此之外,茶颜悦色还通过开设不同主题的概念店,使室内空间不拘一格。例如:将活字印刷以独特的形式呈现;"江枫渔火"主题概念店,打造小桥流水人家的意境;"竹林煮茶"主题概念店,营造出闲云野鹤的意境;"少年时"主题概念店,营造出鲜衣怒马少年时、一日看尽长沙花的意境;"别有洞天"主题概念店,营造出真实的洞窟场景……吸引了大量消费者的目光,这样就提高了茶颜悦色门店的进店率,打造出了网红效果。

包装设计

包装是茶颜悦色品牌中的一大亮点,其包装古风而精美,不惜花上百万购买画作的版权,将美轮美奂的名画印在杯子上,中式插图蕴含着各式各样的历史故事、历史典故、古风美女、风景名胜……不仅具有欣赏性,还十分具有历史文化底蕴。茶颜悦色的每一个茶饮品类都有一个典雅的名字,"人间烟火""桂花弄""声声乌龙""幽兰拿铁",配上独具中国风的鸟、木、水、花的包装,身临其境的你似乎在品尝一件艺术品。

茶颜悦色别出心裁的中国风设计制作风格,将传统古典之美与现代巧妙工艺相结合,使中式设计融入到每一个茶颜悦色的细胞中,成为都市审美中的一股清流。这么高颜值的奶茶,怎能不让人心动呢?

■ 思考题:
1. 茶颜悦色爆红的原因有哪些?
2. 茶颜悦色在品牌设计方面有哪些可取之处?
3. 茶颜悦色在未来的发展中将面临哪些挑战?

(资料来源:https://www.sohu.com/a/398256801_120144005.)

第一节　品牌名称设计

一、品牌名称的意义

每一个品牌都有自己的名称,否则无法与外界进行交流和沟通。品牌名称是品牌构成中可以用文字表达并能用语言进行传播与交流的部分。和人一样,企业品牌亦要有一个好听的名称——一个好的品牌名称是企业的宝贵财富。20世纪70年代初,美国美孚石油公司为了适应形势的需要,动用7000多人、耗资1亿美元给自己取了一个满意的新名字:埃克森。品牌名称的重要性由此可见一斑。

品牌名称提供了品牌联想,最大限度地激发消费者的"直接联想力",这是成功品牌名称的基本特征之一。例如:可口可乐、百事可乐代表了丰富的美国文化意蕴;佳能、尼康代表了高质量的数码相机;苹果、华为则象征先进的移动智能电话技术等。

品牌名称对产品的销售同样有着直接的影响。美国一家著名调查机构曾以"品牌名和效果相关研究"为题,对全美大大小小的品牌名称做深入探讨,结果发现:只有12%的品牌名称对销售有帮助;有36%的品牌名称对销售有阻碍;而对销售谈不上贡献者,则高达52%。由此可见,品牌名称的设计在实业界还要进一步充实完善。品牌名称作为品牌的核心要素会直接导致一个品牌的兴衰。

二、品牌名称的功能及作用

品牌中可以读出的部分——词语、字母、数字或词组等的组合称为品牌名或品牌名称。对商品而言,品牌名称具有特殊的功能和作用。

(一)彰显区别

这是品牌名称最本质、最基本的功能和作用。给商品赋予名称就等于给了它一个身份,使人们能够很容易地找到想要的商品。品牌包括外在和内在两部分。外在部分是由具体的形状、字体、符号、声音、颜色等组成的实体,是人们在视觉、听觉、触觉、嗅觉等生理感官上真实体验到的部分。内在部分则是品牌所传达出来的内涵,主要指产品信息、企业理念、传播口号等,是人们在心智上能获取信息和理解信息的部分,可以通过品牌名称直接传达给大众,第一时间让品牌在受众心中占据空间。比如海尔用动画人物做品牌标志,与其他用文字或者符号组合的品牌名称相比较,容易形成差异化,从而能在信息群体中显得突出。

(二)体现属性

品牌名称往往能够提示商品信息或商品的种类和属性。有的能暗示产品的主要生产成分和原料,有的能描绘产品的作用和功效。如"脑轻松"就是一种"健脑益智"的营养口服液的品牌;"飘柔"洗发水,以产品致力于让使用者拥有飘逸柔顺的秀发而命名;"康齿灵""六必治"牙膏,则是用牙膏对牙齿的防治功效来进行品牌命名的。这些品牌命名,可以使消费者一看到品牌名称,就联想起产品的功能与效果。诸如此类还有"快译通""快e点""好记星""泻痢停"等。

(三)保证质量

品牌信誉的基础是商品的质量,商品标注商标,表明生产者和经营者在商品质量方面的负责。同一品牌的商品质量遵循一惯性原则,即消费者无论在什么地方、什么场所购买这一品牌的商品都放心。只有质量具有一贯性,商品的品牌信誉才能保持,才能得到社会公众的正确评价。

(四)广告功能

产品一旦以其优异的质量、独到的特性取得消费者的信任与好评,就成了名牌产品。消费者就会按照他们的主观意愿,对自己信赖的品牌进行认牌购物。于是,商品名称在这里就起着广告的作用。而较之于广告,品牌标志通过自己独特的名称、优美的图形,以经济性、灵活性和宣传的广泛性吸引着消费者,刺激他们的购买欲望。

(五)市场价值

一个有信誉的品牌名称来之不易,它是几代人心血的凝结,是企业的财富,其成功开发需要大量的人力、物力。就商标而言,在企业进行合资、合作、股份制改革过程中,商标是被作为企业的固定资产评估作价的。驰名商标的价值是惊人的。

比如,2021年6月,凯度发布了"2021年凯度BrandZ最具价值全球品牌排行榜"。榜单以全球各大品牌财物价值和品牌贡献综合评估出具体品牌价值,其中亚马逊以6838.52亿美元的品牌价值蝉联榜单第一名,苹果6119.97亿美元,谷歌4579.98亿美元,微软4102.71亿美元,腾讯2409.31亿美元,可口可乐876.04亿美元,茅台1093.3亿美元。

(六)体现社会文化与相关发展

 1. 体现地域和民族文化

地域的不同将影响品牌命名,丰富而浓厚的民族文化洋溢其中。不同的审美心态、性格气质、价值取向、情感等均为不同的民族所具有,商品名称也鲜明地反映了这些差异。作为吉祥之物,象征长寿的"仙鹤"是我国与日本都喜欢的商品品牌,但在法国人眼中,它却是荡妇和笨蛋的代称。喜庆、吉利、兴旺的红色深受中国人喜爱,认为是吉利的象征,因此很多商标名带有"红"字,如红豆、红金龙、红双喜等。而泰国忌讳绿色和红色,比利时人忌讳蓝色,欧美等国忌讳黑色,巴西忌讳棕黄色,叙利亚人忌讳黄色。

 2. 反映社会与时代发展与进步

品牌名称可以折射出一个社会与时代的进程,因此,品牌名称会烙上社会文化生活发展和变化的印记。"大中华火柴""寿桃"是早期的商标,传统意识非常丰富。新中国成立前,像"中华""解放""工农""富强"等反映中国人民不畏强暴、反抗侵略、自强不息精神的商标盛行。20世纪60年代,"东方红""红卫""东风"等热点政治词语成为品牌名称,此时的商标失去了区别性功能和审美愉悦的功能。改革开放后,品牌命名呈现推陈出新、百家争鸣、百花齐放的繁荣局面。不仅在语言形式上不囿于仅仅使用单纯表意的汉字,而且取材更加宽泛,思路更加广阔,以数字符号、外语以及合成等形式命名的商品较多。如猫人(内衣)、安利(保健品)、Star(时装)、OLAY(化妆品)、东洋之花(化妆品)等。

3. 美学意义上的愉悦功能

作为语言符号同时也作为艺术符号的品牌名称,不仅代表了命名者的审美意趣和主观感受,也为消费者提供了广阔的美学感受和遐想空间。例如,中国名茶"碧螺春"原名"吓煞人香茶",可以说,茶民们选择以此命名已经是对产品本身特质的高度评价,却并非从消费者的角度思考,茶叶历来是文人雅士的"独享"。处于这层考虑,清乾隆帝为其改名"碧螺春","碧"取其色之碧绿轻柔,"螺"则表明了茶叶的独特形状卷曲似水中田螺,"春"字无疑将茶叶摘自早春的新鲜一览无遗。

三、品牌名称设计的类型

里斯和特劳特指出:"在定位时代,你要做的最重要的营销决策便是为产品取个好名称。"好的产品是一条龙,而为它起一个好的品牌名称犹如画龙点睛、神来之笔,对提高品牌知名度、扩大产品市场份额,有着非常重要的作用。

(一)按品牌文字类型划分

按品牌文字类型划分,品牌名称可分为文字品牌名和数字品牌名两类。

1. 文字品牌名

文字品牌名是品牌命名的常用选择。如红豆、滴滴、五粮液、雪碧、佳洁士、喜茶等。喜茶这个品牌名称,由两个不同含义的单字组合在一起,前面的"喜"代表的是一种情绪,而后面的"茶"代表这个品牌的品类。

在运用中文还是外文的选择上,不同的企业有不同的决策。一方面,我们看到国外品牌进入中国市场时都要为已有的品牌名称翻译一个对应的中文名,如家乐福、奔驰、可口可乐;另一方面,却有一个非常奇怪的现象:明明是国产品牌,但很多取的是英文名字。特别是服装类品牌,如"Only""Sports"等,这与消费者对世界上较好的服装出于法国和意大利的认知有关。此外中文品牌中的汉语拼音也是一种品牌名称模式,如"Haier(海尔)"等。

2. 数字品牌名

数字品牌名即以数字或数字与文字联合组成的品牌名称。数字品牌名,借用人们对数字的联想效应,促进品牌的特色,增强消费者对品牌差异化的识别效果。尽管各国文字有较大的差异,但数字是全世界通用的。采用数字为品牌命名容易为全球消费者所接受,但也需考虑各国对不同数字的含义的理解,避免与目标市场国消费文化相冲突。如日本人回避数字 4,西方人忌讳数字 13。世界最大的零售商和便利店"7-11",依据自己从 1946 年推出的深受消费者欢迎的早 7 点到晚 11 点开店时间的服务特色命名,现已成为世界著名品牌。"三九药业",寓意健康长久、事业恒久、友谊永久。还有 555 香烟、香奈儿 5 号香水、84 消毒水、黄鹤楼 1916、361 度、六个核桃等。

(二)按品牌名称的字意来源划分

按品牌名称的字意来源可分为企业名称、人物名称、地名名称、动物名称和植物名称。

1. 企业名称

企业名称是指将企业名称直接用作品牌的名称。企业名称可分为全称式和缩写式两种类型。全称式如华为公司的华为手机、海尔集团的海尔电器等;缩写式名称是用企业名称的缩写来为品牌命名,即将企业名称每个单词的第一个字母组合起来,这种类型的品牌名称较著名的有 IBM,全称为 International Business Machine,汉译名称为国际商用机器公司,电脑产品的品牌名称为 IBM;类似的还有 TCL、LG、NEC、3M 等。

2. 人物名称

以人名为依理据的命名,充分利用人名含有的价值,侧重于向消费者叙述故事。人物名称极力塑造一种"个人权威崇拜"的氛围,期望通过人物的形象传递产品的品质感和可信度,我们熟悉的许多著名品牌名称均是出自人名姓氏。例如:东坡鸡——苏东坡最爱吃的鸡;张小泉剪刀——这种剪刀最初的制造者是张小泉;王守义十三香——这种调料就是以最初的创始人的名字命名;"李宁"牌——就是体操王子李宁利用自己的体育明星效应,创造了一个中国体育用品的名牌。这种因人取名的产品能借助名人的威望及消费者对名人的崇拜心理,把特殊的人和产品联系起来,激发人们的回忆和联想,借物思人,容易留下深刻的印象。

3. 地名名称

地名名称即以产品的出产地或所在地的山川湖泊的名字作为品牌的名称。以地名命名的产品通常是想突出在该地方生产此产品所具有的独特资源是其他地方不具备的,由此而形成独一无二的产品品质,以突出产品的原产地效应。例如:青岛啤酒就是以地名命名的产品,人们看到青岛两字,就会联想起这座城市"红瓦、黄墙、绿树、碧海、蓝天"的壮美景色,使消费者在对青岛认同的基础上产生对青岛啤酒的认同。再如,"宁夏红"酒,就是以宁夏特产枸杞为原料酿制的滋补酒,其品牌就是以突出产地来证实这种酒的正宗。类似的还有茅台酒、龙井茶、北京烤鸭、长安汽车等,都是地名或地名的演变。

4. 动物名称

动物名称即以具有象征意义的动物名称为品牌命名,如"大白兔"(糖果)、"白猫"(洗涤剂)、天猫(网购零售平台)、飞猪(综合性旅游出行服务平台)等(见图6-2)。

图 6-2　动物名称品牌名实例

以动物命名,不光可以使产品形象化,而且可以孕育强烈动感,使产品在消费者头脑里生动起来,从而给产品附加一些与动物有关的属性。常见的动物命名可以分为兽类、鸟类、禽类、昆虫类、鱼贝类五种(见表6-1)。

表 6-1　动物命名分类

动物类别	品牌名称
兽类	蒙牛(牛奶)、雅鹿(休闲服)、白猫(洗衣粉)、金丝猴(糖果)、白象(电池)、虎豹(男装)、小肥羊(火锅)
鸟类	报喜鸟(西服)、银鹭(八宝粥)、雕牌(洗涤用品)、黄鹤楼(卷烟)
禽类	白天鹅(宾馆服务)、鸭鸭(羽绒服)
昆虫类	蝴蝶(缝纫机)、金蝶(电脑软件)、红蜻蜓(服饰)、蜘蛛王(服饰)
鱼贝类	钓鱼台(宾馆)、海螺(衬衫)、珍贝(羊毛衫)

(资料来源:吴冰冰.中国驰名商标的命名研究[D].上海:上海师范大学,2007.)

5. 植物名称

植物名称即以具有象征意义的树、花、果等植物的名字作为品牌名称。如椰树椰汁、莲花味精、红豆衬衫、西瓜霜润喉片、草珊瑚含片等。常见的植物命名可以分为花草类、树木类、粮食类、水果类四种(见表6-2)。

表 6-2　植物命名分类

植物类别	品牌名称
花草类	莲花(味精)、康乃馨(药品)、雪莲(羊绒衫)
树木类	森源(家具)、木林森(皮鞋)、竹叶青(茶叶)

续表

植物类别	品牌名称
粮食类	屯玉(种子)、禾丰(饲料添加剂)
水果类	椰岛(保健酒)、红桃 K(生血剂)

(资料来源:吴冰冰.中国驰名商标的命名研究[D].上海:上海师范大学,2007)

同样,不同国家和地区的居民对植物所延伸的含义有不同的理解。菊花在意大利被奉为国花,但在拉丁美洲和法国的有些国家则被视为妖花,人们只有在送葬的时候才会用菊花供奉死者,我国的菊花牌电风扇如果出口到这些国家,销售前景必然黯淡。

四、品牌命名的准则

品牌命名是市场营销的重要环节,盛田昭夫说:"取一个响亮的名字,以便引起顾客美好的联想,提高产品的知名度与竞争力。"一个成功的营销项目,是要把其名字融入到品牌之中。品牌命名,需从市场营销、法律及语言三个层面实施。

(一)市场营销层面

品牌命名首先应该重点考虑品牌名称是否有利于产品的市场营销。具体而言,必须在以下六个方面对品牌的销售与传播产生积极的作用。

1. 易记性

消费者是以听觉形式(如广播广告、吆喝和口头传播)和视觉形式(如广告和包装的印刷部分)来接触品牌名称的,因此品牌的易记性是品牌选择标准的关键一项。品牌研究的著名学者艾克曾指出:"易记性是消费者进一步的信息处理和有效的品牌定位的先决条件。"但很多品牌在取名时容易陷入一个误区,认为品牌名要有非常深厚的内涵才可以,实则不然。以美团和大众点评为例,很多消费者都认为大众点评在使用感受上是超过美团的,但为什么最终的结局是美团收购了大众点评呢?其实与其本身的名字有非常大的关系。对大众点评来说,四个字在传播和记忆的过程中,增加了成本。

2. 指明商品的目标对象

品牌名称直接表明其目标消费者的范围,将品牌与目标客户联系起来,进而使目标客户产生认同感,可以大大提升品牌信息的传播效果,有助于目标消费者主动消费。例如,"太太"口服液这一名称言简意赅地表明了这种口服液的消费者是"太太"们,让消费者对该保健品产生了一种量身定制的感觉。除此之外,像"十月妈咪"为准妈妈设计的"孕妇装";"太子奶"是给孩子们消费的乳制品……它们都是通过品牌名称直接指明这些商品的使用对象,从而使目标消费者与商品之间形成直接关联,有利于目标消费者对商品产生认识和记忆。

 3. 形象反映品牌定位

如"农夫山泉"形象地反映了其定位于"天然水"的概念。"舒肤佳"这一品牌名不但更广泛地切合了目标消费者的偏好,而且通过强调"舒"和"佳"两大焦点,给人以使用后会全身舒爽的联想。"汰渍"直接反映"淘汰污渍"的基本功能,符合一般消费者的沟通水平。

 4. 与时俱进,突出时代特色

为了在新的竞争环境中重新定位企业形象,展示企业新的文化理念,获取新的竞争力。如"千禧之星"(珠宝首饰),除了珠宝类产品常用的"星"意象外,更纳入了 2000 年世纪之交的全新名词观念。再如"盼盼"这个命名,包括休闲食品和防盗门,它的诞生源于 1990 年北京亚运会的吉祥物熊猫盼盼。

 5. 确立竞争中的独一无二性

尽管同一名称使用在不同类别的产品中是被法律认可的,但企业在给品牌命名时应做到独一无二。据统计,我国以"熊猫"为品牌名称的有 300 多家,以"海燕"、"天鹅"为品牌名称的分别有 193 家和 175 家,全国取名为"长城"的产品(企业)有 200 多个。法律上虽然允许,但消费者难以识别,无疑会降低这些品牌的竞争力。

 6. 表达对社会各界的良好祝愿

受中国传统文化的影响,凡是在品牌中出现吉祥、富贵、和谐、健康等词语,就容易赢得消费者好感和喜爱。如健民、万家乐、乐百氏、喜盈门、红双喜、金六福等品牌均是如此。

(二)法律层面

 1. 具有法律的有效性

品牌名称受到法律保护是品牌被保护的根本,在为品牌命名时应遵循相关的法律条款。品牌命名首先应考虑该品牌名称是否有侵权行为,品牌设计者要通过有关部门,查询是否已有相同或相近的名称被注册。其次,向有关部门或专家咨询该品牌名称是否在商标法允许注册的范围内。例如:武汉的一家餐饮企业最初取名为"小南京",在短短的几年内该企业迅速成为武汉乃至湖北地区人尽皆知的餐饮品牌。当餐饮者准备申请注册时才知道,我国商标法规定县级以上行政区划的地名或者公众知晓的外国地名是不能作为商标名称进行注册的,当然也就不会受到法律的保护。幸运的是该企业运用了"南京"的谐音"蓝鲸",将"小南京"改为"小蓝鲸",加上一定程度的宣传,使消费者较快认可了新品牌名称。

2. 具有保护意识

一直以来,市场上不乏处心积虑的追随者,企业如果在为产品命名时缺乏对品牌名称的保护意识,可能会酿成严重的后果。2001年初,吉林九鑫集团代理扬帆牌新肤螨灵霜,投入了几百万元的资金进入广州市场。由于这是国内第一个提出"杀螨益肤"概念的产品,因此很快在广州热销。然而不久,其他化妆品厂商相继向市场推出了与扬帆牌新肤螨灵霜外包装相似、价格却便宜得多的新肤螨灵霜,进行终端拦截。在针对消费者的低价和药店的高折扣率的双重作用下,扬帆牌新肤螨灵霜受到了巨大冲击,销量一路下滑。由于济南东风制药厂在给产品命名时采用的是"注册商标+通用名"的方式,因此从法律意义上来讲,受保护的只有注册商标扬帆牌,而通用名新肤螨灵霜是不受保护的。

(三)语言层面

1. 语音易读,朗朗上口

首先是容易发音,难以发音或音韵不好的字,是无法让消费者很快地熟悉品牌名称的,均不宜采用。如"娃哈哈"三个字的元音都是"a",是婴幼儿最易发音的,"娃哈哈"既顺口,又蕴含高兴、快乐之意。像这样的品牌命名能够有效地发挥其识别功能和传播功能,让消费者很容易地了解和记住。

2. 简洁明了

名字单纯、简洁明快的品牌名称易于和消费者进行信息交流,易于形成具有冲击力的印象,而且名字越简短越有可能引起公众的遐想,含义更丰富。商标界内的泰斗克斯帕尔·德·维尔克曼曾对产品命名中的文字商标长度作了统计分析,结果发现词汇长度偏好集中在5~8个字母构成的词,很难成为世界名牌。绝大多数世界名牌的名字都是短而精的。按照一个字母一个字节、一个汉字两个字节来算,汉语品牌应以双音节为主,如海尔、华为、小米、中华、光明等;一个中文品牌名称超过5个汉字就难成为世界名牌。英语品牌应以5~8个字母为宜,如UNIQLO(优衣库)、CHANEL(香奈儿)、Burberry(博柏利)、Coach(蔻驰)等;不使用生僻难认的字词,名称越简洁越有利于传播,能使品牌在较短的时间内建立起较高的认知度。

3. 构思独特，标新立异

独特是指与众不同，只有独特才利于在众多品牌当中脱颖而出，也才能满足消费者追求新奇、厌倦重复的心理。如SONY在字典中并不存在，它是由公司创始人盛田昭夫自创的。他先把拉丁文SONUS（表示声音）英语化，得到SONNY（蕴含乐观、明亮之意），但是日文发音的Sonny意思是"赔钱"。盛田昭夫妙笔生花，去掉一个"n"，由此得到了一个出类拔萃的名称。SONY这个名称的优势正如盛田昭夫所表示的："在任何语言中，SONY都没有什么实际意义，但在任何语言中，SONY的发音都一样。"

4. 语义启发积极联想

赋予品牌名称相关的寓意，通过品牌名称与产品功能在意念上的联系，来启发人们丰富的想象力，让消费者从中得到愉快的联想，这种方式对品牌营销和占领市场往往有很大帮助。中国的"春兰"空调，就给人以美好温馨的联想——春天的兰花让人感觉一阵清新迎面扑来。再如"孔府家酒"象征着悠久的历史、灿烂的文化、中国的儒家文化；"健力宝"则寓意运动、强健的体魄；"杏花村"汾酒以"借问酒家何处有，牧童遥指杏花村"的诗句来比喻美酒；"美加净"化妆品更是明示其美容与净化功能。中国文字富有深刻内涵和底蕴，一个好的品牌名称应尽可能使其寓意含蓄而隽永，这对美化品牌形象、促进品牌营销大有益处。

外国品牌也很重视寓意和联想功能。例如，德国大众汽车公司生产的"桑塔纳"是美国加利福尼亚州一座山谷的名称，山谷中经常刮旋风，这种旋风叫"桑塔纳"，大众公司以"桑塔纳"命名其中一种小汽车的品牌，使人们想象这种小汽车像旋风一样快速和强劲。一些外国品牌翻译成中文时，把音译和意译结合起来，寓意其产品功能，是一种很有新意的再创造，其联想之妙也很独到。例如，美国的Coca-Cola饮料，原文并无特殊意义，但译成"可口可乐"后，使这种饮料被赋予又可口又可乐的美称，令人拍案叫绝。外国品牌名称翻译必须适合中国国情，具有中国味，这将对产品在中国市场上的开拓起到推波助澜的作用。但与此相对应，墨西哥的科罗娜啤酒，最开始是以出现在太阳外层大气的日冕（corona）命名的，是拉丁语"皇冠"的意思。但在2020年新冠肺炎疫情暴发期间，导致全球多人感染的新冠病毒（Corona Virus）和科罗娜啤酒品牌名字相同，即使二者没有任何关联，但铺天盖地的关于新冠肺炎疫情的新闻对科罗娜这个品牌造成了负面影响。消费者一看到科罗娜，就容易引起不好的联想，导致近三分之一的美国人对科罗娜啤酒持抵制态度。

◇ 同步案例6-1

养元"六个核桃"的命名

养元"六个核桃"这个品牌是形式与内容相统一原则的体现。首先,朗朗上口的4字构建了六个核桃的品牌命名的最佳组合,使六个核桃成为容易传播和记忆的名字。从这一角度看,六个核桃品牌命名的战略力量充分体现在名字本身就具备强大的传播力上。其次,六个核桃品牌命名抓住了大众对"核桃"本身的巨大需求,从名字上明确并占据了"核桃"这一认知较广、接受度广泛、价值认可度高的坚果原料。换句话说,六个核桃的品牌命名中,"核桃"两个字就已经在植物蛋白饮料中与露露、椰树等竞争对手进行了区隔,并体现了自身的独特价值。在中国人的普遍观念中,核桃是富有营养的、高价值、高价格的坚果,需求本身存在。六个核桃通过饮料方式将消费核桃的方式便利化,从而极大化释放了大众对核桃的需求。最后,六个核桃的"六"是具备象征意义的量化概念,除了前面所分析的数字在命名中容易传播和记忆外,六个核桃的"六"还蕴含着深厚的文化内涵。众所周知,在中国"六"代表"顺",寓意吉祥。六个核桃的命名采用"六"这个数字作为产品名称的一部分,很容易让消费者联想到"六六大顺"之意,迎合了开学、高考、婚宴等消费时机,故而产品受到了人们的青睐,也成为健康类食品的优选、走亲访友的馈赠佳品。

(参考资料:胡鹏程. 从"六个核桃"看品牌命名原则[J]. 知识经济,2015(18).)

五、品牌命名的策略

(一)目标市场策略

该策略以目标消费者为对象,根据目标市场的特征进行命名。以该策略命名的品牌名称要迎合消费者心理文化或品位特征,其传达出来的寓意要与目标消费者的年龄、性别、身份、地位等相符。暗示产品消费对象的品牌命名通常较直观,例如"劲士""太太""方太"等。"太太"这一名称直接表明了这种口服液的消费者是那些"太太"们,一改其他保健品那种男女老少均可用的无目标诉求方式。"太太"字面本身有两层含义:一是年龄,一般是对30岁左右的已婚妇女的尊称;二是其生活形态,多指有闲阶层或有一定地位的已婚妇女。

"太太"的名称不仅清晰地界定了目标消费群,同时也暗示了这一消费群富足而悠闲的生活状态。

迎合目标消费者的心理并非易事,需要对目标消费者所处的社会文化背景进行深入的研究。"富康"轿车寓意中国人民向往富裕、安康的生活。法国的"毒药"香水,1985年在法国上市时,巴黎一大型百货公司每5秒钟便售出一瓶,产品扩散速度如此之快,完全得益于其品牌名称"毒药"——该名称一反传统女性温柔、顺从、附庸的角色,突出了西方女性追求解放、平等、独立的强烈愿望。

（二）产品定位策略

该策略以产品特征为焦点,让品牌名称立足于产品本身的功能、效应、利益、使用场合、档次和所属类型,其好处是使消费者从中领会到该产品的功效。例如:宝洁公司的"海飞丝"(Head & Shoulders,意为"头和肩")洗发水,它十分巧妙地向消费者传达了产品"去头屑"的定位概念;"小护士"暗示该产品像护士一样精心保护你的肌肤;"美肤宝"护肤品有利于消费者产生美化肌肤、焕发新生光彩的自然联想;闻名全国的"舒肤佳"香皂,它把消费者在消费这种产品功能特质时能够期待产生的心理和生理感受作为品牌命名的起点,一方面向人们显示了其品牌属性,启动了一个定位的过程,同时也能给消费者一种诱惑、期待或承诺,因而成为一种十分成功的品牌命名。

（三）描述性与独立随意性策略

在对市场上大多数的品牌名称进行深入分析之后可以发现一个基本规律,即无论采用哪种品牌命名策略,企业希望通过品牌名称达到的目的只有两个:有助于目标消费者识别产品或服务;有助于向目标消费者传递更明确的产品信息。对于前者,品牌名称由独立的词生造组合,不与其他常用词相似,则其识别作用越显著;对于后者,品牌名称越是采用有明确内涵的词,越是采用常用词,其发挥的信息传递作用就越突出。品牌名称在不同情况下所产生的不同作用必然导致品牌命名在思路上完全相反的两种策略:描述性策略和独立随意性策略。

 1. 描述性策略

描述性策略是指企业在为品牌命名的过程中,注重品牌名称能够对产品的物质属性予以基本概括,以有助于目标消费者对品牌商品的理解。采用这种命名策略的品牌,其名称本身基本上就可以起到广告传播的作用,从而可以节省传播费用,但缺点也很明显,即这类品牌名称会演变为同类所有产品的通用名称,会失去商标注册的保护作用。如西南地区生产的"麻辣烫"食品就是典型的描述性品牌名称,很难注册商标并得到相应的保护,会引起消费者对品牌名称记忆上的混乱。

2. 独立随意性策略

独立随意性策略是指企业在为品牌命名的过程中,注重品牌名称与众不同的独特性,以有助于目标消费者对品牌商品的识别。总体而言,采用这种策略命名的品牌,其名称大都充满个性,其商标也很难被后来者模仿,不足之处是需要借助大规模的传播才能达到比较理想的效果。如索尼(SONY)就是典型的独立随意性的品牌名称,该品牌名称与其产品之间没有任何必然的关联,导致目标消费者在理解 SONY 品牌时产生障碍,但经过大规模传播后,目标消费者就会对该品牌名称与产品产生一对一的深刻记忆。

(四)本土化与全球化的选择策略

全球品牌命名策略首先考虑如何使品牌名称适合当地,在向全球推广时,可采用另起名或翻译原有名称的方法。如宝洁公司的飘柔洗发水在美国叫 Pert-Plus,在亚洲地区改名为 Rejoice,在中国则是飘柔。将本国品牌名称翻译成他国文字时采用音译和意译相结合的策略,能更好地译出一个品牌名称。"Benz"如果直译便是"本茨",译为"奔驰"则是一个极佳的品牌名。"Coca-Cola"最初被译为"蝌蚪啃蜡",之后才被译为"可口可乐"这一绝妙的名称。高露洁(Colgate)、佳能(Canon)都是音译和意译完美结合的典范。

另一种方法是从开始就选择一个全球通用的名称。世界著名的宏碁(Acer)电脑在 1976 年创业时的英文名字叫 Multitech,经过 10 年的努力,Multitech 在国际市场上小有名气,却被一家美国计算机厂指控宏碁侵犯该公司商标权。前功尽弃的宏碁只好另起炉灶,前后花去近 100 万美元,委派奥美广告公司进行更改品牌名称的工作。前后经历大半年的时间,终于选定 Acer 这个名字。与 Multitech 相比,显然 Acer 更具有个性和商标保护力,同时具有全球通用性的特点。它的优点在于:蕴含意义,富有联想,有助于在出版资料中排名靠前,易读易记。如今 Acer 的品牌价值超过 1.8 亿美元。

六、品牌命名的程序

开创一个新品牌名称是一件富有想象力和创造力的工作,名称比市场营销活动中的其他因素更具永久性,因此它的开创必须依照客观、系统的程序进行。

(一)战略思考确定命名目标

在品牌命名的过程中,首要的工作就是从产品、市场、消费者、竞争和公司战略多个不同层面对品牌的整合传播进行战略思考。例如,本品牌产品的性能和独特卖点是什么?本品牌产品的目标消费者是谁?本品牌产品的市场发展前景如何?何时用?本品牌与竞争品牌的关系如何？新产品与原有产品的关系如何？什么样的品牌名称适合产品形象和公司资源？新品牌使用在哪些产品类别上？要在多少个国家中使用？新品牌与公司目前的众多品牌是否相适应？本品牌产品是否适合现有的公司文化和公司未来的发展战略？目前同类产品的品牌名称如何？它需要在竞争中得到什么样的创新地位？等等。这些成为衡量品牌名称优劣的标准，为品牌命名工作顺利及富有成效地开展奠定了坚实的基础。

在完成对品牌命名的分析之后，接下来需要考虑：通过哪些途径予以命名？是否可以品牌创始人的名字命名？是否可以地理名称命名？是否可以动植物的名称命名？是否可以现有词汇命名？是否可以虚构的词语命名？是否可以数字命名？

（二）动员团队提出备选方案

在这一阶段，采用集思广益的策略动员团队的力量（公司员工、中间商、广告代理商、新闻媒体和消费者代表等），尽可能多地汇总能描述产品的单词或词组。具体的征集方法可以考虑以下几种：

(1) 发动全公司的所有员工参与命名，激发每个人的想象力；
(2) 采用头脑风暴法，邀请专业人士命名；
(3) 邀请消费者代表参与命名；
(4) 搜寻电脑名称库。

举个例子，要为一个啤酒产品确定品牌名称，我们可以从产品和公司相关的各个角度提出一个参考词语目录，如清醇、纯净、泡沫、麦芽、大海、浪花、爽口、满足、欢快、休闲、旅行、聚会庆祝、酒吧、潇洒、白领、夏天以及相应的英文名称等，然后再运用创造性思维对参考词语进行移植、组合、抽象、简化、替代、联想、变换、隐喻等处理，产生一系列备选名称，如浪涛、爽聚等。

（三）借助测试进行审查

此阶段是对品牌名称的备选方案进行筛选和评估。

 1. 初步筛选

由公司内部专业人士（营销、传播、产品开发人员）组成的团体对所有备选名称根据相关要素进行审核，去除有语言障碍、明显法律纠纷及与品牌定位有明显冲突的名称，得到10~20个备选名称的初步筛选名录。

具体筛选原则如下。

1）营销原则

是否暗示或突出了产品特征？是否切中目标市场的需求？是否有助于传播？是否与品牌形象相匹配？能否进行品牌延伸？

2）语音原则

是否容易发音？是否悦耳动听？是否可以跨语种单一发音？

3）语意原则

受众对品牌名称能否产生正面联想？

4）可保护原则

能否在法律上得到保护？能否注册？

 2. 复选审查

对初步筛选出的备选名称进行评价，评价方法有专家分析法和消费者调查法两种，最理想的做法是两者结合进行。

1）专家分析法

由语言学、心理学、美学、社会学和市场营销学等专家对名称进行初步审议、反馈、修改，取得共识。评价标准可采用表6-3中的Sock-it评价法。

表 6-3　Sock-it 评价法

项目	内容
S(suitability)合适	品牌名称对产品功能、特征、优点的描述是否恰如其分？
O(originality)独创性	品牌名称是否与众不同、独一无二？
C(creativity)创造力	品牌名称是否能吸引人，令人愉悦？
K(kinetic value)能动价值	品牌名称是否引发丰富的联想，具有促销说服的作用？
I(identity)识别力	品牌名称是否易记，有回忆价值？
T(tempo)发展力	品牌名称是否适合目标市场，以及未来的发展如何？

2）消费者调查法

可以采用问卷调查、投射技术、焦点小组等方法。具体应包括以下几个方面。

（1）词语联想：名称能引发哪些联想？是否与期望的目标相符？是否会引起任何负面的联想？注意，应避免采取直接提问的方式，如："你喜欢这个名称吗？"而是要问："你认为这个名称有什么含义？""它可能代表哪一类产品？""你认为哪一类产品绝不会使用这个名称？"

（2）记忆测试：向被调查者给出可能的名称清单，经过一段转移精力的时间后，让其写出所有能够想起的名字。

（3）定位测试：调查名称与产品类别的相关性，以及在竞争品牌中的相应位置。如请被调查者回答：哪些名称更像是某产品的品牌名称？

（4）偏好测试：调查名称本身引发的情感反应，是否足以引发偏好和行为的产生。如请被调查者回答：你喜欢下列名称中的哪些名称，可能考虑购买该品牌的产品吗？

一般根据评估结果筛选出5~6个品牌名称，等待最后确定。

（四）法律检索保证名称有效

最后一个步骤是对名称进行法律上的调查。这个过程虽然耗时耗力，却至关重要。如果一个优秀的名称已经被人注册在先，那么意味着公司要么放弃，要么购买。公司通过法律调查可以排除市场上已在使用的或与之相近的名称，从而确保所定名称的专有性。

品牌名称要得到商标法的保护，必须具备显著性而非描述性。米勒公司曾开发出一种低热量的淡啤酒，在定位策略的运用上被传为佳话。鲜为人知的是，当初公司经过深思熟虑，确定品牌名称为"Lete"，但这个名称得不到法律的保护，因为法院认为这个名称与描述性词语"Light"（淡）是等价的。于是，米勒公司失去了在淡啤酒市场上取得领导者优势的黄金机会。

◇ **同步案例6-2**

小米标识的变化

小米，一个听起来亲切、可爱、平凡的名字，却不平庸，它是顶尖人才智慧的凝结。小米的标识设计简单，却又能体现其用心。

早期的小米Logo（见图6-3）基色为橘黄色，明亮而抢眼，能抓住人们的眼球，在橘黄色的矩形中间是一个镂空的米字的拼音，结构简单，却不失大气。字母"MI"的每一竖、每一行都是相等的，从中透露着严谨。"MI"形，是Mobile Internet 的缩写，代表小米是一家移动互联网公司，再倒过来看就是一个少了一点的"心"字，寓意着让消费者放心一点，省心一点。

图6-3　小米旧Logo

新十年　新形象

2021年是小米成立的第11年，也是步入新的10年之际。在这一年，小米选择以新的Logo形象与消费者见面，也是以此来表明品牌一直处在不断发展变化中。这次的品牌视觉升级邀请了日本著名设计师原研哉操刀。在2021年3月30日晚小米的发布会上，CEO雷军介绍了品牌的新Logo（见图6-4）。

原研哉提出了一种全新的设计理念"Alive"，并据此重新设计了Logo，新Logo不只是一个简单的、形状的改变，而是一种内在的、精神和气质上的升级。小米在品牌视觉中融入了东方哲学的思考，体现了用科技创造美好生活的使命，上升到一个更高的维度，从"科技和生命的关系"彰显小米品牌的视觉气质。

图6-4　小米新Logo

在小米看来，这个新 Logo 代表着未来的、小米的智能科技，就像有生命一样，会根据环境的变化、人的需求的变化，而不断变化。它不会被限定在一个固定的位置上，而是更自由、更灵活地出现。这个新 Logo 就像一个生动的表情，出现在各种各样的环境下。

原研哉还设计了全新的"xiaomi"字母 Logo（见图 6-5），字母同样变成了圆润图形。他建议将品牌标识和字母标识分开使用，对于品牌形象只用品牌标识，对于更高精度的智能手机等设备用字母标识。另外，新标识也有一些细节上的改动：底图面积缩小、"mi"字内线向内移、字体所有折角变圆角以及字体变粗。

图 6-5　"xiaomi"字母 Logo

除此之外，原研哉还为小米品牌设计了"小米橙"和"科技银"，保留品牌色橙色，添加黑色和银色为辅助色，象征着生命力与高科技的结合，更显高级感。

一个新的 Logo，象征着小米正式踏入了新的旅途。

（资料来源：何佳讯.战略品牌管理：企业与顾客协同战略[M].北京：中国人民大学出版社，2021(6).）

第二节　品牌标志设计

品牌标志是品牌中可以被识别但不能用语言表达的部分，即运用特定的造型、图案、文字、色彩等视觉语言来表达或象征某一产品的形象。品牌标志分为标志物、标志色、标志字和标志性包装，它们同品牌名称等都是构成完整品牌概念的基本要素。品牌标志自身能够创造消费者认知、消费者联想和品牌偏好，进而影响品牌标志所体现的产品品质与顾客的品牌忠诚度。

一、品牌标志的作用

品牌标志对强势品牌的发育、生长、繁衍有着重要的影响。心理学家的研究结论表明：人们凭感觉接收到的外界信息中，83%的印象来自眼睛，剩下的11%来自听觉，3.5%来自嗅觉，1.5%通过触觉，还有1%来自口感或味觉。标志正是品牌给消费者视觉的印象。

与产品名称相比，品牌标志更容易让消费者识别，品牌标志作为品牌形象的集中表现，充当着无声推销员的重要角色，其功能与作用体现在以下几个方面。

（一）品牌标志形象生动，更易识别

"M"只是个字母，但在许多孩子的眼里，它代表着麦当劳，代表着美味、干净、舒适。喜欢汽车的幼童看到四个相连的圆圈，就知道是奥迪；看到三叉星环的标志会大声叫出奔驰。这些简洁形象的品牌标志使消费者十分容易识别品牌，从而在第一眼就能彻底将其与其他品牌的产品区分开。

（二）品牌标志能够引发消费者的联想

风格独特的标志能刺激消费者产生美好的联想，从而对该企业产品产生好的印象。例如，康师傅方便面上的胖厨师，旺仔牛奶上的胖仔，骆驼牌香烟上的骆驼等，这些可爱、易记的标志能引起消费者的兴趣，产生好感。而消费者一般倾向于把某种感情从某种事物上传递到与之相联系的另一种事物上，因此消费者往往会爱屋及乌把对品牌标志的好感转化为积极的品牌联想，有利于企业以品牌为中心开展营销活动。

（三）品牌标志能提高品牌附加值

数字资源 6-1
碧桂园 logo 设计美学理念

在品牌具有内在的高品质的前提下，包装设计和品牌标志的不同将会促进顾客对品牌产品认知价值的差异。在白酒领域，新生的"水井坊"将贴花工艺创新性地用到了包装上，再加上文物保护认证、地方风物的描绘图"世界之星"设计大赛等附加因素的支持，构建起独特的品牌形象，从而打开了高端市场。

（四）品牌标志有利于企业进行品牌宣传

品牌标志是最直接、最有效的广告工具和手段，品牌宣传可以丰富多彩，各种艺术化、拟人化、形象化的方式均可采用，但核心内容应该是标志。企业应通过多种宣传手法让消费者认识标志、区别标志、熟悉标志、喜爱标志，不断提高品牌标志及其所代表的品牌知名度和美誉度，激发消费者的购买欲望直至形成购买行为。

二、品牌标志设计的原则

品牌标志是一种"视觉语言"。它通过一定的图案、颜色来向消费者传输某种信息，以达到识别品牌、促进销售的目的。美国商标协会对好的商品标志特征界定如下：简单，便于记忆，易读易说，可运用于各种媒体形式，适合出口，细致微妙，没有不健康的含义，构图具有美感。因此，在品牌标志设计中，我们除了最基本的平面设计和创意要求外，还必须考虑营销因素和消费者的认知、情感心理。这些方面构成了品牌标志设计的五大原则，即营销原则、创意原则、设计原则、认知原则和情感原则（见表6-4）。

表 6-4 品牌标志设计的五大原则

营销原则	创意原则	设计原则	认知原则	情感原则
1.体现产品特征和品质	1.醒目直观	1.色彩搭配协调	1.通俗易懂	1.现代气息
2.准确传递产品信息	2.新颖独特	2.线条搭配协调	2.吸引公众注意	2.容易接受
3.体现品牌价值和理念	3.视觉冲击力强	3.布局合理	3.印象深刻	3.感染力强
4.成为企业的象征	4.具备法律上的显著性	4.对比鲜明	4.容易记忆	4.美的享受
5.体现企业实力	5.适合各种媒体	5.平衡对称	5.符合文化背景与接受者心理	5.丰富联想
	6.趋向国际化	6.清晰与简化	6.与时代要求一致	6.令人喜爱
		7.隐喻象征恰当		

（一）营销原则

品牌标志是对品牌内涵的外在显现，因此从营销的视角，品牌标志的设计要以产品特质为基础，准确传递产品信息，彰显品牌利益，体现品牌价值和理念，传递品牌形象，是消费者识别品牌的鉴别器。我国航空公司多以飞翔类动物图案作为标识，体现其服务的特质。如中国国际航空公司采用红色凤凰的造型，凤凰是传说中的百鸟之王，具有超强的飞行能力，红色代表吉祥。该标志图形简洁典雅，红色凤凰昂首翘尾、生机盎然。

◇ 知识活页

中国国际航空公司的标志

航空公司的标志既是企业识别（CI）的视觉识别标志，又是公司服务品牌的识别要件。随着竞争的加剧，各航空公司增强了竞争观念，意识到自身品牌建设的重要性。

但由于历史的原因，许多标志的表现形式和时代感之间存在一定距离，还有一些标志存在着雷同和近似的设计，这是品牌标志设计的大忌。

相对而言，中国国际航空公司的标志（见图6-6）堪称中华民族优秀文化与现代气息相结合的典范之作。

图6-6　中国国际航空公司的标志

标志的构成要素：中国国际航空公司的企业标识由一只艺术化的凤凰和中国改革开放的总设计师邓小平同志书写的"中国国际航空公司"以及英文"AIR CHINA"构成。图形简洁典雅、婀娜多姿、昂首翘尾、生机盎然，不仅把我国民族经典凤凰艺术风貌再塑得淋漓尽致，而且散发着新时代的风格特征。

寓意："凤凰"是中华民族远古传说中的祥瑞之鸟，为百鸟之王。国航标志是凤凰，集中体现在"中国红 凤凰体VIP"上。标志颜色为中国传统的大红，造型以简洁舞动的线条展现凤凰姿态，同时又是英文"VIP"（尊贵客人）的艺术变形。

"凤凰者，仁鸟也"，"见则天下宁"，凤凰"出于东方君子之国，翱翔四海之外"，撷英咀华，志存高远。国航推崇的凤凰精神的核心内涵是"传递吉祥，引领群伦，超越自我"。

（资料来源：何佳讯.战略品牌管理：企业与顾客协同战略[M].北京：中国人民大学出版社，2021.）

（二）创意原则

从标志创意的视角，品牌标志设计须做到简洁、新颖独特、一目了然，给消费者以强烈的视觉冲击。匠心独运的品牌标志易于让消费者识别出其独特的品质、风格和经营理念。在设计上必须别出心裁，使品牌标志富有特色、个性显著，不仅在视觉效果上要抓住消费者的注意力，而且在心理效果上也要抓住消费者的心，使消费者看后能留下耳目一新的感觉。宝马车以高雅的设计和卓越的功能著称于世，它的象征标志是一个圆，由蓝白两色将其分成四份；福特汽车以品牌名称"Ford"变体直接作为品牌标志；"三菱"汽车的标志——三个菱形拼成的图案，清晰醒目，给消费者留下深刻的印象。

（三）设计原则

标志由线条、形状及色彩组合而成，因此从艺术设计的视角，品牌标志的设计在线条及色彩搭配上应遵循布局合理、平衡对称、对比鲜明、清晰与简化、隐喻象征、恰当的原则。平衡是指各要素的分布要令人赏心悦目，留下和谐的视觉印象；对比是利用不同的大小、形状密度及颜色，以增强可读性，更加吸引人们的注意力。

不同的线条形状隐含着不同的寓意，如表6-5所示。

表6-5　线条与寓意

线条	寓意
直线	果断、坚定、刚毅、力量，有男性感
曲线或弧线	柔和、灵活、丰满、美好、优雅、优美、抒情、纤弱，有女性感
水平线	安定、寂静、宽阔、理智、大地、天空，有内在感
垂直线	崇高、肃穆、无限、宁静、激情、生命、尊严、永恒、权力、抗拒变化的能力
斜线	危险、崩溃、行动、冲动、无法控制的情感与运动
参差不齐的斜线	闪电、意外事故、毁灭
螺旋线	升腾、超然、脱俗
圆形	圆满、简单、极具平衡感和控制力
圆球体	完满、持续的运动
椭圆形	妥协、不安定
等边三角形	稳定、牢固、永恒

图形和图案作为标志设计的元素，都是采用象征寓意的手法，进行高度艺术化的概括提炼，形成具有象征性的形象。图形象征寓意有具象和抽象两种。具象的标志设计是对自然形态进行概括、提炼、取舍、变化，最后构成所需的图案。人物、动植物、风景等自然元素皆是具象标志设计的原型，采用何种原型取决于产品的特征和品牌内涵。常用的图形有太阳、月

亮、眼睛、手、皇冠等。

　　色彩在标志设计中起着强化传达感觉和寓意的作用，色彩通过刺激人的视觉而传递不同的寓意。可口可乐标志的红底白字给人以喜庆、快乐的感觉；雪碧的绿色则带给人们清爽、清凉及回归自然的遐想。一位学者认为："销售商必须用蓝色容器或至少是以蓝色为主，糖才能卖出去，坚决不能用绿色。蓝色代表甜蜜，绿色代表苦涩，谁愿意去买苦涩的糖呢？"

　　劳斯莱斯轿车设计标志可谓是图形与色彩运用的经典。20世纪初，劳斯莱斯汽车公司的第一任总经理克劳德·约翰逊邀请《汽车画册》的绘画师塞克斯为其轿车设计标志。经过多次研究，塞克斯决定以"飞翔女神"为标志，而且以气质高雅的埃莉诺·索恩顿小姐为女神原型。埃莉诺小姐身材修长，体态轻盈，淡金色的长发、深蓝色的眸子、小巧而挺拔的希腊型鼻子，无不显示出美的旋律。以她为原型的"飞翔女神"代表着"静谧中的速度，无震颤和强劲动力"。克劳德将其称为"雅致的小女神""欣狂之魂，她将公路旅行作为至高享受，她降落在劳斯莱斯车头上，沉浸在清新的空气和羽翼振动的音乐声中"。"飞翔女神"充分体现了劳斯莱斯轿车高雅的气质。

（四）认知原则

　　从消费者对品牌标志的识别和认知视角来看，品牌标志在图形及色彩的运用上要做到简洁明了、通俗易懂、鲜明醒目、容易记忆，并符合消费者的风俗习惯和审美价值观。如奔驰的"三角星"标识代表发动机在海、陆、空的强劲马力和速度，在车主和车迷的大脑中会形成这样的认知：所有喜爱汽车的人对这个商标产生的反应是信赖、崇敬、自豪和满足。在品牌标志设计中往往存在这样的误区，即过分追求图形的艺术性，高度抽象，而忽略大多数消费者的可识别性。

（五）情感原则

　　一个能直击消费者情感深处的品牌标志必须符合以下特点：浓郁的现代气息、极强的感染力，给人以美的享受，让人产生丰富的、美好的联想。消费者看到它有一种天然的亲近感。NIKE标志的一勾，使人想到运动场上运动健将的速度，由运动联想到生命的意义，人生的乐趣在于不断追求，竞争、奋斗、挑战极限构成了现代生活的主旋律。

三、品牌标志设计的风格

　　了解品牌标志设计的风格有助于设计出符合时代潮流的标志。品牌标志的设计风格大致经历了三个发展阶段：新古典主义风格、现代主义风格和后现代主义风格。

（一）新古典主义风格

新古典主义是以复兴古希腊、古罗马艺术为旗号的古典主义艺术，早在17世纪的法国就已出现。在法国大革命及其政治和社会改革之前，有一场纯粹的艺术革命，这就是新古典主义美术运动。这一时期的法国美术既不是古希腊和古罗马美术的再现，也非17世纪法国古典主义的重复，它是适应资产阶级革命形势需要在美术领域里的一场借古开今的潮流。所谓新古典主义，是相对于17世纪的古典主义而言的。

新古典主义美术的特征是选择重大题材，在艺术形式上强调理性而非感性的表现，在构图上强调故事的完整性，在造型上重视素描和轮廓勾勒，注重雕塑般的人物形象，但对色彩不够重视。法国新古典主义美术从维安、达维特到安格尔，取得了巨大的成就并达到高峰。

在19世纪后期至20世纪初期，新古典主义对商业设计的影响无疑是巨大的，并逐渐形成当时商业设计的主流。其设计作品的风格主要有以下几点：

（1）构图注重具象与写实，追求形似，理性色彩较为强烈；

（2）注重装饰效果，通过繁复的表现手法营造一种精致、典雅的整体视觉效果（见图6-7）。

宝洁公司标志

图6-7 新古典主义风格

（二）现代主义风格

19世纪末20世纪初，世界各地特别是欧美国家的工业技术发展迅速，新的设备、机械、工具不断发明出来，极大地促进了生产力的发展，工业技术的飞速发展给社会结构和社会生活带来了巨大的冲击。

对于现代主义的定义，一直是非常复杂的，因为这是一个席卷意识形态各个方面的运动。一方面是时间上的定义，这是从20世纪初期开始到第二次世界大战结束后相当长一个时期内的运动，包含范围极其广泛；另一方面是意识形态上的定义，它的革命性、民主性、个人性、主观性、形式主义都非常典型和鲜明。现代主义是相对于传统意识形态的革命，它包含的范围极为广泛，如哲学、心理学、美学、艺术、文学、音乐、舞蹈、诗歌等。我们把体现在设计和建筑上的现代主义总结为几个方面：民主主义、精英主义、理想主义和乌托邦主义。

以现代主义设计理念为指导的商业设计作品所表现出来的基本风格如下。

1. 具有功能主义特征

强调设计图形的传达功能，对片面追求艺术表现持反对态度。

2. 形式上提倡非装饰的简单几何造型

表现在设计作品中,就是努力体现标准化原则和反装饰主义立场。

 3. 在具体设计上重视空间,特别强调整体设计

反对在图板上、预想图上设计,强调以模型为中心的设计规划。

 4. 重视设计费用和开支

把经济问题作为一个重要考虑因素,达到实用、经济的目的(见图6-8)。

顶新国际集团标志

图 6-8　现代主义风格

（三）后现代主义风格

后现代主义的文化潮流产生于 20 世纪 60 年代的欧美,它以逆向思维的方式改变了现代主流文化的理论基础、价值取向等基本特征。"后现代主义"一词能够准确地表达具有后现代风格的设计。后现代主义是一种不停优化、发展、令人捉摸不定的理论,在建筑、设计等许多方面,都有它的身影。后现代主义不是一种特定的风格,其实是为了超越现代主义而进行的一系列的探索与尝试。就理论而言,后现代主义很难用精确的标准权衡,持后现代主义观点的理论家反对用中规中矩的模式规范后现代主义的尺度或界限,所以,包含反本质主义的后现代主义并不在乎艺术的实质,反而消解了艺术与非艺术的界限,甚至有人断言"艺术已经死亡"。后现代主义不仅开拓了人们的视野、更新了人们的观念,而且转变了人们以往封闭的思维方式,不断向大众化和现实生活靠近。

后现代主义风格的出现是对当时以现代主义为潮流的设计风格的否定。标志设计作为能够与消费者交流和沟通的视觉语言,在后现代主义设计风格的影响下,逐步呈现出新的面貌。后现代主义在设计方式上否定了现代主义设计风格理性、刻板、不含情感因素的设计方式,而是采用了宽松、舒展、自由的设计风格,给予人们不同的视觉体验。

后现代主义设计的特征可以概况为以下几个方面。

1. 注重人性化、自由化

后现代主义风格仍秉承设计以人为本的原则,强调人的主导地位,突出人机工程在设计中的应用,注重设计的人性化、自由化。

2. 注重体现个性和文化内涵

后现代主义作为一种设计思潮,反对现代主义的苍白平庸及千篇一律,并以浪漫主义、个人主义作为哲学基础,推崇舒畅、自然、高雅的生活情趣,强调人在设计中的主导作用,注重形态的文化历史,主张新旧并存,突出设计的文化内涵。

3. 注重历史文脉的延续性,与现代技术相结合

后现代主义主张继承历史文化传统,强调设计的历史文脉。在20世纪末怀旧思潮的影响下,后现代主义追求传统的典雅与现代的新颖相融合,创造出集传统与现代、融古典与时尚于一体的大众设计。

4. 复杂性、矛盾性和多元化的统一

后现代主义以复杂性和矛盾性代替现代主义的简洁性、单一性,采用非传统的混合、叠加等设计手段,以模棱两可的紧张感取代直截了当的清晰感,以非此非彼、亦此亦彼的杂乱取代明确统一,在艺术风格上主张多元化的统一(见图6-9)。

总之,品牌标志设计毕竟属于商业设计的范畴,与纯粹的绘画艺术有相当大的区别。商业设计必然要考虑市场需求、目标消费者的感受,也就是设计的目的性非常明确。由于市场是不断变化的,人们的需求当然也在不断变化,品牌标志的设计需要根据市场的变化而适时修正,唯有如此,才能真正做到与时俱进。

格力品牌标志

图6-9 后现代主义风格

◇ 知识活页

后现代主义风格的企业标志设计

后现代主义风格的出现改变了标志设计以往直接、简单的风格,为标志设计添加了影像结合等多媒体效果,脱离了原本平面化的设计风格。这种标志设计更容易让人们认知与记忆,能够更全面地渗入消费者的日常生活。

中国后现代主义风格的企业标志设计

标志设计通用的色彩为红、黄、蓝三色。这三种色彩纯度较高,亮丽而醒目。国内的标志设计常用红、黄等较为亮丽的颜色,在图形设计方面内敛,不张扬,大多以中国传统元素为基础。如中国石油的标志设计(见图6-10),其整体由类似宝石与花朵的造型构成。标志的红、黄两色被设计师用来体现石油行业的特点,同时给人以发光、发亮的视觉感受。其中,白色部分的形状像日出东升,表达了设计师希望企业发展蒸蒸日上的美好祝愿。以圆为标志的主体造型,体现了中国石油走向全球的发展趋势。宝石花的图形体现了中国石油注重对环境的保护,这一设计特色与后现代主义风格中以标志形象作为比喻的文化设计理念类似;同时,与后现代的高技术风格特征融合,具有简洁、光亮、金属感的视觉效果。

图6-10　中国石油的标志

美国后现代主义风格的企业标志设计

美国的标志设计一般用色较为大胆,在图形设计方面大多以自由、开放为理念,比较灵活,不拘小节。如纽约泛欧交易所的标志设计(见图6-11),象征着全球概念,并使释放全世界团体的可能性这一概念得以形象化。简约但是印象深刻,这个图案传递了纽约泛欧交易所活跃市场的形象,连接世界团体并保持团体差异性的特点。彩色条块象征了其产品、地域和文化的丰富性。蓝色和绿色的主色调象征着成长和积极性,亮色传递了纽约泛欧交易所的承诺和透明度,醒目的色彩唤醒人们心中发展世界经济的历史性责任。色彩从象征合作的蓝色到可持续的绿色,使得这个标识从感觉上让人非常喜欢。这一标志设计采用了后现代主义风格中的分解手法,打破了原本的造型方式,在一定程度上体现了设计手法的多样性和艺术风格的多元化特点。

图 6-11　纽约泛欧交易所的标志

从以上两个例子可以看出，中国企业的标志设计多用中国传统元素，而美国企业的标志设计较为大胆，具有个性与创意。从用色上看，国内外的标志设计中几乎都选用了纯色，能准确代表、描述企业的形象与功能；从形状上看，国内外的标志设计较少出现坚硬的、带棱角的图形，大多较为圆润。

（参考资料：郑燕.标志设计中后现代主义风格探究[J].美术教育研究，2020(11).）

四、品牌标志设计的方法

品牌标志设计是在一定的策略性原则前提下，选择特定的表现元素，结合创意手法和设计风格而成。所谓设计方法，主要考虑表现元素和创意手法。典型的设计方法有两种：文字和名称的转化、图形象征寓意。它们产生三类设计标志：文字型、图案型以及文图结合型。

（一）文字和名称的转化

文字（包括西方文字和中国汉字）和名称的转化是直接运用一些字体符号或单纯的图形作为标志的组成元素。所采用的字体符号可以是品牌名称，也可以是品牌名称的缩写或代号。这种方法的优点是识别力强，便于口碑传播，容易为消费者理解。在创意上，为了增强其美感和接受度，往往借助象征、装饰点缀和色彩的力量。这方面成功的设计有 IBM、SONY、麦当劳的"M"标志、施乐（Xerox）的"X"标志、李宁体育用品的"L"标志等。

据统计，目前世界上大约 80% 的商标是文字商标，这足以说明商标设计的发展趋势。提倡用汉字设计品牌标志有两大优势：一是因为汉字原本是表意文字，在经由甲骨文到楷书的漫长演变过程中，逐渐形成了形意结合、以形表意的形式，能让人望"文"生"义"，具有迷人的魅力，这是西方表音系统的文字所做不到的；二是如一些有识人士所认为的，"汉字商标"在国际市场上能最大限度地体现中华民族的文化特色。以汉字为创意标志的成功之作有中国银行、今日集团等。

◇ **知识活页**

银行标志

我国的银行标志,大多数设计都是古钱币和文字的结合。从单个看,也许并不觉得有何不妥,但放在一起考察,就发现外形相似、图案雷同导致彼此之间的识别力很弱。这种标志设计未能体现识别显著性的原则。

相对来说,中国银行的标志(见图6-12)比较成功,它是以古钱币与"中"字结合,赋以现代造型,突出中国资本、银行服务、国际化的主题,整个设计简洁而富有时代感,表达了企业的现代化发展及服务品质的提高。

图 6-12　中国银行的标志

上海银行的标志(见图6-13)则又跨出了大胆的一步,完全脱离了钱币的造型概念窠臼,在成立之初,它的标志上部为一金黄色三角形,象征上海外滩金融街,有积累财富之寓意;下面为抽象的深蓝色"S"形,"S"是上海的第一个拼音字母,又暗合陆家嘴金融贸易区的地形;中间的空隙恰恰象征外滩与陆家嘴两个金融重镇之间相隔的黄浦江,又可以看作英文Bank(银行)的"B",这个空隙的安排使得整个标志富有灵气和动感。合起来看,整个图形呈现一个"今"字,寓意"现代"。

图 6-13　上海银行的标志

(参考文献:何佳讯.战略品牌管理:企业与顾客协同战略[M].北京:中国人民大学出版社,2021.)

(二)图形象征寓意

以图形或图案作为标志设计的元素,都是采用象征寓意的手法,进行高度艺术化的概括提炼,形成具有象征性的形象。图形标志因其视觉意念较易被人理解接受,故也得到普遍运用。特别是一些作为象征物的普通客体,比如太阳、眼睛、星星、皇冠、手、马等,在世界文化的广泛国际化进程中也受到了重视。虽然在不同的国家里,这些商标的象征意义有所不同,但普通大众对它们的熟知避免了跨国传播的障碍。美国雷诺兹公司推出的世界名牌骆驼香烟(见图6-14),其标志是一只傲视俗世、驻足沙海的骆驼形象;雀巢公司使用"两只小鸟在巢旁"的图案(见图6-15)……这些标志鲜明生动,给人留下实体形象感。图形象征寓意方法可细分为两类:具象和抽象的手法。

图 6-14　骆驼香烟

图 6-15　雀巢公司

1. 具象

具象的标志设计是以形象的自然形态为原理,进行概括、提炼、取舍、变化,构成所需的最终图形。自然界的一切元素和人物、植物、动物、风景等,都是具象标志设计的原型。对这些原型的采用主要根据品牌名称和产品特征来决定选择,再通过设计的艺术提炼,变成平面的视觉形象,从而赋予象征意义。运用具象的设计手法要注意,在保持完整的同时追求突出的个性特征,使形象处于"像"与"不像"之间。

2. 抽象

抽象的标志设计摆脱形象的自然形态的约束,提取事物现象、本质、规律、特征,运用抽象的几何图形组合,传达所要体现的感觉和意义。它的主要特征是"形有限而意无穷"。印象派画家塞尚认为:"自然里的一切形体都类似圆球、立锥体、圆柱体等几何形体。"相对于具象设计而言,抽象设计虽然也依赖于"形",但这个"形"超越了具象的有一定长度、宽度、面积的"形",从而显示了一种思维活动的意象。抽象的标志设计的基本元素主要是几何图形,利用几何元素体现品牌的某种感觉意向。

五、标志色的运用

古人云:"秀色若可餐。"色彩能激起人精神上的愉悦感、使人获得美的享受,从而成为展示品牌魅力的独特手段。美国营销界曾总结"消费者会在7秒内决定购买意愿"的理论,而在这短短7秒内,色彩占67%的决定因素。尽管在国外有单独运用色彩成为注册商标的例子,但它通常与品牌标志和品牌包装设计结合运用,成为品牌识别的有力支持。例如,可口可公司推出的主要饮料品牌中,包装颜色各不相同。可口可乐包装为红底白字,给人以浓重感和冲击力;健怡可乐包装为白底红字,给人以清爽之感,与不含糖分的特点相协调;雪碧突出的是绿色,给人一种晶晶亮、透心凉和回归自然的感觉;芬达包装的底色为橘黄和白色,名称为蓝色,表现出果汁型饮料的特征(见图6-16)。

图 6-16 标志色的运用

色彩不但带来美感,更可以传送不同的情绪、联想和象征意义,其原理构成了色彩心理学。

(一)基本原理

自然界中的众多色彩基本由七种颜色组成,它们是红色、橙色、黄色、绿色、靛色、蓝色和紫色。在七种颜色中,红、黄、蓝是三种基本色,又叫三原色,其他四种色彩可以用三原色调配出来,例如,红与黄等量调配出橙色,红与蓝等量调配出紫色。

每一种色彩都由色相、明度和纯度构成其物理性能。所谓色相,是指色彩的相貌和独立的表相特征。所谓明度,是指色彩本身的明暗纯度,往往是指用同一色相在不同光度条件下呈现出的不同明暗程度。它是决定配色的光感、明快感和清晰感的基础。所谓纯度,是指每一种色彩鲜明的程度。纯度高的色相明确,视觉兴趣大,反之则模糊不清。色彩是品牌识别的元素,但并不是说为了保持识别的一致性,而使色彩的运用一成不变。相反,相对于品牌名称和标志来说,色彩的变化比较灵活。关键是掌握变化的规律:在同色相、同明度、同纯度上变化。这就是品牌的包装经常变化,却不会引起认知混淆的缘故。色彩运用于商业上的基础是它给人带来的丰富感觉和联想。

吴冰冰曾对中国的知名品牌进行过调研,表6-6是中国表示单一色彩的商标名称。

表 6-6　中国表示单一色彩的商标名称

颜色	商标名称
红色	红桃K(生血剂)、红蜻蜓(服装)、红豆(服装)、红双喜(乒乓器材)、女儿红(酒)、红星(白酒)、红金龙(卷烟)、红塔山(卷烟)、大红鹰(卷烟)、红河(卷烟)
白色	立白(洗衣粉)、白象(方便面)、脑白金(保健品)、白沙(卷烟)、诗仙太白(白酒)、白天鹅(宾馆服务)、云南白药(中成药)、白猫(洗衣粉)、大白兔(糖果)
青色	竹叶青(茶叶)、青岛(啤酒)
蓝色	蓝贝(啤酒)、蓝猫(玩具)、蓝天(牙膏)
银色	中银(银行服务)、中国工商银行、银鹭(食品)、银联(信用卡服务)
黄色	黄鹤楼(卷烟)、黄金叶(卷烟)、黄山(卷烟)
紫色	紫禁城(艺术品鉴定、观光旅游、文化教育展览)分三类注册
黑色	黑牛(豆奶粉)、黑牡丹(色织布)、黑妹(牙膏)
绿色	绿海(塑料薄膜)、北绿(农副食品)

(资料来源:吴冰冰.中国驰名商标的命名研究[D].上海:上海师范大学,2007.)

(二)考虑因素

色彩产生情绪,引发好感和反感;色彩操控印象,影响人们的决策;色彩控制思想,引导个人的行为。因此,色彩具有决定个性的用途。在销售糖果的实践中,人们发现用蓝色容器或至少包装上是以蓝色为主时,糖容易卖出去,但坚决不能用绿色。蓝色代表了"甜蜜",绿色代表"苦涩",谁愿意去买苦涩的糖呢?

作为品牌识别的有力表现,色彩运用于品牌标志、包装,而在品牌标志设计中,色彩的选择需考虑商品、对象、象征、季节、文化和时代六个方面的特点。

 1. 商品

不同种类的商品,在标志设计时应选择相应的色彩及其组合。商品类别与色彩见表6-7。

表 6-7　商品与色彩

商品	常用色彩
建筑材料	黄色、橙色
宝石	黄色、紫色
早餐食品	黄色、橙色
香水	黄色、紫色

续表

商品	常用色彩
咖啡	黄色、橙色
学生用品	黄色、橙色
肥皂	黄色、绿色
夏季露营用品	黄色、绿色
饼干	红色、黄色
药品	蓝色、银色
保健品	浅红、金红
旅游、航空服务	黄色、绿色
夏季饮料	黄色、绿色

2. 对象

不同的目标顾客，由于受年龄、性别、民族、受教育程度等因素的影响，对色彩的感知和理解不尽相同。如婴儿喜爱红、黄两种颜色；儿童喜欢红、蓝、绿、黄等鲜艳、单纯的暖色；年轻人则偏爱蓝、红、绿等富有个性的冷色；中年人喜欢紫、茶、蓝、绿等深沉的冷色。男性喜欢能体现其智慧和阳刚之美的蓝、灰和深色调；女性比较喜欢能体现其轻、柔、美、时尚的暖色调、亮色调。

3. 象征

色彩运用于品牌标志的基础是它能给人带来丰富的联想。不同色彩带来不同的联想意义，色彩与联想的意义见表 6-8。

表 6-8 色彩与联想的意义

色彩	正面联想意义	负面联想意义
白色	纯真、清洁、明快、喜欢、洁白、贞洁	志哀、示弱、投降
黑色	静寂、权贵、高档、沉思、坚持、勇敢	恐怖、绝望、悲哀、沉默
灰色	中庸、平凡、温和、谦让、知识、成熟	廉价
红色	喜悦、活力、幸福、快乐、爱情、热烈	危险、不安、妒忌
黄色	希望、快活、智慧、权威、爱慕、财富	卑鄙、色情、病态
橙色	积极、乐观、明亮、华丽、兴奋、欢乐	欺诈、妒忌
蓝色	幸福、深邃、宁静、希望、力量、智慧	孤独、伤感、忧愁
绿色	自然、轻松、和平、成长、安静、安全	稚嫩、妒忌、内疚

续表

色彩	正面联想意义	负面联想意义
青色	诚实、沉着、海洋、广大、悠久、智慧	沉闷、消极
紫色	优雅、高贵、壮丽、神秘、永远、气魄	焦虑、忧愁、哀悼
金色	名誉、富贵、忠诚	浮华
银色	信仰、富有、纯洁	浮华

4. 季节

色彩有冷暖之分，由暖至冷的色彩顺序为：红、橙、黄、绿、紫、黑、蓝。如夏季服装最好采用中性及冷色，而冬季消费品则适合以红、橙、黄色为基本色。

5. 文化

在不同的文化背景中，人们对色彩的理解和运用具有各自的习俗和禁忌。跨文化品牌标志（包装）设计尤其要加以注意。例如，亚洲人将灰色等同于廉价，而美国人却认为灰色是昂贵、高品质的象征。亚洲人认为紫色有富贵之感，美国人却认为紫色有廉价感。不同国家的色彩偏好如表 6-9 所示。

表 6-9 部分国家人群对色彩的偏好和禁忌

	国家	偏好色	禁忌色
欧洲	德国	鲜蓝、鲜黄、鲜橙、深绿、深黄（南方）	茶色、深蓝色、墨绿色
	法国	东部男孩爱穿蓝色服装 少女爱穿粉红色服装	墨绿色
	爱尔兰	绿色及鲜明色彩	红、白、蓝色
	瑞士	原色和二重色（浓淡相同）	黑色
	丹麦	鲜蓝、鲜红、深蓝、深橙	粉红色、淡黄绿、亚麻色、淡紫
美洲	美国	明朗、活泼、华丽的色彩	无特殊禁忌
	巴西	无特殊偏好	紫色、黄色、暗茶色
	墨西哥	红、绿、白	无特殊禁忌
亚洲	中国	红、黄、绿	黑、白
	日本	柔和色调	黑、深灰、绿色
	巴基斯坦	翡翠绿	黄色

6. 时代

人们对色彩的喜好随时代而发生变化。通俗地讲，就是在特定的时候出现流行色。以日本汽车为例，20 世纪 80 年代初期，日本人喜欢红色的轿车；到了 90 年代，日本人偏爱白色轿车。20 世纪 60 年代初宇宙飞船上天，世界流行宇宙色（深蓝色）。长期以来，黑色一直是商业用色的禁区，然而 20 世纪 80 年代中期，黑色风行起来。1985 年美国包装设计协会颁发的 14 项金牌奖中，有一半设计基本上都是黑色。由于环境污染日益严重，当代人们开始向往起"自然色"。在品牌标志（包装）设计上，抓住时代流行的趋势是保持品牌活力的永恒主题。

数字资源 6-2
太阳神集团公司
Logo 设计理念

◆ 本章小结

品牌设计包括品牌名称设计和品牌标志设计。

品牌名称提供了品牌联想，最大限度地激发消费者的"直接联想力"，这是成功品牌的基本特征之一。

按品牌文字类型划分，品牌名称可分为文字品牌名和数字品牌名。按品牌名称的字意来源可分为企业名称品牌名、人物名称品牌名、地名品牌名、动物名称品牌名及植物名称品牌名。

品牌命名需遵循市场营销、法律及语言三大原则。市场营销原则包括：暗示产品利益；具有促销、广告和说服的作用；与标志物相配；与公司形象和产品形象匹配；适应市场环境原则。法律原则包括：具有法律的有效性；相对于竞争对手的独一无二性。语言层面的原则包括：语音易读；语形简洁；语言标新立异；语义启发积极联想。

进行品牌命名需要讲究策略。品牌命名策略有：目标市场策略；产品定位策略；描述性与独立随意性策略；本地化与全球化的选择策略等。进行品牌命名还需要遵循一定的程序。一般说来，专业化的企业品牌命名一般遵循以下四个过程：战略思考确定命名目标，动员团队提出备选方案，借助测试进行复选审查，法律检索保证名称有效。

品牌标志是指品牌中可以被识别但不能用语言表达的部分，即运用特定的造型、图案、文字、色彩等视觉语言来表达或象征某产品的形象。品牌标志自身能够创造消费者认知、消费者联想和品牌偏好，进而影响品牌标志所体现的产品品质与顾客的品牌忠诚度。

品牌标志作为品牌形象的集中表现,具有以下作用:品牌标志形象生动,更易识别;品牌标志能够引发消费者的联想;品牌标志便于企业进行宣传。品牌标志设计需要遵循五大原则:营销原则、创意原则、设计原则、认知原则和情感原则。

在品牌标志设计中,色彩的选择需考虑商品、对象、象征、季节、文化和时代等特点。

数字资源 6-3
练习与思考
及答案

数字资源 6-4
本章知识
链接

第七章　品牌传播

品牌传播是品牌营销三步曲的最后一步,也是最为关键的一步。所谓"酒香也怕巷子深",再好的品牌,如果不能进行有效传播,也会淹没在众多同类品牌之中而无人问津。所谓品牌传播,是指企业围绕品牌的核心价值,通过一系列活动,包括广告、公共关系、销售促进、人员推销等传统促销手段,以及微博、微信、QQ、短视频等新媒体营销手段,将品牌形象传达给目标消费者,以建立品牌形象、有效提升品牌在目标受众心目中的知名度和美誉度,最终达到促进产品销售和实现企业经营目标。在品牌竞争非常激烈的现代市场,有效的品牌传播成为企业制胜的关键。

◇ 学习目标

本章主要阐述品牌传播的概念、特点、效应,品牌传播的过程以及品牌传播策略、整合营销传播策略和社会化媒体传播策略等,具体内容如下。

1. 知识目标
(1)理解品牌传播的内涵、特点和效应;
(2)掌握品牌传播过程和传播策略;
(3)掌握品牌的整合营销传播策略和社会化媒体传播策略。

2. 能力目标
(1)能用自己的语言清晰表达品牌传播的概念及内涵;
(2)能在企业品牌实践中熟练运用传统的品牌传播策略;
(3)能运用整合营销传播理论对企业品牌进行整合营销传播;
(4)能结合身边的社会化媒体对企业品牌进行社会化媒体传播。

3. 情感目标
(1)培养学生深刻理解诚信宣传、真实推广传播对企业营销和发展的重要意义;
(2)培养学生大力弘扬和宣传民族自主品牌的意识;
(3)培养学生弘扬和传播民族自主品牌,传递品牌形象正能量。

◇ 学习重难点

1. 理解品牌传播内涵

2. 掌握品牌整合营销传播策略
3. 掌握品牌社会化媒体传播策略

◇ 本章关键词

品牌传播　整合营销传播　社会化媒体传播

◇ 导入案例

康师傅的"微"世界

目前，中国的互联网时代已经发展到"双V"（微博、微信）时代，社会化媒体的运用成为营销发展的新趋势。康师傅品牌旗下的"香辣牛肉面"的"微"营销具有很强的代表性。康师傅香辣牛肉面营销团队首次采用卡通化任务，建立卡通账号，成立全新的微博矩阵式卡通家族。在设计之初，康师傅将主页君定位为具有轻微分裂、阳光活力无厘头的二次元镜像卡通人物"香辣小宝"，外加四位配料式人物，包括慵懒闲散的"榨菜妹妹"、文艺范"菜叶姐姐"、被虐狂"卤蛋疼疼"和好色小生"香肠迪迪"。这一系列卡通人物个性鲜明，打造了生动的官V虚拟群体形象，与消费者产生系列互动，不断拉近和消费者的距离，在短期内受到了消费者的围观和追捧。

康师傅并没有满足在微博上取得的成功，为了更好地吸引消费者的眼球，康师傅香辣牛肉面在微信公众平台上也注册了官方账号，用另外一种方式和消费者进行互动和沟通。康师傅香辣牛肉面在微信上的运作思路有别于微博，其特别之处在于聚焦消费者等待泡方便面的五分钟，抓住消费者的兴趣点和猎奇心理，在碎片化的时间里随时接受消费者的调侃，以及咨询、建议和投诉，这种关键词引导加上人工化客户管理的互动模式，使得消费者在微信上与"香辣小宝"进行了很好的互动，给消费者不断带来各种惊喜和体验，受到了消费者的青睐。

方便面作为一种关注度很低的消费品，在信息的海洋中要获得消费者的关注是十分不易的，康师傅用虚拟卡通人物群体的策略，高效、巧妙地利用微博和微信这两种社会化媒体工具，设计了由一个主账号和四个子账号组成的"香辣好伙伴"虚拟人物组合，实现了营销效果最大化。

> ■ 思考题：
> 1. 康师傅是如何利用"双V"开展品牌社会化媒体营销的？
> 2. 在"双V"时代，消费者更加关注产品的哪些特性？
>
> （资料来源：http://www.socialbeta.com/articles/masterkong-weibo-wuchat-marketing-2013.html.）

第一节　品牌传播概述

一、传播学发展

传播学起源于20世纪初，在社会环境的催生下，经过社会学、心理学、政治学和新闻学等学者的共同努力，经历了20—30年代的传播研究，在40年代已经形成较为成熟的理论。现代传播研究最早诞生于美国，兴起于美国，因而传播学的发展主要以美国为代表。传播学理论的发展经过了早期、中期、当代三个阶段。起初的传播学（20—30年代）研究集中在传播效果的研究上，即效果研究中的"枪弹论"，到了40—50年代，许多学者纷纷提出自己的传播模式，出现了传播的"有限效果论"；到了中期（60—70年代），传播研究及有关的模式建立的焦点，已从寻求对整个大众传播过程的一般理解逐渐转向研究这个过程的各个具体方面——长期的社会、文化和意识形态效果。同时，传播学理论的研究在世界多个国家和地区得到发展并且出现不同的派别，特别是以欧洲传播学派为代表的"批判学派"和以美国传播学派为代表的"经验"学派，成为传播学上的两大学派；当代的传播学研究（80年代以来）在研究领域上已经扩展到政治、经济、文化等各个领域，大众传播与其他信息处理方式和传递系统的界限正在日益变得不那么分明。进入90年代以后，传播学理论由于社会发展的信息化、全球化、生态化等趋势，在传播形态的调整方面正面临新的挑战。

二、品牌传播的内涵及特点

（一）品牌传播的内涵

根据美国品牌专家凯文·凯勒的定义，品牌传播是指企业告知消费者品牌信息、劝说购买品牌以及维持记忆的各种直接及间接的方法。从本质上说，品牌传播就是品牌信息的传递过程。无论是通过广告、公关、新闻报纸等传统媒体，还是通过互联网、微博、微信、自媒体等新媒体，本质上都是在传递品牌相关的信息，只不过传播的媒介和手段不同而已。也有学者认为，品牌传播是一种操作性实务过程，即通过广告、公共关系、新闻报道、人际交往、产品或服务销售等传播手段，最有效地提高品牌在目标受众心目中的认知度、知名度和美誉度，而对品牌传播的基础、规律、方式、方法的探讨总结则构成品牌传播学的内容。

（二）品牌传播的特点

1. 目标性

从传播角度看，品牌的传播者最关注的是目标受众，因为品牌只有真正地打动目标受众，他们才可能会去产生直接购买行为。同时，目标受众还可以对品牌进行二次传播，不仅自己带头消费，还会起到意见领袖和示范作用，把他们喜欢的品牌推荐给自己的亲朋好友，进而引发间接消费行为。

2. 聚合性

品牌传播的聚合性是由品牌信息的聚合性所决定。品牌的名称、图案、色彩、包装、商标、地址等，都包含有丰富的信息，比如产品特点、品牌认知、品牌联想、品牌形象等，既有浅层次的静态信息，也有深层次的动态内容，这些信息构成了品牌传播的信息源泉。

3. 多元性

品牌传播的媒介具有多元性，不仅包括电商、广播、报纸和杂志等四大传统媒介，同时还包括许多新媒体，如微信、微博、抖音、小红书等。在现代社会，随着互联网的大力发展，品牌传播已经进入一个线上与线下并存发展的多元化媒介时代，这对品牌传播提出了新的挑战。

4. 系统性

品牌传播是一项复杂的系统工程，涉及企业品牌管理的方方面面，比如在传播品牌时，不仅要考虑到不同传播方式的效果、成本，还要考虑到企业形象、品牌形象以及公众对品牌的态度。也就是说，品牌传播是一个长期的战略问题，要从企业、受众、社会和媒体等多个方面系统地去综合考虑，统筹兼顾，只有这样，品牌才会走得更远。

三、品牌传播的效应

品牌传播由于承载了多种与企业、产品、品牌相关的信息，在传播过程中能够发挥多种效应，达到快速提升品牌知名度和美誉度的效果。

（一）聚合效应

从菲利普·科特勒对品牌的定义，"品牌是一个名称、术语、符号、图案，或者是这些因素的组合，用来识别产品的制造商和销售商。它是卖方做出的不断为买方提供一系列产品的特点、利益和服务的承诺"，可以看出，品牌本身聚合了丰富的信息，既有品牌表层的静态方面的信息，如名称、术语、符号、图案、包装、颜色、商标等，同时也包括"品牌认知""品牌联想""品牌形象"等品牌所蕴含的深层次的动态信息，正是这些信息构成了品牌传播的信息源泉，可见，品牌传播具有强大的聚合效应。

（二）蝴蝶效应

"一只蝴蝶在巴西轻拍翅膀，可以导致一个月后得克萨斯州的一场龙卷风。"这是著名的蝴蝶效应的大众化阐述。最早出现在气象学领域的蝴蝶效应，今天被广泛延伸到其他领域，在品牌传播的过程中，已经得到高度重视和广泛验证。

1984年健力宝的一炮走红和2008年王老吉的红遍中国有着异曲同工之处，诸如此类由点到面的营销传奇不断被业界津津乐道。宏观层面的解释是品牌借助国家或社会大事件，迅速形成品牌知名度和价值，但在微观层面印证了蝴蝶效应的原理。传播的发端在于能量聚集。洛杉矶奥运会是中国参加的首届奥运会，中国女排势不可挡、直落三局拿下东道主美国、登上冠军领奖台，这些元素聚集了中国民众强烈的爱国热情和民族精神；同样2008年汶川大地震后，聚集的是中国民众空前的爱心和坚强的信念。当这些信念、情感聚集成能量，需要表达和释放的通道的时候，品牌的适时出现，成为大众情感共振的那只蝴蝶。品牌传播的结果就是信任嫁接，当我们产生奥运自豪感的时候，想起了健力宝；当我们想起灾难、表达爱心的时候，会去喝一罐王老吉。

品牌传播蝴蝶效应的内在机制是:聚集—共振—嫁接。从互动营销角度看,聚集是一种用户精准洞察,比如情感诉求、情绪、兴趣、爱好、行为偏好、个性;共振是启发、互动、表达、引导;信任嫁接是最终的目的,改变消费者的品牌认知,形成口碑沉淀。

(三)整合效应

从20世纪90年代开始,全球化的开放市场逐渐形成,随之而来的信息媒体也以惊人的速度进入社会的各个方面。互联网的出现,不仅仅是一种新媒体形式的介入,更是一种新的社会方式的到来。在信息渠道和信息流量大规模增加的同时,相应地,在信息传播过程中所带来的噪音问题也越来越严重。在这种背景下,不论是广告、公关还是各种新型媒体,都必须进行有机整合,才可能产生更大的效用,信息整合已经成为一种必然趋势。

整合营销传播一方面把广告、促销、公关、直销、CI、包装、新闻媒体等一切传播活动都涵盖在营销活动的范围之内;另一方面则使企业能够将统一的传播资讯以一个统一的形象传达给消费者,即用一个声音说话。借助整合传播,信息能够最全面、最系统、全方位地传达给顾客,产生强大的整合效应。

第二节 品牌传播的过程

一、传播过程理论

传播学奠基者H. D. 拉斯韦尔在1948年发表的论文《传播在社会中的结构和功能》中首次提出,传播过程包括五种要素,即发送者、信息、媒介、接收者和效果,后来被其他学者进行完善,增加了一些要素,形成了信息传播的过程模型(见图7-1)。

二、品牌传播过程

营销学大师菲利普·科特勒指出,有效的品牌传播过程包括以下七个步骤。

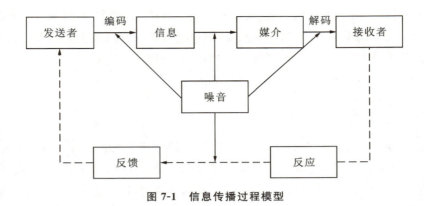

图 7-1　信息传播过程模型

（一）确定目标受众

品牌传播的目标受众可能是企业产品目前正在使用者，也可能是潜在购买者，比如个人、家庭、公众，或者是某些特殊群体。不同的目标受众，他们的生活背景、个性特征、价值观和生活方式等都不同，企业所能够选择传播的信息、渠道以及传播方式都会有所不同。因此，企业在进行品牌传播活动时，应充分了解不同目标受众的差异性需求，做到有的放矢，根据他们的需求来确定应该使用哪一种传播工具和传播策略。

（二）确定品牌传播目标

品牌传播的目标是企业营销人员希望品牌传播所能达到的最终结果。不同的企业，同一企业在不同的发展阶段，品牌传播的目标也会存在很大差异。比如对于一些刚创建的新企业，其品牌也是新品牌，其品牌传播目标主要是让更多的消费者了解和熟悉该品牌。对于一些处于产品生命周期成长过程中的品牌，其品牌传播的目标是增加品牌在现有市场的知名度和美誉度，进一步扩大其产品的市场占有率。对于处于成熟期的品牌而言，品牌竞争非常激烈，其品牌传播活动的目标是提高品牌的市场竞争能力。

（三）设计品牌传播信息

在设计品牌传播信息时，要根据目标消费者的需求特点和偏好，有针对性地向消费者传播那些在内容和形式上能够引起消费者的兴趣，进而唤起其注意的品牌信息，并且能够在脑海里长期保存这些品牌信息，以便在后期进行购买时，能重新唤起这些品牌信息，产生购买欲望。

（四）编制品牌传播预算

编制品牌传播预算能有效帮助企业进行财务控制，有助于企业提升绩效。最常见的预算编制方法有三种,即销售收入百分比法、竞争对抗法和目标任务法等。销售收入百分比法指企业根据一定时期的销售额的特定比率来确定品牌传播费用。竞争对抗法指根据同行业竞争对手的开支决定本企业品牌传播预算,以保持自身在市场中的竞争优势。目标任务法指根据企业品牌传播所要达到的目标来安排相应的预算。这三种方法各有利弊,企业需要从传播目标和自身实力来进行选择。

(五)选择品牌传播渠道

品牌传播渠道非常多,除了广播、电视、报纸、杂志等传统四大媒体以外,各种新型媒体也层出不穷。传统媒体的优势在于其强大的人力物力资源、丰富的品牌传播经验,但不足之处是属于单向传播,比较传统,跟不上年轻消费者的需要。随着手机、互联网等技术的发展,品牌传播渠道的形式也是越来越丰富多彩,搜索引擎、社交网络、自媒体、公众号、微博、小程序、抖音、小红书、直播带货等新型品牌传播形式已屡见不鲜。相较于传统媒体,这些新型品牌传播渠道具有传播成本低、传播速度快、互动性强、反馈更及时等优势。企业在选择品牌传播渠道时,要综合考虑传统媒体和新型传播媒体各自的优势和劣势,根据传播目标受众的需求特点,将传统传播渠道和新型传播渠道结合起来使用,以达到更好的品牌传播效果。

(六)制定品牌传播组合

品牌传播组合是指企业对各种品牌传播方式的综合运用,具体而言,就是指对广告、销售促进、人员营销、公共关系等各种传播方式的选择、编排和综合运用,以实现传播目标。品牌传播的这四种方式各有利弊,具体在制定品牌传播组合策略时,要根据产品特点、市场特性、传播目标、竞争状况等各种要素综合考虑这些工具,灵活安排各种组合要素,以达到最好的传播效果。

(七)评价品牌传播效果

品牌传播效果可以作为衡量企业品牌传播成败的标准。品牌传播效果的评估需要结合定量和定性两种方法来综合进行。定量方法就是考虑实施品牌传播活动之后,企业产品销售发生的变化。人们常用品牌传播活动前后的销售差异来衡量品牌传播对购买行为的影响,这种数据比较容易获取,也经常被用于衡量品牌传播效果。但这种方法只考虑到了品牌传播的即时效应,没有从长期的、动态的角度来评估品牌传播的效果。定性方法就是评估品牌在传播前后,消费者对品牌的认知度、美誉度和忠诚度等方面的变化,这些变化在品牌传播的短期内不会有明显的效果,但在长期内肯定会对企业销售带来很大的影响。

第三节　品牌传播的广告与公关策略

一、广告策略

（一）广告概述

美国市场营销协会（AMA）关于广告的定义为："广告是由明确的发起者以公开支付费用的做法，以非人员的任何形式，对产品、服务或某项行动的意见和想法等的介绍。"在品牌传播中，广告是最主要也是最受重视的一种方式。广告不仅可以强化消费者的印象和好感，有助于提高企业声誉，树立品牌形象，而且可以直接引导消费，促进消费者对品牌产品的购买。

广告传播要成功，在于其宣传的品牌个性和品牌形象。大卫·奥格威提到坎贝尔汤罐头公司、象牙香皂、埃克森石油公司等企业正是由于塑造协调一致的形象并能持之以恒地在广告中实施而取得成功。一个品牌要在大众心智中牢牢地占据一席之地，不仅要求品牌个性的鲜明与独特，而且这个品牌形象的传播也应持之以恒。大卫·奥格威认为："市场上的广告95%在创作上是缺乏长远打算，是仓促推出的。年复一年，始终没有为产品树立具体的形象。"

确定广告推广主题是广告推广中的核心工作。广告主题创意决策和媒体选择决策往往是同时做出的。广告媒体选择对于广告传播效果也非常关键。各种媒体都有各自的特点、优势和缺陷，选择恰当的媒体类型，需要在熟知各种媒体特点的基础上进行判断（见表7-1）。

表 7-1　不同媒体类型的优缺点

媒介	优点	缺点
电视	覆盖面大；接触率高；有光、声、动态的影响；声望高；易引起注意；个人成本低	选择性低；信息生命短；绝对成本高；生产成本高；干扰大
报纸	时效性强；对当地市场的覆盖面广；可信性强；前置时间短；及时；可以使用赠券	信息生命短；广告表现力差，信息展露有限；不易引起注意；不易重复阅读；干扰大
杂志	易细分目标受众；易重复阅读 信息容量高；持续期限长；广告表现力强	前置时间长；只有视觉效果；缺乏弹性

续表

媒介	优点	缺点
广播	对当地市场的覆盖面广;不受空间距离的限制;有弹性;成本低;受众充分细分	只有听觉效果;干扰大;不易引起注意;信息易逝;表现力不直观
户外广告	灵活性强;可重复显露;易被注意;成本低	信息展露空间有限;受地域限制
交互式媒体	用户选择产品信息;用户注意和参与;交互式关系;直销潜力;弹性信息平台	有限的创作能力;主页干扰;落后的技术;无效的测量技术

◇ **同步案例7-1**

立足总台,蓝月亮实现品牌传播广覆盖、可感知、高信任

多年来,蓝月亮在品牌传播和塑造上将资源有效集中于中央广播电视总台这样一个极具传播力、影响力、公信力的媒体平台,总台也给予了企业发展不可或缺的助力。

特别是总台"品牌强国工程",整合了国家媒体平台的优质资源,为无数个与蓝月亮一样的中国品牌提供了前所未有的传播支撑。借助"品牌强国工程",蓝月亮成功开展了"洗衣大师""洗涤课堂"等多个创新型传播项目,实现了蓝月亮品牌传播的广覆盖、可感知、高信任。蓝月亮的广告大片,通过总台《天气预报》等王牌节目前后的黄金时段,呈现在全国亿万观众面前,帮助蓝月亮的产品走入千家万户。同时,蓝月亮和"中央广播电视总台中秋晚会"这一仅次于春晚的顶级IP资源连续8年成功合作,并于2022年再度独家冠名。2021年,蓝月亮还与总台《中国梦·祖国颂——2021国庆特别节目》等IP节目进行了深度合作。

2021年,在蓝月亮独家冠名总台中秋晚会项目的合作上,进一步优化了企业品牌及产品元素呈现,集合了更多优质资源,实现了霸屏优质点位,同时蓝月亮还联动CCTV-1《相聚中国节——月圆·梦圆》特别节目,打造大屏"蓝月亮"时间。在融媒体平台上,蓝月亮联合总台央视新闻进行中秋晚会录制探班直播,通过互动小程序进行洗涤知识教学和新品派送,中秋晚会宣推全程跟进合作,实现多屏协同传播。

2021年总台中秋晚会收视率高达4.70%,总收视份额达16.70%,线上直播总观看量超1.3亿,探班直播累计观看量超9000万。蓝月亮广告片在中秋节期间通过总台大屏累计触达3.95亿观众,实现了增强品牌曝光、提升新品认知、洗涤知识教育、品牌私域运营引流转化等多项传播目标,深度诠释了"一生相伴,洁净无忧"的品牌理念,并进一步加深了蓝月亮与总台中秋晚会IP的联系,沉淀了品牌资产。

(资料来源:http://1118.cctv.com/2022/06/08/ARTInw4ZFOeHm8Uy9NiYcqJ5220608.shtml.)

（二）广告传播策略

1. 名人代言策略

名人代言策略是企业常用的广告推广手段。企业选择由名人代言，希望借助名人的名气和光环效应，迅速提高新产品在受众中的认知度，拉近与消费者之间的距离，从而促进产品迅速销售。名人代言是一把"双刃剑"，具有一定风险性。使用名人代言策略时，要注意以下几点。

（1）名人类别与产品类别之间要相匹配。企业在选代言人时一定要考虑与产品的定位相一致或吻合，产品形象与代言人气质一致。

（2）选择名人应注重名人自身的形象、受欢迎程度等因素。名人的美誉度越高，其可信度越高。选择名人代言某一品牌，凭借名人的领袖魅力，企业便可将名人魅力转移到产品上，转化为产品的内涵，以赋予产品新的活力和亲切的联想。

（3）运用名人代言应注意考虑品牌整体形象的长远性。企业的品牌会有发展，会有不同的代言人，对代言人要从品牌建设的长远计划着眼选取，注重同一性。

2. 理性诉求策略

广告的理性诉求就是以商品功能或属性为重点对消费者进行说服的广告策略。在品牌推广初期，理性诉求是建立品牌认知、累积品牌资产的重要广告策略。一般在建立品牌认知度时会选取理性诉求策略。比如在广告语中直接说明产品的特点和功效，向诉求对象阐述产品的种种特性，如白色力士润肤露：含有天然杏仁油及丰富滋养成分，清香怡人，令肌肤柔美润泽，适合中性和油性肌肤。有的广告通过引用大量数据来使消费者对产品和服务产生更具体的认知，比如，瑞士欧米茄手表的广告创意是这样的：全新欧米茄蝶飞手动上链机械表，备有18K金或不锈钢型号。瑞士生产，始于1848年。机芯仅2.5毫米厚，内里镶有17颗宝石，配上比黄金贵20倍的铑金属，价值非凡，浑然天成。这里的每个数字都使这则广告更具说服力。

3. 感性诉求策略

与理性诉求强调产品的属性、功能不同，感性诉求是指针对消费者的心理或象征性需求，通过引起消费者情感上的共鸣，引导消费者产生购买欲望。比如美国一家电话公司的电视广告是这样的：傍晚，一对老夫妇正在用餐，电话铃响了，老妇去接。回来后，老先生问："谁的电话？"老妇答："是女儿打来的。"老先生又问："有什么事？"老妇答："没事。"老先生惊奇地问："没事？几千里打来电话。"老妇哽咽着说："她说她爱我们。"两位老人相视无言，激动不已。此时旁白:"用电话传递您的爱吧!"简单的几句广告语给人们营造了一个如此温馨的氛围,把人间美好的亲情渲染得淋漓尽致。

4. 影视植入策略

植入式广告,英文名为 product placement,有时也叫作 brand placement,是指将产品或品牌及其代表性的视觉符号甚至品牌理念策略性地融入到媒介内容之中,构成观众真实观看或通过联想所感知到的情节的一部分,在观众专注的状态下将产品或品牌信息传递给观众,继而达到营销目的的广告形式。在国外,植入式广告早已成熟。据统计,目前的美国电影中,平均有 30 分钟会提供给植入式广告。相关调查数据显示,美国电视剧有 75% 的资金来源于植入式广告。

5. 文化嵌入策略

在广告中嵌入更多的文化底蕴,可以潜移默化地培养人们对品牌的忠诚度。一个成功的品牌不单是成功的商品,而且还意味着一种与品牌联想相吻合的积极向上的文化理念。周浩然在《文化国力论》中指出:"化妆品公司出售的并不是香水,而是某种文化、某种期待、某种联想和某种荣誉。"这是将文化意蕴融入品牌之中的较好体现。

二、公共关系策略

(一)品牌公共关系的目标

公共关系简称公关,是品牌传播的重要工具之一。菲利普·科特勒在《营销管理》一书中将公共关系表述为:"设计用来推广或保护一个公司形象或它的产品的各种计划。"通过公关,加强企业与社会和公众的沟通,使企业的品牌为公众所熟知和喜爱,从而达到其他方式所不可能产生的效果。

品牌公关关系推广的目标有以下几种。

1. 提高品牌知名度

品牌知名度是企业宝贵的无形资产,企业进行公关活动的主要目的之一就是让消费者知晓自己的品牌,让品牌"占据消费者的大脑"。

2. 树立品牌形象

公共关系活动可以通过赞助和参加公益性活动等形式，保持与社会公众的沟通，达到建立起良好的品牌形象的目的。例如，华为品牌在我国具有很好的品牌形象，这一方面由于它锐意进取的创新精神，另一方面得益于它有效的公共活动。

 3. 挽回品牌信誉

公关活动在许多情况下也可起到保护品牌不受损害的作用。当发生一些对企业不利的突发事件，而公众舆论反应强烈时，企业利用危机公关，可以化解危机，重新挽回品牌信誉。

 4. 降低推广成本

公共关系的成本要比广告的成本低得多，因此，对那些预算有限的企业来说，公共关系是一种非常理想的品牌传播方式。对于企业而言，它不需要像广告那样每天、每月、每年都要做。一般地，企业只需要每年做1~2次比较大型的公共关系活动就足够了。虽然成本比广告低，但有效的公共关系能起到广告所起不到的效果。

（二）品牌的公关推广方式

 1. 新闻报道

新闻报道是由第三方撰写和发布，这种方式更容易使人信服和接受。通过新闻媒体来进行宣传，往往可以收到更好的效果。因此，企业一方面要和新闻媒体建立良好关系，另一方面要有意识地制造一些有利的新闻线索，让媒体主动来帮助企业做宣传。

 2. 事件赞助

赞助有新闻价值的事件是公共关系中的主要形式之一。特别是那些受到人们广泛关注的事件，如果品牌能够与之联系起来，可以达到很好的曝光效果，从而扩大品牌知名度。

 3. 公益活动

企业也可以通过赞助公益事业来引发消费者的注意和好感。挖掘品牌内涵故事，制造事件公关炒作,借助活动品牌营销,等等。做公益的过程就是在为企业立形象、树品牌的过程。如华为、蒙牛、海尔等品牌都非常注重公益赞助,提升自己的企业形象。

4. 教育培训

教育培训也可以成为企业公关推广的手段。教育培训旨在为消费者提供全面、准确的信息知识,形成消费者购买的"合理预期"。比如一些研发计算机软件的企业赞助学术会议、职业学校,或者向公众提供免费的技术培训辅导等。

5. 网络公关

除了在线下开展公共关系活动,企业也可以网络公关的形式来实现与公众建立良好关系的目的。通过网络公关活动,借助图片、文字、视频等形式,企业可以向公众全面展示企业产品信息、品牌形象以及企业形象,为公众了解企业搭建平台,为企业品牌形象传播开辟新的渠道和模式。

◇ 同步案例7-2

欧莱雅的品牌传播

欧莱雅集团是世界上较大的化妆品公司之一,创办于1907年。自成立以来,该集团公司依靠其强有力的品牌传播方式和方法,在世界化妆品行业发展中占据重要地位。凭借其32个多元且互补的国际品牌,欧莱雅集团于2014年实现了25亿元的销售额,全球雇员达78600人。作为全球美妆行业的市场领导者,欧莱雅覆盖包括大众市场、百货商场、药店、发廊、免税商店以及品牌零售店在内的所有销售渠道。旗下拥有兰蔻、碧欧泉、欧莱雅、美宝莲、薇姿等500多个品牌,曾被英国《金融时报》和美国《商业周刊》誉为"最受尊敬的法国公司""美的王国",在世界范围内拥有良好的口碑。这样一个"美丽帝国",在2013年宣布"美丽,与众共享"可持续发展承诺,"Beauty for All"也成为企业的理念,传播美成为其品牌传播的核心。

一、品牌结构:金字塔式布局

欧莱雅集团前中国区总裁盖保罗认为,要管理好这棵复杂的品牌大树,成功的秘诀在于各个细分品牌的定位与布局。集团将这种全方位的品牌结构称为"金字塔式战略",即按照价格,欧莱雅在中国从塔底到塔尖都有对应的品牌:在塔底的大众消费领域,集团拥有巴黎欧莱雅、美宝莲、卡尼尔与小护士;在塔中,集团推出了薇姿、理肤泉等保健化妆品牌;在塔尖的高档品牌中,集团旗下的兰蔻、碧欧泉、羽西与赫莲娜占据了一席之地;此外,在专业美发领域的细分市场,卡诗与欧莱雅专业美发和美奇丝为人们熟知。

"向不同层次的消费者提供相应的不同层次的产品"是欧莱雅的基本策略。在这个基础上,如何让消费者更好地接受品牌定位,使各品牌间不至于混淆?欧莱雅的做法是,以"品味"来形成品牌间的鲜明区隔。针对合适的客户群投放正确的产品,品牌经理制的组织结构下不同的品牌就像一个个小公司,每个小公司都有各自的广告、渠道、促销和定价策略。而且通过与消费者直接建立联系,来迅速地对市场做出反应,迎接竞争者的挑战。集团要求,欧莱雅的地区经理们必须经常去销售点传授品牌理念。于是在150多个国家和地区,人们经常可以看到地区经理们出现在化妆品专柜区域,指导售货员如何将高档与中档产品更好地陈列分布。

二、"梦之队"明星代言人

以欧莱雅旗下品牌巴黎欧莱雅为例,其一直都凭借着强大的科研力量,在化妆品领域内不断改造和引领着全世界消费者的生活方式和消费观念,并通过巴黎欧莱雅全球代言人"梦之队"的成员将多元化的美传播到世界各地。在代言人"梦之队"成员的选择上,巴黎欧莱雅一直积极倡导多元化的美,从曾经获得多届奥斯卡影后的简·方达,朱丽安·摩尔,到美籍拉丁裔的著名歌手詹妮弗·洛佩兹,以及印度籍好莱坞新星芙蕾达·平托……这些来自不同国家、不同种族、不同文化、不同年龄、不同领域的名字,都成为巴黎欧莱雅多元化美丽的最佳阐释。

2015年新生代人气偶像井柏然成为巴黎欧莱雅新一任代言人,他与巩俐、李冰冰、李宇春、景甜、吴彦祖、阮经天等一起共同组成耀眼的亚洲明星"梦之队"。

巴黎欧莱雅全球总裁 Cyril Chapuy 表示:"井柏然完美诠释了当代年轻人的特点,对梦想的不懈追求,面对挑战的勇敢无畏,以及阳光帅气的健康形象,我很高兴他能成为巴黎欧莱雅明星大家庭的一员,期待他能和巴黎欧莱雅一起引领型男新风尚。"井柏然的加入不仅扩大了巴黎欧莱雅代言人梦之队的阵容,也表明了巴黎欧莱雅男士在护肤领域的无畏前行。井柏然阳光、充满活力、积极向上的健康形象完全符合巴黎欧莱雅男士的形象,他的加入也进一步壮大了巴黎欧莱雅的年轻势力。

三、在公益中传播美

每年5月15日是欧莱雅的企业公民日。在这一天,欧莱雅员工都会放下手上所有的工作,投身社区服务,以实际行动,践行欧莱雅做优秀公民的美丽承诺。当清晨整个城市还在沉睡中,所有的志愿者已整装待发。集团执行副总裁(分管亚太区)兼中国首席执行官贝瀚青等集团高层与普通员工一样热情地投入到公益活动中。在农民工子弟学校,志愿者变身绘画大师,用七彩颜色帮助小朋友将校园装点得焕然一新,给远离家乡的农民工子女带来温暖。除了绘墙,他们还和孩子们一起画彩旗、绘花盆,做起园艺,处理杂草丛生的花园,一起陪伴孩子度过一段美好时光。在上海徐汇区的街道中心,志愿者们为老人按摩、理发,陪老人下棋。在青浦的阳光之家,志愿者们与残障人士亲密接触,一起制作手工制品。

> 6年来欧莱雅中国参与志愿活动超过5500人次,累计提供志愿服务超过3.1万个小时,受益人数超过22万人,得到了政府、公益组织、媒体的支持和认可,更重要的是为更多的人带去了美好和温暖。
>
> 欧莱雅以自身优质的产品、完善的品牌建设,配以闪亮的梦之队代言人,劳着它的美丽承诺,在公益中传播美,告诉我们:美丽,与众共享。
>
> (资料来源:www.loreal.com.)

第四节 品牌整合营销传播策略

一、整合营销传播的概念

1992年,美国西北大学教授唐·舒尔茨等人出版了《整合营销传播》,该书强调由生产导向转入消费者导向后,4P已经转向4C,过去的"消费者请注意"现已被"请注意消费者"所取代。因此,从消费者出发,整合营销传播成为营销的新趋势。对于整合营销传播,美国广告公司协会的定义为:"整合营销传播是一个营销传播计划概念,要求充分认识用来制订综合计划时所使用的各种带来附加值的传播手段——如普通广告、直接反映广告、销售促进和公共关系——并将之结合,提供具有良好清晰度、连贯性的信息,使传播影响力最大化。"这一思想越来越为学者和从业者所关注,以前,被看作互不相干的各种沟通要素——广告、公关、销售促进、包装、人员沟通等都被企业重新编排,以向消费者传达整体一致的品牌信息。整合营销传播理论的先驱唐·舒尔茨认为:"整合营销传播是一个业务战略过程,它是指制定、优化、执行并评价协调的、可测度的、有说服力的品牌传播计划,这些活动的受众包括消费者、顾客、潜在顾客、内部和外部受众及其他目标。"这一定义深入地分析消费者的感知状态及品牌传播情况,最重要的是它提供了一种可以评价所有广告投资活动的机制,因为它强调消费者及顾客对组织的当前及潜在的价值。

唐·舒尔茨——整合营销传播之父

唐·舒尔茨,1934年1月20日出生在俄克拉荷马,是西北大学商学院的整合营销传播教授,整合营销传播理论的开创者,也是位于伊利诺伊州的 AGORA 咨询公司的总裁,还是位于得克萨斯州达拉斯的 TAGETBASE 营销公司和 TARGETBASE 营销协会的高级合伙人。在1997年加入西北大学之前,唐·舒尔茨是位于达拉斯的 TRACY-LOCKE 广告及公共关系公司的资深副总裁。他在欧洲、美国、南美和亚洲都曾就营销、营销传播、广告、销售促进、直接营销、策略创新接受过咨询,发表过演讲,并举行过专题讨论会。

唐·舒尔茨博士是世界著名的营销大师之一,也是战略性整合营销传播理论的创始人,他的著作《整合营销传播》是第一本整合营销传播方面的著述,也是该领域最具权威性的经典著作。书中提出的战略性整合营销传播理论,成为20世纪后半叶最主要的营销理论之一。为此,唐·舒尔茨博士被全球权威的《销售和营销管理》(Sales and Marketing Management)杂志推举为"20世纪全球80位对销售和营销最有影响力的人物之一",与现代营销学之父菲利普·科特勒、W.爱德华·戴明、戴尔·卡耐基、亨利·福特、比尔·盖茨和迈克尔·戴尔等著名营销大师和营销天才并列在一起。

唐·舒尔茨是《直效营销》杂志的前任编辑、美国国家广告研究基金会整合营销传播委员会的联合主席,还被直效营销教育基金会推选为第一个"年度直效营销教育家"。唐·舒尔茨教授对"信息技术的发展是如何影响整合营销传播理论演进的"问题进行了研究。他指出,那些从事整合营销传播的企业(尤其是那些懂得如何使用恰当的信息和知道衡量传播投资受益方法的企业)将赢得竞争优势。

(资料来源:http://wiki.mbalib.com.)

二、整合营销传播的层次

(一)认知的整合

这是实现整合营销传播的第一个层次,在这个层次只要求营销人员认识或理解营销传播的必要性和重要性。

（二）形象的整合

第二个层次牵涉到确保信息与媒体一致性的决策，信息与媒体一致性包括两个方面：一方面是指广告的文字与其他视觉要素之间要达到的一致性；另一方面是指在不同媒体上投放广告的一致性。

（三）功能的整合

功能的整合是把不同的营销传播方案编制出来，作为服务于营销目标（如销售额与市场份额）的直接功能，也就是说每个营销传播要素的优势劣势都经过详尽的分析，并与特定的营销目标紧密结合起来。

（四）协调的整合

第四个层次是人员推销功能与其他营销传播要素（广告公关促销和直销）等被直接整合在一起，这意味着各种手段都用来确保人际营销传播与非人际形式的营销传播的高度一致，例如推销人员所说的内容必须与其他媒体上的广告内容协调一致。

（五）消费者整合

营销策略必须在了解消费者的需求和欲求的基础上锁定目标消费者，在给产品以明确的定位以后才能开始营销策划，换句话说，营销策略的整合使得战略定位的信息直接到达目标消费者的心中。

（六）风险共担者的整合

这使营销人员认识到目标消费者不是本机构应该传播的唯一群体，其他共担风险的经营者也应该包含在整体的整合营销传播战术之内，例如内部员工、供应商、经销商以及股东等。

（七）关系管理的整合

这一层次被认为是整合营销的最高阶段。关系管理的整合就是要向不同的关系单位做出有效的传播，公司必须发展有效的战略。这些战略不只

数字资源 7-1
品牌整合营销
传播案例

有营销战略,还有制造战略、工程战略、财务战略、人力资源战略以及会计战略等,必须互相协调配合。

三、品牌整合营销传播的内容

具体来讲,品牌整合营销传播的内容主要包括五个方面。

(一)建立消费者资料库

品牌整合营销传播工作的起点是建立消费者和潜在消费者的资料库,资料库的内容应包括营销人员对消费者的基本资料、购买记录,以及消费者对产品或服务的态度等信息。美国通用电气公司拥有包括 3500 万户姓名,几乎占全美国家庭 1/3 之巨的庞大的客户资料库。所有信息均由以上客户连接点提供,包括电话中心、电子信箱汇集中心、各地网络站点;提供人员有应答中心代表、销售人员、各地区维修人员、技术人员、交易商和市场研究人员等。公司的消费者数据库能显示每个顾客的各种详细资料,保存每次交易记录。可以根据消费者购买公司家用电器的历史,来判断谁对公司和新式录像机感兴趣,能确认谁是公司的大买主,并给他们送上价值 30 美元的小礼物,以换取他们对公司产生下一次的购买。

(二)对消费者进行细分

对消费者进行细分可以帮助企业更有效地进行品牌整合营销传播,现在越来越多的公司认识到研究消费者的重要性,在这方面进行大量的投资。宝洁公司安排营销调研人员到每一个产品部门,从事对现行品牌的调研。它有两个独立的公司内部调研小组:一个负责整个公司的广告调研,另一个负责市场测试。每组成员包括营销调研经理、其他专家(调查设计者、统计学家、行为科学家)和负责执行与管理访问工作的内部现场代表。每年宝洁公司电话与上门访问超过 100 万次,访问的内容涉及大约 1000 个调研项目,这些努力帮助宝洁在市场上获得了巨大的成功。

(三)加强消费者接触管理

与消费者接触在企业的品牌整合营销传播活动中非常重要,它是 20 世纪 90 年代以来市场营销中一个非常重要的课题,选择接触时机就是企业应该在某一时间、某一地点或某一场合与消费者进行沟通。《墨子》里有这样一则故事。一次,子禽问他的老师墨子:"多说话有好处吗?"墨子答道:"蛤蟆、青蛙,白天黑夜叫个不停,弄得口干舌燥,可是没有人去听它的。你再看那公鸡,在黎明时啼叫几声,大家就知道天快亮了,都很留意。多说话有什么好处呢?只有在切合时机的情况下说话才有用。"这则故事告诉我们,说话要注意时机和方式的把握,品牌的传播亦是如此,广告满天飞,视觉轰炸等,这些硬广告就像蛙鸣一样,甚至使听者避之唯恐不及。只有在适当的时间采取适当的方式,品牌传播才能真正触动大众,才能让企业品牌在消费者心中落地生根。

(四)整合营销传播沟通要素

整合营销传播使用各种可能的传播形式和沟通方式作为潜在的信息传递渠道,或者说,营销人员应尽量使用任何能够为目标消费者所接受的或可能接触到的任何媒介和接触方法,来把品牌信息送达消费者,以达到最好的沟通效果,包括活动庆典、报纸杂志、电视、户外广告、产品包装、商品展示、店面促销、网络、发布会、征文比赛、T恤标记等。只要有效并且可行,都可以被采用以使信息到达目标消费者。但这些传播方式和手段必须"殊途同归","用一个声音说话",也就是要传达一致的信息。

(五)与消费者建立关系

整合营销传播理论认为,成功的市场营销传播需要在品牌和消费者之间建立良好的关系。良好的关系有助于消费者的重复购买甚至是对品牌的忠诚,而后者可以给企业带来巨大的利益。整合营销传播能够将营销转化为传播,将传播转化为营销,使得营销者与消费者之间实现有效的沟通,最终达到品牌与消费者建立牢固关系的目的。

◇ **知识活页**

整合营销传播与传统营销传播的区别

整合营销传播在传统营销传播的基础上发展而来,但又与其有重大的区别。简言之,基于4P(Product(产品),Price(价格),Place(渠道),Promotion(促销))理论的传统营销传播强调"请消费者注意",而基于4C(Consumer(消费者),Cost(成本),Convenience(便利性),Communication(沟通))理论的品牌整合营销理论强调"请注意消费者"。传统营销传播活动的中心是生产商和渠道商,它们主导了营销传播的整个过程,决定采用何种手段。在此过程中,消费者更多只是被动地接受生产商传播的内容,信息垄断和信息不对称经常发生。而品牌整合营销传播则强调消费者的重要性,把整个营销活动的中心从生产商向消费者转移,认为和消费者充分沟通是至关重要的事情。正如舒尔茨曾经提到的:"暂时忘掉定价策略。快去了解消费者要满足其需要与欲求所愿付出的成本。应当思考如何给消费者方便以得到商品。最后请忘掉促销,20世纪90年代的正确新词汇是沟通。"

具体而言,传统营销传播通常善于利用当地的大众媒体,采用传统的营销方式,比如广告、促销、人员推广等,在某种程度上主要依赖营销人员的经验,对消费者进行主动营销,目的在于让消费者接收信息,希望在短期内达到预期的营销效果,增加销量。相对于传统营销传播,品牌整合营销传播更注重站在消费者的角度考虑问题,注重企业的长远利益和品牌的长足发展,从更加整体和系统的角度看待营销模式。品牌整合营销传播通常采用更为宽泛、契合当下消费者生活模式的传播手段,比如网络、社区推广、包装、移动车身等。并且在保持各种沟通渠道通畅的同时,选择最为适合品牌长远发展目标的传播媒介进行品牌传播。品牌营销传播更注重从分析消费者的消费习惯入手,以期选择恰当的传播方法,因此建设完善的数据库就成为重要的支撑性工作,目的在于使得企业和消费者之间的沟通更加具有针对性,沟通效率更高。这种方式与传统营销传播以广告为主、主要依靠营销人员的经验的营销方式,有着本质的区别。

(资料来源:樊勇.基于品牌塑造的整合营销传播策略研究——以国内大米品牌塑造为例[D].南昌:江西师范大学,2010.)

第五节　品牌社会化媒体传播策略

一、社会化媒体概述

(一)社会化媒体概念

社会化媒体(又称社交媒体、社会性媒体)的概念最早由美国学者安东尼·梅菲尔德提出。在著作《什么是社会化媒体》中,他将其定义为一种给予用户极大参与空间的新型在线媒体。社会化媒体常见的主要形式包括6种,分别是博客、维基、播客、论坛、社交网站、内容社区。在国内,有新浪微博、人人网、天涯社区、微信等;在国外,有Facebook、YouTube、Twitter等,这些都是社交网络的典型代表。对于社会化媒体而言,其核心要素是"分享"。所有的社交媒体的使用者在各自活跃的博客、论坛、社交网站等网络领域,发布各类信息,按照自己的喜好任意访问其他用户的信息,通过评论、私聊等方式与之进行沟通互动,与自己的好友圈分享自己认为有趣或者有价值的信息。这种无孔不入的传播方式的出现,给企业的品牌推广带来巨大的商机和挑战,提供了一个与消费者进行全方位接触的开放式的全新平台。社会化媒体传播彻底改变了以往的传播方式,从原来的单对多传播模式转变为现在的多对多传播模式。

（二）社会化媒体特征

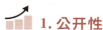

1. 公开性

社会化媒体对于信息的内容除了必须符合法律规定和道德规范外,基本没有什么限制,并且对所有的社会化媒体使用者而言是公开的。绝大多数的社会化媒体都可以让用户免费注册参与,并且鼓励人们对信息进行分享和评论。

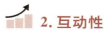

2. 互动性

与传统媒体的单向传播不同,社会化媒体采用了双向沟通的模式。在传播过程中,社会化媒体注重和消费者的互动和反馈,这些互动和反馈同时存在于媒体和用户之间以及用户和用户之间。

3. 连通性

大多数社会化媒体都具有非常强大的连通性,并且各种社会化媒体都注重在应用连通性方面的建设,以方便用户及时分享和接受各类信息,加强信息流通的速度,减少沟通障碍。

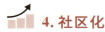

4. 社区化

人们通常通过使用某个社会化媒体的应用,很快形成一个无形的社区。在这样的社区内,用户基本上具有共同感兴趣的话题,进行更加细致的交流。这种社区化使得社会化媒体的传播内容具有独特的个性特质,对于准确捕捉消费者的需求提出更高的要求。

数字资源 7-2
时尚品牌的
社会化媒体传播

二、品牌社会化媒体传播概述

（一）传播方式

1. 网络百科全书

网络百科全书是允许用户自己增加、移除和改变文本信息内容的平台，以维基百科、百度百科为代表，它们是消费者获取品牌信息、形成品牌认知的重要渠道。

2. 博客

品牌通过注册自己的账号与其他博客用户互动，发起与品牌相关的活动，能够起到提高品牌知名度、塑造品牌形象的目的。比如 2012 年 3 月，江西省旅游局启动"博动江西——风景独好"的活动，从腾讯、新浪、搜狐网站中选出拥有上百万粉丝的作家、摄影家、旅行家奔赴赣东北、赣西、赣中南，对当地旅游景点进行实地体验，将其见闻以图片和文字的形式上传到博客当中。在活动发起的一个月内，腾讯博客文图总访问量近千万，总用户量达 800 多万，微博广播 12976 条，"博动江西——风景独好"话题共 162676 条。这次活动对提升江西旅游品牌的知名度，取得了很好的效果。

3. 内容社区

内容社区是用户分享信息的平台，以豆瓣网、Flicker、YouTube、土豆、优酷、Slideshare 等为代表，它们可以作为传播品牌的媒介。例如，成都为了宣传城市品牌，以"快城市慢生活"为特色拍摄了旅游宣传片"闲不下来的休闲成都"，并投放到优酷、土豆等视频网站。这个宣传片从第三者的角度，集中展示了武侯祠、都江堰、大熊猫、川菜美食、成都北馆等一系列具有成都韵味的景点，向社会宣传成都旅游品牌，使成都成为许多人向往的旅游目的地。

4. 社交网络

社交网络是用户与朋友分享生活体验的平台，以 Facebook、微信等为代表。在社交网络中，品牌借助消费者的社交圈扩大信息传播的范围。比如，美国的一家花店，开发了 Facebook 的应用"Gimme Love"，为用户提供向朋发送虚拟鲜花的功能，也可以直接连接到公司网站给朋友送上真正的鲜花。

5. 虚拟游戏

虚拟游戏是让用户在虚拟环境下体验真实生活场景的应用程序。品牌可以通过开发专属的虚拟游戏让用户享受虚拟的品牌体验，传播品牌信息。例如，奶制品品牌雅士利2011年携手腾讯打造了"体验好奶源，玩转新西兰"的品牌定制化的社交游戏。用户可以在虚拟的雅士利新西兰牧场亲自体验种植无污染牧草、饲养健康奶牛和进行奶制品加工的过程，从而感受雅士利奶制品品牌高品质的生产工艺。

（二）传播过程

品牌社会化媒体传播过程包括三个主体：企业、社会化媒体和用户（见图7-2）。企业把社会化媒体作为传播介质，把品牌内容以显性和隐性的形式传递给消费者，并与消费者产生互动。品牌内容包括品牌信息和品牌接触点等。品牌信息是品牌传递给消费者的相关信息，包括品牌形象、品牌定位和品牌竞争力等。品牌接触点则主要表现消费者对于品牌的认知和体验。社会化媒体传播中的一个重要的内容是可以通过议程设置使消费者和企业之间产生品牌体验和互动，并将信息反馈给企业，企业根据这些反馈进行效果评估和行为修正，这种实时性和交互性是社会化媒体最大的特性。

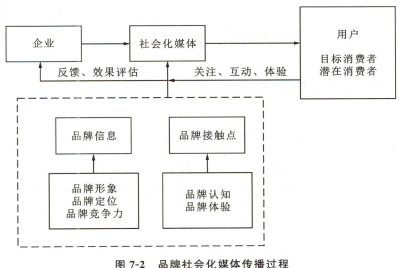

图7-2 品牌社会化媒体传播过程

（三）传播特点

1. 共生性

在社会化媒体的生态环境中，品牌和用户之间是一种共生关系。在传统的营销活动中，企业都是单方面对消费者传递品牌信息,并试图获得关系控制的自主权。而在品牌的社会化媒体传播中,企业要做的是"让消费者依赖",让社会化媒体成为消费者生活方式的一部分。基于用户对生活信息流、社会化创造信息流的需求,企业和用户之间的关系呈现多元化的特征,其形态也体现为平等共生。

2. 软沟通

在社会化媒体传播的过程中,品牌推广的起点不再是单纯的消费者需求点,在很多情况下,始于目标消费人群的非购买性需求的社会化媒体传播,通过渗透媒介效应,与消费者进行软沟通,在建立良好的互动关系之后,再逐步将非购买性需求引导至购买性需求。这种软沟通的特点在于,并非所有的话题都是围绕产品购买而进行,而是让消费者在轻松有趣的话题中,对企业品牌传递的信息产生认同感,并逐步成为生活的一部分。

3. 社会化价值

在品牌社会化传播过程中,需要时间慢慢建立和维系品牌和消费者之间的关系,传递完整的品牌价值观。这个沟通和互动的过程,不像传统的短期促销活动那样起到立竿见影的效果,而是注重在日积月累的互动中,逐步建立稳固的关系。品牌价值在一定程度上体现为社会化的价值后,品牌和顾客之间就不会只是一次性关系,而是频繁多次的反复联系,大量的回头客对企业品牌的长期建设是非常必要的。

三、品牌社会化媒体传播策略

品牌应通过策划与品牌相关的热点事件接触目标受众,与他们进行持续的互动。品牌经营管理者在激发一个话题后,要整合和发布具有关联性、吸引人们关注和讨论的内容,鼓励用户通过阅读、评论和分享内容与品牌建立联系,并进而形成围绕品牌的网络社群。

(一)巧用免费模式

免费模式对扩大品牌知名度具有非常好的效果。品牌的社会化媒体传播策略可以利用这一点来鼓励消费者对品牌的关注、参与和转发。比如,麦当劳通过即时通信应用程序开展免费获赠200万杯饮料的传播活动,得到了用户的积极参与,立顿绿茶的免费派送活动也大受欢迎。在社会化媒体上,这样的免费模式比比皆是。当消费者的兴趣被调动起来后,品牌的经营管理者需要把握好活动的推广范围以及礼品的数量。

（二）重视意见领袖

意见领袖在自己的社交圈中具有较高的人气和话语权，其观点对特定消费群体有重要影响。因此，品牌若能让意见领袖们为自己说话，则更容易获取消费者的关注、信任甚至共鸣。譬如，2009年美国福特嘉年华希望改变它在年轻消费者心中的品牌形象，发起一项全国竞赛并从中选择100名司机获得试驾新车6个月的机会。活动中，这些司机被要求每月都参加品牌活动，并在Fiesta Movement.com网站分享他们的博客和驾驶体验。福特就这样借助100名司机与消费者互动，将品牌信息进行二次传播，收效甚佳。

（三）提供优秀内容

在海量的信息中，品牌必须言之有物，要通过优秀的内容让消费者感觉自己是一个善意有趣、能够提供有用信息的朋友。在社会化媒体中，品牌要针对目标消费者，创造符合他们需求、与他们的生活或精神状态相匹配的内容，使他们产生情感共鸣，自发地对品牌信息进行二次传播，通过转帖在其社交圈对品牌进行分享和推荐。譬如，凯迪拉克制作的微电影《66号公路》，通过男女主人翁驾驶着凯迪拉克SRX穿越美国极具文化内涵和标志性的66号公路，将忠于自由、回归真我的浪漫之旅和凯迪拉克自由、开拓、梦想的品牌精神融合在一起。这个例子让用户在体验男女主角追求自由、实现真我的情感时，不由自主地接受了广告的说服，并且会点动鼠标分享，成为品牌传播者。

（四）鼓励消费者参与

进行社会化媒体传播时，品牌必须想方设法激发消费者参与的积极性，帮助同类消费者组织网络社群，并协助加强社群成员、社群与品牌之间的联系与归属感。例如，2012年，海飞丝为了宣传男士专用洗护发系列新品，将产品线强调的"快速、持久、深入"理念与篮球游戏结合，开发了名为"海飞丝实力训练营"的应用。为鼓励参与，海飞丝还设计了一套训练手册，里面涉及NBA篮球队和海飞丝的相关知识，用户通过答题也可以获取相应分值，并通过分值来兑换篮球装备。该应用推出一段时间后，有6名用户被选出，与海飞丝男士产品系列代言人一同前往美国观看比赛，并在微博上及时上传行程动态。

◇ 本章小结

品牌传播是指企业告知消费者品牌信息、劝说购买品牌以及维持记忆的各种直接及间接的方法。从本质上说，品牌传播就是品牌信息的传递过程。品牌传播具有目标性、聚合性、多元性和系统性等四个特点，具有聚合效应、蝴蝶效应和整合效应等三种效应。

营销学大师菲利普·科特勒指出，有效的品牌传播过程包括七个步骤：确定目标受众，确定品牌传播目标，设计品牌传播信息，编制品牌传播预算，选择品牌传播渠道，确定品牌传播组合，评价品牌传播效果。

品牌传播的主要策略有广告策略和公共关系策略。品牌广告策略包括名人代言、理性诉求、感性诉求、影视植入和文化意蕴策略。品牌的公关推广方式包括新闻报道、事件赞助、公益活动、教育培训和网络公关等。

品牌的整合营销传播强调战术的连续性和战略的导向性，它包括认知、形象、功能、协同、消费者、风险共担者和关系管理等七个层次的整合，整合的方法涉及建立消费者数据库、对消费者进行细分、加强消费者接触管理、整合传播沟通要素、与消费者建立关系五个方面。

品牌社会化媒体传播过程包括三个主体：企业、社会化媒体和用户。其传播特点包括共生性、软沟通和社会化价值。品牌的社会化媒体传播策略包括巧用免费模式、重视意见领袖、提供优秀内容和鼓励消费者参与等。

数字资源7-3
练习与思考
及答案

第八章　品牌危机管理

在激烈的市场竞争中,品牌面临着很大的挑战。企业在发展过程中的许多突发事件往往都会对品牌造成不利的影响,如果处置不当,最终可能会演变成一场非常严重的品牌危机事件,从而给企业带来全方位的灾难。品牌危机是指由于企业品牌运营管理的失误或企业外部环境(如政策、竞争对手、顾客等其他因素)变化,对企业品牌形象造成不良影响,并波及社会公众,导致其对品牌信任度大幅降低,进而威胁到企业生存的危机状态。如何及时发现危机,了解不同危机产生的原因,进而在危机发生时,能够从容、正确处理品牌危机,是企业管理能力的体现。

◇学习目标

本章主要阐述品牌危机的内涵、特征及产生的原因,以及品牌危机管理策略等。本章的学习目标包括知识目标、能力目标和情感目标三个方面,具体内容如下。

1. 知识目标

(1) 了解品牌危机的内涵和特征;

(2) 理解品牌危机产生的原因;

(3) 掌握品牌危机的管理策略。

2. 能力目标

(1) 了解品牌危机管理系统,知晓品牌危机处置原则;

(2) 能综合运用多种方法妥善处置品牌危机事件。

3. 情感目标

(1) 培养学生的品牌危机意识,理解品牌危机管理对企业的重要意义;

(2) 加深学生对品牌强国的重要意义的认识,增强学生的职业自豪感和社会责任感。

◇学习重难点

1. 了解品牌危机的内涵、特征和产生原因

2. 理解品牌危机产生的原因

3. 掌握品牌危机管理方法

◇ **本章关键词**

品牌危机　品牌危机管理　危机意识　传播沟通

◇ **导入案例**

新疆棉花事件

2021年3月24日，H&M被曝以"强迫劳动"为借口，提出了一份要拒绝使用并抵制新疆棉花的声明。声明引发广泛关注，一时间中国网友的激愤不满之情瞬时高涨，大量网友发声抵制该品牌。央视新闻、《人民日报》、人民网等官方媒体纷纷发声点评；多名艺人终止与该品牌的合同；淘宝、天猫、拼多多、京东等各大电商平台也几乎同步下架了H&M系列产品；部分线下企业关闭门店。

H&M集团是瑞典的一家快时尚服饰企业，该集团在我国内地门店超过5000家，在内地市场的销售额，每年都超过10亿美元。该集团2021年第二季度财报显示，在中国内地销售总额与去年同期相比下降幅度达28%，损失超过7400万美元。

■ 思考题：

从品牌危机的角度谈谈新疆棉花事件给企业带来什么样的启示。

（资料来源：https://baijiahao.baidu.com/s?id=17042267065673 96887&wfr=spider&for=pc.）

第一节　品牌危机及其特征

一、品牌危机概述

品牌危机是多种危机形式中的一种，属于人类社会危机的范畴，并处于经济领域及市场范围之中，其结果直接影响到企业品牌的运作甚至是企业的生存。

（一）危机

危机的发生有着千变万化的现实场景，许多学者从不同角度对危机做出了理解判断。

巴顿认为，危机是一种会引起潜在负面影响的具有不确定性的事件，这种事件可能对组织及其员工、产品、资产和声誉造成巨大的伤害。

罗森塔尔认为，危机对一个社会系统的基本价值和行为架构产生严重威胁，并且是在时间性和不确定性很强的情况下必须对其做出关键性决策的事件。

里宾杰认为，危机是对于企业未来的获利性、成长乃至生存产生潜在威胁的事件。他认为，一个事件发展为危机，必须具备以下三个特征：其一，该事件对企业造成威胁，管理者确信该威胁会阻碍企业目标的实现；其二，如果企业没有采取行动，局面会恶化且无法挽回；其三，该事件具有突发性。

游昌乔认为，危机是一种使企业遭受严重损失或面临严重损失威胁的突发事件。这种突发事件在很短时间内将波及很广的社会层面，对企业或品牌会产生恶劣影响。

我们认为，危机是指一种对组织基本目标的实现构成威胁，要求组织必须在极短的时间内做出关键性决策和进行紧急回应的突发事件。危机的发生常伴随着三方面的事态：一是事件本身的延伸及变化；二是媒体的广泛关注；三是由媒体引发的社会公众的广泛关注，尤其是目标公众的直接介入。事件本身的延伸与变化具有不确定性，媒体的关注是引发公众关注的导火索，公众的关注是前两个原因的必然结果。

（二）品牌危机

品牌危机是指由于企业品牌运营管理的失误或企业外部环境（如政策、竞争对手、顾客等其他因素）变化，对企业品牌形象造成不良影响，并波及社会公众，导致其对品牌信任度大幅降低，进而威胁到企业生存的危机状态。

品牌危机通常有以下几类。

(1)产品(服务)危机，指企业产品(服务)质量出现问题导致的危机。

(2)经营(管理)危机，指企业生产、研发、财务、运营管理等方面出现的危机。

(3)形象(公关)危机，指企业对外形象出现负面舆论与评价而导致的危机。

◇ 同步案例8-1

三只松鼠产品危机

2021年双十一刚过，有网友曝出网上购买的三只松鼠手撕面包出现了发霉的情况。从曝出的图片看，包装并未打开，包装内的面包有霉斑存在。11月15日三只松鼠

> 对外发表声明称,消费者反映的问题,三只松鼠一定负责到底,会对消费者进行赔付。为查明问题原因,公司已经联合监管部门对工厂、分装、物流、仓储、经销商等环节展开排查。
>
> 　　媒体查明,三只松鼠的产品质量问题和其代工的生产模式有关系。三只松鼠一直坚持轻资产运营,即没有自家工厂,只控制研发、质检、销售等核心环节,其他如生产、运输等环节全部外包。这种模式显然会对产品质量带来巨大风险,三只松鼠在招股书中也承认有这样的风险。三只松鼠的招股书显示:"有可能因为上游供应商未能完全按照有关法规及发行人的要求进行生产,质量控制制度和标准未得到严格执行、生产和检测流程操作不当等原因,导致食品质量安全问题的发生。"
>
> 　　(资料来源:https://baijiahao.baidu.com/s?id=17166478205609588003&wfr=spider&for=pc.)

二、品牌危机的特征

企业的品牌危机和其他各种危机有着共同的特征,主要表现为以下几点。

(一)突然性

一般来说,品牌危机的发生难以预料,即使预见到危机有可能出现,也不能准确地预测危机发生的时间、形式、强度和规模等。品牌危机总是在意想不到、没有准备的情况下爆发,具有很强的突发性,在很短的时间迅速成为社会和舆论关注的焦点,给企业或品牌造成极大的负面影响。

(二)关注性

品牌(特别是有较高知名度的品牌)危机出现之后,往往会成为媒体关注的焦点。媒体的持续报道,使社会公众了解到品牌危机事件的状况与来龙去脉,相关政府部门、消费者、员工以及其他利益相关者也会密切关注事态的发展变化。尤其是在网络自媒体时代,信息的快速传播,必然导致品牌危机被社会公众广泛关注。

（三）危害性

品牌危机所造成的危害更多地体现为消费者对品牌信任度的丧失，品牌形象这一无形资产的跌落，很容易破坏消费者对品牌的感知、识别、联想与忠诚，损害品牌的市场力量，影响消费者和社会公众的利益，并给品牌的拥有主体带来损害，而这种损害往往会扩展至更大的范围和更久的时间，使企业市场价值下降，品牌形象和企业形象蒙受巨大的损失。

（四）扩散性

品牌危机爆发后，企业最主要的工作就是解决危机事件，所有的工作均围绕着这项工作而展开。企业的利益相关者会关注事态的发展，他们或者参与到解决危机事件的工作之中，或者审视企业解决危机事件的工作进展状况。企业的各种社会关系，为防止自己的利益受损，会不断地给企业施加压力。品牌危机的扩散性还会表现为负面效应增多，正面效应减少；怀疑者比例上升，信任者比例下降；指责者增多，同情与认同者减少。这其实就是"墙倒众人推"效应和"多米诺骨牌"效应。

◇ 知识活页

企业危机等级划分（参考）

1. 一级：对企业有零星的负面议论，扩散蔓延的可能性不明确

   示例：消费者个别投诉；非官方媒体对公司产品、技术、业绩等方面的负面评价；关于员工、经销商和其他权益相关方的网络负面议论。

2. 二级：正在或者可能扩散，尚可以控制的敏感事件

   示例：一定规模的消费者投诉事件；受到政府主管部门的查处或批评；一段时间的股价剧烈波动；地方或行业媒体的负面新闻曝光；竞争对手发动公开或可见的有组织攻击；企业高管道德问题、不当言论引发媒体广泛传播；引发媒体广泛传播的企业重大法律官司。

3. 三级：对企业声誉、经营活动已经或极有可能造成严重影响

   示例：重大安全问题，人身伤害事件；财务造假、信息披露、关联交易等严重违规事件；企业创始人/CEO个人道德事件；对产品/服务质量的大规模群诉；主流媒体的深度负面报道；经销商、供应商群诉、维权事件；引发媒体广泛关注的员工待遇、员工纠纷事件；上述任何因素导致相当级别政府出手干预；政治因素造成的抵制、经营中断。

第二节 品牌危机产生的原因

品牌危机管理，首先要对品牌危机产生的原因做出识别。只有将品牌危机的具体成因识别清楚，才能对症下药，制定出相应的危机管理策略。本书将品牌危机产生的原因划分为内部原因和外部原因两大类。

一、内部原因

（一）战略决策失误

企业在规划和运作品牌发展战略的过程中，方向性的判断错误往往比执行性的错误更具危险性。企业的战略决策是否正确，决定着品牌的发展。正确的战略决策标准应当符合企业和品牌的特征，有完整的运行思路，对可能出现的不利事件考虑周全并有所准备等。而有些企业缺乏明确的品牌发展战略，战略选择过于保守，比如无视政策法规、盲目投资、生产能力扩张脱离实际需求、市场需求变化预测失准等，都是企业决策失误的具体表现。

（二）产品质量缺陷

产品质量是品牌发展的根本和基石。产品是将品牌与公众联系在一起的媒介，也是公众直接了解品牌的通路。品牌危机的爆发，常常是因为消费者对产品不满所致。产品质量缺陷导致的品牌危机，主要表现为产品不安全、品质不稳定、夸大功能、偷工减料、粗制滥造等。这类品牌危机通常是由于企业管理制度不完善，监管松懈，急功近利，无视市场规律而引发的。

（三）财务状况不佳

财务状况是企业生产经营状况的一个主要衡量指标。财务状况不佳会使企业财务资源失调，引起公众对企业管理层管理能力的怀疑，给企业生产经营带来阻碍，从而很可能直接引发品牌危机。企业财务资源失调的主要原因有：负债过多，收支不平衡；盲目投资扩张，导致流动资金严重匮乏；财务管理不善，浪费严重；弄虚作假，违法乱纪，等等。这些情况一经披露,会使广大公众对企业产生强烈的不信任感,让企业品牌遭受信任危机。总体说来,财务危机的爆发具有彻底的毁坏性,它会使消费者、投资者、合作伙伴等各个利益相关者均对品牌失去信心,导致企业无法运作甚至彻底瘫痪。

(四)营销行为失当

品牌定位不准确是企业品牌运行不畅的关键原因,它虽不是毁灭品牌的直接原因,却是拖垮品牌的根本所在。价格竞争从表面上看似乎有利于消费者的利益,也会使企业产品销售量有所上升,但恶性价格竞争往往让参战者得不偿失。价格竞争不仅没有将竞争对手驱逐出市场,还搬起石头砸了自己的脚,造成企业利润下滑和品牌形象受损。

数字资源 8-1
滴滴出行
品牌下架

二、外部原因

(一)宏观因素变化

宏观因素的变化是企业不可能控制的,例如国家相关政策变化、新法律法规颁布、自然灾害发生、重大疾病暴发、经济衰退来临等。这些变化不只是对某个品牌或某些品牌造成影响,而是会对整个社会造成影响,属于不可抗力事件。如新冠肺炎疫情的暴发,使许多航空公司、旅游公司、餐饮公司遭遇困境,举步维艰。

(二)竞争对手攻击

处于市场领先地位的品牌,与其他同类品牌相比,其发生危机的概率要大一些。因为有些竞争者可能会采取一些不正当的竞争手段,人为地制造一些不利于竞争对手的事件,企图把竞争对手赶出市场。2010年,某乳业公司有组织、有预谋、有计划地策划了"圣元奶粉性早熟事件",消费者纷纷退货,圣元乳业遭受巨大损失。虽然国家卫生部后来提供了圣元奶粉不含性激素的报告,证明圣元奶粉和婴儿性早熟无关,但是消费者依然不相信,仍在质疑圣元奶粉。其实性早熟奶粉事件原本要针对的是伊利旗下的QQ星儿童奶和婴儿奶粉,由于伊利反应快速、判断准确、措施果断,最终得以幸免,而圣元则深陷"性早熟门"。

（三）媒体报道引发

企业在经营管理上偶尔出现一些问题，在企业看来是很正常的事情，但是一经媒体报道就可能被放大，转化成一场危机。更有一些不负责任的媒体为了追求新闻的轰动效应，断章取义，肆意炒作，将品牌推入绝境。

（四）其他品牌影响

同行企业生产同一类产品，各企业间会有连带的互相影响，某一品牌的危机常常会对其他品牌产生株连危机。2012年11月19日，有媒体报道称"酒鬼酒涉嫌塑化剂超标260%"，虽然酒鬼酒方面对于报道中所引用的检测数据并不承认，但在当天的证券市场上，不仅酒鬼酒股票被临时停牌，白酒板块也遭受重挫。截至收盘，白酒板块跌幅居首，据相关估算，两市白酒股总市值共蒸发近330亿元，跌幅前15位的个股中，酒类品牌占据10席。

◇ **同步案例8-2**

"双减政策"对教培品牌的影响

2021年7月24日，为持续规范校外培训（包括线上培训和线下培训），有效减轻义务教育阶段学生过重作业负担和校外培训负担，中共中央办公厅、国务院办公厅印发《关于进一步减轻义务教育阶段学生作业负担和校外培训负担的意见》，即"双减政策"。

教育培训行业在很大程度上是一个被资本"养肥"的行业，热钱蜂拥而至，泡沫迅速扩大。"双减政策"直接限制了学科类校外培训机构的规模，缩减了其进行课外培训的时长，对校外培训机构而言可谓是影响巨大。"双减政策"直接动摇了以新东方为代表的教培品牌商业模式，导致教培品牌股价大跌。在此背景下，新东方关闭了1500个教学网点、捐赠8万套桌椅，停止K12业务。目前，新东方尝试转型，成立多家公司，涉及网络直播、软件科技、人力资源、体育产业等多个领域。

（资料来源：https://www.163.com/dy/article/GSNGUS900532AH7Q.html.）

◇ 知识活页

从内部管理层面,风险划分(以互联网教育为例)如表 8-1 所示。

表 8-1 风险划分

业务模块	职能部门	主要风险
前台	线上教育事业部 线下教育事业部 金融服务事业部	教材、教学体验投诉 上课环境、教师能力投诉 违规操作、隐私泄露
中台	内容生产中心 智能数据中心 客户运营中心	道德争议、政治敏感内容 违规操作、隐私泄露 不当推送、会员权益争议
后台	人力资源部 投资者关系管理 财务/法务/行政	裁员风险、员工纠纷 股价波动、大股东负面新闻 工作环境、安全隐患

第三节 品牌危机管理

品牌危机管理是一个系统工程,它包括企业在品牌危机出现之前的预警方案、危机出现时的应对措施,以及危机出现后的重整恢复。这三大流程环环相扣,共同构成了一个完整的品牌危机管理系统。

一、品牌危机预警管理

品牌危机预警管理,是品牌危机管理的首要任务。由于品牌危机给企业带来严重的危害性,企业应当建立一套危机预警机制,以便在危机突发时能够采取有效的措施进行处理。

（一）树立品牌危机意识

 1. 建立全员危机意识

这要求企业将品牌危机意识融入到企业文化和企业经营理念之中，使每一位员工都能深刻理解其中的内涵，让品牌危机思想深入到每一位员工的心中。品牌危机意识的培养在于将居安思危的意识灌输到每一位员工的思想中，通过不断的教育、培训和理念系统的考核，使每一位员工均具有非常敏感的危机细胞。

 2. 组织品牌危机管理培训

培训内容包括说明品牌危机管理的基本原则，传授应对品牌危机的程序与方法，以及分析一些品牌危机管理的经典案例等。此外，企业在适当的时间，还应组织员工进行品牌危机事件发生时的实地模拟演练，这样既可以针对已经发生过的真实危机重复进行应对模拟训练，也可以自行创造各种可能出现的危机情景进行危机解决演练。例如，企业可以有针对性地设计出各种各样的品牌危机情景，让相关员工身处其中，提高员工的应变能力。

 3. 收集分析品牌危机案例

品牌危机的预防还在于不断地学习他人的做法。前车之鉴是最好的学习素材，没有一种经验比企业所经历过的危机更适合企业员工学习与借鉴了。收集以往的各种品牌危机案例并将其分类，可以了解危机发生的根源和品牌经营有可能出现的问题，了解品牌危机经常出现的节点，以便有针对性地在危机预警系统中重点加强对该方面的监控和维护，为企业积累起强大的品牌危机管理档案库，开阔企业员工的眼界，总结经验，提取精华，为本企业应对品牌危机设立多种方案，做到有备无患。

（二）制订品牌危机防范计划

 1. 建立品牌危机管理组织

（1）危机领导小组。该小组由企业高层领导及公关、法务等部门负责人组成，是企业处理危机事件的最高权力机构，从宏观层面把握危机的动向，与政府相关部门保持沟通，向社会公众传达信息，对危机中的重大问题进行决策，调动企业的资源，协调指挥各部门配合协作。

(2)危机监控小组。该小组由公关、销售、人力资源等部门负责人组成,主要是掌握政策法规的变化,监控企业品牌的市场运行状况及日常的波动信号,检查员工的品牌危机意识及运用状况,发现问题并及时解决。

2. 建立品牌危机防范制度

(1)员工行为准则。确保员工的行为合规合法,防止形成行为疏漏。
(2)营销运行准则。按照营销运营流程对营销工作进行管理。
(3)企业服务制度。保证服务水准提高,消费者回馈途径畅通,形成良好的品牌效应。
(4)品牌诊断制度。聘请专家及相关部门的管理者定期对企业品牌运行进行检查诊断。

3. 制定品牌危机管理预案

1)内部品牌危机管理预案

内部品牌危机管理预案的内容主要包括:品牌危机发生后,企业在什么时间、以什么形式与全体人员进行沟通;员工的哪些相关利益可能会受到影响,哪些不会受到影响;企业会向员工提供什么样的辅助工作;企业应该营造怎样的工作气氛,如何营造,等等。

2)外部品牌危机管理预案

外部品牌危机管理预案主要包括以下三个方面的内容。

(1)发生品牌危机时,在多长时间之内,以怎样的态度,利用何种形式,与政府、消费者、媒体、利益关联方等进行沟通,内容包括确定新闻发言人,设计新闻稿,选择何种媒体传播,以什么形式传播,传播口径的界定等。

(2)品牌危机发生后,怎样组织危机事件的调查,包括人员的安排、调查范围的界定、调查工具的使用等。

(3)怎样进行品牌危机事件的处理,包括明确法律与保险政策,采用什么手段对公众道歉,运用什么方式将问题产品收回,采取什么措施对受害者进行补偿等。

(三)树立良好的品牌形象

良好的品牌形象是企业的无形资产和宝贵财富,它是企业价值理念的体现,是企业长期生存发展的重要依托。企业的品牌运行依靠的是与企业有着相关或共同利益的群体,包括供应商、经销商、投资者、股东、员工等的支撑。企业长期与企业利益相关者保持良好的关系,是保证品牌顺畅运行的必要条件;同时,在发生品牌危机时,这些利益相关者还可以从维持企业品牌形象的角度出发,帮助企业渡过难关。

数字资源 8-2
任正非：危机意识和压力要传递到每一个人

品牌形象好不仅代表着产品好，更代表着消费者对产品价值的认可，良好的品牌形象会增加企业的市场号召力。品牌形象一旦得到公众的认同，就会与公众建立一种感情，使他们对品牌产生亲切感和关注度。这种关注度对企业品牌运行的支持力度通常也很大，其中最重要的当属媒介。与媒体保持联系，企业会从媒体对其他企业的报道中发现其对某一问题的倾向性，然后对照自己、发现问题、控制危机源头，做好品牌危机的预警工作。

二、品牌危机处置管理

危机预警并不能保证不会发生品牌危机。在品牌危机来临之际，企业必须从容应对。

（一）品牌危机处置原则

品牌危机公关 5S 原则是指危机发生后为解决危机所采用的五大原则，包括承担责任原则（Shouldering）、真诚沟通原则（Sincerity）、速度第一原则（Speed）、系统运行原则（System）、权威证实原则（Standard）。

1. 承担责任原则

危机发生后，公众会关心两方面的问题。一方面是利益的问题。利益是公众关注的焦点，因此无论谁是谁非，企业都应该承担责任。即使受害者在事故发生中有一定责任，企业也不应首先追究其责任，否则会各执己见，加深矛盾，引起公众的反感，不利于问题的解决。另一方面是感情问题。公众很在意企业是否在意自己的感受，因此企业应该站在受害者的立场上表示同情和安慰，并通过新闻媒介向公众致歉，解决深层次的心理、情感关系问题，从而赢得公众的理解和信任。

2. 真诚沟通原则

品牌危机发生后切忌捂盖子，隐瞒真相。"家丑不可外扬"这种观念应用到品牌危机管理中，会造成比危机本身更为严重的危害，使企业不但继续受到危机的影响，而且还会出现诚信危机。通常情况下，品牌危机的发生都会使公众产生种种猜测，越是隐瞒真相越会引起更大的怀疑。有时新闻媒体也会夸大事实，为此，危机单位要想取得公众和新闻媒介的信任,必须采取真诚、坦率的态度,或及时说明情况,或真诚致歉,或主动担责,尽可能获得公众和舆论的理解和同情。

真诚沟通的真诚是指"三诚",即诚意、诚恳、诚实。如果做到了这"三诚",则很多问题可迎刃而解。

(1)诚意。在事件发生后的第一时间,公司的高层应向公众说明情况,并致以歉意,从而体现企业勇于承担责任、对消费者负责的企业文化,赢得消费者的理解和同情。

(2)诚恳。一切以消费者的利益为重,不回避问题和错误,及时与媒体和公众沟通,向消费者说明危机处理的进展情况,重拾消费者的信任和尊重。

(3)诚实。诚实是危机处理最关键也最有效的解决办法。通常人们会原谅一个人的错误,但不会原谅一个人说谎。

3. 速度第一原则

品牌危机发生后,企业要直面危机,以最快的速度启动品牌危机预案,每一个部门、每一个员工都要跟随危机行动起来,企业新闻发言人要主动与新闻界沟通,开辟高效的信息传播渠道,迅速回应公众的关切,消除公众对品牌的疑虑。无论是对受害者、消费者、社会公众还是对新闻媒体,企业都要尽可能成为首先出现者,以便迅速地消除公众对品牌的疑虑。如果危机处理失去最佳时机,即使事后再努力,也往往于事无补。

4. 系统运行原则

品牌危机的系统运作主要应做好以下几点。

(1)以冷对热、以静制动。危机会使人处于焦躁或恐惧之中,企业高层应以"冷"对"热"、以"静"制"动",镇定自若,以减轻企业员工的心理压力。

(2)统一观点,稳住阵脚。在企业内部迅速统一观点,对危机有清醒认识,从而稳住阵脚,万众一心,共同应对。

(3)组建班子,专项负责。一般情况下,危机公关小组的成员由企业的公关部人员和企业涉及危机的高层领导直接组成。这样,一方面是高效率的保证,另一方面是对外口径一致的保证,使公众对企业处理危机的诚意感到可以信赖。

(4)果断决策,迅速实施。由于危机瞬息万变,在危机决策时效性要求和信息匮乏条件下,任何模糊的决策都会产生严重的后果。所以必须最大限度地集中使用资源,迅速做出决策,系统部署,付诸实施。

(5)合纵连横,借助外力。当危机来临,应充分和政府、行业协会、同行企业及新闻媒体积极配合,联手对付危机,在众人拾柴火焰高的同时,增强公信力、影响力。

(6)循序渐进,标本兼治。要真正彻底地消除危机,需要在控制事态后,及时准确地找到危机的症结,对症下药,谋求治本。如果仅仅停留在治标阶段,就会前功尽弃,甚至引发新的危机。

5. 权威证实原则

自己称赞自己是没用的,没有权威的认可只会徒留笑柄。在危机发生后,企业不要自己整天拿着高音喇叭喊冤,而要请重量级的第三方在前台说话,使消费者解除对自己的警戒心理,重获信任。

◇ 知识活页

危机管理五度理论

艾学蛟,管理学博士,著名危机管理专家,北京大学危机管理课题组组长,中国危机管理切割理论创始人,提出了危机管理五度理论。

1. 速度

发现危机快速决策,快速处理(决策速度要快)。虽然正确处理危机的方法很重要,但是速度也非常重要。

2. 态度

突出一个"诚"字。当企业发生事故的时候,政府和群众看的就是企业的态度。政府和群众希望企业敢于承认自己的错误、敢于担当自己所出现的问题。

3. 角度

切割角度准。

4. 气度

突出一个"舍"字。突发事件发生之后,之前没舍得花钱,之后要花大钱;之前舍得花钱,之后省钱。

5. 制度

突出一个"补"字,补漏洞。企业要靠制度管理去预防危机的发生,建议编写危机管理手册(也可称为应急管理手册)。此手册相当于企业的锦囊妙计。

(资料来源:http://js.ccgc.cn/connect/zlxz/2018-09-29/582.html.)

(二)品牌危机处置方法

 1. 迅速反应,启动领导小组

当危机出现时,企业首先在第一时间迅速反应,并启动处理危机的核心部门——危机领导小组,统筹协调,保证处理危机的条理性、及时性和准确性。准确判断危机的性质、影响程度和范围,积极耐心与利益相关者沟通,诚恳听取他们的意见,争取媒体的支持与配合,通过媒体及时向公众表明态度,回应关切,力争在24小时内公布初步的结果,赢得社会公众的理解,有效控制局势,为后续处理预留空间。

 2. 尊重事实,掌握事件真相

品牌危机发生后,企业应当不回避不隐瞒,尽快弄清品牌危机的真相,通过电话、网络、书面等方式,以及询问目击证人、当事人等多种途径了解情况,掌握事件的来龙去脉,收集证据和社会舆论,对事件进行分析、判断,确认品牌危机的性质、范围、影响及其原因,做到心中有数。做到实事求是,分清责任,是己方的责任,决不推诿;不是己方的责任,也要积极帮助解决问题。

 3. 积极沟通,举行新闻发布会

有效的沟通是解决品牌危机的重要环节,有效的危机沟通可以降低品牌危机的冲击,把危机控制在可控的范围内。从某种角度上讲,品牌危机常常是由媒体的报道引起的。媒体又是企业和公众沟通的桥梁,是解决危机的重要外部力量。因此,要做好危机发生后的传播沟通工作,就要坦诚对待媒体,积极主动地让媒体了解事实真相,将事件发生、衍生及延伸的状况,以及企业的指导思想和已经进行的工作向媒体通报,通过媒体有效的传播,向社会及公众传递信息。企业在新闻发布会之后仍要积极与媒体沟通,将即时性的问题与危机事件解决的进展情况随时向媒体通报,争取媒体的合作与支持,消除公众疑虑。

 4. 勇于承担,提出解决方案

产品质量问题造成的品牌危机是比较常见的危机,产品质量缺陷给消费者的生命财产等方面造成一定程度的伤害,会引起消费者的不满情绪和社会舆论的关注。一旦出现这种形式的危机,一个重要原则就是主动承担责任,提出具有人文关怀精神的解决方案,启动产品召回制度,给予利益受损者一定的物质补偿或精神补偿,平息消费者的不满,表明企业的诚恳和对消费者负责的态度,从心理上打动消费者和社会公众,避免品牌危机的进一步升级。

数字资源 8-3
海底捞:
从涨价到道歉

三、品牌危机恢复管理

品牌危机事件结束后,企业要着手品牌恢复与重振工作。一方面要总结经验教训,消除品牌危机的负面影响,恢复正常的品牌营运;另一方面要对品牌形象进行恢复与重塑,重新获得消费者与社会公众的信任。

(一)总结经验教训

总结经验教训是品牌危机管理的一个重要环节,它对完善新一轮的危机管理系统有着重要的参考价值。对危机的总结,要重新审视品牌危机出现的原因,把本次危机处理的方法和经验记录下来,健全完善危机处理的组织和流程,从制度上制定预防危机再次发生的可能。

1. 对整个危机管理过程进行系统调查

对涉及此次品牌危机事件的整个处置过程进行检查和资料整理,包括危机发生的原因、危机预警工作的开展、危机征兆的识别、危机处理措施的采用、社会公众和组织成员对此次危机处理的看法和意见等。其目的是找出危机管理过程中的成功方面以及存在的问题,从调查中发现品牌经营管理中的薄弱环节,找出漏洞。

2. 评价危机管理的效果

对危机管理工作进行全面评价,包括对危机领导小组的建立、危机预案的实施、危机处理措施的效果等方面给予客观公正的评价。对危机领导小组指挥是否得当、新闻发言人及新闻稿是否到位、组织中资源配置是否合理、危机处理措施是否有效等方面给出综合评价,总结成功经验,找出不足之处,为企业提供改进建议,提高管理水平。

3. 完善危机管理系统

品牌危机的发生是任何企业都不愿看到的。处理品牌危机、重新获得公众好感、恢复品牌形象,都需要投入大量时间和精力,花费巨大。特别是那些遭遇品牌危机后临时抱佛脚的企业,必须吸取深刻教训,危机过后应立即着手建立或完善企业品牌危机管理系统,必要时请专家和公共关系公司进行指导和帮助,这样才不至于再犯同样的错误。

（二）强化企业内部沟通

品牌危机带来的巨大冲击会迫使企业进行比较系统而深刻的反思。品牌危机事件的发生，暴露了企业在品牌管理、员工素质、公关状态等方面的问题。企业应以品牌危机事件作为典型教材，对员工进行品牌危机教育和培训，进一步深化全员危机意识，使每一个员工都能自觉将自己的行为、形象与企业的命运、形象连在一起，完善企业管理的各项制度措施，有效地规范组织行为，团结一致，共同应对危机。

（三）品牌形象恢复与重塑

品牌形象的恢复与重塑工作，其实在品牌危机事件处理过程中已经在进行了。当危机事态已经得到控制之后，恢复、重塑品牌形象工作就放在了首位。

1. 兑现承诺

企业实事求是地兑现在危机处理中的各种承诺，体现了企业对诚信原则的恪守，反映了企业对完美品牌形象和企业信誉的一贯追求。企业通过品牌承诺，将企业的信心和决心展现给顾客及社会公众，表示企业将以更大的努力和诚意换取顾客及社会公众对品牌、企业的信任，是企业坚决维护品牌形象与企业信誉的表示。承诺也意味着责任，企业通过品牌承诺，使人们对品牌的未来有了更大、更高的期待。

2. 强化传播

企业与公众之间的信息交流和沟通是企业获得公众了解和信任，争取公众支持与合作的有利手段。危机期间，品牌形象和企业信誉大受影响。危机之后，更需要加强企业对外信息交流与传播，消除公众心理和情感上的阴影，让顾客及社会公众感知品牌新形象，体会企业的真诚与可信。可通过举办富有影响力的公关活动进行公关传播，制造良好公关氛围，提高企业美誉度。

 知识活页

英国危机公关专家里杰斯特在《Crisis Management》一书中提出了 3T 原则，强调危机处理时把握信息发布的重要性：

(1) Tell Your Own Tale(以我为主提供情况),强调组织牢牢掌握信息发布主动权;

(2) Tell It Fast(尽快提供情况),强调危机处理时组织应该尽快不断地发布信息;

(3) Tell It All(提供全部情况),强调信息发布全面、真实,而且必须实言相告。

◇ 本章小结

品牌危机是指由于企业品牌运营管理的失误或企业外部环境(如政策、竞争对手、顾客等其他因素)变化,对企业品牌形象造成不良影响,并波及社会公众,导致其对品牌信任度大幅降低,进而威胁到企业生存的危机状态。这类事件要求管理者必须在尽量短的时间内迅速正确地解决危机,恢复品牌形象。

品牌危机的特征表现为突然性、关注性、危害性、扩散性。引起品牌危机的主要因素包含内部因素和外部因素。内部因素包括战略决策失误、产品质量缺陷、财务状况不佳、营销行为失当等方面。外部因素包括宏观因素变化、竞争对手攻击、媒体报道引发、其他品牌影响等方面。

品牌危机管理是一个系统工程,它包括品牌危机预警管理、品牌危机处置管理、品牌危机恢复管理等内容。

数字资源 8-4
练习与思考
及答案

第九章 品牌资产

品牌资产是一种重要的资产,是消费者对企业产品或服务的主观认知和无形评估。现代企业已经越来越重视通过品牌认知、品牌联想、品牌质量和品牌忠诚等品牌要素的构建,形成独特的品牌资产,为企业和消费者创造更高的价值。如何有效地管理品牌资产,评估品牌资产,维护和提升品牌资产的价值,是企业经营者必须关注的问题。品牌资产价值的提升,需要企业长期经营的积累。通过分析企业品牌资产的构成,可以更好地管理企业品牌资产,提升企业的竞争能力。

◇ 学习目标

本章主要阐述品牌资产概述、品牌资产的构成、品牌资产模型、品牌资产的评估、品牌资产的管理和保护等。

1. 知识目标

(1) 了解品牌资产价值的含义;
(2) 理解品牌资产模型;
(3) 掌握品牌资产管理方法。

2. 能力目标

(1) 能清晰表达品牌资产概念,解释其内涵;
(2) 能诠释品牌资产的构成及评估要素;
(3) 能对身边的品牌进行资产管理并提升其价值。

3. 情感目标

(1) 培养学生理解品牌资产价值对于企业的重要性;
(2) 培养学生提升本土品牌资产价值、提升民族品牌在世界上的竞争力。

◇ 学习重难点

1. 品牌资产的概念、内涵
2. 品牌资产模型
3. 品牌资产评估方法
4. 品牌资产管理方法

◇ **本章关键词**

品牌资产　品牌资产五星模型　品牌知名度　品牌认知度　品牌联想度　品牌忠诚度

◇ **导入案例**

迪士尼通过"米老鼠"提升品牌资产价值

2020年初,迪士尼的代表动画IP"米奇"和"米妮"成为最受品牌青睐的老鼠形象,从美宝莲到Kate Spade,从优衣库到Gucci,各大品牌纷纷与其展开一系列合作,消费者在各领域各圈层的品牌广告中都可以发现这两只小老鼠的踪迹。一手创造且手握"米老鼠"IP形象独家版权的迪士尼,在2020开年便成功实现品牌价值全方位的飞跃提升。由"米老鼠"IP形象在鼠年火遍全网这一现象,可以看出对品牌资产的投资与建设对一个企业的重要性。

"米老鼠"IP形象,其作为品牌符号,与品牌名称、品牌广告语、品牌记忆、品牌体验等,均属于品牌资产的重要组成内容。品牌往往需要通过对这些品牌标识性内容进行持续投资,不断积累品牌资产,才能加深在消费者心中的印象,从而建立起与消费者的关系纽带,达到提升品牌资产价值并触发盈利的最终目的。

■ 思考题:
迪士尼是如何提升其品牌资产价值的?

(资料来源:https://www.sohu.com/a/417246091_575121。)

第一节　品牌资产概述

一、品牌资产概念

品牌资产这一概念是个舶来品。早期,一般认为对品牌资产进行研究的原因主要有以下两点。第一,财务方面的需求以及股东的压力要求给品牌赋予价值。20世纪80年代后期,频频发生了大规模接管、兼并和收购案,在当时发生的几起大的并购案中,收购价格往往是被收购企业净资产的数倍。例如,达能公司以25亿美元的价格收购欧洲纳比斯公司,相当于其账面净资产的27倍。雀巢公司以3倍于股市价格、26倍于净资产价格收购了朗利苹果公司。① 收购企业之所以给目标企业如此之高的价格,主要是目标企业拥有一些在市场上享有盛誉的品牌。这种市场行为要求承认品牌资产的存在并给予品牌资产正确的测评方法。第二,来自各行各业的频繁价格竞争压力要求企业更加重视品牌资产,建立强势品牌以取得竞争优势,同时还可以避免价格战对品牌资产本身所造成的负面影响。由于上述因素的影响,品牌资产概念随之而生。虽然名称莫衷一是,有人称之为品牌权益,也有人称之为品牌资本,但它的实际含义得到了企业界和理论界的普遍认可,成为20世纪90年代后期营销界的热点之一。

品牌资产就是与品牌名称(标志及标语)相关并能实现产品或服务增值的诸如品牌知名度、忠诚度、品质认知以及品牌联想(如纯净、能漂浮)等一系列要素,是与某种品牌名称或标志相联系的品牌资源或保证,它能够为提供这种产品或服务的公司以及购买这种产品或服务的顾客增加或减少价值。②

从财务角度来看,品牌资产可以看作将商品或服务进行品牌化后所产生的额外收益。因此,品牌资产又可以理解为品牌给产品带来的超越其功能效用的附加价值或附加利益,这种附加价值或附加利益表现为品牌给企业和顾客提供超过产品或服务本身利益之外的价值。如果某种品牌给消费者提供的超过商品和服务本身以外的附加利益越多,则该品牌的吸引力越大,顾客就越喜欢这一品牌,从而品牌资产价值也就越高。如果该品牌的名称或标志发生变更,那么附在该品牌上的资产也将部分或全部消失。品牌给企业带来的附加利益,最终源于品牌对消费者的吸引力和感召力。

从管理者角度看,企业品牌资产是一系列财产的组合,包括品牌认知、品牌忠诚、品牌体现的品质、品牌联想等。这些都是与品牌名称及其标志联系在一起的,是一种超越生产、商品等所有有形资产的外在价值。

美国营销科学研究所(MSI)如此定义品牌资产:品牌资产是由消费者、中间商、企业构成的商品流通系统中,影响各环节和各因素的,具有象征意义的集合体。

二、品牌资产概念模型

品牌资产在西方从诞生之日起就没有一个统一的被广泛接受的定义,存在着不同的概念模型。在中国,"品牌资产"一词虽然被广泛使用,但对于什么是品牌资产,迄今为止也是众说纷纭,出现了多种不同的定义。究其原因,一方面,在品牌资产这个概念被引入后,缺乏对品牌资产概念本身以及对品牌所依托的学科背景的整体把握,即缺乏一个全面系统的了

---

① 王恩胡.品牌资产及其构建[J].陕西经贸学院学报,2002(2).
② 大卫·爱格.品牌资产管理[M].丁恒,武齐,译.呼和浩特:内蒙古大学出版社,2003.

解,只是把这个概念简单"舶"来而已;另一方面,在具体使用"品牌资产"这一概念时,不同的使用者仍然可能有自己的不同理解,从而导致"品牌资产"形成不同的定义。正如 Kelvi Keller 在《品牌战略管理》一书中所说的:"品牌资产概念的出现,对于营销人员,既是一个好消息,也是一个坏消息。好消息是品牌资产提高了过去相对为人所忽视的品牌在整个营销战略中的作用,并引发了营销人员对于品牌管理的兴趣和研究人员对于品牌研究的重视;坏消息是不同的人出于不同的目的对于品牌资产概念进行了大量的定义,结果导致对品牌资产概念理解的混淆甚至误用。"

综合学者们的研究,品牌资产概念模型有三种:基于财务会计视角的概念模型、基于市场视角的品牌力概念模型以及基于消费者视角的概念模型。

(一)基于财务会计视角的概念模型

基于财务会计视角的概念模型主要着眼于为公司品牌提供一个可衡量的价值指标。这种概念模型认为品牌资产本质上是一种无形资产,因此必须为这种无形资产提供一种财务价值。这种概念模型认为一个强势品牌是非常有价值的,应该被视为具有巨大价值的可交易资产。英国 Interband 执行董事 Paul Stobart 是主张该概念模型的典型代表,他曾认为:"关于品牌的一个重要问题不是如何创建、营销,而是如何使人看到它们的成功以及在财务上的价值。"品牌资产的财务会计概念模型主要可用于以下目的:① 向企业的投资者或股东提交财务报告,说明企业经营绩效;② 便于企业募集资金;③ 帮助企业制定并购决策。

财务会计概念模型把品牌资产价值货币化,迎合了公司财务人员把品牌作为资本进行运作的需要。但是这一概念模型存在着许多不足之处,最大的不足是过于关心股东的利益,集中于短期利益,很可能导致公司短期利益最大化,从而牺牲品牌价值的长期增长;过于简单化和片面化,因为品牌资产的内容十分丰富,绝不是一个简单的财务价值指标所能概括的;会计财务概念模型对于品牌管理没有任何帮助,它只能提供品牌的一个总体绩效指标,却没有明确的品牌资产的内部运行机制。

(二)基于市场视角的品牌力概念模型

基于市场视角的品牌力概念模型认为一个强势的品牌应该具有强劲的品牌力,在市场上是可以迅速成长的,从而把品牌资产与品牌成长战略相互联系起来。这种概念模型认为,财务的方法只是在考虑品牌收购或兼并时才很重要,财务价值只应是评估品牌价值的第二位指标,除此之外,更重要的是着眼于未来的成长。品牌资产的大小应体现在品牌自身的成长与扩张能力上,例如品牌延伸能力。品牌延伸能力是体现品牌力的一个重要指标。品牌延伸可以把现有品牌资产中的贡献因素也向新的产品延伸,这些因素包括品牌名称、消费者对品牌的态度、对现有品牌的忠诚度、现有产品与延伸产品之间的适应性、品牌形象等。

基于市场视角的品牌力概念模型是顺应品牌的不断扩张和成长而提出的,该模型与财务会计概念模型最大的不同在于:财务会计概念模型着眼于品牌的短期利益,而基于市场的品牌力概念模型研究的重心则转移到品牌的长远发展潜力上。提出该模型的学者开始比较深入地研究品牌与消费者之间的关系,并第一次把品牌资产与消费者态度、品牌忠诚度、消费者行为等指标联系起来。

(三)基于消费者视角的概念模型

基于市场视角的品牌力概念模型尽管已开始注意到消费者与品牌资产的关系,但是该模型主要重心还是在于品牌的长期成长及计划。大部分学者认为,如果品牌对于消费者而言没有任何意义(价值),那么它对于投资者、生产商或零售商也就没有任何意义了。因此,品牌资产的核心便成为如何为消费者建立品牌的内涵。

基于消费者视角的概念模型认为,消费者看待品牌资产的关键首先在于建立一个持久的、积极的品牌形象。品牌形象事实上是一个品牌本身或生产品牌的企业的个性体现,消费者可以用形容词来描述其对品牌或企业的感觉和认识。另外有些人则认为长期的顾客忠诚度关键在于让消费者了解品牌,让消费者掌握更多的品牌知识。消费者对品牌知识的了解可以分几个阶段进行,首先是品牌知名度、品牌形象。品牌知名度又可分为品牌认知和品牌回忆。品牌形象又可分为态度的和行为的,如果建立一个好的品牌联想,消费者就可以建立一个积极的品牌态度。品牌能够越多地满足消费者,消费者对品牌的态度就越积极,也就有越多的品牌知识可以进入消费者的脑海。一旦在消费者心目中建立了品牌的知识,品牌管理者就要确定品牌的核心利益——品牌能够满足消费者哪一方面的核心需要。

三、品牌资产的特征

(一)无形性

不同于厂房设备等有形资产,品牌资产是一种无形资产。从所有权角度看,品牌资产作为一种财产权,由其无形性决定,它与有形资产存在差异。品牌资产所有权一般经申请获得。有形资产通常是通过市场交换方式取得的,而品牌资产权一般是经由品牌使用人申请品牌注册,由注册机关按法定程序确定其所有权。因而,品牌资产的使用价值具有不重复性,即不可能出现两个使用价值完全相同的品牌资产。企业对该品牌资产的使用价值拥有独占权、独享权,其他企业如要占有或使用该品牌资产的使用价值,只有通过该企业转让品牌资产的所有权或使用权来实现。

（二）依附性

品牌的使用价值没有独立存在的实体，只有依附于某一实体才能发挥作用。品牌只有和企业的生产经营活动结合起来，和企业向市场提供的产品与服务结合起来，才能实现其使用价值。当品牌与企业及企业的产品或服务有机结合在一起的时候，品牌资产就会将自身的使用价值内化于产品和服务中，实现其经济价值。

（三）累积性

品牌资产价值的形成，不像有形资产的价值是一次完成的，而是要经历一个从无到有、从少到多的逐步积累、逐步增值的过程。它的成本价值中除品牌的注册费用、设计费用是一次性投入以外，其他的直接费用和间接费用都是多次投入，每增加一次投入就会相应增加它的成本价值。提高品牌资产的使用价值是一个积累的过程，因而其增值过程也存在一个积累的过程。品牌资产是企业长期投入人、财、物的沉淀与结晶。

（四）波动性

品牌资产的价值并不是一成不变的，它会随着时间的推移而增加或减小，也会随着空间的变化而发生变化。品牌资产的价值会随时间发生变化有两方面的原因：一方面，品牌资产的价值是一边积累一边使用，一边使用一边增加的，品牌资产价值所具有的积累性使它的价值不断变化；另一方面，品牌资产的价值会产生无形磨损。企业信誉下降、市场竞争失败、品牌宣传不力、不公平竞争等情况都会导致品牌使用价值的降低。

◇ **同步案例9-1**

周黑鸭品牌价值97.13亿元　首次荣膺"中国500最具价值品牌"

在高速发展特许经营店的当口，周黑鸭的品牌实力开始显现。2020年8月7日，《21世纪经济报道》记者从世界品牌实验室（World Brand Lab）发布的2020年"中国500最具价值品牌"分析报告获悉，周黑鸭作为本次唯一上榜的卤味品牌，以总价值97.13亿元首次荣登该榜单。

"当前，周黑鸭正处于通过特许经营方式加快扩容阶段，品牌力的持续提升，将有望激活公司活力，改善渠道短板。"周黑鸭CEO张宇晨在接受《21世纪经济报道》记者采访时表示，这是周黑鸭第一次荣登该榜单，也是卤味品牌第一次上榜，并且是2020年榜单唯一一个卤味品牌，这代表着当前卤味食品正处于绝佳的赛道之中。

张宇晨指出,周黑鸭的优势正是在于其长达数十年品牌美誉度的积累。在 2020 年美团点评发布的《中国餐饮报告 2020》中,周黑鸭综合人均消费金额、品牌分布区域、市场关注度、品牌建设、口碑表现等多项因素后得分 81.76,排名稳居 2020 年度中国特色小吃排行榜第一。2019 年 9 月,第三方机构发起的"鸭脖界三巨头 PK,你更爱吃哪一家"的 27.1 万投票中,周黑鸭也曾以 14.9 万票的领先优势夺魁。

周黑鸭自去年上线特许经营模式并逐步开始发力以来,这种品牌优势也得到逐步释放。数据显示,截至 2020 年 5 月,周黑鸭新开发展式特许经营点 40 家,单店特许 13 家,员工内创 12 家,并计划全年开店达到 300 家。品牌基础加上持续提速的开店效率,或许将助力周黑鸭进一步提升自身业绩。截至 2020 年 6 月 15 日,周黑鸭共计接收超过 14000 位申请人递交的特许经营申请,经严格甄选后最终签约 19 位发展式特许合作伙伴。"当下,特许经营的单店经营利润率和单日产出能力均高于公司门店平均水平。"张宇晨公开表示。

而另一方面,周黑鸭也在尝试提升产品多样性以进一步丰富品牌外延。2020 年进入夏季后,周黑鸭先后推出夏季新菜品,卤海带、卤木耳、卤毛豆,并正在对其产品进行全面升级。

(资料来源:https://my.mbd.baidu.com/r/z9GirubJYs? f = cp&u = febfd6be0863e636.)

第二节 品牌资产的构成

品牌资产是由品牌形象所驱动的资产,它形成的关键在于消费者看待品牌的方式并由此产生的消费行为。要使消费者对品牌所标示的商品或服务进行购买和消费,需要投资于品牌形象,取得消费者认同和亲近,从而使消费者接受这一品牌,购买这一品牌。

一、品牌资产五星模型

大卫·艾克在综合前人研究成果的基础上,指出品牌忠诚度、品牌知名度、品质认知度

（也翻译成感知品牌质量）、品牌联想度以及其他专有资产这五项资产是品牌价值构建的源头。艾克认为，品牌资产之所以有价值并能为企业创造巨大利润，是因为它在消费者心目中产生了广泛而高度的知名度、良好并且与预期一致的产品认知度、强有力且正面的品牌联想度以及稳定的忠诚消费者和其他专有资产（如专利、商标等）这五个核心特性。图9-1展现了艾克品牌资产构成的五个核心特性——五星模型。

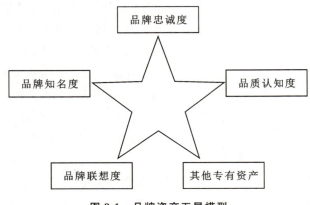

图 9-1　品牌资产五星模型

二、品牌资产的构成要素

（一）品质认知度

 1. 品质认知的含义

品质认知是指消费者对产品或服务的适应性和其他功能特性适合其使用目的的主观理解或整体反应，是消费者对产品客观品质的主观认识。不同产品的客观品质可能完全相同，但消费者对不同产品的品质认知相差甚远。这种例子不胜枚举，许多商品在具有名牌商标后，身价倍增。显然，消费者形成品牌偏好和品牌忠诚的重要影响因素不是产品的客观品质，而是产品的认知品质，它不仅包括产品自身的品质，还包括产品服务的品质。比如，宝洁——世界一流产品，海尔——星级服务，都是消费者对品牌的一种认同。品质认知包括如下内容：产品功能与特点、适用性、可信赖度、耐用度、外观、包装、服务、价格、渠道等。

 2. 建立品牌认知

消费者对品牌的品质认知建立在产品客观品质基础化的主观认识上，企业在建立品质认知时可从以下几方面努力。

1）高品质的产品和服务

保证产品的高品质是消费者建立品牌认知的客观基础。海尔在发展之初，毅然将一百多台不合格的冰箱全部砸掉，给员工带来了极大的震撼，由此在员工心中树立了强大的产品质量意识，也在消费者心中形成了海尔产品质量可靠的深刻印象。为消费者提供高品质的产品是企业基本而长期的追求，这需要企业做到：树立产品品质目标、培养员工质量意识、注重生产商品质产品的技术保证。

2）展示品质认知

产品的内在品质必须通过外在的展示才能得到消费者的认可。运用广告展示品牌的品质，有助于消费者认知产品品质。有时候，一些小的细节对品质的说服作用很大。例如，现在一般的食品外包装袋上都设有方便消费者撕开的锯齿，如果哪家企业忽略了这一点，它的产品质量和信誉将免不了或多或少地受到质疑。

3）利用价格暗示

在营销活动中，价格往往是产品品质的一种重要暗示。有研究证明，以下四种状况的高价位意味着高品质：消费者对商品品质、性能，除了以价格作为衡量标准外，别无其他标准可循；消费者无使用该商品的经验；消费者对购买感到有风险时，或买后感到后悔时，容易以高价作为选择标准；消费者认为各种品牌之间有品质差异。该研究对企业实际营销活动极具指导意义，高品质产品采用高价策略的重要意义是，在消费者心中树立高品质的品牌形象。

4）提供产品的品质认证证书

具有实际意义的保证书能够给品质提供可信的支持。有效的保证书应该是无条件、易懂、易执行和有实际意义的。在美国，若产品获得"保险实验室""好管家"的认可证书或标签，便能得到消费大众的信任。现在国内的好多企业也开始逐渐意识到这一点的重要性，消费者对通过 ISO 9000 体系质量验证、产品有太平洋保险公司承保等保证的品牌更青睐。

（二）品牌知名度

品牌知名度，是指某品牌被公众知晓、了解的程度，它表明品牌为多少或多大比例的消费者所知晓，反映的是顾客关系的广度。品牌知名度是评价品牌社会影响大小的指标。品牌知名度的大小是相对而言的，名牌就是相对高知名度的品牌。

 1. 品牌知名度的层级

品牌知名度的范围很大，包括一个连续的变化过程。一般将知名度分为四个层级：无知名度、提示知名度、未提示知名度和第一提及知名度。四个层次呈金字塔形，品牌达到第一提及知名度，意味达到金字塔的顶端。第一提及知名度是品牌知名度的最高级，是指消费者在没有任何提示的情况下，所想到或说出的某类产品的第一个品牌。比如对某些消费者而言，提到碳酸饮料，就会想起可口可乐；提到家电，就会想起海尔；提到手机，就会想起苹果。

调研显示,第一提及的品牌在消费者心目中形成了强有力的偏好,是他们购买该类产品的首选品牌。

2. 品牌知名度的建立

建立或提高品牌知名度的基本要点是建立品牌认知和加强品牌记忆。促使清费者主动去识别品牌和记住品牌的关键在于品牌的有效传播,营销传播的方式多种多样,企业应根据具体情况加以选择。

1)标新立异的广告创意

美国广告大师罗素·瑞夫斯认为,一个优秀的广告应遵循三个要点:广告主题必须包括产品的一个具体的效用,这一效用必须是独一无二的;这一主题必须能推动销售;必须是能够影响消费者购买决策的重要承诺。在浩如烟海的广告中要想让消费者对广告引起兴趣,并记住广告的诉求,新颖、独特、与众不同的创意是关键。

2)独特的广告口号

短小精悍的口号包含了产品可能被形象化的特征。而脍炙人口的广告歌更是应用了韵律、声调使得品牌名朗朗上口、易于发音和记忆。例如,我们熟悉的娃哈哈果奶的"甜甜的,酸酸的,有营养,味道好",雀巢咖啡的"味道好极了",农夫山泉的"农夫山泉,有点甜"。

3)恰到好处的标志

广告标志是一个以视觉为中心的品牌标志系统。通过符号、图案等展示的标志更容易使消费者识别和记忆。例如我们大多数人都熟悉的奔驰汽车的标志、耐克的钩、麦当劳的金黄色拱门、海尔的小兄弟等等,这些象征和标志都强烈地传达着品牌的识别,折射着品牌的个性和文化,给消费者带来很大的视觉冲击。

4)持续重复

随着时间的推移,对品牌的回想会不断地弱化,建立记忆的基本技术就是重复。独特的创意、精练的口号有助于品牌的识别。要加深消费者对品牌的记忆,必须让信息不断地冲击消费者的大脑。比如,每年春节过年的时候,"今年过节不送礼,送礼就送脑白金"的广告语就会在各大卫视大量出现。

5)强势公关

精心策划的公关活动有时比广告更能让消费者信赖,比较常见的公关活动有赞助、竞赛、电视或广播访谈、受众参与的发问节目、展览、新闻报道、与电视台共同举办娱乐节目、设立各种奖励基金等。例如"蒙牛"集团,从"打造中国乳都"、赞助春节晚会、到神舟五号上天,以强势公关为本质的事件营销已经成为"蒙牛"起家和发展的撒手铜。

6)注重消费者的口传效应

在品牌知名度的扩大和保持中,消费者的口传效应起着巨大作用。有研究表明,一个消费者一次愉快的购物经历会影响8位其他消费者,一次不愉快的购物经历则会影响25

位其他消费者。随着网络技术的发展和普及,网络口碑也成为消费者口传的一种重要方式。

◇ 知识活页

　　品牌美誉度是品牌力的组成部分之一,它是市场中人们对某一品牌的好感和信任程度,是现代企业形象塑造的重要组成部分。通过事件营销、软文以及各种营销载体建立的企业及产品知名度,往往不是企业所一厢情愿等同的品牌美誉度,于是一些CEO惊呼在产品知名度空前的同时,产品的销量波动很大,总是要靠权威的媒介广告和无休止的促销战才可以拉动销售,这个时候CEO们才意识到:品牌知名度只是品牌美誉度的一个组成部分。

　　品牌美誉度的价值体现在"口碑效应"上,即通过人们的口头称赞,一传十、十传百,引发源源不断的销售。一些调查报告显示:由口头信息所引起的购买次数3倍于广告引起的购买次数;口传信息的影响力是广播广告的2倍、人员推销的4倍、报纸和杂志广告的7倍。品牌的美誉度越高,"口碑效应"就越明显,品牌的资产价值也就越高。

　　(资料来源:https://baijiahao.baidu.com/s?id=17002694656520 08597 & wfr=spider & for=pc.)

(三)品牌联想度

 1. 品牌联想度的含义

　　品牌联想度是消费者在看到某一品牌时所勾起的所有印象、联想和意义的总和,比如产品特点、使用场合、品牌个性、品牌形象等。比如,路易威登让人联想到奢华、高贵。百事可乐让人充分领略青春动感、活力无限。品牌联想大致可分为三种层次:品牌属性联想、品牌利益联想、品牌态度联想。

 2. 建立品牌联想

　　任何一种与品牌有关的事情都能成为品牌联想。促使消费者产生品牌联想的因素有很多:品牌名称、产品的性能、包装、价格、销售渠道、广告、促销、产品的服务、企业形象等都能使消费者产生相应的品牌联想。

1）包装

美国杜邦公司有一个十分著名的"杜邦定理"——有63%的消费者是根据商品的包装而做出购买决策的。俗话讲的"人靠衣装、佛靠金装、产品靠包装",说的也是这个道理,与高品质的产品配套的大都是高质量的精美包装。

2）广告语

品牌的所有主张或服务承诺就是通过广告语来承载的,如海尔的"真诚到永远"、百事可乐的"新一代的选择"、王老吉的"怕上火、喝王老吉"等知名品牌广告语,其所主张和诉求的价值理念与目标消费者的价值理念是高度契合的。

3）形象代言人

形象代言人是品牌的形象标志,它最能代表品牌个性及诠释品牌和消费者之间的关系。例如,在1954年的世界杯足球赛中,当时的联邦德国队穿着老阿迪发明的可以更换鞋底的足球鞋击败了世界劲旅匈牙利足球队,从此"阿迪达斯"开始蜚声体坛。"阿迪达斯"用体育明星做广告,不仅送给他们产品,还送给他们大笔现金。"足球皇帝"贝肯·鲍尔、拳王阿里、跳高名将哈里及一些网球巨星都是"阿迪达斯"的老主顾,甚至连大指挥家卡拉扬在指挥乐队时也穿阿迪达斯。阿迪达斯利用名人效应,其销售额占到世界体育用品总销售额的60%左右。

4）促销

促销的核心机能是为购买决策带来短期的刺激作用。它的一个明显的负面作用是,过度运用促销,往往会降低品牌的身价,适得其反地损坏品牌形象。但这并不是说促销不能建立或创造积极的品牌联想,关键是要选择恰当的促销手段,使它增加而不是削弱品牌价值。

5）公共关系

在创造品牌联想上,公共关系有时胜于广告。好的公共关系活动具有可信度,而且吸引人,在处理品牌的危机事件上还具有专门的功效。

（四）品牌忠诚度

 1. 品牌忠诚的含义

奥利弗对品牌忠诚的定义是:一种对偏爱的产品和服务的深深承诺,在未来都持续一致地重复购买和光顾,因此产生了反复购买同一个品牌或一个品牌系列的行为,无论情境和营销力量如何影响,都不会产生转换行为。这是迄今为止较为成形的品牌忠诚定义,它包括了行为忠诚和态度忠诚两个方面,也是普遍被接受的定义。

品牌忠诚度是品牌资产中最核心、最具价值的内容,也是一个品牌所要追求的最终目标。据美国一个调查公司对22个品牌的消费者进行的长期跟踪调查,平均品牌(也就是把22个品牌进行综合,以一个"平均品牌"来代表它们的整体特性)的高、中、低度行为忠诚者占被调查者的比例分别为12%、14%、74%。显然,从消费者数量看,高度行为忠诚者所占的比例比较低,只占低度行为忠诚者的16.2%。但是,与此形成鲜明对照的是,高度行为忠诚者的品牌购买量占该品牌销售量的69%,而低度行为忠诚者品牌购买量仅占5%,这足以说明高度行为忠诚者对于品牌的重要性。

 2. 品牌忠诚的类型

按品牌忠诚的形成过程,品牌忠诚度可以划分为认知性忠诚、情感性忠诚、意向性忠诚和行为性忠诚四种类型。消费者行为领域的学者认为,品牌忠诚的形成过程是先有认知性忠诚,其次是情感性忠诚,再次是意向性忠诚,最后是行为性忠诚。

 3. 品牌忠诚的价值

品牌忠诚度是一项战略性资产,如果对它进行恰当的经营开发,那么它就会给企业创造多项价值。品牌忠诚的价值如下。

1)降低营销成本

留住老顾客比争取新顾客的成本小得多的原因有二。一是降低直接营销成本。一般来讲,一个品牌吸引一个新顾客的成本是保持一个老顾客成本的4~6倍。二是降低相对营销成本,本企业品牌的忠诚者是竞争者品牌的新顾客,竞争者要说服其购买新的产品需付出相当大的营销成本代价。据有关学者的统计和研究,在汽车行业中,一个终生忠诚的消费者可以平均为其所忠诚的品牌带来14000美元的收入;在应用制造业,一个终生忠诚的消费者价值超过2800美元;地方超级市场每年可以从忠诚消费者那里获得4400美元左右。

2)增加渠道谈判力

经销商知道,销售拥有大量品牌忠诚者的品牌比其他品牌要容易得多,这在无形中对商店的进货决策产生控制作用。在企业推出新的产品规格、种类或品牌延伸的产品时,这种作用显得尤为重要。

3)吸引新顾客

品牌忠诚代表着每一个消费者都可以成为一个活的广告。对于潜在的购买者和高关心度的商品,品牌忠诚可以使一个顾客成为一个品牌倡导者,以优秀的广告和美好的使用经验形成口碑,口耳相传,创造新的使用者。

4)减缓竞争威胁

品牌如果拥有一批忠诚的购买者,则该品牌抵御竞争产品攻击的能力会大大增强,因为忠诚消费者一般对所选择的品牌有一种眷恋感,他们很难发生"品牌转换"。这就给竞争对手造成很大的市场进入阻力,并削弱了竞争者的利润能力。

4. 品牌忠诚度的测量

品牌忠诚度的测量方法可分为以下七类。

(1) 顾客重复购买次数。在一定的时间内，消费者对某一品牌产品的重复购买次数越多，说明对这一品牌的忠诚度越高；反之则越低。

(2) 顾客购买决策需要的时间。顾客的品牌忠诚度越高，购买决策需要的时间就越短；反之忠诚度越低，购买决策需要的时间就越长。

(3) 顾客对价格的敏感程度。事实表明，对于喜欢和依赖的品牌，消费者对价格变动的承受能力强，即敏感度低；反之，对于那些自己不是很喜欢或依赖性不高的品牌，消费者对其价格变动的承受能力很弱，即敏感度高。

(4) 顾客对竞争产品的态度。根据顾客对竞争品牌的态度，可以从对立角度来判断其对某一品牌忠诚度的高低。比如，当竞争品牌降价促销或推出品质更好的产品时，品牌忠诚度不高的顾客可能就要"移情别恋"了，而品牌忠诚度很高的消费者却能对此熟视无睹。

(5) 顾客对产品质量的承受能力。如果顾客对该品牌的忠诚度较高，当产品出现质量问题时，他们会采取宽容、谅解和协商解决的态度，不会因此而突然失去对品牌的偏好；如果顾客的品牌忠诚度较低，产品出现质量问题时，他们会深深感到自己的正当权益被侵犯了，极有可能产生反感情绪，有些甚至要通过法律方式进行索赔。

(6) 顾客的购买比例。通过对顾客购买的所有品牌量进行排序可以确定忠诚度，比如在一年中某顾客购买了几个品牌 A、B、C，按比例排序为 70％、20％和 10％，那么他就最忠诚于 A 品牌，忠诚度为 70％。

(7) 顾客的口碑传播。忠诚的顾客对自己忠诚的品牌往往会极力向朋友、同事、家人等推荐、传播该品牌。

 5. 建立品牌忠诚

消费者对于某一品牌的忠诚度由于受到各种内外因素的影响，常常表现出变化无常的特征。机会主义、对多样化的追求及自主的需要等消费者特性都排斥忠诚。因此，提高品牌忠诚度也须从多方面入手才能取得成效。

1）超越顾客的期待

超越顾客的期待，不仅表现在提高服务质量上。品牌的忠诚度往往体现在顾客对产品的重复购买率上，可是要保持较高的重复购买率，没有高水平的售后服务是办不到的，良好的售后服务是企业接近顾客、取得消费者信赖的最直接的途径。据 IBM 公司的经验，若对产品售后所发生的问题能迅速而又圆满地解决，顾客的满意程度将比没发生问题时更高，这能够使回头客不断增加，市场不断扩大。

2）加强顾客关系管理

首先，要建立常客奖励计划。对经常购买本企业品牌的顾客给予相应的让利，是留住忠诚顾客最直接而有效的办法,它能使消费者感觉到自己的忠诚得到了企业的认可和回报。

其次,可以成立会员俱乐部。采用会员俱乐部的促销方法,能不断加强品牌与忠诚顾客的关系。如参加"任天堂欢乐俱乐部"的孩子们,可以定期收到刊物,享有电话热线咨询服务,他们几乎是任天堂的超级忠诚顾客,也是任天堂崛起的最大本钱。

最后,建立消费者数据库。企业可通过顾客资料信息,不断保持与顾客的沟通。强化品牌与消费者的关系,必须了解消费者的需求及其变化,在建立顾客资料库的基础上,进行个别化营销。

(五)其他专有资产

与品牌资产相关的还有一些专门的、特殊的资产,如专利、专有技术、分销系统等。这些专有资产如果很容易转移到其他产品或品牌上去,则其贡献很小;反之,则成为品牌资产的有机构成。

专利竞争是国际企业竞争的战略制高点,它既是企业的进攻手段,也能从长远的利益出发,阻止竞争对手的攻击。2022年6月7日《中国日报》报道,国家知识产权局知识产权发展研究中心有关报告显示,中国在5G通信产业中已取得显著成绩。当前全球声明的5G标准必要专利共21万余件,共涉及4.7万项专利族。其中,中国声明1.8万项专利族,全球占比38%,排名第一。据统计,在全球专利申请人中,华为公司以6583项排名第一,占比14%。

◇ **知识活页**

可口可乐总裁曾说:"假如可口可乐的所有工厂在一夜之间被大火全部烧毁,第二天就会有银行愿意贷款给可口可乐,可口可乐也能在一夜之间起死回生。"靠的就是多年积累的品牌资产。

◇ **同步案例9-2**

2020年度品牌排行榜

凯度官网报道,全球品牌数据与分析公司凯度集团发布了2022年凯度BrandZ最具价值全球品牌排行榜(见表9-1)。苹果以9470.62亿美元的品牌价值重回榜首,并有望成为第一个突破万亿美元大关的品牌。苹果在硬件、软件和服务领域不断拓展业务组合,实现了品牌的高度差异化。

表 9-1　2022 年度凯度 BrandZ 最具价值全球品牌 10 强

2022 年排名	排名变化	品牌	品牌发源地	品牌价值（亿美元）	品牌价值同比变化（对比 2021 年）
1	1↑	苹果	美国	9470.62	55%
2	1↓	谷歌	美国	8195.73	79%
3	2↓	亚马逊	美国	7056.46	3%
4	0	微软	美国	6114.60	49%
5	0	腾讯	中国	2140.23	−11%
6	3↑	麦当劳	美国	1965.26	27%
7	1↑	Visa	美国	1910.32	0%
8	2↓	Facebook	美国	1864.21	−18%
9	2↓	阿里巴巴	中国	1699.66	−14%
10	11↑	路易威登	法国	1242.73	64%

谷歌是 2022 年排名上升较快的品牌之一，品牌价值上涨了 79%，达到 8196 亿美元，攀升至第二位。谷歌推出的一系列工作类应用已经使其成为全球消费者生活中不可或缺的一部分。

凯度集团大中华区 CEO 及 BrandZ 全球主席王幸表示，面临种种挑战，中国企业显得更为强韧，依然能在全球 100 强榜单上占据 14 个席位。目前，全球各个市场上都充满了不确定性。品牌建设者们更需要以确定性对抗不确定性，聚焦在自己能够控制的事情上。中国品牌应当通过科技手段获取最新洞察，打造全链路创新，投资建设强大的品牌，建立能够支撑可持续发展的品牌理想。品牌永远是企业最好的护身符和加速器。

2022 年榜单中，中国的快手以 265.35 亿美元初次上榜，名列第 82 位。腾讯和阿里巴巴再次名列全球十强，分别位于第五和第九（见表 9-2）。海尔持续建设物联网生态品牌新范式，品牌价值实现了 33% 的强势增长。

表 9-2　2022 年上榜中国品牌一览

2022 年排名	品牌	品牌价值（亿美元）	品类
5	腾讯	2140.23	媒体和娱乐
9	阿里巴巴	1699.66	零售
14	茅台	1033.80	酒类
51	美团	450.51	生活方式平台

续表

2022年排名	品牌	品牌价值（亿美元）	品类
53	抖音/TikTok	434.83	媒体和娱乐
60	京东	368.12	零售
62	中国工商银行	353.15	银行
63	海尔	351.52	物联网生态
67	华为	326.72	消费科技
77	平安	274.38	保险
82	快手（新上榜）	265.35	媒体和娱乐
88	中国移动	238.13	电信服务
94	友邦保险	227.33	保险
97	小米	216.53	消费科技

（资料来源：https://baijiahao.baidu.com/s?id=1735771177896172134&wfr=spider&for=pc.）

第三节 品牌资产的评估

一、品牌资产评估的意义

品牌资产是企业重要的无形资产，这种附加价值来源于品牌对消费者的吸引力和感召力，在市场竞争中发挥着越来越大的作用。

(一)加深对品牌资产的认识

品牌资产作为一种无形资产,不像厂房、机器设备,难以从直观上把握,由此使人们对它有一种神秘感和抽象感。消除这种感觉除了应对品牌资产的构成来源等有清楚了解外,还需要从数量上对品牌资产的大小做出估计。不管何种资产,如果缺少数量上的界定,将使人们对其认识、了解造成影响,从而使企业对品牌资产难以准确理解。

(二)更全面地反映企业的经营业绩

品牌资产既是过去经营成果的沉淀,又联系着未来,它的价值在于能够为企业创造未来收益。进行品牌资产评估,把品牌资产的价值增减纳入会计报表,能更全面、真实地反映企业经营业绩。尽管目前很少有企业把公司的品牌资产纳入企业的会计报表,不过随着人们对品牌资产的认识的进一步深入,很有可能制定出一个相对稳定和科学的测评系统。

(三)便于企业间品牌资产的交易

品牌本身是可以转让的,因此在企业间发生兼并、收购或租赁时,交易双方对品牌资产的评估必然非常重视。如果被兼并、被收购或被租赁企业的价值在评估时,品牌资产作为无形资产的重要部分被疏漏或低估,无疑会损害股东的利益,这也是如今品牌资产评估方法研究的一个重要促进因素。

二、品牌资产评估的方法

目前存在的各种品牌资产评估方法,大致分成两类:会计方法和市场基础评价法。会计方法着重使用客观财务数据,通过相关的会计报表、文案、文件等,体现出品牌资产的交易价值。市场基础评价法则是基于消费者调查、股市业绩考察等统计数据,通过识别相关参数,用一定的模型来计算,体现品牌的内在价值。

(一)会计方法

 1. 历史成本法

评估品牌最直接的方法莫过于计算其历史成本,而历史成本法是直接依据企业品牌资产的购置或开发的全部原始价值进行估价。最直接的做法是计算对该品牌的投资,包括设计、创意、广告、促销、研究、开发、分销、商标注册,甚至专属于创建该品牌的专利申请费等一系列开支。例如,宝洁公司为了得到"潘婷"这个亲和力极强的名字,聘请各路专家历时数年,耗费巨资,从众多候选名字中经反复斟酌才确定,而推广这个新名字的费用更高。

一个品牌的成功主要归因于公司各方面的配合,我们很难计算出真正的成本。因为我们已经把这些费用计入了产品成本或期间费用,怎样把这些费用再区分出来是一个颇费周折的事情,而且没有考察投资的质量和成果。即使可以,历史成本的方法也存在一个最大的问题,那就是它无法反映现在的价值,因为它未曾将过去投资的质量和成效考虑进去。使用这种方法,会高估失败或较不成功的品牌的价值。

2. 重置成本法

如果品牌投资作价时无法以历史成本作为计价依据,则可以采用重置成本法。它是用重新建立与某一特定品牌影响相匹配的新品牌所需的费用,来估算该成名品牌资产量的大小。计算公式为:

$$V = C \times K$$

V 表示品牌价值,C 表示品牌所在行业的新品牌平均开创费用或平均重置开创费用,K 是该品牌的成本因子或系数。

第一步,计算 C。品牌开创费用是指产品导入市场阶段所支出的广告、宣传等营销费用以及与注册、保护品牌有关的法律费用。估计新品牌平均开创费用时除了考虑近年内新导入市场并取得成功的有关品牌的平均实际开创费用外,还应根据行业或产品风险程度,估计新品牌在市场获得成功的可能性。比如,就某一行业而言,如果新品牌平均开创费用是 500 万元而新品牌的市场成功概率为 50%,则在该行业新品牌重置的平均开创费用或成本应为 1000 万元。

第二步,确定 K。成本系数可以根品牌或产品的市场占有率来确定,也可以依据品牌知名度确定,或者综合产品市场占有率和品牌知名度两方面的因素加以确定。下面仅对以产品市场占有率为依据确定成本系数的方法进行简要叙述。

假设在某一市场上,市场占有率在 5% 以上者为成功品牌,而符合成功品牌标准的品牌总数有 10 个,它们总的市场份额为 60%。现有某一品牌,其市场占有率为 30%,则该品牌的成本系数为 5,即成本系数 = 被评估品牌市场占有率(30%)/成功品牌平均市场占有率(6%)= 5。

3. 股票价格法

这种方法由美国芝加哥大学 C.J. 西蒙和苏里旺提出,它适用于上市公司的品牌资产评估。该方法以公司股价为基础,将有形资产与无形资产分离,再从无形资产中分解出品牌资产。具体做法如下。

第一步,计算公司股票总值 A,这可以通过股价乘以总股数获得。

第二步,用会计上的重置成本法计算公司有形资产的总值 B,然后用股票总值减有形资产总值,即得到公司的无形资产总值 C($C=A-B$)。无形资产可以分解成三个部分:品牌资产 C_1,非品牌资产 C_2,以及行业外可以导致垄断利润的因素(如政府管制,产业集约化形成的优势等)C_3。

第三步,确定 C_1、C_2、C_3 各自的影响因素。

第四步,建立股市价值变动与上述各影响因素的数量模型,以估计不同因素对无形资产的贡献率,然后在此基础上可得出不同行业中品牌资产占该行业有形资产的百分比 β。由 $C=B\cdot\beta$ 即可得出品牌资产的价值。

用股票价格法得出的是公司各品牌资产的总值,因此,这种方法尤其适用于只有一个品牌或虽然有多个品牌但仅有一个著名品牌的企业。

 4. 未来收益法

未来收益法又称收益现值法,是通过估算未来的预期收益(一般是"税后利润"指标),并采用适宜的贴现率折算成现值,然后累加求和,借以确定品牌价值的一种方法。其主要影响因素有:① 超额利润;② 折现系数或本金变化率;③ 收益期限。它是目前应用最广泛的方法,因为对于品牌的拥有来说,未来的获利能力才是真正的价值,该方法试图计算品牌的未来收益或现金流量。因此该方法通常是根据品牌的收益趋势,以未来每年的预算利润加以折现,具体是先制订业务量(生产量或销售量)计划,然后根据单价计算出收入,再扣除成本费用计算利润,最后折现相加。在对品牌未来收益的评估中,有两个相互独立的过程:第一是分离出品牌的净收益;第二是预测品牌的未来收益。

未来收益法计算的品牌价值由两部分组成:一是品牌过去的终值(过去某一时间段上产生收益价值的总和);二是品牌未来的现值(将来某一时间段上产生收益价值的总和)。其计算公式为相应两部分的相加。

收益计量法存在的问题为:一是它在预计现金流量时,虽然重视了品牌竞争力的因素,但没有考虑外部因影响收益的变化,从而无法将竞争对手新开发的优秀产品考虑在内,而且我们无法将被评估品牌的未来现金流量从该企业其他品牌的现金流量中分离出来,因为它们共用一个生产、分销资源;二是贴现率和时间段的选取的主观性较大;三是在目前情况下,不存在评估品牌的市场力量因素。

(二)市场基础评价法

以市场为基础的评价法是对传统会计学方法的挑战,它试图克服使用财务指标的不足。品牌属于长期性投资,而销售量、成本分析、边际成本报表、利润以及资产回报率等指标多半是短期性数据,评估的准确性不够。

1. 溢价法

这是通过观察消费者由于使用某一品牌而愿意额外支付多少货币,来确定品牌价值大小的一种资产评估方法。用溢价法评定品牌价值,首先要确定品牌的溢出价格,即较不使用品牌或较使用竞争品牌的情况,消费者为选择该品牌愿意支付的额外货币。为此,可以通过消费者调查获得。比如,为了获得"两面针"品牌的溢出价格,可以就同一产品询问消费者在使用该品牌和不使用品牌的情况下愿意支付的货币数量,两者的差额即是"两面针"的溢出价格。溢出价格乘以当年该产品的销量,即可得到该品牌当年创造的价值。当年价值除以行业平均投资报酬率,可获得该品牌的总价值。仍以"两面针"为例,若调查发现该品牌溢出价格为 0.20 元/支,当年产品销售量为 1.5 亿支,而行业平均投资利润率为 20%,则"两面针"品牌总价值为:0.20 元×1.5 亿支÷20%=1.5 亿元。

需要注意的是,由于企业在不同年份的产品销售量可能会因经济的波动而有较大不同,我们可以过去 3~5 年的年均销售量为基数,确定品牌平均每年创造的价值,再以这 3~5 年的行业平均投资利润率作为除数,获得该品牌的资产总量。

2. 消费者偏好法

消费者偏好法是通过市场调查,了解在使用某一特定品牌与不使用特定品牌的情况下,消费者对产品的态度或购买意向是否存在差别,然后将这种差别与产品的市场份额联系起来以评估品牌价值的方法。采用这种方法可以确定某一年度或某一时期该品牌所创造的利润,再用该利润除以该时期行业平均投资利润率,即可获得品牌资产总价值。

消费者偏好法的困难是如何确定消费者偏好或品牌态度与市场份额的依存关系,即就整个市场而言,消费者品牌态度或购买意向每增加一个百分点,该品牌或该产品市场份额相应将有多大变化。为此,需要从时间序列角度,系统收集产品所在行业各主要品牌的有关数据,包括品牌的市场份额和消费者对各品牌购买意向两方面数据。在此基础上建立经验模型,找出购买意向与市场份额两变量的经验关系。因此,总体来说,采用消费者偏好法评估品牌资产,时间较长,费用也比较高。

3. 英特品牌集团法

英国的英特品牌集团(Interbrand Group)是世界上最早研究品牌评价的机构,它以严谨的技术建立的评估模型在国际上具有很高的权威性。美国的《金融世界》杂志从 1992 年起对世界著名品牌进行每年一次的跟踪评估,采用的方法就是建立在英特品牌集团的模型的基础上。《金融世界》的评估结果被各大媒体转载公布,在世界上具有很大的影响力。下面介绍英特品牌评估模型。

1) 计算品牌的纯利润

计算品牌的纯利润分为三步。首先,估计品牌所在行业的资本产出率,然后假设一个没有品牌的普通产品的资本利润率,最后计算出品牌的纯利润。例如,1995 年,吉列这个剃须刀品牌的销售额为 26 亿美元,营业利润为 9.61 亿美元。根据产业专家估计,在个人护理业,其资本产出率为 38%。其次,算出品牌的税前利润。接上面的例子,可算出吉列所需的资本额为 26 亿美元×38%=9.88 亿美元。然后,假设一个没有品牌的普通产品的资本净利润率为 5%(扣除通货膨胀因素),用 5%乘 9.88 亿美元,即 9.88 亿美元×5%=0.49 亿美元。从 9.61 亿美元的盈利中减去 0.49 亿美元,就得到吉列品牌的税前利润,即 9.12 亿美元。最后,把品牌母公司所在国的最高税率应用于这一盈利的两年加权平均值。从税前利润中减去税收,即得到品牌的纯利润为 5.75 亿美元,这个数字就是纯粹与吉列品牌相联系的净利润。

2) 确定品牌强度倍数

品牌强度倍数主要由七个因素决定,但各个因素的权重不同(见表 9-3)。

表 9-3 品牌强度评价因素的权重

评价因素	含义	权重(%)
领导力	品牌的市场地位	25
稳定力	品牌维护消费者特权的能力	15
市场力	品牌所处市场的成长和稳定情况	10
国际力	品牌穿越地理文化边界的能力	25
趋势力	品牌对行业发展方向的影响力	10
支持力	品牌所获的持续投资和重点支持程度	10
保护力	品牌的合法性和受保护的程度	5

品牌强度倍数由上述七个因素加权得出,每个因素的权重见表 9-3。英特品牌公司利用专家评价法,对这七个因素进行打分,然后乘以上述权重就得到品牌的强度倍数。强度倍数越大,品牌的预期获利年限就越长。作为个人护理业的一个特殊品牌,吉列得到的强度倍数值为 17.9。根据计算品牌价值的公式,即可计算出吉列的品牌价值为 102.93 亿美元(17.9×5.75 亿美元)。

4.《金融世界》方法

《金融世界》杂志每年公布世界领导品牌的品牌资产评估报告,所使用的方法与英特品牌的方法基本接近,主要不同之处是《金融世界》更多地以专家意见来确定品牌的财务收益等数据。

(1)该方法强调品牌的市场业绩首先从公司销售额开始,基于专家对行业平均利润率的估计,计算出公司的营业利润。然后再从营业利润中剔除与品牌无关的利润额例如资本收益额(根据专家意见法估计出资本报酬率)和税收,从而最终得出与品牌相关的收益。

(2)根据英特品牌的品牌强度模型估计品牌强度系数,品牌强度系数的范围在 6～20 之间。

(3)计算出品牌资产＝纯利润×品牌强度系数。具体计算过程见表 9-4。

表 9-4 《金融世界》品牌资产计算方法　　　　　　　　　　(单位:美元)

步骤	项目	公式	万宝路	可口可乐
①	销售额	—	154 亿	90 亿
②	利润率	(行业)	22%	30%
③	利润	①×②	34 亿	27 亿
④	资本比率	(行业)	60%	60%
⑤	理论资本	①×④	92 亿	54 亿
⑥	一般利率	⑤×5%	4.6 亿	2.7 亿
⑦	品牌利率	③—⑥	29 亿	24 亿
⑧	修正利率	三年加权	—	—
⑨	税率	(行业)	43%	30%
⑩	理论纳税	⑧×⑨	12 亿	7.3 亿
⑪	纯利润	—	27 亿	16.7 亿
⑫	强度系数		19	20
⑬	品牌价值	⑪×⑫	513 亿	334 亿

英特品牌和《金融世界》多年发表评估结果,已具有国际性地位,具有较强的权威性和通用性,可用于任何产品类别或品牌。特别在品牌收购、兼并或租赁等情况下,多参考这两种方法的结果。

5. 北京名牌资产评估事务所的评价方法

北京名牌资产评估事务所从 1995 年开始对我国的一流品牌进行评估,参照英特品牌集团的评估模型,根据中国的实际情况,建立起中国的品牌评价体系。该评价体系以英特品牌模型的七个强度因素为框架,这七个强度因素包括品牌市场份额、品牌的超值创利能力、品牌的出口能力、商标是否具有广泛的法律效力和不断投资的支持、品牌超越地理和文化边界的能力。将这些因素转化为三个评价指标:品牌的市场占有率(M)、品牌的超值创利能力(S)、品牌的发展潜力(D)。这三个指标的权重各不相同,分别为 4、4、3(不同行业,略作调整)。该事务所的品牌价值评价公式可简单表述为:

$$P = M + S + D$$

其中,P 代表品牌综合价值。表 9-5 为采用该方法得出的 2020 年中国上市公司品牌价值总榜(TOP20)。

表 9-5　2020 年中国上市公司品牌价值总榜(TOP20)

序号	证券代码	证券简称	上市日期	上市地点	上市板	省份	行业	品牌价值（亿元）	增长率	排名变化
1	BABA.N	阿里巴巴	2014-09-19	纽约证券交易所	主板	浙江	零售	11782.28158	16.73%	1
2	0700.HK	腾讯控股	2004-06-16	香港联交所	主板	广东	互联网	11323.48018	9.86%	−1
3	0941.HK	中国移动	1997-10-23	香港联交所	主板	香港特别行政区	通讯	5379.563344	13.35%	1
4	600104.SH	上汽集团	1997-11-25	上海	主板	上海	汽车	4753.353879	−3.98%	−1
5	601398.SH	工商银行	2006-10-27	上海	主板	北京	银行	3515.06	−4.62%	0
6	600519.SH	贵州茅台	2001-08-27	上海	主板	贵州	饮料	3449.112115	22.38%	2
7	601318.SH	中国平安	2007-03-01	上海	主板	广东	保险	2933.63	34.51%	5
8	BIDU.O	百度	2005-08-05	纳斯达克	主板	北京	互联网	2664.488457	−7.80%	−1
9	601939.SH	建设银行	2007-09-25	上海	主板	北京	银行	2614.46	−15.70%	−3
10	JD.O	京东	2014-05-22	纳斯达克	主板	北京	零售	2565.624016	16.64%	1
11	601288.SH	中国农业银行	2010-07-15	上海	主板	北京	银行	2430.38	1.16%	−2
12	601988.SH	中国银行	2006-07-05	上海	主板	北京	银行	2193.47	−2.69%	−2
13	000333.SZ	美的集团	2013-09-18	深圳	主板	广东	家电	2179.670317	13.12%	0
14	0728.HK	中国电信	2002-11-15	香港联交所	主板	北京	通讯	2133.461957	11.74%	0
15	NTES.O	网易	2000-06-30	纳斯达克	主板	北京	互联网	2082.468959	18.04%	0
16	3333.HK	中国恒大	2009-11-05	香港联交所	主板	广东	房地产	2028.786934	40.16%	5
17	3690.HK	美团点评-W	2018-09-20	香港联交所	主板	北京	零售	1790.625102	28.61%	5
18	000651.SZ	格力电器	1996-11-18	深圳	主板	广东	家电	1747.737074	0.47%	−1
19	600028.SH	中国石化	2001-08-08	上海	主板	北京	石油	1698.77	−3.31%	−3
20	0992.HK	联想集团	1994-02-14	香港联交所	主板	北京	电子	1686.661347	45.87%	8

(资料来源:http://www.nbd.com.cn)

第四节　品牌资产的管理与保护

一、品牌资产的管理

品牌资产是企业的重要资产,是提升企业产品溢价的源泉,更是取得市场竞争优势的法宝。那么,如何提升品牌的资产价值呢?具体来说,品牌资产的管理策略有以下几种。

1. 提高品牌资产的差异化价值

品牌资产的价值关键体现在差异化的竞争优势上,具体表现在质量、性能、规格、包装、设计、样式等带来的工作性能、耐用性、可靠性、便捷性等的差别,也可表现在由服务带来的品牌附加价值,如服务的快速响应、服务技术的准确性、服务的全面性、服务人员的亲和力。

2. 通过品牌延伸提升品牌资产价值

利用品牌(尤其是名牌)资产实施兼并与合作是资本运营的一种重要方式,也是企业实现规模经济、实施低成本扩张、提高企业资源配置效率、提升品牌资产价值的有效手段。因为创建强势大品牌的最终目的是持续获取更好的销售与利润,而无形资产的重复利用是不花成本的,只要有科学的态度和过人的智慧来规划品牌延伸战略,就能通过理性的品牌延伸与扩张,充分利用品牌资源这一无形资产,实现企业的跨越式发展。但是,诸如公司并购等品牌扩张战略是一项风险相当大的业务,为了有效地促进并购后公司业绩的增长和品牌资产价值的提升,必须慎重地制定策略。

3. 通过品牌叙事提升品牌资产价值

品牌叙事以存在主义的纽带形式把消费者和品牌联系起来,它是品牌力量的基础和源泉。品牌叙事是通过形象化、通俗化的语言和形式,将之传递给目标受众,它可以通过娓娓道来、形象生动的故事讲述,消除目标受众对品牌的陌生感和隔阂感,增进与目标受众的情感交流,进而实现品牌与目标受众的心灵共鸣。品牌叙事的另一个明显的作用,就是通过传播渠道传递品牌的相关信息。品牌叙事更多的是以一种经过精美包装的形象化形

数字资源9-1
达芙妮的
品牌叙事

式,将所要传递的品牌背景、品牌价值理念和产品利益诉求点等品牌信息,诉诸人们的视觉感官,使人们在欣赏玩味中接受品牌提供的信息,增进目标受众对品牌的识别和认可。

 4. 通过加强企业内部管理提升品牌资产价值

从根本上来讲,提升品牌资产价值,主要还是要从企业内部挖掘潜力,毕竟外部环境是不容易改变的,而企业自身的资源相对来讲是可以控制的。品牌资产的作用在于可以为企业投入的资产带来未来超额收益。而现期的投入是获得未来收益的基础。企业资产,特别是核心资产日趋无形化,无形资产尤其是品牌资产逐步成为企业价值的主体。所以建立和提升品牌资产价值应该有长远的眼光和打算,不能只盯在眼前利益上,要舍得去投入人力、物力和财力。

二、品牌资产的保护

当企业辛辛苦苦创立了品牌甚至是名牌后,切不可认为即可高枕无忧了。除了经营和管理上的失误会影响品牌资产的价值外,竞争品牌的崛起和假冒产品的出现,都会造成品牌贬值的危险。品牌作为企业的一项无形资产,需要持之以恒的呵护。

(一)品牌资产的法律保护

法律保护是品牌资产保护的最主要途径,因为法律保护具有权威性、强制性和外部性。品牌法律保护的主要内容是品牌的注册,即成为受法律保护的商标。商标权法律保护的内容包括受到商标法保护的商标名称、图形及其组合。

 1. 商标权的保护

商标在法律上的权利包括商标使用权、商标转让权、商标专用权、继承权和法律诉讼权等权利。其中最主要的是商标专用权。商标专用权也称商标独占使用权,即注册商标的所有人有权在核定的商品上使用其注册商标,同时可以禁止其他人在未经许可的情况下使用该注册商标。商标专用权是商标权最基本也是最主要的内容,它具有以下几个特征。

1）商标权的法律占有性

商标权不像有形资产那样是通过市场交换获得的，而是由国家依法授予的。对商标权的占有实际上是一种法律上或名义上的占有，商标所有人不可能像一般财产所有人那样把商标这种财产置于自己的直接控制下，从而实现真正的占有。基于此，商标权较有形的财产权利更容易遭受侵害。商标权利遭受侵害时，由于损害的是注册商标的信誉，而商标信誉是看不见摸不着的，因此如何给予被侵害方以赔偿及赔偿额的确定，远比一般侵害要复杂和困难。

2）商标权的专用性

商标权的专用性又称独占性或垄断性。这有两方面的含义：一是指在同一国家同一商标只能由某一企业或个人在指定商品上注册并归其所有，不能由多家所有；二是指商标获准注册后，注册商标所有人具有独占使用权。

3）商标权的地域性

地域性是指在一国核准注册的商标，只在该国领域内是有效的，对其他国家不发生效力。也就是说，经过一个国家注册的商标，仅在该国法律管辖范围内受到该国法律的保护，其他国家对这一商标权没有保护义务。

4）商际权的时效性

商标在法定的时间内受到法律保护。这一时间称为注册商标的有效期。我国的商标法规定的有效期为10年。有效期满后，商标权人可以按法定程序进行续展。依法获得续展的商标，每次续展的有效期也是10年，并且可以无限地续展下去。

 2. 品牌其他构成要素的保护

品牌的构成要素非常复杂，除了品牌名称、品牌标志和商标外，还有一些要素对品牌形象的形成具有非常重要的意义。例如，品牌的定位主题句、品牌代言人甚至品牌的标准色等，它们已经成为品牌形象的一个重要组成部分，也是企业品牌资产的重要组成部分，企业应对其进行有效的保护。按照我国《著作权法》的有关条款，凡是具有独创性的文字、图片及影视作品，都应纳入保护的范畴，而企业在塑造品牌形象的过程中，在媒体上所使用的一些广告语，凝聚了广告设计人员的脑力劳动，必须加以保护。

对企业的品牌或商标的法律保护应该在职业管理制度上进行健全。国外著名企业有专人和专门机构管理商标、专利、专有技术等专业产权。我国中小企业在这些方面的工作比较薄弱，一方面由于成本的考虑，更重要的是在法律意识上的缺乏和制度的缺陷。因此，企业应该专人监督商标的两次公告（初步审订公告和核准注册公告），及时行使异议权、撤销权（将与本企业在同类产品上已注册商标相同或相近似的商标撤下）。另外，应有专人专门机构，追踪同行对手、监控市场，一旦发现了商标假冒侵权，应马上采取法律对策，遏止侵权，减少损失，不能允许假冒商标泛滥并侵占市场，毁坏本企业商标的商誉。

（二）品牌资产的自我保护

在法制不很健全、执法力度不是很大、地方保护主义强烈的情况下，企业对品牌资产的自我保护构成品牌资产保护的另一重要方面。企业应当学会自我保护，以下方法可供借鉴。

 1. 商标权的保护

1）定期查阅商标公告及时提出异议

企业应定期查阅商标公告，一旦发现侵权行为应及时提出异议，以限止他人的侵权商标获得注册。

2）运用高科技的防伪手段

如企业通过采用不易仿制的防伪标志、使用防伪编码等手段，同时主动向社会和消费者介绍辨认真假商标标志的知识，不仅为自己的品牌产品加了一道"防伪"保护伞，也为行政执法部门打击假冒伪劣产品提供了有效的手段。

3）协助有关部门打假

当注册商标的专用权受到损害时，企业应采用有力的手段，协助有关部门打假，制止侵权者的不法行为。

4）注重向消费者宣传识别真伪的知识

如果消费者能分辨真伪，也就分得清真货和假货，对假冒产品也就可以从根本上予以杜绝。因此，企业应广泛利用新闻传媒、公关等形式向消费者宣传产品的专业知识，让消费者了解产品，掌握一定的商品知识，明白真假之间的区别。只有这样，假冒伪劣产品才会成为无本之木。

 2. 商业机密的保护

1）申请专利

企业拥有专利就意味着企业拥有了对市场的控制权，它既是品牌之"矛"——通过技术许可证贸易进一步扩展市场，又是品牌之"盾"——排斥其他企业进入这一技术领域。可以说，专利是企业维护自己品牌地位的重要手段。

2）严守商业秘密

商业秘密是指不为公众所知悉，能为权利人带来经济利益，具有实用性并经权利人采取保密措施的技术信息和经营信息。商业秘密主要包括企业的生产方法、技术、程序、工艺、设计、配方、计划、销售和市场信息、客户名单等，大多数是企业赖以生存的绝招，凝聚着企业的劳动和汗水。商业秘密一般是企业为克服专利的局限性而设立的,因为一种新技术如果申请专利,虽能获得专利权,却必须以公开这一技术为代价,这就会为竞争对手进一步研究并超越这一专利技术提供了可能;并且专利的保护也有一定的年限,超过该年限,专利技术就不再受到法律保护。在知识产权保护方面,企业除了可以申请专利进行保护以外,还可以采取高度保密的措施,使之成为专有技术,可口可乐的配方就是典型的例子。

3) 谢绝技术性参观

技术性参观也是商业间谍获取情报的途径之一。因此,品牌经营者有必要谢绝技术性参观。

4) 争创驰名商标

目前。多数国家在国内知识产权立法中对《保护工业产权巴黎公约》中对驰名商标的特别保护内容加以确认,我国也不例外。企业应充分利用这一法律武器,积极创造条件争取驰名商标的认定,从而可以对国内外非法和恶意抢注我国驰名商标、谋取非法利益的行为,加以有效的遏制。

(三) 品牌资产的经营保护

品牌资产的经营保护是品牌经营者为维护品牌形象、保持品牌的市场地位,使品牌资产不断增值而采取的一系列企业生产经营活动。应注意以下几点。

1. 技术保护

1) 保持技术领先

技术领先意味着在相同市价条件下,企业提供的产品比同类竞争品具有更多的功能和更优的品质,能给消费者带来更多的利益和效用,使之产生"物有所值"乃至"物超所值"的满足感,将广大消费者吸引在自己周围,促使他们对企业产品形成品牌偏好。

2) 严格技术保密

差异化是现代企业参与市场竞争的基本战略之一。差异化的实质就是形成企业产品独有的特色,以明显区别于竞争者提供的同类产品,从而形成某种相对垄断局面,并在激烈的竞争中赢得一席之地。产品差异可以存在于多个方面,但相当一部分企业产品与其独特的原料、配方、工艺或其他技术秘密有关。

3) 统一技术标准

质量是品牌的生命,企业在扩散生产时一定要视自己的控制能力而行,对扩散单位坚持统一的技术要求,严格按母公司的质量标准组织生产,绝不能因盲目追求规模而牺牲企业品牌声誉。

2. 生产保护

1）按有效需求组织产销

在现实生活中，企业面对的往往是扩张潜力有限的市场需求。强势品牌企业即使在激烈竞争的市场环境中，也应保持清醒头脑，坚持自己产品特有的品位、风格与个性；按照目标市场有效需求，有计划地安排产销量，巧妙维持供求平衡。

2）严格质量管理

实施严格的质量管理是品牌资产经营保护最重要的手段。严格要求、严格管理体现在企业活动的各个方面和全部过程，目的是保持和提升品牌的竞争力，使品牌更具有活力和生命力，成为市场上的强势品牌。最重要的是要坚持全面质量管理和全员质量管理。"质量第一"是品牌经营保护的根基。"以质取胜"是永不过时的真理。

3. 营销保护

1）审慎地开展品牌延伸经营

绝大多数企业往往从专业化经营起步，经过若干年艰苦努力，在行业中有了相当高的地位，塑造出了较有影响力的品牌。为了谋求进一步发展，不少企业走上多元化扩张的道路。我国企业的多元化扩张大多是跨行业而为之，如卷烟厂涉足制药业、电器厂涉足建材业、家电业涉足金融业等。在这一过程中，一定要严格管理，防止品牌衍生的过度化和泛滥化而导致品牌资产受到损害。

2）始终树立以消费者满意为中心的经营理念

品牌资产并不是一旦拥有就终身不变，而是不断随着市场环境的变化、消费者需求的转变而起伏的。要想始终维持品牌的知名度、保持顾客的忠诚，就必须不断迎合消费者的兴趣和偏好、赋予品牌新特征，这就要求企业的品牌经营始终围绕着消费者满意来进行。

3）与消费者沟通的连续性

不断将品牌信息传递给消费者才能保持品牌在消费者心中的印象，广告是品牌传播的重要手段。

数字资源 9-2
中国防伪行业
协会发布
"防伪溯源
保护品牌"
十大优秀案例

4）维持标准定价

要消费者不计价格、无条件地忠实品牌是不可能的。一旦品牌的价格超过同类产品的平均范围，消费者就会敏感。品牌要想在市场上立足，必须维持同类产品的标准定价。

5）避免恶性竞争

品牌之间的恶性竞争只会导致两败俱伤，在品牌保护中要力争避免恶性价格战和行业内的相互攻击诋毁等行为。恶性价格战会破坏消费者已建立起的品牌忠诚，不利于维护良好的品牌形象。品牌之间相互攻击诋毁的最终结果是失去消费者的信任和好感，有时还会引起法律纠纷。

◇ 本章小结

建立品牌资产即创造出品牌知名度、形成消费者对品牌的品质认知和有利的品牌联想，努力提升品牌美誉度，并发展消费者品牌忠诚的过程。

建立或提高品牌知名度的基本要点是建立品牌认知和加强品牌记忆。促使消费者主动去识别品牌和记住品牌的关键在于品牌的有效传播。品牌传播方式包括广告传播、强势公关和口头传播等。建立品牌美誉度，需要企业从以下几个方面综合着手努力：保证卓越的产品质量，提供优质的售后服务，建立良好的企业信誉，加强顾客关系管理。企业在建立品质认知时可从以下几个方面努力：高品质的产品和服务，展示品质认知，利用价格暗示，提供有效保证与寻求支持。建立良好的品牌联想需要做好以下工作：选择品牌联想的关键因素，选择品牌联想的传播工具。建立品牌忠诚的具体措施包括超越顾客的期望、完善服务体系、加强顾客关系管理。

评估品牌资产的会计方法主要有四种：历史成本法、重置成本法、股票价格法和未来收益法。基于市场基础的评价法包括溢价法、消费者偏好法、英特品牌集团法、《金融世界》方法和北京名牌资产评估事务所的评价方法。

品牌作为企业的一项无形资产，需要持之以恒的呵护，并在激烈的竞争中使之增值保值。企业品牌资产管理策略包括：提高品牌资产的差异化价值，通过品牌延伸提升品牌资产价值，通过品牌叙事提升品牌资产价值，通过加强企业内部管理提升品牌资产价值。

企业品牌资产的保护包括加强品牌资产的法律保护、自我保护和经营保护。

数字资源9-3
练习与思考
及答案

第三篇

战略篇

本篇为品牌战略篇,主要从战略管理的角度,介绍品牌经营战略、品牌延伸战略和品牌全球化战略等内容。通过学习本篇内容,读者可以从战略管理的高度,对品牌管理有更深层次的理解。

第十章 品牌经营战略

品牌战略是企业总体战略的重要组成部分，品牌战略的实施是增强产品竞争能力的必然选择。适应当前市场经济发展的需要，做好品牌战略的选择是我国企业营销工作的一项急迫的任务。品牌战略是公司将品牌作为核心竞争力，以获取差别利润与价值的企业经营战略。品牌战略是企业实现快速发展的必要条件。随着品牌的深入发展，品牌战略的基本模式也越来越多，而且相互之间的特点上是多元化的，因此企业需要结合自身的品牌定位选择适合自身的品牌战略模式。

◇ **学习目标**

本章主要阐述战略与品牌战略的概念、品牌战略的意义、品牌经营战略的类型，并分别阐述了单一品牌战略、多品牌战略、主副品牌战略及品牌联合战略的概念、优势及风险。

1. 知识目标

（1）了解战略及品牌战略的概念；

（2）理解品牌战略的意义；

（3）掌握单一品牌战略、多品牌战略、主副品牌战略、品牌联合战略的定义、优势与风险。

2. 能力目标

（1）能举例说明品牌经营战略的类型；

（2）能熟悉各种品牌经营战略的运用条件、优势与风险；

（3）能结合企业的实际情况对品牌经营战略进行分析。

3. 情感目标

（1）培养学生深刻理解品牌经营战略对企业营销和发展的重要作用；

（2）培养学生综合运用品牌战略发展企业品牌的责任感。

◇ **学习重难点**

1. 品牌战略的概念及意义

2. 品牌战略的定义、运用条件

3. 各种品牌战略的优势与风险
4. 企业各种品牌经营战略

◇ **本章关键词**

品牌战略　单一品牌战略　多品牌战略　主副品牌战略　品牌联合战略

◇ **导入案例**

颠覆品牌成见

多年以来，日化巨头联合利华（Unilever）旗下的丝华芙（Suave），一直是一个低端洗发香波品牌。在零售店里，它通常被放在货架的最底层，即使这个品牌经常打折（有时99美分就能买到一瓶），但似乎瓶子上总有落着灰的感觉——因为买的人委实不多。对于一般消费者来说，这种通常被放在货架最底层，旁边贴满打折标签的产品，应该算是低端货，质量不会太好，效果估计也不尽如人意。比如，Suave 香波洗头发的效果应该不会太好——消费者哪怕自己从没试过，心里可能也有这种想法。

从品牌的角度来看，消费者的这种想法，有时可能是正确的。这可能就是商家故意打造的低端品牌，面向价格敏感的消费者。比如，宝洁（P&G）旗下的低端洗碗液品牌为滴然（Gain），高端品牌为多恩（Dawn），从去油污的功效来看，大众一般认为 Dawn 更出色，因此符合其高端洗碗液品牌的定位。

但也有另一种可能，那就是品牌本身质量不错，但出于种种原因，比如历史因素——Suave 在 1937 年由国家矿业公司（National Mineral Company）创立时定位就是面向打折店——消费者就是觉得品牌低端。这种消费者的品牌认知，在商家的眼中，也就等同于需要克服的偏见，尤其在品牌管理层易手之后（1996 年联合利华收购了 Suave 品牌）。

作为全球排名数一数二的家化产品集团，联合利华大概不会甘于永远让 Suave 落在行业的底端，而是一直在等待提升该品牌的最佳时机。终于，经过周密的筹划，联合利华在 2017 年出手了：它提出了一个雄心勃勃的设想，要彻底改变消费者对 Suave 的偏见，将其打造成一个高端的洗发香波品牌，对标 Redken、Kerastase 之类的专业沙龙级别的洗发香波。

可是，这些沙龙级别的洗发香波的价格都在一瓶 30 美元左右，怎样才能让习惯了 Suave 是低端便宜货的消费者颠覆成见，认可它的高端定位呢？这个难度一定不小，常规的营销手段估计难以奏效,需要异乎寻常的创意与执行方有可能颠覆消费者的成见。借用社会心理学中的偏见理论,联合利华需要让消费者看到以戏剧性方式呈现的与偏见不符的例子——原来 Suave 的质量这么棒——这样才有可能消除偏见。

2017 年 4 月,来自洛杉矶的生活方式博主 Brianna V. 收到了一个叫作 Evaus 的香波品牌给她寄来的试用装。她用了之后感觉效果不错,头发亮泽、柔顺、清爽,于是也像往常一样,和粉丝分享了她对 Evaus 香波的正面评价。几天之后,Suave 的营销团队上门找到她,告诉她所谓的 Evaus,其实就是到处都能买到的 Suave,这不过就是 Suave 做的一个营销小实验:Evaus,就是把 Suave 倒过来拼写得来的。Brianna 听到这个消息之后,惊讶与欣喜溢于言表。

这种营销方式听起来有点匪夷所思,但其实 Brianna 所经历的,是联合利华推出的一个主题为"Suave Believer"的宣传活动:这个活动选取了像 Brianna 这样的一批美妆意见领袖,给她们寄送 Evaus 香波。这些网红意见领袖,在使用了之后通常感觉不错,最后才知道自己用的原来就是 Suave 香波,于是又惊又喜。她们在个人的社交媒体账号上以#Suave Believer 为标签,分享自己使用 Suave 的心得,同时鼓励粉丝们也试用。粉丝们看到其偶像在使用 Suave 香波之后的认可和喜爱,在心理上也就可能"归附",开始消除原来对于 Suave 的偏见,认同品牌的质量。

联合利华此次改变消费者对于 Suave 的偏见的营销活动,获得了 2017 年的克里奥(Clio)创意营销铜奖。它之所以在这个时候通过营销活动来改变消费者的偏见,也是因为看到了千禧一代消费者的心理和行为与上一代相比发生了变化:在联合利华的前期市场调研中,有 92% 的被调查者认为,若低价产品并不影响使用效果,则她们不介意选择,因为这会让她们产生自己是聪明消费者的满足感。因此,这次 Suave Believer 营销活动成功的原因之一在于,赶上了消费者变化的天时。

Suave Believer 营销活动成功的第二个原因在于,联合利华为了此次宣传采用了丰富的内容表现形式,比如视频、信息图、意见领袖 Instagram 图片、顾客以#Suave Believer 为主题标签发帖等。因为联合利华充分意识到,颠覆消费者对于品牌的偏见不可能一蹴而就,需要从不同的角度传递和诠释品牌信息,保持持续的宣传强度,刺激用户的参与和试用。产品试用之后的用户正面反馈,才是全面击碎品牌偏见,一劳永逸地提升 Suave 形象的终极王道。

■ 思考题:
1. 联合利华运用了哪些品牌类型?
2. 请对联合利华的品牌经营战略进行分析和评价。

(资料来源:窦文宇. 内容营销:数字营销新时代[M]. 北京:北京大学出版社,2021.)

第一节　品牌经营战略概述

一、战略及品牌战略

（一）战略的概念

"战略"原本是军事术语，意指将帅通过对战争形势和敌我力量等因素的分析，对整个战争所做的主观的、全局而系统的谋划和军事力量的部署及实施。企业战略是指企业根据环境变化，依据本身资源和实力选择适合的经营领域和产品，形成自己的核心竞争力，是关于该组织将如何经营、它将如何在竞争中获得成功以及如何吸引和满足顾客以实现组织目标的各种方案。

（二）品牌战略的概念

品牌战略是企业以品牌的塑造、使用和维护为核心，在分析研究自身条件和外部环境的基础上所制订的企业的品牌总体行动计划。

具体来说，品牌战略是指公司将品牌作为核心竞争力，以获取差别利润与价值的企业经营战略。品牌战略是市场经济中竞争的产物，近年来，一些意识超前的企业纷纷运用品牌战略的利器，取得了竞争优势并逐渐发展壮大。战略的本质是塑造企业的核心竞争力，从而确保企业的长远发展。在科技高速发展、信息快速传播的今天，产品、技术及管理诀窍等容易被对方模仿，难以成为核心竞争力。而品牌一旦树立，则不但有价值并且不可模仿，因为品牌是一种消费者认知，是一种心理感觉，这种认知和感觉不能被轻易模仿。

（三）品牌战略的意义

 1. 品牌战略可以树立良好的企业形象

良好的企业形象是企业的一项重要无形资产，也是企业在市场竞争中取胜的有力武器。品牌战略与企业形象息息相关，知名品牌往往就是企业形象良好的具体证明。

2. 品牌战略可以促进产品销售

品牌战略作为一种促销手段,有助于实现企业的销售目标。当前消费者日益认识到品牌的价值所在,对品牌也越来越情有独钟。企业如不能抓住品牌战略这一有力武器,就很有可能被消费者所遗弃。

 ### 3. 品牌战略可以提高员工向心力

品牌战略是企业文化的一部分,也是增强企业凝聚力的黏合剂。企业员工的团队精神和对企业的忠诚度可以通过品牌战略来培养、提高。品牌战略可以提高员工精神上的满足感和归属感,调动员工的积极性,提高劳动生产率。这种向心力是企业的宝贵财富。

 ### 4. 品牌战略有助于提高经济效益

品牌本身是一种无形资产,因此企业可以利用品牌效应在生产运营阶段降低成本,如低价采购、低成本筹资等;可以在销售阶段利用品牌战略提高单价和销售量,从而增加销售额和利润总额。

 ### 5. 品牌战略是区域经济发展的龙头

品牌战略可以振兴一方经济,使地区优势得以发挥,并以企业品牌为核心,形成"互联网络",优化产业结构,促进资源优化配置,开创区域经济发展的新局面。

数字资源 10-1
什么样的分析有助于品牌战略的正确性?

二、品牌经营战略的类型

(一)单一品牌战略

单一品牌战略的优势不言而喻,商家可以集中力量塑造一个品牌形象,让一个成功的品牌附带若干种产品,使每一种产品都能够共享品牌的优势。例如,一个成功的海尔品牌,使得海尔的上万种商品成为成功商品,单一品牌战略的优势尽显其中。

（二）多品牌战略

一个企业同时经营两个以上相互独立、彼此没有联系的品牌，采用的就是多品牌战略。多品牌战略为每一个品牌各自营造了一个独立的成长空间。面对更多需求的消费者，多品牌之间看似竞争的关系，但是实际上可能壮大了整体的竞争实力，增加了市场的总体占有率。

（三）主副品牌战略

主副品牌战略是指在保持主品牌不变的情况下，为新产品增加副品牌。副品牌能给主品牌注入新鲜感和兴奋点，提升主品牌的资产。例如喜之郎-水晶之恋在刚刚上市的时候，水晶之恋就是以副品牌出现的，在市场上受到消费者的广泛认同。

（四）品牌联合（联名）战略

品牌联合（联名）是通过保留每个参与者的品牌名称，在客户认同基础上的两个或多个品牌的合作形式。品牌联合（联名）的组成形式可以是两个高价值品牌或者两个低价值品牌的联合（联名），也可以是一个高价值（强势）品牌与一个低价值（弱势）品牌的联合（联名）。

◇ **同步案例10-1**

融合淬炼 重拳出击 迈向国际——细说"中联"品牌

2007年12月3日，这是一个要载入中国工程机械发展史册的日子。这一天，品牌价值超33亿元、世界工程机械行业排名第24位、国内工程机械行业排名第2位的中联重科，正式宣布将旗下的"中联""浦沅""中标"这些国内外同享盛誉的品牌进行整合，统一为"中联"。

"中联"是在中国建设机械研究院体制改革中孵化发展而来的工程机械高科技品牌，"浦沅"被认为是中国工程超重机品质最好的品牌，而"中标"则被誉为中国环卫机械的"龙头老大"。从创立与聚能阶段的单一品牌，到企业飞速发展时期资源整合的多品牌融合，再到如今迈向国际化时期的品牌统一体系建立，中联重科完成了一个具有中国传统文化底蕴的国际化品牌的内核塑造，而这一过程始终与企业价值与战略定位、技术进步与市场开拓相辅相成，相得益彰。

要理解"中联"品牌所蕴含的品质、力量和价值，不妨穿越时空，探寻其成长轨迹。中联重科母体——长沙建设机械研究院，这是工程机械行业不会陌生的名字。1956年

5月创建于北京,1969年底搬迁到湖南常德,1978年底搬迁到长沙,曾是国内唯一集建设机械科研开发和行业技术归口于一体的应用型研究院,主要从事建筑、能源、交通等基础设施建设行业重大装备及新技术、新工艺和新材料的科研开发工作。1992年,时任副院长的詹纯新带领7名科技人员,靠借款50万元起步,成立了院属产业实体——中联建设机械产业公司。2000年,中联重科成功上市,漂亮地完成了从一个院办产业向现代化管理企业的过渡。这一年,英文标志"zoomlion"也正式启用,该英文标志一方面与"中联"的中文汉语拼音有着相似的读音,同时这个英语单词中也恰好蕴藏了"z""l"这两个"中联"中文汉语拼音的首字母;另一方面,该英语单词有"呼啸的狮子"之义,体现了中联重科作为中国这一"东方雄狮"的企业代表迈向世界的实力和雄心。2001年11月,中联重科整体收购了英国保路捷公司。第一次将"中联"蓝色的旗帜扎在工业文明发源的土地上。2002年12月,中联重科以承债式兼并湖南机床厂,第一次向传统国企输入了中联的观念、机制、管理模式。2003年,湖南机床厂实现销售收入、产值同比增长均超过200%,扭亏为盈,创下了历史最高水平的成绩,检验了"中联"品牌的内在力量。

中联重科历经一系列的重组并购和不断发展壮大,深入推进"专业化、股份化、国际化"的"核裂变"战略,旗下相继聚集了"中联""浦沅""中际"等品牌,而这些品牌在各自的领域内都形成较大的影响力。中联重科没有因为重组并购或是收购行为,贸然放弃已形成相当影响力的品牌,而是在内部,通过管理创新、文化创新进而实现规模、效益、文化的提升,通过依法治企、规范运作,打造无可复制的社会公信力,以此获得更为广泛的社会认知、认同。

2007年12月3日,中联重科正式宣布整合"中联""浦沅""中标"等品牌,统一为"中联"品牌,是适应市场发展的要求,以未来发展战略为基础的一个重要战略决策,是打造工程机械强势品牌、为全面进军国际市场所做出的果断决定。统一品牌,以国际化的思维整合国际化的资源,是中联重科进行全球资源整合的品牌战略的第一步。融合与统一,是产品设计、市场推广和企业文化建设等多方理念的契合,这表明中联重科将更加专注于工程机械产业,要实现更好地为客户提供系统的、高品质的工程机械产品,这更是产品品质保证、品牌信誉提升、企业战略发展的必然延伸。

中联重科品牌管理的思路是实现"品牌战略管理",即运用战略管理的方法对品牌进行规划和实施,其目的是在内外部环境不断变化的情况下,明确企业的根本品牌方向和基本活动范围,进而通过资源的战略性配置来获取持续性的品牌优势。在集团战略层面和sbu(战略事业单元)层面形成品牌管理体系,进行品牌战略规划、实施和管理,实现品牌整体业绩和竞争力的提升。这一品牌管理模式适用于企业的多产品系列格局,与中联重科现已实现的事业部制管理模式一脉相承。通过对公司内部一系列资源的整合与配置,建立品牌聚焦型组织,实现"公司品牌化"。

(资料来源:https://ishare.iask.sina.com.cn/f/1iMQbuFrOLL.html.)

第二节 单一品牌战略

一、单一品牌战略概述

随着企业的发展，在具备一定的资金、技术、管理、人才和品牌优势后，必然不断开发出新的产品。这些新产品与原来的产品可能属于同一系列，也可能属于不同类别，此时企业就可能面临着品牌系统战略决策，不同的品牌系统战略决策受制于一定的条件和前提。

（一）单一品牌战略的定义

单一品牌战略也称统一品牌战略，是指企业的多种产品使用同一品牌名称。运用单一品牌战略的典型代表有美国的通用电气公司、亨利公司，日本的三菱公司以及我国的成都彩虹电器股份有限公司。通用电气公司的所有产品都统一使用"GE"这个品牌；三菱公司生产的产品有机械重工，也有银行金融，所有产品均采用三菱的名称和Logo；成都彩虹电器股份有限公司生产的电热毯、消毒柜、电热灭蚊器用药片、杀虫剂等产品一律使用"彩虹"这个品牌。

（二）单一品牌战略的种类

根据单一程度的不同，我们又可将单一品牌战略继续细分为产品线品牌战略、产品项目品牌战略和伞型品牌战略三种。

1. 产品线品牌战略

这是一种局部的单一品牌战略，是指企业对同一产品线上的所有产品均使用同一品牌。由于同一产品线上的产品面对的是同一消费群体，它们在生产技术上有着本质的内在联系，在功能上相互补充，因此可以使用一个品牌来满足同一消费群体内不同方面的消费需求。例如，面对脱发客户群，企业可以用一个品牌推出生发精、柔性香波、发油等产品，满足客户护发的需要。这种战略在化妆品市场上运用得非常普遍。如世界著名的Loreal公司，曾推出面向年轻人的Loreal's Studio Line美发系列产品，包括定型发胶、发蜡、喷发摩丝，年轻人可以随意制作自己喜爱的发型。女性化妆品一般都采用产品线品牌战略，如羽西、雅芳、拉芳、诗芬等化妆品品牌。另外，男士品牌也有采用这种战略的。例如金利来，其"金利来，男人的世界"广告词广为人知，金利来领带、领夹、钱包、皮带等男士系列用品都采用了统一的品牌战略，在高收入男性阶层中备受青睐。

2. 产品项目品牌战略

这是一种跨越产品线的单一品牌战略，即对不同产品线中具有同等质量和能力的不同产品使用同一品牌。产品虽然不同，但市场定位和承诺是一致的，因而，使用同一品牌的所有产品有共同的市场沟通主题。例如，欧洲的Findus适用于135种冷冻食品，宣传的主题是"对于Findus，没有最好，只有更好"，表达了企业不断努力和勇于奋进的精神。世界著名的服装制造商贝那通（Benetton）公司生产适合各种消费者穿着的Benetton品牌服装，公司的宣传主题是"贝那通的联合色"，强调人类和平，暗示其产品适合不同肤色的消费者。采用类似战略的还有著名的Green、Dole、Bosch等品牌。

3. 伞型品牌战略

这是一种完全的单一品牌战略，即对企业生产的所有产品，不管其相关与否，均使用同一品牌。比如，飞利浦公司生产的所有产品，包括音响、电视、计算机、灯泡、剃须刀、手机、家电产品等均使用飞利浦品牌，飞利浦公司的成功经营使其产品畅销全球。雅马哈公司也是成功实施伞型品牌战略的一个典范，它生产的摩托车、钢琴、电子琴都以雅马哈的品牌销售。佳能公司也推行伞型品牌战略，其生产的照相机、传真机、打印机、复印机也都使用佳能品牌。

（三）单一品牌战略的运用条件

使用单一品牌战略一定要慎重，尤其要考虑以下几点。

1. 企业产品的关联度

企业使用单一品牌战略是为了借助已有品牌的声誉和影响迅速向市场推出新产品。单一品牌战略实质上是采用品牌延伸的方式推出新产品。要想使得新产品被市场所接受，原有品牌的产品与新产品之间具有较强的关联度至关重要。

2. 企业的品牌定位

品牌定位一旦确定，企业的经营决策就必须与之保持价值取向一致，否则会造成品牌形象的混乱,引起消费者的困惑和不满。一般来说,品牌定位的最大范围是第一次使用这一品牌的商品所属的行业,如果企业想跨行业经营,则应考虑选择多品牌战略。

3. 新产品的质量保证

如果新产品发生了质量问题,就会牵连到整个品牌的产品。在销售量短期增加的同时,使消费者对品牌产生不满,从而让更多的消费者迅速地远离这一品牌的产品。

二、单一品牌战略的优势

(一)有利于创建统一的品牌形象

众多产品使用同一品牌和品牌创意,有利于在消费者心目中建立统一的品牌意识和品牌形象,提高品牌在目标市场的知名度,增强品牌的市场影响力。企业可根据目标消费群的多方面需求推出系列产品,易于产品线的延伸,避免了信息传播泛滥。

(二)引进一种产品的费用较少

因为企业不需要进行"品名"的调查工作,也不需要为建立品牌名称认知和偏好而花费大量的广告费,因此可为企业节省大量的开支。跨国公司在向国外扩张时经常使用这种战略,利用已有的品牌知名度打开市场,节约进入市场的费用和时间,这在当今信息爆炸、传播成本上涨的时代显得尤为重要。

(三)有利于新产品迅速获得品牌认知

如果企业声誉好,产品品牌强劲,已经成功的产品品牌形象和有利于顾客认知的信息顺利地延伸到另一种新开拓的产品或市场上,此时新上市产品会很快获得品牌认知,产品销路也会非常好。例如美国金宝汤料公司介绍新的汤料时,均使用"金宝"这一品牌名,使人一看便知这是金宝汤料公司推出的新产品,因而几乎每一种新的汤料上市都不会遇到多大的市场阻力,人们就像欢迎老汤料一样欢迎新汤料的到来。

三、单一品牌战略的风险

（一）容易忽视产品宣传

人们通常认为，有强大的品牌作后盾，只要挂上强势品牌，产品销售不成问题。然而这样做的结果是，产品特色的具体宣传得不到足够的人力和财力资源。事实上，品牌的影响力会随着运用范围的扩大而下降，产品特色也会因运用范围的扩大而逐渐丧失。比如说若干年前，美国美能公司推出了一种洗发精和润发乳二合一的产品，取名为"蛋白21"。它很快在市场上打开销路，并取得了13%的占有率，成为知名品牌。公司受到品牌扩展的诱惑，又接连使用这一品牌推出蛋白21发胶、润发乳、浓缩洗发精等产品，结果事与愿违。由于伞型品牌战略模糊了蛋白21作为二合一洗发护发用品的特征，从而也就淡化了消费者对它的独特偏好，结果蛋白21的市场占有率从13%降为2%。

（二）品牌名称的纵向延伸存在问题

品牌名称在同一产品档次的横向延伸一般问题不大，但向不同产品档次的纵向延伸较困难，因为纵向延伸意味着品牌要囊括不同质量和水平的产品。例如，凯迪拉克（Cadillac）是通用汽车公司的主导品牌，该公司为应付激烈的市场竞争，曾于20世纪80年代推出了凯迪拉克牌子的经济型轿车Cadillac Cimarron，让顾客花雪佛兰的价钱就可以买到凯迪拉克，结果使人们对凯迪拉克品牌传统的豪华车的象征意义发生动摇，直接影响到高档车的销售。

（三）优先效应和近因效应

优先效应和近因效应是心理学上客观存在的两大效应，它们的存在（不一致时）对伞型品牌战略的运用起了很大的制约作用。所谓优先效应，是指在某个行为过程中，最先接触到的事物给人留下较深刻的印象和影响，起着第一印象和先入为主的作用。从实行伞型品牌战略的角度看，某个品牌极易成为使用这一品牌的第一种产品的代名词，也就是说，消费者趋向于把一个品牌看成某种特定的商品。例如，"雪佛兰"汽车是美国家庭轿车的代名词，但是在"雪佛兰"将生产线扩大至卡车、赛车后，消费者心中原有的"雪佛兰就是美国家庭轿车"的印象焦点就模糊掉了，而"福特"汽车则乘虚而入坐上了第一品牌的宝座。"娃哈哈"本来是儿童果奶的代名词，随着"娃哈哈"红豆沙、"娃哈哈"绿豆沙、"娃哈哈"八宝粥、"娃哈哈"纯净水的相继推出，"娃哈哈"在消费者心中的品牌意象也出现了模糊。

至于近因效应，则是指在某个行为过程中，最近一次接触的事物给人留下较深刻的印象和影响。由于它能对最初形成的优先效应起到巩固、维持、否定、修改或调整的作用，并且与消费者的下一次购买行为在时间上最为接近，所以它能促进或阻滞新老产品的销售。当优先效应和近因效应协调一致时，即优先效应形成的原有商标意象与近因效应产生的新的商标意象可以"对号入座"时，能增强消费者的满意度和信任度，这有利于产品销售。比如，德州炸鸡让已过世的老将军再度出现在广告中；福特汽车将已成为经典的1965年野马车型，悄悄加入新车型的广告中，都是成功的范例。但是，如果两种效应不一致，甚至发生激烈冲突时，消费者心中的原有品牌意象就会模糊化，此时会阻滞产品的销售，推行伞型品牌战略的效果就不会很好。

（四）可能遭受连带损失

由于品牌系统中的所有产品均使用单一品牌，因此很可能导致"一荣俱荣，一损俱损"的结局。伞型品牌战略的最大风险在于各产品间的相互牵连。在企业的营销实践活动中，因某个产品而影响企业所有产品的事件也不胜枚举，由此导致企业效益滑坡甚至破产的案例也不少。三株口服液，1996年因受"常德事件"影响，"三株"品牌一落千丈。这时，遭受巨大损失的三株集团领导为了避免企业受到更大的损失，立即将三株系列中的护肤品品牌"生态美"产品包装中的"三株"字样去掉，由此保存了今天发展势头良好的国产护肤品品牌"生态美"。不过，遭受重创的三株公司再也没有恢复过来，从此告别了昔日在保健品行业的辉煌，"三株"品牌也从此湮灭。

第三节　多品牌战略

随着消费需求的多元化，一个消费群体分离成不同偏好的几个群体，单一品牌战略往往不能迎合偏好的多元化，且容易造成品牌个性不明显及品牌形象混乱，而多品牌战略正好可解决这一问题。

一、多品牌战略概述

（一）多品牌战略的定义

多品牌战略，也称产品品牌战略，是指企业以其生产和经营的不同产品分别命名，不同产品使用不同的商标。简单地说,是指企业同时经营两种或两种以上互相竞争的品牌以促进企业总销量的增加。这种战略是宝洁公司(P&G)首创的,获得了巨大的成功。

宝洁公司以生产经营洗涤用品为主,并涉足织物软化剂、化妆品、卫生用纸、纸尿布以及一些食品和饮料,在美国市场上握有8个领域的市场占有率桂冠,是世界日化领域的超级巨头。据统计,宝洁公司有300多个品牌。很多学者都反对过多地拥有品牌,像宝洁公司这样大胆贯彻多品牌战略并且富有成效的确实不多。宝洁公司的产品大多是一种产品多个牌子(一品多牌)。以洗衣粉为例,其推出的品牌就有汰渍、洗好、波特、时代等近10个品牌。在中国市场上,香皂用舒肤佳,牙膏用佳洁士,卫生巾用护舒宝,仅洗发水就有"飘柔""潘婷""海飞丝""沙宣""润妍"等多个品牌。市场细分使宝洁公司获得了巨大的品牌延伸拓展空间,个性差异化服务为宝洁公司提供了丰富的利润回报。在我国,实施多品牌战略的企业也不计其数,如丝宝集团的洗发水有舒蕾、风影、顺爽三个品牌,化妆品品牌有丽花丝宝、柏兰、美涛等品牌,女性卫生品品牌有洁婷、伊倍爽。上海白猫的洗衣粉既有白猫牌,又有佳美牌;五粮液酒厂除拥有"五粮液"这个重量级品牌外,旗下还有五粮神、五粮春、五粮醉、尖庄、川酒王、五湖液、浏阳河、圣酒等20多个品牌。科龙集团是国内家电中唯一实行多品牌战略的企业,旗下拥有"科龙""容声""华宝""三洋·科龙"4个品牌。

(二)多品牌战略的运用条件

实行多品牌战略,也并非越多越好。总的来说,实施多品牌战略,必须具备以下前提条件。

1. 企业的规模和经营实力

多品牌战略是企业实力的象征。企业的资金实力、对多品牌的市场驾驭能力是实施多品牌战略的重要条件,中小企业无力经营多品牌。无论是宝洁,还是五粮液、丝宝,皆是实力雄厚的企业。

2. 产品与行业特点

一般而言,消费者更注重个性化的产品适合采用多品牌,如生活用品、食品、服饰等日用消费品。而家用电器等耐用消费品适合采用单一品牌战略,如松下、东芝、日立、LG、海尔等,无论洗衣机、彩电、音响、空调、冰箱均采用同一品牌,这是因为耐用消费品的产品技术、品质等共性化形象对消费者来说更为重要,而其个性化形象相对来说已退居其次。

3. 开展品牌差异化营销

各品牌之间的定位有明显的差异,可实施严格的市场隔离,开展品牌差异化营销,并协同对外。实施多品牌战略的最终目的是通过新产品去占领不同的细分市场,夺取竞争者的市场份额。如果引入的新品牌与原有品牌没有足够的差异,就等于企业自己与自己竞争,毫无意义。同时,品牌间的差异要具有可识别性。当品牌做出定位时,这种定位的设计就应该是消费者能够轻易识别的,因为产品是卖给消费者的,只有让消费者识别出品牌间的差异才具有真正的经济价值。

 4. 每一品牌所面对的细分市场都应具有规模性

同种产品下的多品牌战略应特别注意品牌的目标市场是否有足够的市场容量。在激烈的市场竞争格局下,许多成熟市场已被分为碎片。企业过多推出多品牌势必造成品牌间的恶性竞争。

二、多品牌战略的优势

(一)有利于培育多个市场

独木不成林,一花不是春。企业实施多品牌战略时,由于针对不同的细分市场推出不同的品牌,可以大大提升企业品牌的总市场占有率,有利于多个市场的培育和成熟。

(二)战略管理具有一定的灵活性

多品牌战略使战略管理具有一定的灵活性,限制竞争对手的延伸领域。欧洲行李生产厂家达尔西就是采用这种战略,限制了对手三松企业的扩张。其通过创建一个新品牌——维萨,在价格上抢在了三松产品前面,同时又限制了三松向高档商品市场的发展。

(三)有利于保持竞争优势

多种不同的品牌一旦被零售商接受,就能够获得更多的货品陈列机会,取得更多的货架面积,相对减少竞争者的机会,从而有利于保持竞争优势。

(四)有助于企业全面占领一个大市场

有助于企业全面占领一个大市场,满足不同偏好消费群的需要。一种品牌有一个独特的定位,可以赢得某一消费群,多个品牌各有特色,就可以赢得众多消费者,广泛占领市场。

一般单一品牌的市场占有率达到20％已经相当不错，而宝洁公司三个洗发水品牌（飘柔、潘婷、海飞丝）曾为其带来66.7％的市场占有率。

（五）有利于提高效率

企业内部多个品牌之间的适度竞争，有利于提高效率，从而提高企业的整体经营业绩。

（六）有利于提高企业抗风险能力

采用多品牌战略的公司赋予每种产品一个品牌，而每一个品牌之间又是相互独立的，个别品牌的失败不至于殃及其他品牌及企业的整体形象。

三、多品牌战略的风险

（一）增大投入

由于对不同品牌进行各自不同的广告宣传促销活动，大大增加了产品营销成本，影响企业经济效益，不符合营销集约化原则。

（二）引起企业内部激烈竞争

引起企业内部各品牌之间的激烈竞争，从而使得新品牌的推出导致老品牌的没落；或者在老品牌的重压下，新品牌根本无法顺利上市。

（三）新品牌的品牌知名度低

新品牌的品牌知名度低，在每个新品牌的市场生命周期中的导入期、成长期，需花费巨资和很长时间进行品牌宣传，新产品进入市场的里程就相对缓慢，不能迅速打开新产品市场，品牌投资获利较慢。

（四）不利于企业品牌的培育

企业分散人力、物力、财力于多品牌推介，因此不利于企业品牌和旗帜品牌的培育，更不利于名牌的打造。事实上，如果企业规模过小，一个企业在年销售额不到数百亿元的情况下进行多品牌经营，其实只是削弱自身的竞争力。

（五）新品牌的边际效益递减

尽管为了占领市场等需要，企业使用多品牌战略，但随着多品牌的推出，新品牌的边际效益呈递减趋势。在宝洁的洗发水品牌中，收益最好的还是率先推出的飘柔品牌，而丝宝旗下的舒蕾同样是公司的主要利润来源。

◆ 同步案例10-2

欧莱雅"品牌金字塔"

欧莱雅集团是全球化妆品行业的领袖，拥有众多令全世界爱美女性趋之若鹜的化妆品品牌：巴黎欧莱雅、美宝莲、卡尼尔、兰蔻、碧欧泉、植村秀、卡诗、薇姿……与宝洁的多品牌战略相比，欧莱雅的多品牌之间的最大区别不是功能，而是品牌所代表的身份、品味和生活方式。而品牌所代表的这些含义在很大程度上是通过终端渠道来实现的。欧莱雅多品牌的成功很大程度上得益于这种多终端渠道结构。

欧莱雅（中国）的市场销售架构分高档化妆品部、大众化妆品部、专业产品部和活性健康化妆品部等四大部门。其中，高档化妆品部拥有兰蔻、碧欧泉、赫莲娜和羽西这四大品牌，均采取"窄"的零售终端铺设策略。这些品牌的零售终端经过严格选择，如香水店、高档百货店、购物中心专柜、免税商店等，终端数量少而精，确保了品牌的高端形象。而欧莱雅的大众化妆品部采取"宽"的零售终端设计，主要通过百货公司、超市等大众化消费渠道，向消费者提供巴黎欧莱雅、美宝莲、卡尼尔三大国际品牌以及在中国收购的小护士，确保了消费者对这些品牌的接触度。

（资料来源：王海忠. 品牌杠杆——赢得品牌领导的资源整合战略[M]. 北京：人民邮电出版社，2009.）

第四节 主副品牌战略

一、主副品牌战略概述

（一）主副品牌战略的定义

所谓主副品牌战略，就是指在主品牌保持不变的情况下，在主品牌后面为新产品添加一个副品牌，以便消费者识别该产品，拉近消费者与该品牌之间的情感距离，促使消费者认知并购买该产品。简言之，就是在品牌（商标）不变的情况下，给新产品起个"小名"，如三星-名品、松下-画王、红心-小厨娘、海尔-小神童、TCL-巡洋舰、长虹-金太阳、乐百氏-健康快车等，均属于主副品牌产品。与其他的品牌战略相比，主副品牌战略最突出的特点是它具有极强的针对性。主副品牌战略解决了单一品牌战略容易导致的品牌个性模糊和多品牌战略容易导致的资源浪费问题。

（二）正确处理主副品牌间的关系

正确处理主副品牌间的关系，具体来说，可从以下几个方面入手。

1. 副品牌应力求突出自己的个性，使主品牌形象更丰满

副品牌要求更直接体现产品特点，如"宝洁"品牌的副品牌"潘婷"的魅力就在于滋润头发，"海飞丝"的特色就在于去头屑，其他副品牌也都有自身的个性，这就极大地丰富了"宝洁"公司为顾客着想的形象，因而具有极高的市场占有率。

2. 企业在进行广告宣传时，应重点推介主品牌，副品牌处于从属地位

副品牌是主品牌的延伸，它需要利用消费者（用户）对现有成功品牌的信赖和忠诚度，推动副品牌产品的销售，广告宣传时重点推介主品牌，可使企业最大限度地利用已成功主品牌的形象资源，节省新产品上市资源；否则，如果主副颠倒，作为新产品的副产品，就会导致消

费者对新产品的认知一切都得从头开始,这无异于建立一个全新的品牌,不仅成本高而且难度大。比如"海尔-小神童"洗衣机,副品牌"小神童"传神地表达了"电脑控制、全自动、智慧型"等产品特点和优势。但消费者对"海尔-小神童"的认可、信赖乃至决定购买,主要是基于对海尔的信赖。

3. 副品牌应以主品牌为中心

副品牌是基于主品牌的品牌,离开了主品牌,副品牌也就如无源之水、无本之木,很难保持旺盛的生命力。因此在处理主副品牌的关系时,切忌颠倒,企业应在资金、资源等方面对主品牌保持足够的倾斜,即便副品牌发展得很好,也不能随意改变这种格局。正确处理主副品牌间的关系,恰到好处地利用主副品牌战略,可以起到拾遗补阙、相得益彰的效果,为企业创建知名品牌助一臂之力。

(三)主副品牌战略的运用条件

企业是否采用主副品牌战略,得视具体情况(如企业状况、行业状况、产品状况等)具体分析,一般来说,若由于技术不断进步等原因,产品不断更新换代,更新期较短,则最好使用主副品牌战略。若企业经营同一类产品,而且该市场竞争激烈,产品使用周期较长,也可使用主副品牌战略。如家电行业就属于这种情况,我国的洗衣机、冰箱、空调等行业企业多采取主副品牌战略。

以下几种场合不适合采用主副品牌战略。

第一,企业品牌或其主导产品品牌已经定位,品牌使用范围又基本界定,若企业还想进行品牌延伸或扩张时,最好不用主副品牌战略。例如,派克公司使用主副品牌战略进军低档笔市场导致失败,便是有力的证明;同样,"金利来"是"男人的世界"这一高度定位便决定了该公司不宜利用主副品牌战略生产女性服饰。

第二,如果企业生产产品跨度太大,与已成功品牌产品相关性不大,也不宜使用主副品牌战略,这时最好使用多品牌战略。如杭州华立集团对它的机械电子类产品使用"华立"品牌,而对食品类产品则使用"太一"品牌,就属于这种情况。

第三,产品的使用周期较短,或客观需要换品牌时,使用主副品牌战略的效果也会很有限。例如,在个人清洁用品、洗发护发用品、护肤用品等行业中,保健医生可能呼吁,要求消费者从保健的角度出发,不要经常使用一种品牌的牙膏或洗发水、护肤品;同样,在医药行业,医生的忠告也使消费者为避免抗药性而拒绝长时间服用一种品牌的药品。所有这些情况,都在客观上制约了主副品牌战略的应用范围。

当然,这也不是绝对的。比如说登喜路将烟草品牌用到服装上也获得了成功。这就是说,企业应根据自己的实际情况及产品的不同特征,结合外部环境辩证地做出决策,而不能机械地套用条条框框。

二、主副品牌战略的优势

副品牌的作用是用来修饰主品牌的。采用主副品牌战略的优势主要有三点。

（一）可以快速进入市场

副品牌产品可以有效地利用已经取得成功的主品牌的社会影响力，以较低的营销成本迅速进入市场，打开局面。同时，主副品牌战略在企业品牌系统及所有相关的品牌联想之间建立了更加紧密的联系。

（二）可以创造具体的品牌个性

每个品牌都有其标识的产品的特点，都是属性、利益、价值、文化、个性和用户的无形组合；而副品牌更加直观、形象地表达产品的特点和个性，让消费者一看就可联想到具体的产品特点和个性形象，如格力-蜂鸟空调，其主要特点就是小巧、精致、省电。

（三）可以节省营销费用

采用主副品牌后，广告宣传的重心仍是主品牌，副品牌从不单独对外宣传，都是依附于主品牌联合进行广告活动。所以企业可以把主品牌的宣传预算用在主副品牌的共同宣传上。这样，副品牌就能在节省宣传成本的同时尽享主品牌的影响力。

三、主副品牌战略的风险

（一）副品牌适用面比较窄

副品牌由于要直接表现产品特点，与某一具体产品相对应，大多选择内涵丰富的宣传词汇，因此适用面比较窄。过于细分的市场使副品牌在取得足够的产品份额方面困难较大。因此，选择有利可图的目标市场在主副品牌战略中十分重要。

（二）副品牌可能失败并影响主品牌的形象

采用主副品牌战略，就将副品牌与企业品牌系统中所有的品牌联系起来了。企业的风险随之增大。如果企业品牌系统中的某个副品牌发生了问题，就有可能使主品牌和其他同样采用主副品牌战略的品牌的形象受损。所谓"一荣俱荣，一损俱损"。

（三）成功的副品牌也可能淡化企业主品牌的形象

副品牌与主品牌的品牌联想不一致甚至相互冲突，都会改变消费者对企业主品牌或者其他副品牌的印象。

第五节　品牌联合（联名）战略

一、品牌联合（联名）战略概述

早在 1961 年美国著名食品厂商贝蒂妙厨公司（美国通用磨坊食品公司）和新奇士公司就曾成功地执行了一项品牌联合，而福特汽车和凡世通轮胎的合作则可追溯到 1908 年。20 世纪 80 年代首次提出品牌联合的概念，品牌联合在管理实践中得到了越来越广泛的应用。20 世纪 90 年代以来，全球范围内实施品牌联合的品牌数量正以年均 40% 的速度递增。Nutra Sweet、微软、英特尔等品牌都曾通过品牌联合取得了巨大成功。

两个或两个以上的品牌联合可以提升品牌影响力和品牌资产价值，更新品牌形象，开拓新的市场，因此，品牌联合越来越受到企业的青睐。品牌联合广泛应用在食品、零售、石油、银行卡、汽车等领域。实践表明，当品牌价值提升在短期内空间很小的时候，两个价值取向相同的品牌协调合作能创造巨大的和谐力，品牌双方都会提高收益率和品牌价值。

（一）品牌联合的定义

品牌联合是品牌在企业外部的延伸。最初，人们将合作营销、交叉促销、联合促销、品牌联盟、品牌合作等都称为品牌联合，随着研究的深入，学者们主要倾向于将品牌联盟和品牌合作称为品牌联合。

20 世纪 80 年代，朱丽叶·布恩根据红龙虾在假日饭店开设餐馆的事件正式提出了品牌联合的概念。1996 年，帕克·简和舒克认为，品牌联合是指将两个现存的品牌名称相结合，成为一个新产品，创造一个组合品牌名称。2003 年，路赛斯尔、卡利与苏瑞认为，品牌联合是在维持两个或更多原有品牌特性的条件下,将这些品牌结合而创造一个新的产品或服务。

根据上述定义,我们认为,品牌联合是指两个或多个品牌通过组合或合作,创造一个新的品牌或同时出现在一个新的产品或服务上,在这个过程中所有参与其中的品牌名称都被保留。

两个品牌的联合比较多见,如公司层面的品牌联合——"华晨宝马""一汽大众""上海通用"等,产品品牌一般采用合作方的品牌"宝马""大众""别克"等。多个品牌的联合有时发生在公司品牌层面,而新产品可能使用新创品牌,如"东风悦达起亚"是东风汽车、悦达投资和韩国起亚公司的联合品牌,其推出的产品品牌是"典悦""华骐","上海通用五菱"是上海汽车、通用汽车、五菱汽车的联合品牌,其推出的汽车品牌是"宝骏"。这时,联合品牌作为新创品牌的来源品牌或担保品牌。

从直观上看,品牌联合主要表现为在单一的产品或服务中使用了多个品牌名称;从经营战略的视角看,品牌联合是两种品牌名称下的两种资本之间的深层合作,品牌联合只是资本合作的载体和表现形式。品牌联合具有以下两个特征:① 具有相近价值取向,并且是两个强势品牌联合在一起,品牌的强强联合才有意义;② 联合的两个品牌的地位应该是相同的,不是主副品牌关系,也不是来源品牌或担保品牌关系。

(二)品牌联合的类型

根据共同创造价值的潜力,可以将品牌联合划分为认知型品牌联合、价值认可型品牌联合、元素组成型品牌联合和能力互补型品牌联合四个类型。

1. 认知型品牌联合

认知型品牌联合共同创造价值的潜力处于最低层次。合作企业通过品牌合作向对方的顾客群展示自己的产品、服务和品牌,并通过提供服务扩大企业在新目标市场上的影响,提高企业品牌在新受众中的认知度。

例如,中国工商银行与中国国际航空公司(以下简称"国航")合作,共同发行国航知音卡金卡。该卡有两个公司的标志,具有两个卡号,中间一个是中国工商银行的信用卡卡号,下边是国航的知音卡卡号。国航在中国工商银行的顾客群体中展示、宣传了自己的产品和服务,推动消费者认知自己的品牌,刷卡购买机票时,由于中国工商银行的信用卡金卡带来的方便和优惠而选择国航的航班。同时,消费者利用金卡刷卡购买机票,可以得到累计积分,并给予机票折扣、免费升舱等优惠,当积分达到一定的数额,还会返还一定的飞行里程。可见两家企业的品牌联合给双方都带来了利益,中国工商银行为自己的信用卡赢得了更多的高层用户,提高了品牌的认知度。

2. 价值认可型品牌联合

价值认可型品牌联合的关键是参与合作的公司具备在客户心目中的品牌价值的一致

性,品牌之间有着密切的核心特性和价值上的联系,合作双方能够通过这种联系提高其互补性的品牌声誉,创造满足消费者的新价值,并从中分享品牌联合的收益。消费者认可品牌联合创造的价值,可以刺激品牌联合的经济效果,但价值认可在很大程度上减少了品牌联合的潜在合作伙伴。价值认可型品牌联合与认知型品牌联合的主要区别在于有价值创造。

价值认可型品牌联合有两种。一是互补型的专业品牌合作,强调联合品牌的专业性。例如,中国五粮液集团与国内保健食品行业领军企业上海巨人投资有限公司利用在品牌、技术、资金和营销网络等方面的优势,采用五粮液的浓香型基酒,遵循四百余年中医古方,酿造出代表作——"五粮液黄金酒",共同打造保健酒行业的领袖品牌。二是某行业品牌与具有高度影响力的专业组织合作,为市场提供新的产品或服务。例如,中国商业银行发行的信用卡、借记卡上有银联(UnionPay)的标志,实现信用卡、借记卡的跨行、跨国支付服务。再如,奥运会组委会、中国慈善协会等合作,采用合作方监制的方式推出品牌联合产品,以具有高度影响力的品牌为产品做注释,提高联合品牌产品的价值。

 3. 元素组成型品牌联合

元素组成型品牌联合是实践中最为常见的一种品牌联合,也是营销理论界研究最多的一种类型,是指一个产品上同时出现两个品牌的联合方式,其中一个品牌是终端产品的品牌,另一个是终端产品所使用的成分产品(或组件)的品牌。终端产品品牌希望通过包含成分产品品牌的某种元素来说明或保证自身具有好的品质特征。通过元素组成型品牌联合,制造商和供应商向消费者传递了其产品和性能的特定信息,不仅提升了双方的品牌价值,而且分摊了宣传的费用。例如,1991年英特尔花1亿美元与康柏、戴尔、Gateway、联想等著名品牌电脑制造商合作,成为各电脑制造商的CPU供应商,以承担广告费用为条件,向各电脑制造商提供英特尔处理器并要求它们在电脑说明书、包装和广告上加入"Intel Inside"独特标志,使英特尔成为CPU制造行业的领军品牌。又如,李宁运动品牌服装与杜邦公司开发的莱卡面料品牌进行合作,推出"李宁·莱卡"联合品牌服装,由于莱卡的弹性纤维可以提升运动功能而被市场广泛认可。

 4. 能力互补型品牌联合

能力互补型品牌联合是品牌合作的最高层次,两个强大的互补品牌结合在一起产生一种新的产品或服务,而且每个合作伙伴把自己的核心技术和竞争力投入这个产品或服务中,这是品牌合作从初级合作关系上升到高级合作关系。这种品牌联合的前提是各方都具有较高的声望和专业优势。例如,拥有100多年历史的著名钟表品牌劳力士联合LG开发劳力士手机,依托LG在时尚手机制造方面的专长,同时融入了劳力士外观设计理念,使这款联合品牌手机具有精致的做工和不俗的气质。

（三）品牌联合的原则

 1. 根据实际需要选择品牌联合的类型

不同的品牌联合类型在选择合作者和合作经营方面是不一样的。当需要另一个著名品牌也起到驱动购买作用时，可以选择主品牌合作的类型，必要时甚至合资；如果只是要满足某一短期的销售目标，则可以选择联合促销。一般的品牌联合要么是跨行业的联合，要么是一个产业链上下游的联合，而如果某一问题是整个行业共同面对的，则甚至可以不计前嫌发起同业竞争者之间的联合。例如，东莞机动车协会联合东莞众多车行搞的合作促销活动，就是这一策略的具体应用。面对目前比较萧条的车市，它们不是进行品牌间的恶意竞争，而是化干戈为玉帛握手共同开拓市场，以盛大宣传场面为冷清的车市赢得眼球。

 2. 合作者的品牌内涵、目标市场等要相吻合

由于品牌联合将几个合作品牌放在一起进行推广，消费者会认为这些品牌的内涵具有同一类特征，而如果品牌的内涵并不吻合，就会让消费者产生认知混乱。另外，合作者的目标市场应该一致，因为各联合品牌在联合推广时所对应的将是同一个市场。例如，帕萨特一向表现出成熟和稳健，如果与中国移动的"动感地带"进行品牌联合就会显得不伦不类，与"全球通"进行联合则成功的可能性很大。因此，在选择品牌联合候选企业的时候，需要考虑该品牌的内涵以及对应的目标市场。

 3. 合作品牌的产品类别要有一定的关联性

具有关联性的几个产品进行合作才更容易让消费者配合使用。如果产品之间没什么联系，那么产品的销量还是很难提高。不仅如此，不相关的产品联合还会影响品牌的定位。日本某主要的咖啡制造商给法国蓝带烹饪学院提供了一个具有获利潜力的品牌联合机会。经过仔细考虑该学院拒绝了，因为它担心蓝带烹饪品牌所代表的特殊专业和价值会被过度延展到食品杂货市场的领域中去。而当该学院与日本第四大食品生产商日本火腿公司达成协议销售品牌联合的肉酱、羹汤和专业烹煮的菜肴时，则并没有这些疑虑。

 4. 合作者的资源要能互补

资源互补型的品牌才能有更坚固的合作基础。例如，在英国，埃索石油公司和特易购便利店联合在加油站建立了24小时营业的迷你超市。该超市既有埃索强大的品牌力量、优越的地理位置和加油站经营经验作为基础，又有特易购的品牌力量、顾客购买信息、采购能力和超市经营能力作为基础,因此合作关系是牢固的。

5. 品牌在各自行业中的地位要均等

一般而言,合作各方在各自行业中的地位都要均等,这样合作起来才能"门当户对"。否则,品牌联合当中将会产生很多纠纷,而且处于高地位的品牌也不会心甘情愿地全力投入合作。例如,当年英特尔公司要启动"Intel Inside 计划"的时候,IBM 对此就兴趣不大,因为当时二者的市场地位差异较大。

二、品牌联合(联名)战略的优势

(一)有利于强化产品品质的信号

由于品牌联合往往是两个知名品牌之间的合作,能够向消费者传达品质得到改善的信号,相对于单独一个品牌来说,能够向消费者传递更好的产品质量保障。潜在的消费者更容易接受并购买联合品牌产品,因为当企业通过联合品牌推出新产品时,新产品的潜在消费者认为不止一家企业用自身的声誉为新产品的品质提供背书。

(二)有利于降低企业推出新产品的风险和成本

品牌联合通过市场上消费者熟悉的一个现有品牌来帮助新产品的推广,是一种帮助企业推广新产品的有效方式。相对单一品牌,品牌联合可以获得更多的曝光率。研究表明,联合品牌的总利润比单一品牌的利润有明显的增加。同时,在竞争的市场上,与实施品牌联合的产品竞争的难度较大,进而能有效地降低新产品进入市场时的风险与成本。

(三)有利于克服进入新市场的障碍

品牌联合有助于双方利用联合品牌提升技术水平、培养生产能力和开拓市场能力,克服进入新的领域或新的市场的障碍。同时,参与品牌联合的双方可能拥有互补的品牌属性和品牌能力,从而改善消费者对品牌的评价,提升消费者心目中的品牌形象,推动联合的双方快速树立品牌形象。例如,2005 年,摩托罗拉联合苹果公司发布了首款搭载苹果 iTunes 音乐播放软件的手机,使苹果在与摩托罗拉进行合作时熟悉了原本陌生的通信行业,并在合作中与北美最大的网络运营商 AT&T 建立了合作关系,为其成为世界手机制造商店打下了基础,最后 iPhone 手机获得巨大成功。又如,我国的一汽大众、北京现代等在合作中都推出了自有品牌。

三、品牌联合（联名）战略的风险

（一）稀释原品牌的价值

品牌联合不一定带来双赢局面，被错误实施的品牌联合不仅可能对企业毫无益处，甚至会造成对原品牌价值的稀释。例如全球汽车产业中，通过并购来实现的豪华汽车品牌和大众汽车品牌的联合虽然能够使其共享零部件和技术，提高生产和采购的效率，实现规模经济和范围经济，但是这种联合也可能会削弱各自本身的品牌特色。

（二）品牌个性的不和谐

品牌都有个性特点，其他品牌的个性并不总是适合自己的心意。顾客对品牌联合的态度主要受品牌之间的和谐性、原品牌的品质和产品的制造难度三个因素的影响。品牌之间的和谐性越强，顾客就越有可能对所实施的品牌联合形成积极的态度。如果企业错误地选择了品牌联合的伙伴，导致品牌个性的不和谐，消费者就有可能对品牌联合形成负面的态度。

（三）破坏战略协调

品牌联合成功的一个关键是合作双方保持战略上的协调。但是当一个企业决定改变其品牌在市场上的定位或战略时，就有可能给品牌联合的伙伴带来不小的麻烦。要避免这个问题，合作的双方必须在协议中对双方品牌将来可能的重新定位事先做出规定。另外，当参与品牌联合行动的一方被收购或合并时，也会对联合品牌的战略协调性产生影响，甚至导致合作关系的终结。

（四）品牌危机的株连效应

联合品牌中的一方出现任何危机都会对合作伙伴产生株连效应。如果一个品牌所有者破产或遭受其他财务危机，使其不能继续承担对品牌合作项目的计划投资，那么合作关系将不得不终止，而另一方企业也会蒙受损失。

数字资源 10-2
落子河北衡水，海南椰岛酒业"一树三花"品牌战略再下一局

◇ 本章小结

品牌战略是企业以品牌的塑造、使用和维护为核心,在分析研究自身条件和外部环境的基础上所制订的企业的品牌总体行动计划。品牌战略是将品牌作为核心竞争力,以获取差别利润与价值的企业经营战略。品牌经营战略的类型多样,主要有单一品牌战略、多品牌战略、主副品牌战略和品牌联合战略。

单一品牌战略,是指企业的多种产品使用同一品牌名称。使用单一品牌战略要考虑到企业产品的关联度、企业的品牌定位、所推出的新产品必须具备相当的质量保证。单一品牌战略有利于创建统一的品牌形象,引进一种产品的费用较少,有利于新产品迅速获得品牌认知。但也存在容易忽视产品宣传、品牌名称的纵向延伸困难、可能遭受连带损失的风险。

多品牌战略,是指企业以其生产和经营的不同产品分别命名,不同产品使用不同的商标。多品牌战略有利于培育市场,可以使战略管理具有一定的灵活性,有利于保持竞争优势,有助于企业全面占领一个大市场,有利于提高效率,有利于提高企业抗风险能力。多品牌战略也存在增大投入、引起企业内部激烈竞争、新品牌的品牌知名低、不利于企业品牌的培育、新增品牌的边际效益递减的风险。

主副品牌战略,是指在主品牌保持不变的情况下,在主品牌后面为新产品添加一个副品牌,促使消费者认知并购买该产品。副品牌的作用是用来修饰主品牌,可以在同一时间,从整体上对公司或家族品牌的联想和态度加以利用,可以为产品创造具体的品牌个性,可以节省营销费用。但是,副品牌适用面比较窄,可能失败并影响主品牌的形象。

品牌联合,是指两个或多个品牌通过组合或合作,创造一个新的品牌或同时出现在一个新的产品或服务上,在这个过程中,所有参与其中的品牌名称都被保留。品牌联合战略有利于强化产品品质的信号,有利于降低企业推出新产品的风险和成本,有利于克服进入新市场的障碍。但也存在稀释原品牌的价值、品牌个性的不和谐、破坏战略协调、品牌危机的株连效应等风险。

数字资源 10-3
练习与思考
及答案

数字资源 10-4
本章知识
链接

第十一章 品牌延伸战略

随着经济发展,消费者的消费水平迅速提高,追求新产品的需求快速上升,加快了产品的更新换代,缩短了产品的生命周期。产品生命周期的缩短引起了一系列的矛盾:① 新产品要被市场接受并不断扩大市场份额,需要一个消费者认知和体验的过程,如果原有的品牌具有优势,则这个过程会大大缩短;② 产品生命周期的缩短增加了品牌培育的风险和代价,甚至出现新品牌刚刚创立,产品却因技术等原因已经进入衰退期的尴尬;③ 如果其他企业采用品牌延伸推出新产品而本企业通过创立新品牌推出新产品,其他企业借老品牌的影响力迅速占领市场,新品牌产品进入市场时竞争强度增大难以立足,这使本企业十分被动。为了解决这些矛盾,品牌延伸成为企业重要的市场战略之一。

◇ **学习目标**

本章主要阐述品牌延伸的定义、分类、动因和原则,品牌延伸的理论影响因素和策略。本章的学习目标包括知识目标、能力目标和情感目标三个方面,具体内容如下。

1. 知识目标

(1)理解品牌延伸的定义、分类、动因和原则;

(2)理解品牌延伸的影响因素和风险;

(3)掌握品牌延伸的理论及策略。

2. 能力目标

(1)能举例说明品牌延伸的价值表现和原则;

(2)能用自己的语言清晰陈述品牌延伸的影响因素和风险;

(3)能用自己的语言清晰陈述品牌延伸的策略。

3. 情感目标

(1)培养学生对民族品牌自豪感与社会责任感;

(2)理解品牌延伸对民族品牌建立和强化的重要作用。

◇ **学习重难点**

1. 品牌延伸的定义
2. 品牌延伸的影响因素
3. 品牌延伸的策略

◇ **本章关键词**

品牌延伸　品牌核心价值　主品牌　品牌组合

◇ **导入案例**

马应龙八宝眼霜：故事营销助推品牌成功延伸

　　每个品牌背后都有一个动人心弦、口口相传的故事，它让消费者从一个个故事中和品牌获得深度沟通，产生情感共鸣，进而成为忠实拥趸。400年中华老字号马应龙以娴熟的故事营销技巧，推动马应龙品牌成功延伸至新品八宝眼霜，获得市场青睐，用一个个精彩的故事演绎了400多年八宝眼药古方新传奇。

　　新品牌也有老故事，400多年古方传承奠定品牌延伸基础。

　　"马应龙起家立业，靠的就是马应龙八宝古方和眼药制作技艺。"马应龙药业集团药妆事业部总经理王礼德说。只是由于近几年马应龙成功塑造了麝香痔疮膏这一主打产品，反而让人想起马应龙，第一联想的是痔疮膏产品。其实马应龙最早的品牌产品就是马应龙八宝眼粉（膏），其眼药制作技艺被誉为民族的活化石——"非物质文化遗产"，流传至今已经400多年。

　　400多年历史的眼药制备技艺，马应龙十数代传人独家传承，自然是马应龙八宝眼霜"系出名门"的最好佐证，也为马应龙八宝眼霜展开品牌宣传提供了充满回忆和想象空间的素材。新品牌的背后，原来有这样一个充满历史感的故事，不禁让人想一探究竟；而每一个读完这个故事的人，无疑又被马应龙眼药制备技艺的考究用料、复杂工艺、细腻工序和特色所深深折服。这不正是一个活生生的"广告"吗？不用大张旗鼓填鸭式的广告轰炸，消费者自然被流传400多年的故事所感染，这既是马应龙的高明之处，也是马应龙跨界推出这一延伸品牌的底气所在。

　　在质量安全不断受到拷问的今天，经历了时光积淀的品牌不只是给人们带来老的回忆，更是质量可靠的代名词。这也难怪八宝去黑眼圈眼霜一上市，之前所担心的容易引发是出自治痔疮的不雅品牌联想并没有带来"杀伤力",去年在武汉仅试水3个月,便大卖10000多支。

■ 思考题:
马应龙品牌延伸的作用和策略是什么?

(资料来源:http://m.360docs.net/doc/ba6b6e1825c52cc58bd6be8d.html/article-5983-1.html.)

第一节 品牌延伸战略概述

一、品牌延伸概念

国外的资料显示,一些出类拔萃的消费品公司所开拓的新产品中,有95%是采用品牌延伸策略进入市场的。一项针对美国超级市场快速流通商品的研究显示,过去十年的成功品牌(成功的定义是指销售额达1500万元以上),有2/3使用品牌延伸。另一项国外研究表明,品牌延伸在试用和重复购买率方面均比新品牌高。索尼、雀巢、先锋、三星等知名企业均是品牌延伸的典型代表。它们仅凭一个品牌就成功地向全世界推出了多种产品。在中国,品牌延伸也被广泛使用。如彩电业的市场领导品牌长虹向空调的延伸。再如海尔在母品牌下接连推出小小神童、小王子等7个子品牌。

美国品牌学者凯勒认为,品牌延伸是利用一个已有的品牌引进一个新产品,这个定义对新产品并未做出明确的界定。营销大师菲利普·科特勒认为,品牌延伸是指把一个现有的品牌名称使用到一个新类别的产品上。事实上,品牌延伸并非只借用表面上的品牌名称,而是对整个品牌资产的策略性运用。中山大学卢泰宏教授认为,品牌延伸是指借助原有的已经建立的品牌地位,将原有品牌转移使用于新进入市场的其他产品或服务(包括同类的和异类的),以及运用于新的细分市场之中,达到以更少的营销成本占领更大的市场份额的目的。

品牌延伸战略与多元化战略十分相近,但又具有明显的区别。多元化可能会采用同一个品牌,也可能采用多个品牌。如果采用的是同一个品牌,则属于品牌延伸,如三星公司推出三星液晶电视、三星手机、三星洗衣机等就属于品牌延伸；反之，如果采用的是多个品牌，则不属于品牌延伸，如宝洁旗下有飘柔洗发水、汰渍洗衣粉、玉兰油护肤品等，品牌均不相同，所以不属于品牌延伸。

品牌延伸从广义上可分为两类。

(1)产品线延伸(line extension)，即利用具有影响力的母品牌，在同一产品线下推出新产品项目，新产品项目可能具有不同的成分、不同的口味、不同的外形设计、不同的使用方式、不同的档次等。例如，康师傅方便面根据不同的口味分为红烧牛肉面、香辣牛肉面、海鲜方便面等系列产品就属于不同口味的延伸，而宝马三系、五系、七系的各种车型则属于不同档次的延伸。

(2)产品种类延伸(category extension)，即用母品牌推出属于不同种类的新产品。产品种类延伸又分为相关延伸和间接延伸。相关延伸往往是借助共同的核心技术、核心市场等优势资源进行的延伸。例如，海尔借助制冷技术推出冰箱、冷柜、空调等类别的产品，清华大学开展在线培训、图书出版、纪念品销售。间接延伸则是将母品牌延伸到与原产品并无技术联系的新产品类别上。例如，海尔除家用电器外，还有生物制药、物流、旅游、房地产等；云南的红塔集团除卷烟主业外，还有汽车制造、化工项目、酒店和旅游项目、房地产开发等。产品延伸远离了原有的产品领域，品牌覆盖的产品范围很宽。

二、品牌延伸的类型

根据不同的标准，品牌延伸的分类不同。

（一）根据延伸产品是否属于公司所有分类

根据延伸产品是否属于公司所有，可以把品牌延伸分为公司内品牌延伸和公司外品牌延伸。公司内品牌延伸是指所有延伸产品都属于一家公司所有，如三星电脑、三星手机、三星液晶彩电等都属于三星公司。公司外品牌延伸即通常所说的品牌授权，是指企业把品牌租借给其他公司使用，如迪士尼、Hello Kitty 等采用这种方式将其品牌打入市场，相对于公司外品牌延伸而言，采用公司内品牌延伸的企业对品牌的可控性更强，但对企业的财务、生产和营销压力也更大。

（二）根据延伸产品与原产品之间的关系分类

根据延伸产品与原产品之间的关系，可以把品牌延伸分为线延伸和大类延伸。

线延伸也称相关延伸，是指用母品牌作为原产品大类中针对新细分市场而开发的新产品的品牌。线延伸的结果通常是产生了品牌的不同的口味(如康师傅红烧牛肉面延伸到香辣红烧牛肉面、麻辣红烧牛肉面)、不同的成分构成(如维他豆奶延伸到黑豆维他奶、低糖维他豆奶)、不同的形式(如可口可乐经典玻璃瓶装延伸到易拉罐装等)、不同的大小(如"一品国香"中华香米有 5 千克、10 千克、25 千克三类包装),不同的用途(如旁氏洗颜泥包括保持水油平衡的海藻洗颜泥、去黑头的活性矿洗颜泥等),不同的档次(如宝马 3 系的 320i 和 325i)等。

大类延伸也称间断延伸,是指母品牌被用来从原产品大类进入另一个不同的大类。比如,三菱不仅进入汽车行业,还涉足造船及其他重工业、金融、原子能研究、电脑电子工程,甚至太空研究等领域;海尔除了电器,还有生物医药、金融、物流、旅游、房地产等不相关的产业。这些品牌延伸远离了原有的产品领域,覆盖了更宽广的产品范围。通常,进行不相关多元化的企业,其产品在功能、技术、目标受众等各个方面都相差甚远。如果在这些完全不同的产品上使用公司已有的品牌,就构成了品牌延伸中的大类延伸。

(三)根据延伸产品的产品命名策略分类

根据延伸产品的产品命名策略,可以把品牌延伸分为单一品牌延伸、主副品牌延伸和亲族品牌延伸。

单一品牌延伸是指将原产品的品牌毫无变动地运用到延伸产品上,这种延伸形式虽然比较普遍,但也存在一定的风险性。一方面,它能尽可能地将原品牌的市场信誉转移到延伸产品上;另一方面,也使得品牌延伸的负面影响暴露无遗,风险因素也比较大。采取这种延伸形式的企业,最典型的有美国的"3M"和日本的"SONY"。

主副品牌延伸是指在主品牌不变的前提下,为延伸产品增加副品牌或是在合资企业产品上采用两个企业的品牌。采用这种形式的企业,最典型的案例就是海尔,在冰箱上,海尔有小王子、双王子、大王子、帅王子、金王子等;在空调上,海尔有"小人超"变频、"小状元"健康、"小英才"窗机等;在洗衣机上,海尔有神童、小小神童等;其他电器产品也各有各的副品牌。这种主副品牌策略,有利于商品"同中求异",凸显商品"个性之美",为未来发展预留"新空间",同时兼具商品的促销功能。

亲族品牌延伸是指以原品牌为基础,将它稍作变化或将它与别的文字结合起来,组成多个与原品牌既有区别又有联系的品牌,例如,美国柯达公司在"Kodak"品牌基础上,设计了"Kodacolor"和"Kodachrome"等品牌,并用到公司的不同产品上。这种延伸形式,可以有效地将原品牌的优势转移到新品牌上;同时,又可以与原品牌保持一定距离,延伸产品不会对原品牌造成过多的负面影响,不会淡化、污损原品牌形象。

在实践上,如果延伸产品与原产品不属于同一个类别,但类别之间不容易产生认知冲突(如档次相当),那么可以采用单一品牌延伸,如雕牌洗衣粉、雕牌洗洁精和雕牌肥皂。如果延伸产品与原产品属于同一类别但希望强调产品的特色,就可以采用主副品牌延伸,即延伸产品与原产品的品牌名称采用两段式,如马自达在中国合资公司推出的 M6、M3、M2 等不同风格的车型。如果延伸产品与原产品之间容易产生认知冲突(如档次差异大、易在行业之间产生不良联想等),则最好采用亲族品牌延伸。亲族品牌延伸是一种特殊形式的主副品牌延伸,适合主品牌与副品牌若即若离的关系。比如,高档酒五粮液为了向中低端延伸,推出了五粮春和五粮醇等亲族品牌,其中"五粮"二字表明了几个品牌之间的根源关系,而"液""春""醇"则避免了各种不同档次产品的冲突。

（四）根据延伸产品的市场定位分类

根据延伸产品的市场定位,品牌延伸分为以下三种类型:向上延伸、向下延伸和双向延伸。

第一,向上延伸,即在产品线上增加高端产品生产线,使产品进入高端市场。

第二,向下延伸,即在产品线上增加中低端产品。利用高端产品的声誉,吸引购买力水平较低的顾客慕名购买这一品牌中的中低端产品。

第三,双向延伸,即原定位于中端产品市场的企业掌握了市场优势以后,决定向产品线的上下两个方向延伸,一方面增加高端产品,另一方面增加低端产品,扩大市场阵容。

◇ **知识活页**

企业品牌延伸策略主要包括以下几种:

(1)基于联合消费的品牌延伸,即与母品牌联合使用以强化品牌的三种利益(功能、情感、精神)的延伸;

(2)基于交替消费的品牌延伸,即提供与母品牌一样的利益,但产品在不同情境中使用的延伸,能够强化品牌的功能、情感、精神利益;

(3)基于替代的品牌延伸,即代替原有产品、作为技术淘汰时后备选项的延伸,通常发生在基于技术的市场里,新的解决方案是用来回避原有产品被淘汰的风险;

(4)基于特征的品牌延伸,即共享产品某个卓越特征的延伸,能够强化关键产品的特性;

(5)基于理念的品牌延伸,即拓展品牌所代表意义的延伸,将一个被广泛知晓、高度评价且与品牌识别捆绑在一起的理念,延伸到一个具有相同理念的不同产品的类别中。

简单来说,品牌组合就是一堆品牌一块打,品牌延伸,就是一个品牌扛到底。通常来讲,有机会坐稳首位、主导细分市场的新品,建议用品牌组合;反之,市场规模不会太大,给公司带来的预期利润也较为有限的新品,建议用品牌延伸。

(资料来源:https://baijiahao.baidu.com/s?id=17304391879644104068&wfr=spider&for=pc.)

三、品牌延伸的动因

品牌延伸是树立品牌形象、扩大品牌影响力、增强企业盈利能力和市场竞争力的重要途径。企业品牌延伸的动因主要有以下几种。

（一）开发品牌"金矿资源"

一个品牌的培育过程是漫长的，在这个漫长的过程中，企业要投入大量的人力、财力和物力。当经过千辛万苦打拼出来的知名品牌形成的无形资产对企业发展具有巨大推动力的时候，企业自然不会将"品牌金矿"放着不加以"开采"，而必然会借助主品牌的知名度和美誉度来开发新的产品，进军新的行业，从而充分挖掘品牌金矿，以获取更多的收益。这么做还能省去品牌培育的过程，把握市场机会。

（二）提升品牌内涵

品牌延伸的成功可为主品牌注入许多新的元素，提升品牌内涵，特别是那些容易与某产品产生强烈联系的品牌，可有效摆脱"品牌就是产品"的束缚，为品牌提炼内涵奠定基础。实际上，品牌的最高境界是品牌个性，品牌个性是超越品牌定位层次的。只有具有的品牌，才能在消费者认知中不断深入和清晰。例如，娃哈哈品牌最初是代表儿童营养液，属于保健品品牌，之后转向果奶、八宝粥等。在中国保健品行业全行业出现信任危机时，娃哈哈已抽出身来。后来又涉足纯净水，启用"明星＋广告"模式为娃哈哈加入了快乐时尚的元素，使娃哈哈品牌超越了儿童品牌的局限，使娃哈哈品牌得以成为"快乐和时尚"的代表。

（三）捍卫主品牌

有许多小企业甚至大一些的企业在进入一个新的行业时，往往采取低价渗透策略，以比主导品牌低许多的价格去抢占领导品牌的市场份额。这时，处于领导地位的主导品牌便会对应地进行品牌延伸，推出低档产品捍卫主品牌，让对手占不到丝毫便宜。例如，日本富士胶卷在进入美国市场时，为了尽快获取市场份额，采取低价渗透的策略。柯达为了应对富士的蚕食，在原有目标市场上推出了柯达金品牌，同时在低价位市场上推出了"柯达快乐一刻"品牌。"柯达快乐一刻"作为保护性品牌，与富士进行较量。经过多年"鏖战"，柯达的市场占有率在美国稳居80％以上，最终有效地保护了柯达在美国的市场份额，成功地捍卫了主品牌。

（四）占领更多细分市场

企业在市场营销初期通常是针对特定的细分市场的，在细分的基础上选定与公司资源最匹配的目标市场率先进入，并在这一市场上站稳脚跟、占据优势，建立自己的品牌。然后，企业会发现其他细分市场更有利可图，这时就会采取品牌延伸的方式来占领更多的细分市场。这种品牌延伸一般与企业经营多元化相伴相生，海尔、海信等家电企业都经历了这样的延伸过程。

（五）防止顾客流失

顾客在面对让其眼花缭乱的产品时，或者顾客的消费品味、习惯发生了改变时，通常都会喜新厌旧地转换品牌，毕竟能实现100%品牌忠诚的产品是不存在的。一个公司如果只有单一品牌、单一产品，则所面临的顾客流失的风险很高。为了防止这种不利情形的发生，企业往往通过品牌延伸的方式提供多种不同功能和形象的产品。例如，汇源果汁原来生产100%纯果汁，后来投资十几个亿生产果汁饮料，进行品牌延伸，推出汇源真鲜橙果汁饮料，满足了顾客对饮料的新需求，预防了原有顾客的流失。又如，耐克为满足顾客的多样化需求，生产、销售运动款和休闲款等多个系列的运动服装。

（六）降低营销成本

品牌延伸首要的一点是广告成本的降低。新品上市的一个重要任务是通过广告提高品牌知名度，而品牌延伸的新品由于是延伸过来的，很容易"沾"原品牌知名度的"光"。据估计，全美国市场推出一个全新品牌的产品需要3000万到5000万美元，而运用品牌延伸可以节约40%到80%的费用。同时，品牌延伸特别是产品线内的品牌延伸可共享企业的渠道资源，节约渠道再建成本。

◇ **同步案例11-1**

华为品牌延伸战略

大家知道，华为以通信行业起家，30多年来，不断地积累通信技术，从硬件到软件，从技术模仿到5G技术创新，从创始人任正非负债200万元到销售5000亿元，华为的创业故事，成为中国企业全球化学习的榜样。

为此，无论从华为的产品线，品牌发展战略，还是从新兴产业发展趋势来看，华为采用同心多元化战略，以技术创新驱动，稳扎稳打，慢慢做大做强。

首先，从产品线来看，华为技术厚积薄发的策略正在持续积极发酵，从华为成立以来，大部分时间在B2B通信行业深耕细作，逐步塑造全球化品牌。它一直重视研发，企图赶超世界巨头。近十年来，华为发展速度突然加快，跨行业高速发展，不断利用技术优势抢占智能手机风口，短时间内成为苹果、三星等著名品牌的竞争对手。

目前华为产品线主要分为四大类产品。

一是B2B，主要是企业对企业的产品服务，比如华为同中国电信，中国联通，中国移动以及国外电信公司等合作，提供硬件产品如交换机、基站建设等相关通信产品，以性价比优势，抢占爱立信、西门子、思科等著名品牌的全球市场。

二是B2P产品，主要是给企业客户提供系统解决方案，比如技术咨询，软件，定制服务等系列产品。

三是B2C，主要是终端产品，比如华为和荣耀两个品牌手机系列产品。

四是华为云产品，提供给客户数据平台，比如"华为云＋AI＋大数据＋仿真"等技术整合，实现技术融合，提升研发仿真效果，节省资源，提高效率，等等，在智能制造、车联网等新兴战略行业首先落地应用，市场前景广阔。

其次，从品牌发展来看，华为同心多元化战略形成蝴蝶效应，华为的品牌发展战略思路十分清晰，坚持有所为有所不为策略，采用技术相通的领域，发挥自己的技术优势，以客户为中心，不断地扩大华为的同心圈，形成蝴蝶效应。

从最新的华为云产品来说，它的发展策略也很接地气，顺着时代和技术发展，以技术为核心，一脉相承，自然而然地延伸到云端，而华为云是以服务企业客户为主，建立大数据云平台服务，不做细分的广泛应用，开放端口，只做好自己擅长的技术增值服务等。同时，华为云的战略执行也很清晰，据华为品牌战略委员会制定的战略，未来几年，华为云要成为车联网行业的全球领导品牌，由此可见华为未来的战略野心。

（资料来源：https://www.bilibili.com/read/mobile？id＝8580077&share_token＝5e404586-50eb-4f57-908c-fe06242fb235.）

第二节 品牌延伸的效用

一、品牌延伸的优点

品牌延伸作为企业发展的重要手段,为许多品牌的扩张、发展提供了捷径,扫清了许多新产品进入市场的障碍,充分利用了企业的品牌资源,使企业的品牌资源在最有效的配置中得到充分的发挥,同时,也得到了最快的增值。

(一)加快消费者对产品的认知,有利于新产品迅速进入市场

心理学家对消费者的研究发现:消费者往往对某种品牌具有忠诚心理,即在商品选择时,反复表现出对某一品牌的钟爱。品牌延伸可利用企业已建立的市场形象和良好的知名度、美誉度,极大缩短顾客认识、接受、信任的过程,使新产品快速品牌化。因此,成功的品牌延伸不仅能帮助企业的新产品顺利进入市场,而且可以加深消费者对原品牌的美誉度和忠诚度,提升原品牌的品牌价值。青岛海尔集团就是利用其在冰箱上的竞争优势建立起"海尔王国",把海尔品牌延伸至彩电、空调等家电行业及电脑、手机等信息产业新产品上,因而迅速打开了市场,并得到了消费者的认可,成为这些行业的后起之秀。

(二)有利于降低新产品进入市场的费用

通常情况下,新产品投放市场要想赢得广大消费者的关注、打开销路,需要辅之以持续的大规模广告宣传和系列促销活动,这些活动耗资巨大,营销成本较高。相关调查表明,在美国的消费品市场上,开创一个新品牌需要 5000 万美元至 1.5 亿美元。在国内,春都火腿肠在 20 世纪 80 年代用 6000 万元创建新品牌。1996 年,"秦池"用了 1.3 亿元才获取中央电视台的"广告标王"。而品牌延伸可以减少企业在树立新产品品牌形象方面的巨额投入,减少新产品的广告投入、渠道建设等市场开拓和促销费用。相关资料统计,一个公司如果通过品牌延伸推出新产品,则它能在总成本中节约 40%~80% 的费用。例如,可口可乐公司通过品牌延伸方法推出健怡可乐、樱桃可乐时,并没有进行大规模广告宣传,就很快赢得了消费者的认可和厚爱,获得了巨大的成功。

（三）有利于丰富核心品牌的内涵

每个主品牌都会有其特定的个性与文化内涵，成功的品牌延伸可以为主品牌注入许多新的元素，不仅为品牌的发展奠定基础、拓展空间，还可以丰富品牌内涵、凸显品牌个性，让品牌延伸走得更高更远。比如，娃哈哈、海尔、TCL等公司的品牌延伸，使品牌内涵日益丰富，品牌的延伸领域不断扩大。苹果以PC业务起家，继个人电脑、MP3业务后，苹果又将品牌延伸至手机行业；哈雷戴维森的品牌延伸更渗透到服装、饰物、餐厅、玩具等各个领域，这些产业每年为其创造近亿美元的销售收入。

（四）有利于增加品牌的新鲜感，满足消费者多样化需求

当顾客面对琳琅满目的产品时，通常都会喜新厌旧地转换产品，很少有消费者对某一品牌忠诚到对其他品牌不想试一试的程度，毕竟100%品牌忠诚的产品是不存在的。一个公司如果只有单一品牌、单一产品，其所面临的顾客流失的风险就比较高。截获这些品牌转换者的一个重要方法就是进行品牌延伸，为目标市场提供几种品牌。例如，可口可乐公司在继"可口可乐"之后，为满足消费者的"瘦身风"，第一次推出含糖较低的"健怡可乐"，并大获成功。受此启发，可口可乐公司随后相继进行品牌延伸：从"不含咖啡因可乐"到不属于可乐系列的"雪碧"、"芬达"以及"天和地"非碳酸饮料系列等。这些延伸品牌，不仅丰富了可口可乐的产品系列组合，增强了品牌活力，而且为留住消费者提供了可能性。

（五）有利于增强核心品牌的形象

一方面，品牌延伸可以扩大原品牌的声势，增强品牌这一无形资产的影响力和声誉，提高品牌的形象。同时，利用品牌延伸成功推出新产品会反过来进一步提升原有品牌的知名度和美誉度。另一方面，品牌延伸能够提高整体品牌组合的投资效应，即整体的营销投资达到理想的经济规模时，核心产品和延伸产品都会因此而受益。

二、品牌延伸的风险

任何事情都具有两面性，尽管品牌延伸能给企业带来诸多好处，而且从短期看甚至全是好处，但是自品牌延伸提出和实践以来，正反两方面的经验都很多，甚至有人说它是充满诱惑的陷阱，延伸一旦失败，后果极具破坏性。因此，品牌延伸具有自身特定的风险。

（一）削弱主品牌形象

创建一个品牌需要一个长期的过程，也需要付出艰苦的努力才能准确地在消费者头脑中树立品牌形象。不适合这种品牌形象的延伸，会削弱主品牌形象，特别是在一个代表高品质、高品位的高端品牌向下延伸时，尽管延伸会使销量大增，但长此以往，会将其高品质形象一点点销蚀殆尽，损害已有的品牌形象。例如，美国派克品牌代表了购买者的形象，是体面、气派、有文化的象征，是高档钢笔品牌。1982年，派克公司新总经理彼得森上任后，改变了公司维护高档品牌形象的战略，把派克品牌向下延伸，去争夺低档市场，生产经营3美元以下的大众钢笔。结果派克不仅没有顺利打入低档钢笔市场，反而将钢笔第一品牌让位于竞争对手克洛斯公司，高档钢笔市场占有率下降到17%，不及克洛斯公司的一半。

（二）淡化主品牌原有的内涵

消费者对品牌产品的性能、形象认知明确、记忆犹新，如果主品牌延伸的广度和深度过大，就会淡化品牌的核心概念，混淆消费者的记忆，损害主品牌在消费者心目中的形象。消费者会怀疑原品牌产品的使用经验，失去品牌忠诚的目标，要想重新树立品牌形象，找回已经失去的品牌个性就是比较困难的事情了。例如，娃哈哈品牌最初是儿童营养液的代表，随着娃哈哈一步步延伸到纯净水、可乐、八宝粥，娃哈哈儿童饮品的品牌形象淡化了许多，以至于其想重拾儿童市场进军童装市场时，并不是很成功，这与其品牌的初始形象淡化有很大关系。当然，主品牌淡化的延伸有时是企业有意策划安排的，使其品牌上升为理念型而非产品型，以期将来能扩展到更多行业。如果主品牌能在新行业成功，当然可以弥补损失；如果不成功，则会降低主品牌的价值。

（三）使消费者产生心理冲突

关联性是品牌延伸中使用同一品牌的一个必备条件。如果不顾主品牌定位的兼容性，盲目地把主品牌延伸到毫不相干行业的产品上，当产品的用途、性能产生矛盾或不相符时，会造成消费者的心理冲突。例如，三九集团是靠三九胃泰出名的，后来受啤酒行业和摩托车市场的吸引，进入啤酒行业和摩托车行业，生产三九冰啤和三九牌摩托车，结果让消费者产生心理冲突。消费者联想产生混淆，三九啤酒是不是有一种胃药的味道？毕竟多喝酒会伤胃，但三九又卖胃药，它会不会故意多卖"伤胃"，让大家多买它的胃药呢？另外多喝三九牌啤酒，再骑三九牌摩托，会有什么感觉和后果呢？所以消费者联想使品牌延伸不被消费者接受，导致延伸失败，也拖累了企业的发展。

（四）跷跷板效应

艾·里斯曾经提出跷跷板效应，一个名称不能代表两个完全不同的产品，当一种产品的销量上来时，另一种产品的销量就要下去。品牌延伸到另一个类别的产品时，新产品的销量上去了，原品牌产品的市场份额却被竞争对手占领了。这种情况往往发生在主品牌地位尚未牢靠便轻易延伸到别的行业的企业。例如，20世纪80年代，美国的波顿公司是全美国最大的以经营奶制品为主的企业，同时还是从事多种食品生产和供应的超级大企业之一，公司印有杰克斯奶牛的产品标识在美国家喻户晓。1986—1991年，公司共花费20亿美元，先后收购了91家食品公司，走品牌延伸之路。公司的一个新品牌Snaktime仅在6周内发展就超过其他竞争者，一举赢利1700万美元。然而，不当的延伸已混淆了消费者对品牌原有的印象，品牌的概念模糊了，原来的忠诚消费者变成了游离消费者，原有成功且著名的品牌与延伸品牌之间发生了跷跷板效应。1991年，公司的销售额比上一年下降了5％，营业收入下降了19％。竞争者竞相涌入，企业面临巨大的危机。

数字资源 11-1
品牌延伸
中的误区

第三节 品牌延伸策略

一、品牌延伸原则

品牌延伸是企业发展的加速器，但品牌延伸不是随心所欲、盲无目的，而是要遵循一定的原则。

（一）主成分相同

主品牌与延伸品牌具有共同的主成分，即具有相关性，在技术上、个性上、文化上、价值上具有相关性。

（二）具有相同的销售和服务体系

延伸品牌在售前、售中、售后的服务体系保持一致，让消费者认识到无论是主品牌还是延伸品牌都很好。

（三）品牌定位度不高，适应度较宽

高度定位的品牌不适合延伸，例如加多宝是源自传统配方、具有降火功能的茶饮料品牌，定位度很高，适应度也比较窄，延伸产品不具有降火的功能，则成功的概率较低，所以加多宝在生产矿泉水时就选用了另一个品牌——昆仑山。

（四）质量档次相当

例如，大众汽车品牌延伸到高档车与延伸到10万元以下的低档车市场都不适合。

（五）品牌名称联想所及

例如，碧浪这个品牌延伸到洗手液、洗洁精没有问题，如果延伸到饮料行业就不太适合。

二、品牌延伸模型

第一个品牌能否顺利地延伸到新的产品类别，主要取决于消费者对母品牌的认知程度和延伸产品与母品牌的关联程度，这主要表现在延伸能力和延伸范围上。

（一）品牌延伸能力模型

要确保品牌延伸成功，就要把握母品牌与延伸品牌的关联程度，使延伸品牌与母品牌的内核在逻辑上是合理的，并具有较高的契合度。

卡普菲勒教授提出了品牌延伸能力模型。考察指标是品牌内核元素和延伸产品与母品牌产品的相似程度。品牌内核元素是指母品牌具有显著特征的一个方面，包括专有技术、利益、个性和价值观。产品相似程度是指延伸产品与原产品之间的技术相关性。由模型来看，根据品牌类型的不同，延伸产品和原产品的相似性也不同，专有技术是品牌原产品所具备的技术特长，据此所延伸的产品与原产品应当较为相似。例如，海尔的制冷技术使其从冰箱品牌很自然地延伸出新的产品类别——冰柜、空调。品牌利益是品牌带给消费者的产品利益，

据此所延伸的产品与原产品距离稍远,如立白洗涤用品的利益是"不伤手",这使其能顺利从立白洗衣粉延伸到立白洗洁精。个性是品牌的拟人化特点,据此所延伸的产品可以离原产品较远,如万宝路的个性是豪迈、粗犷,所以它能从香烟延伸到牛仔裤。价值观是品牌所持有的理念,所延伸的产品可以与原产品在技术上不相干,只要保持理念一致就行。如海尔的核心价值观是对顾客真诚,核心价值是"真诚到永远",海尔品牌的所有产品,包括冰箱、彩电、洗衣机、空调、计算机都时刻实践着对顾客"真诚"的价值观。

(二)品牌延伸模型的边界

影响品牌延伸成败的决定性因素主要有两个。一是消费者对核心品牌的认知,主要表现为消费者所能记住的品牌的主要特征,包括由品牌所能联想到的产品类别以及该品牌下产品的优势、市场形象等。二是延伸产品与核心品牌之间的关联性(技术的、市场定位的、理念的),主要表现为支持原品牌产品的要素与支持新产品的要素的契合度或转移程度。前一因素是品牌延伸的优势基础,后一因素是品牌延伸的指导原则。将二者结合起来,可以构建一个品牌延伸的边界模型。

品牌延伸的成败取决于延伸产品是否脱离了核心品牌所规定的延伸边界。消费者对核心品牌的认知可分为功能性和表现性两种。如果再将每种认知分为高低两种,那么消费者对核心品牌的认知就有高功能-高表现性、高功能-低表现性、低功能-高表现性、低功能-低表现性四种。延伸产品与核心品牌间的联系又可分为与产品特征有关的技术性、互补性、替代性以及与产品特征无关的价值性四种,其中,技术性是指核心技术与资源的可转移性或可迁移性;互补性是指延伸产品与原产品之间的配套补充,如柯达胶卷与柯达相机、柯达连锁冲印店;替代性是指延伸产品与原产品可以满足消费者的同一需求,它们之间可以相互替代,如茶水与矿泉水、香皂与沐浴液等;价值性是指品牌概念、表现、内涵等核心价值的一致性。结合以上决定性因素,可以确定四类品牌延伸的边界。

(1)高功能-高表现性品牌,可在技术、互补、替代、价值上延伸,较少受到限制,成功的机会也比较大。例如,劳斯莱斯轿车可以向私家游艇延伸(技术性、价值性),可以向专用轿车配件、装置延伸(互补性),可以推出另一型号的豪华新车(替代性)。又如,牛津大学不仅开设其他教育机构和出版专业图书(功能性延伸),而且授权一家服装生产商使用,推出一个颇具人文气息的服装品牌(价值性延伸)。

(2)高功能-低表现性品牌,应选择向技术性、互补性、替代性方面延伸,而不宜向价值性延伸。例如,松下可以很成功地延伸到各类家电产品,却无法进入高档手表或名贵香水等高表现性产品市场。

(3)低功能-高表现性品牌,应选择价值性延伸,此外可以向互补性和替代性产品延伸。例如,高档洋酒本身并无太大功能性,但其名贵的特征会满足部分人的虚荣心,所以更适合向名贵家居装饰品或珍藏品延伸(价值性),可延伸到高档酒具(互补性),以及其他口感的高档洋酒(替代性)。

（4）低功能-低表现性品牌，从理论上讲，延伸困难很大，但是如果在互补性与替代性上操作得好、也能够获得成功。例如，一种普通食盐品牌可以延伸到碘盐、铁盐、钙盐（替代性），也可延伸到味精、酱油等其他调味品（互补性）。

三、品牌延伸策略

（一）冠名与副品牌延伸策略

冠名是指新产品直接使用原品牌（或主品牌）名称及标识，或间接或部分使用原品牌名称，相当于前面品牌经营战略中的统一品牌战略。品牌延伸有直接冠名、间接冠名或副品牌式延伸三种策略。

在原品牌具有较为深厚的品牌资产，冠名与副品牌策略具有沟通优势、管理优势和成本优势的情况下，在对消费者的品牌传播上十分有利。

1. 新产品直接冠以原品牌名称或部分原品牌名称

直接对新产品冠以原品牌名称是最常见的品牌延伸方式，这种策略模式实行的条件是原品牌的内涵主成分与新产品的特性以及买方对新产品的评价标准吻合程度较高，如消费者对电器产品的评价标准基本都是产品的质量、企业的技术、服务、声誉等，所以世界范围内很多电器生产企业的产品共用一个品牌。例如，我国的海尔从冰箱到冰柜、空调、洗衣机、彩电等都是直接冠以海尔的名称。有的品牌延伸甚至是跨行业的，如日本的三菱有三菱汽车、三菱冰箱、三菱银行等。其他如食品业、服装业的不少企业的产品群，由于符合以上条件，也采用统一品牌，如瑞士的雀巢有雀巢咖啡、雀巢奶粉、雀巢麦片等。

间接或部分使用原品牌名也比较常见，如麦当劳产品品牌延伸时使用的麦乐鸡、麦香鱼等，都用来自原品牌的一个"麦"字。这种方式大大拓展了品牌延伸的幅度和空间，对原品牌和产品的负面影响较小，当然，原品牌对于新产品的市场支持力度也相对较弱。

2. 副品牌式的品牌延伸策略

副品牌延伸就是在主品牌后面再加上一个副品牌。副品牌式的品牌延伸策略是近年来比较流行的品牌延伸方式，主品牌涵盖了企业的系列产品，用副品牌来突出产品的个性特点，形成产品的差别化，满足不同消费者的需求。副品牌策略的最大优点是既利用了原品牌的影响，又能突出新产品的差异特性。它实质上是一种发展式的延伸方式，缓冲了定位理论和品牌延伸理论的一些矛盾。例如，以设计师乔治·阿玛尼名字命名的美国服装品牌阿玛尼就有 A/X 阿玛尼、阿玛尼·简氏、阿玛尼·少年，主要流行于美国、亚太地区和欧洲。在产品更新换代很快的今天，副品牌策略给企业的品牌策略提供了更大的变动余地。

（二）品牌组合与产品线延伸策略

 1. 品牌组合延伸策略

品牌组合是指品牌经营者提供给顾客的一组品牌，包括所有的品牌线和品牌名目。企业的品牌组合具有一定的宽度、长度、深度和相关度。品牌线是指密切相关的一组品牌，因为它们以类似的方式发挥功能，售给同类顾客群，通过同一类型的渠道销售出去，或者售价在一定幅度内变化。例如，美国雅芳公司的品牌组合包含三条主要的品牌线：化妆品品牌、珠宝首饰品牌、日常用品品牌。每条品牌线下有一组品牌，如化妆品品牌可细分为口红品牌、胭脂品牌、水粉品牌等。

品牌组合的宽度是指公司有多少条不同的品牌线。品牌组合的长度是指品牌组合中品牌的数目，品牌线的平均长度就是总长度除以品牌线数。品牌组合的深度是指品牌线中每一品牌产品有多少个品种。品牌组合的相关度是指各条品牌线在最终用途、生产条件、销售渠道或者其他方面的相关联程度。

上述四种品牌组合的概念给品牌经营者提供了进行品牌延伸的大方向。品牌经营者可以从四个方面进行品牌延伸：增加新的品牌线，以扩大品牌组合宽度；延长现有的品牌线，以成为拥有更完整品牌线的企业；为每一品牌增加更多的品种，以增加品牌组合深度；使品牌线有较强或较弱的相关度，这主要取决于品牌经营者是考虑仅在单一的领域还是在若干领域获得良好的声誉和业绩。按照品牌延伸的方向不同，可以分为水平品牌延伸和垂直品牌延伸。

 2. 产品线延伸策略

1）水平延伸

水平延伸即原产品与新产品处于同一档次。这种延伸风险最小，可以满足消费者现有消费水平的多种选择，也是最容易成功实施的品牌延伸方式。由于产品处于同一档次，品牌形象和个性定位容易统一，原产品的影响很容易泛化到新产品上去，产品的信息、传播容易整合。但在延伸前要特别关注市场空间的大小，如"玉兰油深质滋润晚霜"延伸到"玉兰油保湿美白晚霜"。

当企业营销能力比较强时，运用这种延伸策略可以充分利用品牌延伸的好处，使企业的发展速度加快。当然，即使是水平延伸，在同一行业取得成功的可能性更大，向不同行业延伸时还应注意行业之间的兼容性。

2）垂直延伸

垂直延伸即原产品与新产品处于不同的档次。垂直延伸又可以具体分为高档品牌向下延伸、低档品牌向上延伸，以及中档品牌向高档和低档两个方向的双向延伸这三种方式。

一是向下延伸。许多企业的品牌最初定位于目标市场的高端，随后为了反击对手，向下扩展以占据整个目标市场，将品牌线向下延伸，在市场的低端增加新产品，填补自身中低档产品的空缺，吸引更多的消费者，提高市场占有率。如果向下延伸以扩大市场份额为目标，容易引起消费者对原有品牌内涵和档次的怀疑，影响原品牌的定位和品牌形象，失去原有的一部分消费者，引起品牌价值的贬损，延伸风险较大。如果以反击竞争对手为目的，只是一种竞争策略，往往是可取的，但要注意产品不能降低质量标准。

根据营销学者的调查，消费者对品牌不利信息的接收比有利信息的接收要快得多，也就是说，向下延伸可能严重损耗品牌资产。因此，品牌经营者在采取向下品牌延伸的策略时，会有一定的风险。可能新的低端品牌会使高端品牌受到打击，新的低端品牌可能会导致对手趁机占据市场的高端。同时，低端品牌的价格低、利润少，经销商可能不愿意经营市场低端品牌，而且这可能导致经销商的形象受损。

二是向上延伸。通常定位于市场低端的经营者经营了一段时间之后，由于受到高端市场高利润的吸引，或者为了给消费者更完整的品牌选择，可能会以新产品进入高端市场，这样可以获得较高的销售增长率和边际贡献率，逐渐提升企业产品的高档形象。例如，日本的本田、丰田车以价格低、质量好著称，进入美国市场时，都采取向上延伸的品牌延伸策略，开发了新品牌 Acura、Lexus 占据高端市场。

经营者采取向上品牌延伸的策略同样存在一些风险。经营者从低端市场进军高端市场时，要投入大量的资金。在消费者看来，当原处于低端市场的品牌进入高端市场时，会对其是否有良好的质量产生怀疑。

三是双向延伸。双向延伸适用于那些原来定位于中端的品牌，品牌经营者可以向高端和低端两个方向发展，使品牌线更完整。美国得克萨斯仪器公司就是运用双向延伸策略赢得了便携式计算机市场早期的领导地位。

双向延伸的主要风险是可能模糊了原有品牌清晰的定位，给消费者造成"高不成、低不就"的印象。

综观以上三种品牌垂直延伸的策略方式可知，品牌的垂直延伸比水平延伸难得多。对于同一品牌，在一个产品类别内同时生产高档、中档和低档产品是很困难的，容易破坏品牌的整体形象和定位。因此，企业应该根据自己所处的行业特点及其他实际环境条件，具体分析和应用垂直品牌延伸战略。

◇ **同步案例11-2**

海尔品牌延伸失败案例分析

海尔作为我国领袖品牌将其主业延伸至彩电、热水器、微波炉、手机、电脑等各种电器和电子产品,甚至药业、物流、金融行业。但是,海尔目前除了冰箱、洗衣机、空调等三大传统产品具有盈利能力外,其余的均被事实证明是盲目扩张的败笔。下面主要介绍海尔在药用产品业务上的品牌延伸案例。

1996年11月,海尔药业成立,当时依靠一款名叫"采力"的保健品,海尔药业的销售规模迅速超过了1亿元。但好景不长,"采力"在1997年的短暂辉煌后市场出现疲软并迅速衰落。1998年是第二个阶段。海尔进一步加大了对医药产业的投入,并转而选择进入终端。这一年,海尔引进了香港勇狮集团作为战略投资者,后者持有海尔药业25%的股权。同时,海尔药业开始按照"先有市场、后有工厂"的经营理念在全球范围内建设药房。在经营药房的尝试之后,全面进入医药流通业标志着海尔进入做药的第三阶段。

2004年12月,青岛海尔医药有限公司(以下简称"海尔医药")正式亮相。按照当时的说法,海尔对医药的定位是"海尔药业做药品生产,海尔医药做医药流通",实现"两条腿走路"。然而,正如媒体形容的那样,这一系列的努力都没能复制海尔在家电领域的奇迹。到2004年,海尔医药的整体销售额依然只有1亿元,这与国内领先的医药集团上百亿元的销售收入相去甚远。于是,在海尔一系列剥离缺乏竞争力行业的思路下,2007年,海尔历时10余年着力培育的医药业务也进入了剥离的行列。

2008年7月8日,泰国正大集团在我国香港地区的上市公司——中国生物制药有限公司公告称,旗下全资子公司正大永福将以3825万元收购青岛海尔医药有限公司51%的股权,海尔医药因此更名为正大海尔制药。

海尔药用产品业务品牌延伸失败原因如下。

1. 有悖消费心理

一个品牌取得成功的过程,就是消费者对企业所塑造的这一品牌的特定功用、质量等特性产生的特定的心理定位的过程。企业把强势品牌延伸到和原市场不相容或者毫不相干的产品上时,就有悖消费者的心理定位。

案例中,海尔集团的家电和药品就是完全不相关的两类产品,而海尔的家电产业是它的强势品牌,在消费者心目中似乎已经根深蒂固,"海尔"在顾客心中意味着家电,他们难以接受跟家电有千丝万缕关联而又与人们身体健康有着密切关系的海尔药品。

2. 品牌延伸分散

品牌延伸应尽可能避免在类别差异性比较大的产品间进行。海尔作为我国领袖品牌将其主业延伸至彩电、热水器、微波炉、手机、电脑等各种电器和电子产品，甚至药业、物流、金融行业。同时还涉足厨具、生物制药、餐饮等跟家电丝毫不沾边的领域，显然难以吸引消费者的注意力。品牌延伸得太过分散，顾客更容易忽略掉它的产品。

3. 产品定位与品牌定位的不一致

在品牌延伸中，如果破坏了品牌定位中核心价值的一致性，就会降低品牌的市场影响力。海尔家电的核心价值是它的高品质、高质量、高性能和高效率，而药业追求的是药性安全、保健健康，显然两者的核心定位是不一致的。

在品牌延伸中，不与该品牌定位一致，会动摇人们心目中对该品牌的思维和情感定势，随着这种状况的持续，自然会给公众传达不利于该品牌的混乱信息，相应地，该品牌的市场影响力就会降低，严重时会危及该品牌的市场地位。

（资料来源：孙文泽. 关于对海尔品牌延伸失败案例的分析[J]. 中国城市经济，2011(18).）

◇ 本章小结

品牌战略是企业经营与管理的核心组成部分，而品牌延伸是品牌战略的重要内容之一。企业将其成功品牌运用到新产品或新业务上，凭借消费者对现有品牌的认知度和认可度，迅速占领市场。因此，品牌延伸策略更有研究意义。

营销大师菲利普·科特勒认为，品牌延伸是指把一个现有的品牌名称使用到一个新类别的产品上。中山大学卢泰宏教授认为，品牌延伸是指借助原有的已经建立的品牌地位，将原有品牌转移使用于新进入市场的其他产品或服务（包括同类的和异类的），以及运用于新的细分市场之中，达到以更少的营销成本占领更大的市场份额的目的。从广义上讲，品牌延伸包括产品线延伸和产品种类延伸。

品牌延伸的动因包括：开发品牌"金矿资源"；提升品牌内涵；捍卫主品牌；占领更多细分市场；防止顾客流失；降低营销成本。品牌延伸的结果包括：向上延伸与提升母品牌形象；垂直延伸与品牌定位；向下延伸不当会损害母品牌形象；侵蚀母品牌的销售。

品牌延伸的优点有：加快消费者对产品的认知，有利于新产品迅速进入市场；有利于降低新产品进入市场的费用；有利于丰富核心品牌的内涵；有利于增加品牌的新鲜感，满足消费者多样化需求的选择；有利于增强核心品牌的形象；品牌延伸的风险有：削弱主品牌形象；淡化主品牌原有的内涵；使消费者产生心理冲突；跷跷板效应。

品牌延伸的原则有：主成分相同；具有相同的销售和服务体系；品牌定位度不高，适应度较宽；质量档次相当；品牌名称联想所及。品牌延伸的策略主要有：冠名与副品牌延伸策略，包括新产品直接冠以原品牌名称或部分原品牌名称、副品牌式的品牌延伸策略；品牌组合与产品线延伸策略，包括品牌组合延伸策略、产品线延伸策略。

数字资源 11-2
练习与思考
及答案

第十二章　品牌全球化战略

在当今国际市场,随着企业国际化的不断深入,全球化已经成为企业的发展趋势和必然结果。品牌全球化是企业在进行跨国生产经营的活动中推出全球化的品牌,并占领世界市场的过程,即企业在全球性的营销活动中,树立自己的品牌定位形象,达到全球化的目标。企业实施品牌全球化战略,不仅需要利用本国的资源条件和市场,还要利用国外的资源和市场,进行跨国经营,即在国外投资、生产、组织和策划全球市场营销活动等一系列活动。通过实施品牌全球化战略,与全球顶级品牌进行竞争,中国的品牌能够大大提升自己的实力和竞争力。

◇ 学习目标

本章主要阐述全球化战略的优势、风险与规避、原则、趋势及启示、中国的品牌全球化。本章的学习目标包括知识目标、能力目标和情感目标三个方面,具体内容如下。

1. 知识目标
(1)理解全球化战略的含义、意义和原则;
(2)掌握全球化战略的风险规避;
(3)掌握中国品牌全球化的策略。

2. 能力目标
(1)能用自己的语言清晰表达全球化战略的概念,解释其内涵;
(2)能举例说明全球化战略的原则;
(3)能对身边熟悉的品牌运用合适的全球化战略。

3. 情感目标
(1)培养学生深刻理解品牌全球化对企业发展的重要意义;
(2)培养学生树立让民族品牌走向全球、振兴民族品牌的志向。

◇ 学习重难点

1. 全球化战略的风险与规避
2. 全球化战略的趋势及启示

◇ **本章关键词**

品牌全球化　风险规避　差异化

◇ **导入案例**

海尔集团的"三个三"全球化发展战略

海尔集团自 1984 年创立以来,从一个亏损 147 万元的濒临倒闭的小厂,由小到大、由弱到强、由国内到国外,一跃成为价值为 855 亿元,全球销售额达 1320 多亿元的,拥有包括白色家电、黑色家电、米色家电在内的 72 大门类 11900 多个规格群的,具有一流国际化水平的国有特大型企业,成为中国家电行业名副其实的老大。目前,海尔集团在全球范围内建立了 29 个制造基地,8 个综合研发中心,19 个海外贸易公司,全球员工总数超过 6 万人,营销、研发、制造网络分布于中国、美国、意大利、泰国等全球市场。海尔的全球布局已经取得了显著成效,尤其是在发达国家,很多产品解决方案受到了当地消费者的欢迎。世界著名监测机构 GFK 的数据显示,2009 年,在德国三门及以上的多门冰箱市场,海尔以 75.9% 的份额高居第一;在西班牙三门及以上的多门冰箱市场,海尔冰箱以 36.1% 的市场份额高居第一。2002 年海尔进入日本市场时是以面向单身阶层的小型家电为主,最近,海尔将正式在日本市场销售中高端家电产品,满足日本消费者的高端差异化需求。世界著名消费市场研究机构欧容国际发布数据,2009 年海尔在世界白色家电品牌中排名第一。2010 年上半年,海尔集团收入同比增长 13%,利润同比增长 38.7%,海尔的品牌竞争力得到了进一步提升。

海尔集团的发展战略是"三个三"。第一个"三"就是要"按照质量国际化的三个标志,使海尔产品的质量水平全方位与国际接轨"。第一个标志是获得国际质量体系的 ISO 9001 和 ISO 14001 认证。第二个标志是要获得发达国家的市场准入认证。先后通过美国 UL、加拿大 CSA、澳大利亚 SAA、德国 VDEGS、欧盟 CE 和日本 S-Mark 等近 20 项认证,从中拿到了进入这些国家与地区的通行证。第三个标志是要使海尔产品的检测数据获得国际认可。为此,海尔集团从 1990 年起就先后投巨资增添与完善检测手段,充实检测力量,培训检测人员,先后通过了美国 UL 及加拿大 EEV、CSA 等机构的认可,被上述机构授予具有等效认可的安全性能与能耗测试等数据的权利,从而为海尔产品更快地进入国际市场赢得了宝贵的时间与空间。

第二个"三"是"实现名牌战略的三步曲"。十几年来,海尔集团在创国内以至国际名牌过程中,走的是"引进技术、消化吸收、创新发展"的三步曲。在1992年以前,海尔还只是在引进技术上从事消化吸收,走的是第一步与第二步。从1992年后就通过与日方合作,成立了"青岛海尔设计公司",从此告别了"模仿"阶段,进入了创新发展的新时期。不是一次性创新,而是持续不断地创新。在创新过程中,海尔首先集中力量突破困扰国际冰箱行业的两大难题。一是"全无氟"(也叫氟利昂替代),二是"节能"。经过几年的艰苦努力,海尔人不仅研制出既节约能源,又消除污染的电冰箱,还研制成功了一批分别适用于亚洲各国以至美国、日本与欧洲各个不同市场的氟利昂替代方案,并以其成果代表中国乃至亚洲参加了在世界各地召开的多次国际学术交流会,引起了诸多国际组织的一致肯定。

第三个"三"是"市场全球化,实现三个三分之一",简而言之,也就是要求海尔产品"在国内生产、国内销售占三分之一,国内生产、国外销售占三分之一,境外建厂、境外销售占三分之一"。当然,这三个三分之一只是一个框架,在发展过程中势必有变化,不能机械理解。目前,海尔产品已经先后进入美、德、法、日、意、加等发达国家市场,还先后在某些国家、地区投资建立制造工厂、设计中心与营销网络,开始在全球市场逐渐站稳脚跟。

■ 思考题:

请对海尔的全球化战略进行整体分析和评价。

(资料来源:https://wenku.baidu.com/view/77d78681a66e58fafab069dc5022aaea998f419f.html.)

第一节　品牌全球化

一、品牌全球化概念

品牌全球化是一个过程而不是结果。它的最终目标是要打造世界级品牌,目的是赚取超额利润。品牌全球化正是为了实现这一目标的动态营销的过程,它是公司的一个长期目标,要通过许多短期目标来使其最终实现,并分为不同阶段来完成。

品牌全球化是以最终打造世界级品牌为目标的品牌输出。全球化的品牌至少应具有以下特征:第一,要有全球的知名度,因此目标国尽量是发达国家,这样有利于快速提升品牌的全球知名度;第二,产品质量已经不是品牌全球化的主要考虑因素,而是必备条件,企业应该有其他独特的竞争优势;第三,品牌全球化在地域上来说,应该有一个从国内到国外的不断扩张过程,先是国内的知名品牌,在国内占有一定的销售规模,是该行业国内市场的排头兵,国内市场的品牌认知度和忠诚度较高,这是全球化品牌另一个必备的基础,也是打造全球化品牌的必经之路;第四,全球化品牌在海外的销售额应该占其销售总额一定的比例,并且要有全球化统一的品牌形象,如服装品牌应包括商标、广告、品牌名、陈列、包装等。

综上所述,品牌全球化是企业采用相同或不同的品牌进入多个国家(尤其是发达国家),通过高质量且具有某种特质的产品在全球范围内进行自有文化的成功渗透,并以此实现品牌形象的全球化,给消费者以独特的体验并获得广泛的认同,最终实现品牌价值提升和满足某些特定群体利益的品牌输出的过程。

◇ **知识活页**

全球性品牌、国际性品牌与品牌国际化

全球性品牌与国际性品牌是品牌国际化的结果与过程。全球性品牌是指在各地提供的产品或服务基本上是相同的,只有某些细小的差别(如可口可乐);有同样的品牌本质、特征和价值观(如麦当劳和索尼);使用相同的战略原则和市场定位(如吉列);尽可能地使用相同的营销组合;它将全球视为无差异化的统一市场。而国际性品牌,通常是指那些超出国界并在一个或多个国家或地区销售的品牌,包括那些在某一地区内是标准化的品牌(但是地区之间有差别),以及那些在品牌参与竞争的每个市场上都各不相同的品牌;它将全球各国视为差异化的市场。无论是全球性品牌还是国际性品牌,都是品牌跨越国界、参与市场竞争的结果。从这个意义上,全球性品牌是国际性品牌的进一步国际化。

(资料来源:费明胜,刘雁妮.品牌管理[M].北京:清华大学出版社,2014.)

二、品牌全球化的意义

品牌全球化化代表着统一的品质、恒久的企业形象、全球化的服务、共同的消费者基础和不断的技术创新，可以使品牌的生命得以延长，使品牌的魅力得以延伸。

（一）可以有效降低营销成本

在经济全球化的今天，对许多行业来说，实施品牌国际化可以在包装、广告宣传、促销以及其他营销沟通方面实施统一的活动。在世界范围内开展经济活动，成本降低的潜力很大，可带来规模经济效益。如可口可乐在世界各地采取了统一的广告宣传，在20多年里节省了9000万美元的营销费用。

（二）在全球形成统一的品牌形象

全球品牌向世界各地的消费者传达同一品牌信息，可以使人形成品牌实力雄厚的印象。由于顾客流动性的增加，顾客能在其他国家看到该品牌的形象。各种不同媒体对不同的消费者进行同一品牌的宣传，能反映该品牌相同的价值和形象。保持品牌的一贯性。顾客不管在哪里，都能选购反映自己个性或嗜好的产品或服务。品牌国际化战略选择说明该品牌具有强大的技术能力或专业能力产生的高质量，使顾客感受到独特的产品文化带来的精神愉悦。

（三）反映国家综合经济实力

从经济的角度上看：企业品牌国际化战略选择反映着国家形象和综合经济实力。一个国家在国际上的品牌声誉和知名品牌数量的多少体现着该国家的综合经济实力，同时，国家的经济发达程度越高，在市场中的地位就越高，品牌的竞争力就越强，形成的品牌权益就越大。

（四）是企业参与国际竞争的关键

随着消费市场的逐步成熟，发达国家很多实力雄厚的公司都参与到国际市场竞争中来，品牌国际化成为当今世界经济竞争的重要内容。无论在宏观层面，还是微观层面，企业要参与国际竞争，与国际接轨，登上世界的舞台，其关键是创出全球性知名品牌，实施品牌国际化战略。品牌国际化能增强组织的竞争能力。无论是在企业的研发、生产方面，还是在营销或销售方面，在全球范围内汲取新的知识，不断实行改进，能提高企业整体的竞争力。

◇ 同步案例12-1

宝马公司：品牌全球化战略

"如果你只是跟着别人的步伐，那么你就不要期望能够超越它。"这是宝马公司总裁 Pis Chetsider 在表述其公司哲学时的一句名言。宝马凭借这一追求、创新的公司哲学和独具特色的行销方略，犹如一匹剽悍的黑马，冲出欧美，驰骋亚洲。为了满足不同地方市场的不同要求，宝马决定采取集中统一的品牌战略，战略的实施则依不同的国家而有所变化。这就是所谓"品牌全球化，营销地方化"的营销战略系统，也就是要立足欧洲，进入美国，驰骋亚洲。

一、欧共体市场一体化对宝马营销战略的影响

1993年1月1日是欧洲市场一体化形成的标志，尽管一体化的真正形成尚需时日，但是在这一阶段，许多汽车制造商已经调整了它们对欧共体市场的销售网络，宝马公司也不例外。一体化的政策之一是技术规则规定的标准化，这当然是有利无害的，问题在于市场上的目标群体是否也应该"标准化"。表面看来，描述公司顾客结构的资料似乎表明公司的目标群体大同小异：宝马公司的顾客基本上都受过一流教育，他们要么身居高位，要么是自由专业人士，两者皆属高收入阶层。

事情是不是真的如此简单呢？欧共体12个成员国家有9种语言、11种面值不同的货币，即使在1992年之后，欧元（ECU）也不可能成为支付手段。公司的现有目标市场虽然集中于工业化国家，但也有农业占相当比重的国家，在这些国家，人们的生活方式迥异，生活水平悬殊。

二、宝马寻找和设计"欧洲品牌"

1. 深入研究欧洲顾客需求特点

营销战略形成的第一步是进行市场研究。调查的结果表明，五个国家（奥地利、意大利、荷兰、法国和瑞士）的顾客要求可分为三大类：对所研究的每个国家的细分市场中的所有驾驶汽车的人都同等重要的特性，这些特性因而在全欧洲有效；对某个国家的所有驾驶汽车的人都同等重要的标准，这些标准因此构成国别差异；对所有国家中某些驾驶汽车的人同等重要的要求，这些要求带来与目标群体有关的差异。

2. 确定欧洲式样

全欧洲一致的要求有：可靠性、安全性、质量和先进技术。宝马公司把这些标准称为基本要求。那些不符合这些要求的轿车；在购买决策的最初阶段，就被购买者从本来就不太长的备选清单中一笔勾销。另一方面，符合这些要求的汽车则在所有国家都被认为是好车。

3. 因国裁车

一旦这种式样经过了上述基本考验,下一步就是选择适合某个国家趣味的体裁,还得将该国的气候条件一并考虑。就汽车来讲,这意味着:在荷兰,汽车的吸引力有赖于"内部品质",如精工细作的内部配置。与此相反,在奥地利,汽车可能,也应该展示个人的自信,什么样的车显示出其主人是什么样的人,"车如其人"的观念在这里比其他任何国家都强。

在意大利,人们十分希望车能符合驾驶员的个人风格,他们对设计和审美品质以及行驶中的动力表现的要求,使得人们发现意大利人对车的追求与其他国家的人迥然不同。这样,不同国家的要求所组成的特征鲜明的轮廓,如水落石出般凸现出来,这个轮廓或多或少包括前面提到的基本要求,但主要涉及的是与某个国家相关的特定期望。

4. 因人着色

掌握了各种类型顾客的规模与特征,就可以根据企业战略蓝图来确定品牌的核心和边缘目标群体。令宝马公司最感兴趣的是在某个特定的国家销售不同类型的轿车。一方面,有的类型在各国的爱好者都有相当大的比例,如"名誉、运动型驾车者"和"普通型汽车爱好者"在意大利、法国、荷兰、奥地利的比例都不小,因此,某种"品牌世界化"对这两类人有直接的吸引力。另一方面,不同国家轿车驾驶人口组成的不同表明,赞成某种观念的人因国而异,如"传统型"和"说不清楚型"的人在法国三个驾车者中就有两个,在意大利则只有1/10,这显然需要"营销地方化"。

三、欧洲市场调研结果的应用

调研结果为"品牌全球化,营销地方化"提供了有力的依据。此外,它们使宝马公司得以透过对定位标准的有机组合,去寻找最佳的战略路线。若要获得理想的战略,指导方针必须做到:尽可能多地对目标群体成员富有吸引力;具有凝聚力,即使有多方面的特征,也要形成一个统一的整体;符合企业形象的要求;提供一个超越竞争对手的独特地位。在宝马用一种更为现代的方式重新制定其国际定位方式时,定位的原则与研究结果两者都至关重要。以前的方式以单方面考虑技术能力和先进性为特征,新的方式则扩展至包括情感因素、审美价值,以及风格雅致、构思精巧、独特超群和个性鲜明等新的方面。突破了宝马品牌传统上所强调的以技术与运动风格为核心的形象,由此大大增加了扩展品牌的途径。

宝马公司新的品牌战略的形成与实施是建立在科学的市场调研基础上的,调研的结果为处理品牌与产品、品牌与沟通、产品与环境的关系提供了坚实的基础,也打破了其作为全球性公司的总部与以各国为基地的分公司之间在营销方面的鸿沟,从而大大地提高了品牌的战略地位,加强了公司的竞争力。宝马公司后来将这一方法运用到北美市场和日本市场,也取得了相当的成功。

(资料来源:https://www.docin.com/p-589214048.html&isPay=1.)

第二节　品牌全球化战略

一、品牌全球化战略类型

一般跨国公司或企业在全球市场的总体发展战略为"思考全球化，行动本土化"。即在全世界市场有一相同的基本定位，但可视当地具体情况进行战略重组。其具体战略如下。

（一）产品无差异化，广告诉求形式多元化

在面向全球市场的营销活动中，将全球策略细分成各个小区域范围内的策略，注重与当地文化的交流与沟通，这样，产品易被当地消费者所接受，使得全球化战略容易实施。如万宝路香烟，其广告主题根据各地市场环境，随机应变，在全球有二十种不同配方以满足消费者口味。广告宣传的侧重点放在"美国销量第一"这一信息上，并以"万宝路给您一个多彩多姿、包罗万象的动感生活"为广告标准语。与之相似的是，中国青岛啤酒集团在开拓国际市场当中，对于销往不同国家和地区的产品，在保持明显青岛啤酒特征的前提下，根据当地特色和风土人情，在包装的颜色、图案组合及产品规格等方面，尽量满足当地消费者需求，找到了最好的最能引起消费者认同的包装形式。给顾客的定位是畅饮青岛啤酒，领略世界级品牌所带来的超爽感觉是人生一大享受。1999 年品牌价值提升为 48.63 亿美元，青岛啤酒已成为该行业内国内外知名度和美誉度较高的中国名牌之一。

（二）产品无差异化，促销全球化

产品在全球推广过程中，科学技术日新月异，新产品不断出现，使得产品生命周期变短，产品差异化减少，消费者需求共性增加。特别是 21 世纪品牌营销虚拟化时代的到来，为扩张全球化品牌战略带来了机遇和挑战，它打破了传统的地域营销、广告促销和有形购物的概念，将品牌推广置入一个虚拟的没有国界的网络空间。全球网上客户可以直观、便捷地了解企业的产品和服务。同时，企业还可以更为直接地从顾客那里获得信息反馈，把握第一手资料，调整发展战略。目前，企业要积极抓住这一时代机遇，抢占网上市场，为今后的产品营销获得更大的空间。

（三）生产基地无国界化，人才本土化，社会贡献当地化

如可口可乐公司、宝洁公司等世界级的跨国公司在中国投资经营中，不仅拥有当地较高的市场份额，建立了品牌忠诚度和美誉度，而且十分注重使用当地资源，积极为社会做出贡献。其聘用中国人才，提高中国原材料的本地化程度，为中国带来税收，在解决就业、提高经营管理水平和造就人才方面都做出了很大的成绩，其已成为中国经济发展中的重要力量。这种战略方式的不断深入，正是跨国公司全球品牌化经营的成功所在。

二、品牌全球化战略优势

（一）在全球行业范围内具有领导优势

当一个品牌发展成为全球化品牌，这意味着它有潜在的市场、广阔的顾客群和良好的市场形象。如汽车行业的美国通用、福特公司，德国大众，日本丰田等；饮料行业的可口可乐；IT行业的微软公司。

（二）具有很强的品牌亲和力

全球化品牌可能引发许多有益的品牌联想，仅仅"全球化"这一概念就表现出产品的竞争力，让人感到该品牌实力雄厚。特别是轿车、计算机类产品。因为在这些产品的市场上，顾客要冒质量不可靠、技术落后的风险，顾客购买支出大，因而需要所购产品质量有所保证。全球化的品牌，在世界各国已建立了良好的品牌形象，有较高的知名度，有忠实的顾客群，易使顾客产生联想，增强其购买动机。

（三）具有规模效益，能降低成本

由于世界经济一体化逐步加深，各国之间的贸易壁垒逐步减小，促进了资本、技术的进一步流通。由此，世界性经营范围带来规模经济效益——在许多行业，这被认为是获得竞争力的决定性因素。全球化品牌策略使得广告、促销、包装以及品牌的其他方面的设计宣传获得规模效益。全球化品牌能获得更大的市场。

（四）是一国竞争力的标志

全球化品牌还经常让人想起它最初被确定的国家，使人想到品牌的发源地，这是其品牌

基础的一部分。例如李维斯是美国牛仔装，香奈尔是法国香水，芝华士是苏格兰威士忌，可口可乐是美国饮料等。这是一种宣传其国家形象的标志，这种标志能进一步有助于其品牌的全球化扩张。

（五）具有创新优势

这里不仅指技术创新，还包括机制和品牌营销创新。超前的开发技术，获取核心创新能力，拥有核心技术的自主权，就能在同行业中保持技术上的领先优势，是企业核心竞争力提高的标志。在技术不断创新的同时，还应有机制和营销方法的创新。品牌的传播和企业信誉的提高都依赖于一定营销手段和品牌创意的提升，创意营销是品牌永葆青春的根本所在。

（六）具有较高的市场份额

由于上述的优势，全球性品牌无论是在区域性市场还是在全球市场都具有较大的市场覆盖面，有较大规模的销售额和市场份额。如美国宝洁公司、可口可乐公司、通用公司及日本丰田公司等世界级的跨国公司，其销售收入在行业中处于世界领先地位，其销售收入的大部分来自海外。

◇ **同步案例12-2**

从逆境到逆袭　格兰仕自主品牌全球化飘红

一、格兰仕双重利好

作为中国第一批"走出去"的家电企业，格兰仕自20世纪90年代便开始活跃在全球各大一流展会，与全球一流零售商建立广泛的战略合作伙伴关系。有了在零售渠道打下的深厚基础，格兰仕近十年不断加大自主品牌国际化的步伐。

截至2020年3月，格兰仕的产品和服务供应到全球近200个国家和地区，格兰仕品牌在全球150多个国家和地区注册。2020年，在全球家电行业危机成为普遍现象时，格兰仕却逆势而上，一季度就迎来了利好，格兰仕北美地区全品类同比增长8.75%。格兰仕集团董事长兼总裁梁昭贤透露，格兰仕主要产品的外贸订单非但没有减少，甚至出现了国外订单挤占内销产能的情况。与此同时，格兰仕在全球不同的国家及地区实现不同增长，从零售方面看，格兰仕冰箱等部分品类增长100%以上。

另外,当全球制造业都在减薪、产品结构进行调整、人才优化时,格兰仕逆势扩张。2020年4月28日,格兰仕集团工业4.0示范基地投产,这个只花了50天就建成投产的基地上装配了数条高度智能化生产线,首期年产1100万台健康家电,单线生产效率达到6.7秒出产一台产品。

二、格兰仕的选择

格兰仕一手抓品牌文化建设,一手抓技术产品定制,不断推出极具核心竞争力的本土化定制产品。正是这些底蕴和技术厚度,才成就了今天格兰仕外贸逆境之下的开门红。制造产品卖产品,还是用户需要产品制造产品?两者之间的商业逻辑有着本质的不同。格兰仕的创造需求法则有着全球化的韧性与张力。"四合一"ToastWave一体机是由格兰仕美洲公司产品经理与顺德总部工程师合力开发的代表作。融汇中西方的设计理念与文化理念,格兰仕ToastWave一体机集微波炉、烤箱、空气炸、热风对流多种烹饪模式于一身,依托格兰仕全球领先的微蒸烤技术积淀和全产业链核心自我配套能力,ToastWave一体机历时两年研制成功并实现量产,在北美申请了多项专利,是微蒸烤市场的标杆产品。格兰仕其实有多种选择,譬如通过资本并购获取别人的技术,很快可以量产问世,或者委托别人进行技术研发。但是自主品牌、自有核心技术、自有研发团队,这才是格兰仕最想要的。目前,ToastWave一体机在北美市场全部以格兰仕品牌进行销售,成为格兰仕自主品牌开拓高端市场的利器。

同样深受北美市场欢迎的格兰仕电器还有复古冰箱。在北美TOP5的零售渠道,消费者都可以选购到格兰仕品牌复古冰箱。在全球领先的家居建材用品零售渠道家得宝,格兰仕复古冰箱、微波炉一起被摆上了最显眼的橱窗,成为家电爆款。格兰仕四十多年来的生命力在于坚持、专注和创新。创造需求远比满足需求更为艰难。

早在1998年,格兰仕微波炉就为中国家电行业赢得了首个"世界冠军"。经过多年发展,中国已经成为世界首屈一指的制造大国,以格兰仕为代表的中国制造,没有止步于OEM、ODM,而是始终坚持加大科研投入、产业升级、自主创新和自主品牌不断实现自我超越。这样的因果关系体现在,当前格兰仕外贸占格兰仕集团整体业务的70%,自主品牌在海外稳健发展,将市场主动权掌握在自己手中。"在海外市场以发展自主品牌为主,并与国际主流品牌进行长期合作。"梁昭贤如是说。

(资料来源:https://baijiahao.baidu.com/s?id=1666042643945291298&wfr=spider&for=pc.)

三、品牌全球化的风险与规避

（一）推行品牌全球化战略的风险

一般来说，不是企业自己选择要全球化的，而是市场竞争的驱使。实施品牌全球化（或者从原产地市场到其他的市场），往往取决于是否存在对企业至关重要的战略机会。这些机会包括新市场规模和吸引力、原产地市场的日趋饱和、可以取代的竞争对手、获得规模经济效应、保持现有的利润、赢得知名度以及推动创新等。

Interbrand 注意到，许多公司都在热衷于地域性市场的扩张。但是，这种扩张往往是基于财务预测，而将市场、文化、买方行为，以及品牌忠诚度和其他一些因素都置之不顾，这必然会给品牌向外部市场的扩张带来很多风险。

这些风险包括：
(1)错误地假定不同市场品牌所传递的含义是一样的，造成了信息的混乱；
(2)对品牌及其管理过度标准化、简单化，导致一种地方水平的消极创新；
(3)运用了错误的传播渠道，造成不必要的开销和无效传播；
(4)低估了在市场从认识、尝试到使用品牌所需要的投资和时间；
(5)没有投资建立内部的品牌阵线，以确保本地的员工理解品牌价值和利益，使他们愿意而且能够对外进行始终如一的传播与分享这些价值和利益；
(6)未能根据当地市场的特点及时调整执行策略，等等。

（二）品牌全球化风险的规避

要规避这类风险，公司层面的自我审视是必需的，以确保对于品牌从区域市场向外部市场的扩张的要素有一个清醒的认识。这些要素如下。

 **1. 认同性**

卓越的品牌会赢得顾客和舆论领袖的高度认同。想象一下宝马汽车，它已经成为卓越技术性能和设计的象征，同时也意味着其拥有者达到个人的和专业化的水准。顾客的认同代表了理想和现实的紧密结合，使品牌能迅速在新的市场建立可信度。

2. 一致性

通过整合全球传播的努力,在全球传递一种一致的顾客体验。法国的麦当劳看起来更像咖啡馆,菜单也制作得符合当地的文化特点。浓咖啡随时能提供给顾客,椅子既不是用塑料浇铸的,也没有用螺栓与地面固定住。

3. 情感性

一个品牌传递了情感时才能成为品牌,它必须能代表一种承诺,一种促使人们想要参与其中的承诺。耐克不考虑人们的体能极限,倡导一种运动的时尚文化。它定位在特定的群体,但在大众市场也表现优异。

4. 独特性

成功的品牌传递了成功的理念。这些品牌向所有的内部和外部的听众传达一个独特的诉求,其有效使用传播组合中的所有要素在全球市场进行定位。此类品牌创造性地运用其营销组合,始终如一地确保其使用者能够体现其品牌所提供的拥有象征和利益期待:创新。事实上,此类品牌已经有形无形地影响了消费者的生活习惯和日常行为。

5. 适应性

全球性品牌必须尊重当地的需求、需要和口味。这些品牌在担负全球使命的同时,还要适应当地的市场需求。一些成功的银行就吸收了这一理念,在对当地传统和习惯深刻了解的前提下,它展现给客户的是在金融服务领域的出色表现。从本质上来说,它传达了一个"全球化的"优点。

6. 高层管理

组织的高级层领导必须支持这个品牌,最好是由公司的 CEO 带头。企业高层如果对品牌所传达的理念很明确,那么就可能制定清晰的品牌战略。要充分考虑各区域不同的特点,才能对品牌做出恰当独特的定位,这是管理全球性品牌的关键一步。

◇ **知识活页**

国际化的四个阶段

（1）跨国化策略，是企业到别的国家发展而要实施的一种策略。在全球激烈竞争的情况下，形成以经验为基础的成本效益和区位效益，转移企业内的特殊竞争力，同时注意当地市场的需要。

（2）多国化策略，又称多国战略，是根据不同国家的不同市场，提供更能满足当地市场需要的产品和服务，是为了满足所在国的市场需求。

（3）国际化策略，是指企业产品与服务在本土之外的发展战略，是转移其在母国所开发出的具有差别化产品到海外市场，从而创造价值。

（4）全球化策略，指某些跨国企业的世界经济市场的战略计划，是向全世界的市场推销标准化的产品和服务，并在较有利的国家里集中地进行生产经营活动，由此形成经验曲线和规模经济效益，以获得高额利润。

（资料来源：https://zhidao.baidu.com/question/136398691.html.）

第三节　品牌全球化的原则和趋势

一、品牌全球化的原则

（一）对客户的洞察力

对不同文化环境中的消费者的洞察力，能很好地促进品牌全球化。一旦品牌了解到顾客的想法，必须确保客户对品牌的认知在全世界范围内都是一致的。韩国的现代汽车三分之二都远销国外，拥有跨国投资，世界性的产品口号和广告。尽管如此，它还不是一个真正意义上的全球化品牌。因为"现代"这个名字在不同的市场有不同的内涵。相反，奔驰60%以上的销售都在欧洲境内，然而这个品牌拥有的声望和质量却是世界性的。

(二)整合本地的智慧

品牌的指导方针是确保品牌一致性的有力工具。然而,其也曾经阻碍过创新,降低品牌的关联度。品牌是动态的,绝不是静止的,因此在管理品牌时应该整合创新思维。对全球化的品牌来说,想用单一信息准确地传递给所有的听众是不切实际的。一个管理很好的品牌会适当筛选与下一步重大战略密切相关的本地市场,以确保品牌与当地智慧的融合,以应对竞争对手策略的变化。

(三)全球性的管理团队

全球化品牌需要一个全球性的管理团队。这个兼容区域性、国际性的管理组织用以确保品牌的领导地位。拥有多品牌组合的企业往往在每个品牌下设一个经理,建立"品牌经理制"。这些经理必须获得充分的授权和资源支持来执行那些在绩效评估的基础上做出的重大决定。这个品牌管理团队向公司的首席执行官汇报,该执行官直接参与品牌的决策。这个团队的工作程序是培育品牌、评测品牌、提高品牌声望。在这个程序中,企业的各个商业部门的代表和销售代理商都要参与进来。

(四)持续的投资

现在,包括品牌在内的无形资产是企业价值的主要组成部分。像其他资产一样,这些无形资产也需要资本投入。不断发展的企业和英明的管理部门认识到了在传播上适当花费的必要性。然而,首席执行官和首席财务官们不会在空头支票上签字,他们要求对每一笔投资都要有真实量化的回报。

(五)品牌资产评估体系

为了巩固全球化品牌的长期地位,必须要有一个一致的、分布广泛的品牌资产评估体系。它不仅仅通过突出并展现最好的营销策略来帮助品牌的发展,还为品牌管理团队提供一种监测全球一致性策略执行情况的工具。这一资产评估体系必须包括消费者的"首要意念"、所有消费者的观点(喜好、满意度、忠诚度、顾客指定认购)、品牌形象特征、对产品或服务的认识以及对品牌的评估,以此来确定品牌给企业带来了多大的利润。

成功的全球化品牌,需要将全球性的品牌诉求信息,应用到地方市场。例如香奈儿的"优质"和"精英"理念,这是通过将信息本地化转译的方式达到的。有一个称为"70/30"的原则需要遵循,即品牌策略70%应该保持完全一致,30%则要根据市场及时做出灵活的调整。如果一个品牌有多个显著的特点,那么品牌信息必须要经过裁减,再向本地市场传递。

要真正做到"全球化思维、本地化运作",需要给予区域经理人员充分的权力转述和表达品牌信息。需要注意的是,全球化品牌并不意味着没有国别差异,只要其核心诉求依然是全球性的即可。事实上,原产国很容易就能形成一个核心的品牌识别,能让全球的客户容易辨认。哈雷戴维森产自美国,但是其延伸出的"自由"的理念在全球引起共鸣。因此,品牌全球化的目标是"多种语言,一个声音"。

二、品牌全球化的趋势

根据《哈佛商业评论》一篇论文的调查,品牌全球化形成了三个重要的趋向。

(一)全球化品牌是"质量"的象征

过去"美国制"或"日本制"的产品即代表着质量的概念已逐渐淡薄,反而由个别的品牌声誉所取代。

(二)全球化品牌反映出正面的国际属性

不管在任何一个国家,苹果计算机给大家的印象主要都是"时尚"。

(三)全球化品牌是社会责任的一种工具

消费者需要的是更多的全球化品牌。同时也说明了为什么英国麦当劳雇用员工政策及雀巢在非洲销售不良的婴儿奶粉配方饱受社会舆论严厉的谴责。如今,该两事件仍对两大品牌的声望有影响。

三、品牌全球化的启示

对品牌策略专家来说,品牌全球化管理不再是将全国性产品送入国际市场那般单纯。今天,全球化品牌已变成一种独特的图腾,它不只是属于一个国家的品牌,而是属于每一个国家的品牌。因此,它必须很有技巧性地在全球文化的需求下取得平衡,同时还能满足本土消费者不同的品味。

一般消费者对国际品牌的认知态度,通常是"大品牌的""漠不关心社会的""只对自己或利润有兴趣"。但这些负面的认知,有时是可以通过营销及公关活动加以改变的。因此,国际品牌介入当地的社区公益活动也是必要的。从较广义的角度来看,这项调查中的受访者有13%是"反全球化品牌者",换言之,它意味着全球有数以千万计的潜在顾客对全球化品牌所持的态度并不友善,但这个问题并非不能克服。

国际品牌必须存有"为消费者利益牺牲自我利益"的品牌概念,因为,消费者对自己国家内的跨国性品牌所做的公益贡献,多半心存质疑。尽管如此,国际品牌还是可以通过一些履行社会责任的活动,创造顾客与品牌双赢的格局。相关报道指出,宝洁(P&G)在危地马拉销售净水系统,该产品不但价格便宜,还有效降低了约25%的痢疾罹患率,并能从中获取利润。

◇ 知识活页

企业全球化的五个阶段

1. 前两个阶段:出口型和初期扩张型

处于出口型或者初期扩张型的企业,全球化的道路才刚刚开始,其特点是以机会为导向,向外出口国内的产品或服务;在组织架构上,公司仍由总部集中管控,通过在总部成立海外事业部对办事处进行管理。

2. 第三阶段:国际型

相比之下,进入国际型阶段的企业不仅出口国内产品,也会在当地实现生产制造,它们不仅自主创建,也会通过并购手段扩点扩面;比出口型和初期扩张型企业更进一步的是,处于该阶段的企业会在总部成立单独的国际公司,并在海外建立职能相对健全的分(子)公司,按照国家和区域组织管理。

3. 第四阶段:跨国型

处于"跨国型"阶段的企业则往往在当地采购并营销产品,海外并购情况亦时有发生;公司会按照业务和区域组织管理,各国的协调相应增加;在组织架构上,总部会针对不同规模的海外公司实现差异化管理。规模较大的海外公司往往会直接升级为事业部,由总部直接管理,同时,规模较小的海外公司仍归国际公司管理。

4. 第五阶段:全球型

处于全球型阶段的企业已经实现了真正的全球协同效应。企业总部相对精简,其作用是进行综合管控和协调,同时按照地域或业务线设置事业群。达到这个阶段的企业,能够实现跨国和跨区域的业务整合。

(资料来源:http://www.jcshys.com/xx/jjgl/42343.html.)

第四节 中国企业的品牌全球化

一、中国企业如何实现品牌全球化

目前中国的名牌企业,在国内市场已具备在规模、效益和品牌上的竞争力,其在国内市场不断发展壮大,借着其品牌的吸引力,为进行跨国经营提供了一个良好的经济基础。国内市场国际化,使得一批像海尔、长虹这样的企业集团迅速成长,并制定了下一步的发展目标,即必须在5~10年内,开拓国际市场,创立世界名牌。中国的企业要真正成为世界上的强者,产品生产的经营活动走向世界市场已是历史的必然趋势。而产品走向世界的关键在于产品形象的提升,品牌知名度的提高,培养顾客对其品牌的忠诚度和提高其美誉度。因此,中国企业要想实现品牌全球化,必须具备以下条件。

(一)确定跨国经营目标

中国有一部分企业已树立了进军世界500强的长远目标。如长虹的理想是做中国人,创世界品牌;长虹的战略思想是,领先中国电子行业,赶超世界一流系统;以创世界品牌为战略目标,通过技术开发、市场开拓、科学管理、股份制改造、资本运营,工业的主营指标每年以50%的速度递增。科龙集团的发展战略是在跨国经营中成为"世界级制冷企业";海尔集团的发展目标是在21世纪进入世界500强。特别值得一提的是2000年7月至9月,分别有四家国际风险投资基金注资创维集团,取得了在港上市的创维集团17%的股份,这种产权国际化为创维更好地发展国际化战略带来活力。

(二)拥有大公司的经济实力

公司的经济实力应包括有形资产和无形资产。现在评价一个具有竞争力的企业不仅在于其有形的资金能力,还应分析其无形资产的价值,其中品牌价值是企业实施品牌全球化的有效保证。跨国公司的品牌价值有的超过了其有形资产的部分。在全球品牌价值排行榜上,可口可乐公司以446亿美元名列榜首,以多元化经营著称的通用电气公司以335.02亿美元名列第四。

（三）在国内外已有一定的信誉基础

无论在国内市场还是在国际市场销售产品，质量和服务的好坏是品牌成功营销的保证。所以企业要继续巩固和发展自己的品牌形象，不断提高产品质量和服务水平，当然，在全球市场营销应有一定的适应性。

（四）海外投资初具规模

如中国彩电业为绕过高关税壁垒和降低运输成本，选择在当地设立工厂及分销网络。康佳在印度和墨西哥设立了合资公司生产和销售彩电；创维在土耳其、马来西亚和墨西哥开设了生产基地；长虹在俄罗斯建立了工厂；海尔在美国建立海尔工业园。在海外市场的投资生产，加快了我国生产性行业的跨国经营步伐。

数字资源 12-1
联想新征程

（五）有众多的营销网络渠道或设立一定的分销机构

随着企业海外经营活动的频繁，扩大营销网络的建设是必不可少的重要环节。在当地设立销售服务渠道，提供满意的服务，是品牌形象完善的桥梁。

二、中国企业在品牌全球化中遇到的问题

（一）难以满足高成熟度的市场环境对品牌差异化的要求

从经典的理论来看，品牌的价值是由理性价值和感性价值两种价值构成的，其中，理性价值的形成有赖于产品和服务本身，而感性价值则源于消费者对所购买品牌的联想。

目前中国品牌国际化的目标市场大都是以欧美发达国家市场为目标。与中国高速发展的市场不同，欧美国家的绝大多数市场已经进入成熟期，总体增长要比中国缓慢。在这样的市场中，要求新进入的品牌具备为消费者提供真正差异化的价值，而有差异化的产品或者服务则是构成品牌价值的来源，也是企业获取消费者的根本所在。提供差异化和创新的产品不仅需要企业敏锐地发现客户的潜在需求，还要求在产品开发和创新方面进行相应的投入。但是，长期以来中国企业处于"重市场、轻研

发"的状态，中国企业更多的是技术追随者，而非行业标准制定者。有限的技术和产品创新也是集中在非核心环节，对市场和行业发展的影响力非常有限。在这种状况下，中国企业要想在理性价值方面进行差异化，在技术和产品的差异化方面超过现有对手，必然是困难重重。

另外，国外市场调研公司的研究表明：到目前为止，与早期日、韩品牌进入欧美市场的情况相似，"中国概念"还仅仅停留在廉价、低质量的印象上，并不能为中国品牌提供强有力的来自国家层面的价值支撑。

（二）在中国形成的品牌价值难以复制到发达国家市场

我们经常能够从新闻报道中看到：中国品牌在许多市场中打败了国外品牌，取代国外品牌成为市场的主导。由此看来，一个合乎逻辑的推论是：如果在中国市场能够打败国外品牌，我们应该也有机会在国外市场打败国外品牌。但真的这么简单吗？

在 2004 年罗兰·贝格公司进行的一项调查中发现，中国年轻的以及相对高收入的消费者仍然更加钟情于国际品牌。绝大多数消费者认为，如果在全部条件相近似的情况下（如相同价格、质量、款式、技术等），他们会选择国际品牌的产品。同时，国际品牌更加让消费者感觉到品质优良、性能卓越，也更加有身份感。由此可见，中国品牌虽然已经具备了很高的知名度，形成了市场份额方面的主导地位，但并非真正意义上的强势品牌，尚未形成清晰的、可持续的品牌价值定位。

出现这一结果的主要原因是：众多国内企业尽管在品牌方面进行了大量的投资，但往往是形成了响亮的品牌口号或精美的广告宣传，但是品牌形象仍然较为模糊，没有形成鲜明的品牌个性。究其原因，首先在于品牌的塑造缺乏来自消费者体验层面的支撑，品牌口号与消费者的实际体验没有任何关联，最终导致品牌价值流于空泛。其次，在国内的众多行业中，中国企业大多是凭借价格、渠道和服务等优势占据较强的市场地位，但主要是在已经非常成熟的主流产品市场，在需要挖掘或引导消费需求的前沿领域则处于劣势。再次，过分追求价格战、企图以价格获取市场份额的做法又把中国企业拖入一个恶性循环：低价格和低利润导致企业缺乏研发投入，缺乏研发投入又进一步导致产品缺乏竞争力从而更加依赖于价格战。

中国企业在品牌塑造的时候，其核心诉求仍然集中于较为基础的元素，突出产品优良的品质、可靠的质量或高水平的服务。而欧美发达国家市场由于长期的发展和充分的竞争已经超越了简单地以品质或服务取胜的阶段，可靠的品质保证早已经成为企业参与竞争的前提，对品质的追求不过是使得中国企业与国际竞争对手站在同样的起跑线上，却无法成为差异化的成功因素。服务也由于价值链的不断细分早已经成为独立的领域，不再简单依附于产品的销售。在欧美发达国家市场中服务普遍是有偿的，像海尔在国内所采取的高品质无偿服务的方式在国外市场将会面临很高的成本压力，尤其在中国产品缺乏足够利润空间支撑的情况下更加难以为继，因此差异化的服务优势也是难以简单复制的，渠道等优势更加无从谈起。还有，像联想、海尔这样的国内高端品牌，尽管在国内市场取得成功的差异化优势，在技术、创新等方面得到了国内消费者的认可,形成了自身品牌的价值,但如果进入国外市场,由于缺乏形成同样价值的条件,使得这些价值根本无法复制或者移植到其他市场中去。

(三)缺乏有效的战略性品牌管理

早在 40 多年前,哈佛教授 Ted Levitt 就在其著名文章《营销的短视》中指出,营销不能局限于传播和沟通本身,公司必须基于市场。只有市场营销能制造和增加需求。而这也正是中国企业目前所缺乏的。

从消费者感知品牌价值的过程来看,我们相信品牌塑造的工作开始于产品设计的环节并贯穿企业各项管理活动。品牌建设已经不再是孤立的市场营销手段,而是多部门、多层次的任务。著名的品牌管理大师、加州大学伯克利分校的市场营销教授 David A. Aaker 认为,当首席执行官不想聘用品牌官的时候,CEO 就应当负起责任。品牌必须成为商业战略的核心。Aaker 认为:"CEO 必须明白他的品牌是战略资源,他必须不断地开发品牌。"

罗兰·贝格公司对 15 家中外电子及高科技企业的调查表明,外国企业对品牌资产的重视程度明显高于国内企业。国内外由于在这些方面所存在的差距,中国企业在国际化方面势必遭遇很大的困难。

◇ **知识活页**

中国品牌国际化的几种模式

1. 单一自主品牌国际化的海尔模式

海尔集团开拓国际市场采取三个 1/3 战略:1/3 国内生产、国内销售;1/3 国内生产、海外销售;1/3 海外生产、海外销售。在国际市场上,海尔品牌的各类家电产品在全球 160 多个国家和地区销售,海外营销网点达到 36000 多个,海尔已经完成了品牌随产品或服务向国际市场输出的国际化初级阶段。可以说,海尔正在逐步实现生产、设计、销售本土化的经营模式。

目前海尔集团在全球建立了 10 个工业园,在海外建成了 22 个工厂及制造基地。在这个经营平台上,海尔根据当地的消费习惯和风格,有针对性地设计满足当地消费者需求的产品,为实现"全球定制"提供可能。海尔品牌国际化历程已经从早期的品牌产品出口初级阶段,发展到了直接进行海外投资的中级阶段。海尔品牌国际化是典型的单一自主品牌国际化模式。

2. 并购国际知名品牌强化本民族品牌的联想模式

2004 年 12 月 8 日,联想用 12.5 亿美元收购 IBM 全部个人电脑业务,并购后的新联想年销售额将超过 120 亿美元,在中国市场份额将达 1/3,占全球市场份额的 9%,仅次于戴尔的 16.7% 和惠普的 16.2%,成为全球第三大个人电脑厂商。联想可以充分利用IBM先进的技术支持、管理资源和经验、销售队伍、遍及全球160个国家和地区的庞大分销网络以及在150多个国家和地区中开展业务的客户资源。这些资源是IBM这个"蓝色巨人"多年的积累,联想通过并购将其迅速整合为已所用。更重要的是,并购IBM全球PC部使联想品牌在国际上产生重大影响,提高了国际声誉,从国内品牌"升级"为走向国际品牌,其象征意义已超过实际的利润所得,此次并购的品牌国际化传播效应不可小觑。

3. "独自行走"与"结伴行走",多品牌进入国际市场的TCL模式

所谓"独自行走",喻指在国际化过程中实施独立的品牌策略。所谓"结伴行走",喻指以合作的方式与其他企业一起进行国际市场的开发和经营。在新兴市场上坚持"独自行走"策略,推广TCL自有品牌。新兴市场覆盖东南亚、俄罗斯及东欧、中东、非洲、大洋洲、墨西哥及拉丁美洲等市场。1999年,TCL首先进军越南,成立越南分公司,经过一年半就开始实现盈利。目前TCL彩电在越南的市场占有率已达18%,在新加坡、菲律宾、印尼等多个国家也进入当地市场前3名,成为当地最有影响力的中国彩电品牌。2003年4月,TCL进入印度市场,成立了TCL印度公司,2004年在俄罗斯销售TCL彩电80多万台。经过几年的积累,TCL在新兴市场基本实现了本地化的管理与生产,以及日趋成熟的销售网络和客户资源,并形成稳定的供应链资源。截至2004年,TCL彩电在新兴市场国家和地区的海外运营机构有14个,到2005年底,海外运营机构增设到20个,基本完成在新兴市场的战略布局。

(资料来源:http://www.tmhong.com/main/article/16559.)

◇ 本章小结

品牌全球化是企业采用相同或不同的品牌进入多个国家(尤其是发达国家),通过高质量且具有某种特质的产品在全球范围内进行自有文化的成功渗透,并以此实现品牌形象的全球化,给消费者以独特的体验并获得广泛的认同,最终实现品牌价值提升和满足某些特定群体利益的品牌输出的过程。

品牌全球化发展战略有三种:产品无差异化,广告诉求形式多元化;产品无差异化,促销全球化;生产基地无国界化,人才本土化,社会贡献当地化。品牌全球化的意义在于可以有效降低营销成本,在全球形成统一的品牌形象,反映国家综合经济实力,是企业参与国际竞争的关键。

品牌全球化的优势包括在全球行业范围内具有领导优势、具有很强的品牌亲和力、具有规模效益、能降低成本、是一国竞争力的标志、具有创新优势和具有较高的市场份额。推行品牌全球化战略具有很大风险,可以从品牌的认同性、一致性、情感性、独特

性、适应性等几个要素去规避品牌全球化的风险。品牌全球化的原则包括对客户的洞察力、整合本地的智慧、全球性的管理团队、持续的投资、品牌资产评估体系。

  中国企业实现品牌全球化的前提应包括确定跨国经营目标、拥有大公司的经济实力、产品品牌在国内外已有一定的信誉基础、海外投资初具规模、有众多的营销网络渠道或设立一定的分销机构。中国企业在品牌全球化中遇到的问题有：难以满足高成熟度的市场环境对品牌差异化的要求，在中国形成的品牌价值难以复制到发达国家市场，缺乏有效的战略性品牌管理。

数字资源 12-2
练习与思考
及答案

数字资源 12-3
本章知识
链接

第四篇

前 沿 篇

本篇为品牌前沿篇,主要包括网络品牌、品牌数字化与数字品牌、品牌价值链管理等品牌管理理论中比较前沿的问题。通过学习本篇内容,读者可以对品牌前沿相关的问题有更深入的理解和认识。

第十三章 网络品牌

随着互联网特别是移动互联网的广泛发展,网络进入消费者的日常生活,与网络有关的品牌也成为企业竞争的新战场。网络品牌是品牌的一种特殊的形式,是通过网络渠道进行传播的虚拟的名称、术语、标记、符号或设计,或是它们的组合运用。网络品牌即企业品牌在互联网上的存在,有两个方面的含义:一是通过互联网手段建立起来的品牌;二是互联网对网下既有品牌的影响。两者对品牌建设和推广的方式和侧重点有所不同,但目标是一致的,即都是为了创建和提升企业的整体形象。在互联网时代,企业要更加注重网络品牌的建立、传播、维护和发展。

◇学习目标

本章主要阐述网络品牌的定义、内涵、构成及特点,网络品牌的建立、传播及维护方法,网络品牌的发展策略,具体内容如下。

1. 知识目标

(1)了解网络品牌的定义与内涵;

(2)理解网络品牌的构成和特点;

(3)掌握网络品牌的建立和传播过程;

(4)掌握网络品牌的维护和发展策略。

2. 能力目标

(1)能清晰表达网络品牌的定义,解释其内涵;

(2)能学会和运用网络品牌建立和传播的方法;

(3)能结合实例分析网络品牌的发展策略。

3. 情感目标

(1)培养学生深刻理解网络品牌对企业营销和发展的重要意义;

(2)培养学生在互联网时代推动发展网络品牌的意愿。

◇学习重难点

1. 网络品牌的管理过程

2. 网络品牌的发展策略

◇ 本章关键词

网络品牌　互联网　域名　推广工具

◇ 导入案例

百度 App 品牌升级，不只是"生活更好"

"百度一下，生活更好"，在 4 月 26 日的 2021 百度移动生态万象大会上，百度 App 正式公布了全新的 slogan，百度 App 也迎来了品牌升级。短短的一句 slogan，其背后所承载的意义非同小可，每一个 slogan 的改变都意味着企业态度、定位和方向的改变。但相比起以卖点著称的广告金句，在这句简短、浓缩的语句中，slogan 对品牌的价值和意义更在于对品牌价值观的表达，让受众用户构建对品牌的认知。slogan 更像一条情感纽带，让人们可以与品牌的价值观持续共鸣。

百度副总裁、百度 App 总经理平晓黎在大会上说道："'百度一下'正在帮助人们获取信息、找到所求，然而百度不只是一个工具，更是一种精神。它代表着人类主动突破和成长的精神，秉承着这样的使命感，百度才能不断进步。"

在大会现场，百度副总裁、百度 App 总经理平晓黎表示，未来的百度 App 将有三大重点发展方向：内容视频化、搜索人格化和信息服务化。

首先，从内容上看，作为最大的以信息和知识为核心的移动生态，百度 App 还拥有百家号、直播、短视频等多个内容与分发产品，建立起了包括知道、百科、问答等在内的知识内容体系，在内容生产与挖掘上拥有丰厚的积累，全面践行内容视频化的发展方向。大会公布的数据显示，在过去一年中，百度搜索的视频分发增长了 150%，知识类的直播增长率超过了 230%，同时拥有超过 10 亿的海量的知识点和视频，今天的百度 App 已经成为名副其实的视频版的百科全书。

其次，搜索人格化的优势更多在于用户的使用体验上。目前百度的小程序可以覆盖 271 个行业，每月为 4 亿多的活跃用户提供服务。冷冰冰的工具始终会与消费者产生割裂，随着百度"人格化"布局，这些服务不仅可以搜索问题的信息，找到问题的答案，甚至可以与解决问题背后的人与机构直播沟通。这不仅大大提升了人与企业的沟通效果和效率，百度的品牌温度和价值理念也在潜移默化地传达。

最后是信息服务化。如今的百度不仅提供搜索服务，还将提供各类娱乐和信息流，覆盖更多生活场景，囊括用户生活的方方面面，让用户获得更多全面有用的生活信息。这种从连接 B 端与 C 端、触达线上与线下的方式，无论对用户还是商家来说都是双赢的结果。当用户搜索一家餐厅，不仅显示的是餐厅的各种信息、用户评价、地图导航，甚至可以完成线上点单支付，实现从搜索到信息到服务到消费全链路。

这三大战略的落地实施也充分反映在百度的业务及产品上。在 2020 年 4 月,百度 App 正式上线"服务中心"。服务中心包括医疗健康、快递服务等入口,覆盖便民生活、吃喝玩乐、旅游出行等各个领域。在 2021 年 2 月,百度 App 菜单栏上线"发现"频道,从中可以看到服务中心、购物、直播、小视频、小程序等多个入口。

随着百度 App 理念的全新升级,新的连接方式、新的服务标准、新的交易能力随着百度移动生态战略开始推进,这势必将重塑百度营销服务,扩大商业容量和提供更多的场景机遇。不久前,百度营销正式升级为帮助企业成长的"成长力引擎"。在"成长力引擎"的驱动之下,企业将在百度 App 全新的生活服务平台中重塑营销模式。"覆盖"不是起点也不是终点,而是手段,是帮助用户获得更好生活体验的服务手段。随着用户体验感上升,从搜索到服务到消费的全链路被覆盖,每一个生活及消费的触点都能被百度营销有效运用,营销不再止于"连接","连接"也不再止于搜索和内容,而是人与服务,人与品牌,人与生态的全方位交互。

■ 思考题:
1. 百度 App 为何进行品牌升级?
2. 百度 App 如何进行品牌升级和传播?

(资料来源:成功营销公众号,作者零零灯。)

第一节 网络品牌概述

一、网络品牌概念

从 20 世纪 90 年代开始,互联网在全球范围内掀起层层热浪。世界各大品牌纷纷利用互联网推出网络品牌,提供信息服务并拓展企业的业务范围,根据互联网的特点积极改进企业内部结构,探索新的营销管理模式。

网络品牌是品牌的一种特殊形式,它具有品牌的一般特征。网络品牌是通过网络渠道进行传播的虚拟的名称、术语、标记、符号或设计,或是它们的组合运用,它含有产品或服务的个性或特点并反映网络企业精神和价值观，代表了某个网络服务商所提供的服务或产品。网络服务区分开网络品牌绝不仅仅是区别于其他对手的标记，它还代表着企业和消费者之间的某种关系，是精神、物质和行为三者的统一。

二、网络品牌内涵

网络企业是利用互联网进行多样化商务活动的企业，包括以互联网为主业的网站企业和从传统企业转型而来的网站企业。网络品牌即企业品牌在互联网上的存在，有两个方面的含义：一是通过互联网手段建立起来的品牌；二是互联网对线下既有品牌的影响。网络品牌与品牌网络化有着明显的区别。网络品牌是以互联网为生存空间，以互联网业务为核心的品牌，如网易、淘宝和百度等，网络是这类品牌存在的基础和土壤。品牌网络化指的是将传统品牌在网络上进行推广，而对品牌网络化来说，网络只是传统品牌增强影响力和巩固品牌实力的工具，如香奈儿、万宝路、沱牌酒等。

根据网络企业的类型，可以将网络品牌分为多种类型：提供网上销售为主的网络零售商的品牌，如京东；提供网上新闻服务为主的网络公司的品牌，如新浪；提供网上社交服务为主的网络公司的品牌，如腾讯等。

网络品牌包括三个层次的内涵：第一，网络品牌要有一定的表现形态。网络品牌具有可认知的、在网上存在的表现形式，如域名、网站（包括网站名称和网站内容）、电子邮箱、通用网址等；第二，网络品牌需要一定信息传递手段。网络品牌需要通过一定的手段和方式向用户传递网络品牌信息，才能为用户所了解和接受；第三，网络品牌价值的转化。网络品牌的最终目的是获得忠诚顾客并增加销售，因此网络品牌价值的转化过程是网络品牌建设中较重要的环节之一。

三、网络品牌构成

和传统品牌一样，网络品牌也是由品牌名称、品牌图案和品牌附属内容三部分构成，但在网络环境下有其独特的表现形式。品牌名称是指品牌可用语言表述的部分，网络品牌的名称就是网络的域名或域名的主要部分，如阿里巴巴（alibaba.com）、百度（baidu.com）等。网络品牌名称可以和企业的传统品牌名称一致，如娃哈哈（wahaha.com.cn）；也可以与企业传统的品牌名称不一致，如腾讯公司的网络品牌是qq.com。大多数情况下，出于品牌宣传的便利，网络品牌名称应和传统品牌名称一致。还有的纯粹是网上企业或企业开设的独立网上公司，它们的网络品牌就比较独特。品牌图案是一种可以被识别但不能直接用语言表达的特定标志，包括专门设计的符号、图案、色彩和文字等。例如，腾讯公司的小企鹅QQ图标、开心推的小推车图案等。品牌图案一般给人鲜明的印象或强烈的视觉效果。品牌附属内容是指附属于品牌名称表达形式和品牌图案表达形式的其他表达形式，如声音、三维动画等。

四、网络品牌特点

（一）网络品牌是网络营销效果的综合表现

网络营销与网络品牌关系密切，具体表现为：一方面，网络品牌建设和维护存在于网络营销的各个环节，从网站策划、网站建设，到网站推广、顾客关系和在线销售，都与网络品牌相关；另一方面，网络广告策略、搜索引擎营销和供求信息发布等各种网络营销方式都会对网络品牌产生直接或间接的影响。可以说，网络品牌是网络营销效果的综合体现。

（二）网络品牌的价值必须通过网络用户表现出来

菲利普·科特勒在《营销管理》一书中指出："每个强有力的品牌实际上代表了一组忠诚的消费者。"网络品牌是建立用户忠诚的一种手段，加强网络品牌与网络用户的联系，加强网络用户之间的交流，进而塑造良好的网络品牌。比如集中了相同品牌爱好者的网络社区，能使用户方便地进行交流，增强用户对品牌的忠诚度。

（三）网络品牌主要为用户提供信息和服务

百度是我国较成功的网络品牌之一，凭借着领先的搜索技术和良好的用户体验，使用户能在浩如烟海的互联网上便捷地检索到需要的信息。

（四）网络品牌建设是一个系统的、长期的过程

同传统品牌类似，网络品牌的建设也需要一个系统的、长期的过程。与网站推广、信息发布和在线调研等网络营销活动不同，网络品牌建设不是一次活动就能完成的，用一些短期活动的效果来衡量网络品牌的好坏也是片面的，需要长远的眼光。

◇ **同步案例13-1**

三只松鼠9年沉淀，再创喜人佳绩

当买国货、用国货、晒国货成为一股新潮，众多品牌都纷纷让自己和传统文化关联起来，其中三只松鼠让人眼前一亮的。三只松鼠曾在《国潮印象——国潮来袭，你怎么看？》

调查问卷中成为47.1%受访者的选择,可以说当"坚果""零食"这两个标签出现后,三只松鼠是消费者第一时间想到的品牌。

三只松鼠是互联网坚果品牌开创者,最早期那三只呆萌小松鼠的形象在9年的沉淀下早已深入人心,再有过硬的产品质量不断加码,成功让坚果进入了千家万户,做到了累计成交540亿元的喜人成绩。《人民日报》对三只松鼠9年的成绩也表示认可,并评价三只松鼠将成为下一个中国坚果品牌领头羊。

在《百度2021国潮骄傲搜索大数据》的展示下,我们发现中国品牌在最近五年让自己的热搜占比从45%提升至75%,可见海外品牌独占一方的局势已成为过去,这背后有"国潮"大风带来的影响,但更重要的是国货根本上的崛起。在稳扎稳打将更高质量的产品带给消费者的同时,民族品牌也从自身IP衍生出更多文化价值和情感价值,以这种附加价值进一步加强消费者对国货的认知和黏性。

要说从自身IP衍生出更多附加价值这点,三只松鼠做得还是很不错的,标志性的"三只小松鼠"是三只松鼠品牌独有IP,并且品牌也人格化地让其将所有的消费者认为"主人"。这种创新、独特的品牌营销一下子吸引了用户,也将消费者与品牌之间的关系连接得更紧密,让消费者在体验感上有了层次的飞跃,而这种强IP品牌属性正是三只松鼠创始人章燎原自创立以来一直想要的。

数字资源13-1
三只松鼠图片

多年前的三只小松鼠早已成长为如今的超级IP,最新数据显示三只松鼠天猫旗舰店凭借4501万粉丝成为天猫首个突破千万粉丝的品牌,另外由三只松鼠IP衍生的动画大电影也累计播放25亿次。显然,三只松鼠已经成为坚果品牌的领跑者,在多次零食和文化结合的过程中也奠定了自己的"国潮"咖位。等待三只松鼠的是更大的舞台,也是三只松鼠向世界展示中国民族品牌的最佳时机。

(资料来源:https://news.iresearch.cn/yx/2021/11/408019.shtml.)

知识活页

网络品牌建设理论

通过网络建设品牌主要有两种形态:网络品牌和e品牌。网络品牌是将一个传统品牌推广到网络上,是已有品牌的一种延伸;e品牌是利用网络塑造一种全新的品牌,比如典型的包括网站的品牌塑造。

1. 三个"I"理论

第一个"I"代表信息(Information),它不仅包括那些出现在企业宣传手册上的基本信息,尤其指网民期待出现在网络中的品牌,它能够提供更加丰富生动而又实用的信息,这一点有赖于品牌的个性和特征。

第二个"I"代表互动(Interaction),网络互动是其他媒体无可比拟的优势,这种优势为传统品牌开辟了无限广阔的网上表现空间。

第三个"I"代表本能(Instinct),商家必须自觉地避免与其他的同类品牌有看似雷同的网站模式和相仿的运作方式。

2. 四个"P"USP 理论

第一个"P"代表认可(Permission),网民认可的网络品牌形象可以提升品牌的承诺和受欢迎程度,反之则会对品牌造成消极影响。

第二个"P"代表渗透(Penetration),研究发现,网民的细化发展也是一种趋势,个性化特征越来越明显。市场经营者要时刻清醒地意识到网民的流向,通过合理地分配网络品牌的广告投入来提升品牌的诚信度。

第三个"P"代表人性化(Personalization),以人性化方式去了解消费者,细致分析消费需求,让目标网民在网络上体验一种非常有人情味的消费经历。

第四个"P"代表收益性(Profitability),认识到品牌触网所带来的动力,将为延伸品牌的影响力提供更多机会。

第二节 网络品牌的创建和发展

一、网络品牌的创建

由于网络品牌是基于互联网的传播而产生的,因而网络品牌的创建具有区别于传统品牌的方法。

(一)网络品牌的市场定位

网络品牌的成功离不开正确的品牌定位,网络品牌定位指确定网络品牌的目标顾客群,通过分析企业产品或服务的目标顾客群与网络用户的关联,得出企业的网络业务主要面向的网络用户,即网络目标顾客群范围。

1. 定位网络品牌的产品和服务

企业应该根据互联网市场的现状和发展趋势，结合自身优势，选择重点业务实现突破。企业应该审时度势地选择最擅长或最有潜力的业务，以最有效的方式提供给目标顾客。例如，携程瞄准了网络商旅苏苏蓝海，全方位精耕在线旅行服务，包括酒店预订、机票预订、度假预订、商旅管理和旅游资讯等，成为商务旅行领域优秀的网络服务专家。

 2. 定位网络品牌的目标顾客群

企业所面临的网上的消费者受众，他们的特征、需求和消费行为往往有别于传统市场的消费者，因此，企业有必要对自己的网络客户群进行筛选和定位。网络品牌的目标客户群定位体现在品牌对目标受众的理解上，成功的网络品牌能够对用户进行细分，并能采取适当的策略向每个细分类别的用户提供有区别的服务。

 3. 定位网络品牌的利益或价值

在确定了网络品牌的目标顾客群之后，我们需要进一步分析，企业通过网络能够向这些目标客户提供哪些有价值的信息或服务，这就是定位网络品牌利益的内容。企业的网络品牌需要有明确的消费者诉求或利益主张。

（二）网络品牌的命名

企业在网络品牌定位阶段需要完成对消费者特征、购买行为和消费方式的分析，在网络品牌命名时参考上述的分析结果，建立符合消费者需要和品牌定位的品牌名称。企业的网络品牌命名（网站命名）应遵循以下原则。

 1. 与企业已有品牌名称相关

一般情况下，企业的网站名称可以沿用与原有品牌名称相同的命名，或者使用可以令消费者产生与企业品牌相关联想的命名。这种命名一方面便于消费者识别，另一方面，如果品牌已有相当的知名度，便可以借助其已有的影响力在网络空间获得品牌延伸。例如，作为电子商务平台的载体，苏宁易购是苏宁旗下的综合网上购物商城，从其命名来看，符合与已有品牌名称相关的原则。

2. 名称应该具有独特性，避免使用通用名

通用名一般指一类事物或同类事物的任一个体的词，如"网上商城"就是一个通用名。专有名是指一个特定事物的词，如"凡客诚品"就是一个专有名。

使用通用名往往使品牌显得缺乏个性和魅力，重复或相近的品牌名称也会影响到品牌识别，所以名称应该具有独特性。从实际的案例中也可以说明这一点，盘点比较成功的网络品牌，如百度、谷歌、新浪、搜狐等都是专有名而不是通用名。

 3. 品牌名称与目标顾客群相契合

一个与目标顾客群相契合的命名，凸显了该品牌的特色和消费者的个性化需求，更容易激发消费者的共鸣。比如，酒仙网是我国第一个专业电子商务B2C酒水连锁零售网站，公司借助电子商务平台从事酒类高档消费品的销售服务。"酒仙"一词正好与其目标顾客群酒类消费者的特征相契合。

 4. 名称应简洁易记

网络品牌的名称应尽量简洁，易于记忆和拼写。这是因为用户进入网站通常需要在计算机上输入品牌名或网址，一个简洁易记的网名更容易被使用。

 5. 名称可揭示其所属品类

互联网可提供多种多样的信息和服务，快节奏和信息过量已成为网络空间信息传播的特征。一个能提示所属品类的名称，易于消费者的识别和选择。例如，音悦台（yinyuetai.com）容易被识别出是一家专注于音乐的网站。

 6. 名称应该具有亲和力，有利于口碑传播

在更具交互性和开放性的网络空间，口碑传播尤为有效。网络品牌取一个具有亲和力、易于为大众所接受、易于口碑传播的名字将更加有利于网络品牌的传播。例如，小米是一家移动互联网公司，其名称"小米"非常具有亲和力，便于进行口碑传播。

（三）选择适当的域名

目前通用的www域名基本是字母和数字的组合，因此，中文网站还需对网站的域名进行命名。一般情况下，通常让域名与网站名产生某种联系或联想。比如，百度（www.baidu.

com)采用了网站名的拼音。域名最好不要和网站名或品牌名隔离开来,一些网站的域名与其品牌或网站名毫无联系,给用户识别和记忆造成困难。比如京东商城是综合性的网络购物商城,其原域名(www.360buy.com)与品牌联系不密切,不方便用户记忆,后来改成现在的域名(www.jd.com)。新域名不仅与品牌名称联系密切,而且简单易用。域名是企业在网络上进行商业活动的标示,因此需考虑到域名作为一种商业资源的管理和使用,这就要求企业须做好域名的保护工作。由于域名有不同的后缀(如.com、.net、.cn等),以及品牌谐音的问题,为了不至于造成混乱,对于一些相关的域名采取保护性注册也是有必要的。

(四)创造良好的网上体验

互联网时代的品牌特色集中体现在通过体验方式满足长尾市场的需求。体验营销要求企业在以下三个方面努力。

1. 提高用户体验

"用户体验"这一概念最早由"体验经济理论"引入,它以用户为中心,反映用户在使用某一产品或服务过程中的心理感受,是一种纯主观的心理感受。用户体验也是多层次的,既包括用户在使用产品中的互动体验,又包括在这一互动过程中用户情感方面的感受。

用户体验这一理念已经广泛地出现在许多行业中。苹果零售高级副总裁罗恩·约翰逊曾这样形容苹果公司对用户体验的运用:"我们开店不是推销产品,而是推销用户体验,从而让零售店具有更多意义。"在互联网中,用户体验主要是指用户与网页界面交互过程中的体验,一个注重顾客体验的网站对企业的推广能起到极好的正面作用。

2. 提高网站的交互体验

交互设计的目的是让产品易用、有效而让人愉悦,它致力于了解用户的期望,以及用户在使用产品时产生的交互行为。在互联网中,用户的参与度越来越高,用户从被动的接受者变成主动创造者,他们是信息的创造者和传播者,他们是主角。若产品(服务)在使用中遇到问题,不可能完全依靠网站的客服电话或帮助教程来完成,他们需要并且喜欢自助。

3. 提高用户行为分析与品牌服务体验

大数据时代来了,相信没有企业会否认:所有的行业都需要对顾客行为进行分析。互联网企业可以通过大数据很方便地对顾客进行分析。例如,通过分析顾客互联网行为轨迹的特征,来了解顾客的喜好,为顾客提供个性化的品牌服务。分析流量转化情况,对网站顾客进行分层定位,判定不同分层顾客群的特点,为其设定专属的品牌服务。而所有的顾客行为分析都是在为"品牌服务体验"的设定提供决策支持。

（五）网络品牌形象设计

网络品牌形象设计的作用是从基本形象上将此网络品牌区别于彼网络品牌，主要包括网络品牌标识设计、网页色彩标准设计、网页字体标准设计和品牌网站版式设计。这些一方面能为网络品牌在虚拟空间的形象设计提供基本的设计标准，以保持企业线下与线上品牌形象的统一性和相关性；另一方面使网络品牌在虚拟空间的形象表现统一化、标准化，体现网络品牌的独有个性，便于网络品牌识别。

1. 网络品牌标识设计

品牌标识是品牌最基本的识别要素，对于传统品牌来说，基本已经形成了成熟的品牌标识系统，保持线上品牌标识系统和线下品牌标识系统的一致性具有重要意义。网络品牌标识的设计是包括品牌名称、徽标、标志物、品牌标语、主题音乐、动画等要素在内的一套网络标识表现系统，标识的设计是对以上各个要素的标准加以规定。

2. 网页色彩标准设计

高质量的网页设计离不开对色彩的使用，网页需要向用户传递信息，被用户所感知，通过适当的色彩搭配，能够有效地将用户的关注点吸引到网站想传递的信息上。在色彩使用上，以下基本原则可供参考。
（1）使用的颜色需服务于品牌个性化和品牌定位。
（2）使用色彩强烈的基色和由基色组成的颜色。
（3）文字与背景色必须有鲜明的对比，并协调一致。
（4）适合网页的标准色有蓝、黄、黑、灰、白、橙。

3. 网页字体标准设计

文字是信息传递的重要载体。网页字体的设计应注意下列基本原则。第一，对于品牌标识，可以设计出独具特色的字体，使得文字形式成为用户识别品牌的元素之一。第二，方便阅读。文字的主要作用是传递信息，因此，网页上的文字应易于阅读。第三，对于不同的文字可以使用不同的字号、字体和颜色，用来表明不同的信息。

4. 品牌网站版式设计

网站版式设计标准化能够带给用户强烈的视觉体验，并由此形成良好的视觉流程，引导用户轻松地浏览网站的每一部分内容。网站大多数是由主页、一级页面、二级页面、三级页面或更多级页面组成的,这就要求网站具有清晰的层级结构和导航,清晰的层级结构能够使网站浏览者轻松地访问网站内容,快速地获取他们想要的信息。

二、网络品牌的发展

网络品牌的发展趋势主要体现在以下几个方面。

(一)品牌的网络感知程度

品牌有责任也必须有动力摆脱被动的互联网营销方式,使品牌在网络上变得更加"成熟"。客户服务和销售变得积极主动,客户可以通过更细微、更个性化的品牌影响去感知产品,而不是基于自身的个性化服务或者传统的产品形象表现方式。

品牌视觉应该变得高度直观,而且需要与目标受众的生活方式相匹配,提供给受众直接的使用环境感知。不再是直接展示产品,而是通过图片、视频展示生活状态,从而达到吸引并获得客户认可的目的。最后才是完善网络目标受众的平台入口,品牌打造多种平台链接,方便目标受众来进行购买或者咨询。

(二)全平台营销

真正的全渠道方法不仅仅是拥有多个在线渠道。全平台营销是多渠道营销的一种,根据品牌消费群体的画像定位,去选择优化平台、展示内容和营销方式。买家在网络平台上每一步都是相互关联的,产生能相互连接、有共鸣的内容,以提供更加个性化的体验。

(三)事件引起的消费选择

网络消费者在购买决策时,会谨慎地评价某一产品、品牌或者即时口碑。消费者的心境对购买决策的影响是很重要的,对一个品牌出现的负面社会事件,几乎可以瞬间掏空前期积累的所有正面口碑。"建立良好的声誉需要做很多好事,而失去它只需要做一件坏事。"声誉与公司的实际特征或行为不同,可能更好也可能更糟。当一家公司的声誉比其基本现实更积极时,这种差距就会带来巨大的风险。这就需要品牌方确保社交圈都是品牌的积极反映。

(四)视觉搜索

视觉搜索是网络品牌管理的一个更具技术性的方面,现在几乎主要的电商平台都能让用户上传图片作为搜索的手段,以获取有关图片的内容信息。只需上传图片即可帮助用户识别产品和其他对象。事实上,调查显示千禧一代更喜欢视觉搜索而不是文本搜索。

无论用户如何搜索,优质的品牌视觉效果都能确保强大的存在感。品牌可以通过上传包含目标 SEO(搜索引擎优化)关键字的高质量图像来利用这一优势,这对网络品牌营销尤其有价值。

(五)增加交互性

互动内容正在强势回归,测验、投票和竞赛等互动内容可以成为客户在自有平台上参与的强大驱动力。客户在线与品牌互动的时间越长,网站在搜索引擎算法中的排名就越好。交互式互联网内容可增强和个性化客户体验。它使品牌更令人难忘,并使客户将来更有可能回来。客户通过交互式内容提供的数据可帮助企业了解他们的行为和偏好,交互式内容让企业有机会收集有价值的客户数据,可以调整未来的营销工作以便更好地吸引客户。

第三节 网络品牌的传播

与传统的通过电视、报纸、收音机和杂志四大媒体传播品牌相比,网络品牌的传播发生了非常大的变化。总体上,电视、报纸、收音机和杂志是属于大企业、大卖场、大流通时代的推广主流,适应的是消费差异并不太大的消费者。在消费市场不断向长尾市场发展的过程中,借助网络平台推广品牌成为许多企业的新选择。

Web 本意是蜘蛛网的意思,现广泛用于网络、互联网等领域。从网络发展的时间来看,基于内容提供和基于内容分享是已经建立或目前正在经历的两个主要发展阶段,本部分以此为顺序展开。

一、Web1.0 时代的网络品牌传播

Web1.0 时代是互联网发展的第一个阶段,时间介于 1993 年至 2003 年之间。其重点是提供信息,从消费者角度而言,其主要特点在于用户通过浏览器获取信息。

Web1.0 时代的推广主要包含三个方面。

(一)搜索引擎优化

搜索引擎优化(SEO),为近年来较为流行的网络营销方式,主要目的是增加特定关键字

的曝光率以增加网站的能见度,进而增加销售的机会。在 Web1.0 时代,SEO 素有营销王道的说法。SEO 主要包括以下两个方面的内容。

 1. 站内优化

网站站内优化是通过优化自身网站的内容、结构、关键词等一些方法,使之更加符合百度和搜狗等一些搜索引擎的搜索规律,从而在搜索引擎中得到一个很好的排名。

 2. 站外优化

网站的外部优化是相对内部优化而言,其核心是增加外部链接。从工作方面而言主要包括:友情链接;论坛,具体包括论坛签名、灌水、论坛回帖;博客链接;分类信息,例如赶集、列表网、生意宝等;书签收藏;问答平台;资源站;分类目录等。

(二)网络广告推广

网络广告指运用专业的广告横幅、文本链接、多媒体的方法,在互联网刊登或发布广告。

网络广告的优点非常突出:一是覆盖广泛;二是信息容量大;三是具有强烈的交互性与感官性;四是实时性与持久性的统一。例如,企业建立起有关产品的网站,可以一直保留,随时等待消费者查询,从而实现了实时性与持久性的统一。同样,网络广告的缺点也比较明显,具体表现在:访问者自身对网络广告的"过滤";网络技术对广告的过滤;缺乏营销技巧以及网络广告对营销人员的要求较高等。

网络广告的表现形式主要包括旗帜广告、按钮广告、文字链接、弹出窗口广告、通知栏广告、画中画广告、视频广告、在线调查等。

◇ 同步案例13-2

网络品牌推广　必须"私人订制"

冯小刚的贺岁大片《私人订制》上映之后,网上虽有观众的阵阵非议,但个人觉得还是有很多创意不错的,也给时下造就了一个新的口头禅——私人订制。老婆说我的个人形象需要私人订制,哥们说咱们的生活需要私人订制,我说客户的网络推广方案更需要"私人订制"。

网络品牌推广要先分析自己的行业特征、企业背景、企业文化、团队素质、产品定位等等,根据这些特点才能找到适合自己的推广方案,也就是说这个网络品牌推广方案需要"私人订制"。

学习竞争对手　切忌"盲人摸象"

研究竞争对手的推广方案，是企业普遍采用的方法，但是真正拿到竞争对手方案的很少，也就是看看人家投了什么广告，在什么网站、什么报纸，网站做了优化没，新闻营销推送的频率有多少。有一次，一个客户学人家做竞价，投了两万块钱，短线成交的客户也没几个，业务员跟他说投的钱还是少，我差点晕过去。因为小马识途营销机构做网络营销解决方案，并不是某一个产品的运营者，而是各种推广的整合者，所以他把我当中间人来问我的看法。我一看问题还真不少，第一，网站营销功能不佳，难以让客户信服；第二，没有配套网络推广，一点口碑和品牌都没有，客户转化率怎么可能高？第三，关键词设置过于追求点击率，行业词本来就是点的多、客户少。

做网络推广　执行力比"大师"更有效

很多"大师"上来还是讲网络的重要性，谁谁做网络赚了多少钱，一套完美的网络营销系统如何能赚钱，正是利用了老板急于求利的心理。就我在小马识途做网络推广这些年的经验来看，网络推广其实就是一件烦琐、枯燥的工作，而且需要不厌其烦地坚持做才能取得好效果。掌握了常见的方法和技巧，有一定的策划能力后，最重要的就是执行力，能把方案完整落地，就成功了一大半，正所谓"三分策划，七分执行"。

网络营销讲求创新　也不能一味求新

跟人说起博客营销，有的客户嗤之以鼻，那个东西早就没人看了，我说这是大错特错，在专业领域里写博客看博客的大有人在，很多重要的行业评论，其实都是从名家的博客上摘下来的，所以能做好博客营销，影响力可能比微博要强很多。我不否认微博的作用，但是微博的传播是一瞬间，博客随着搜索引擎长期传播，而且好的博客有转成新闻评论的可能，微博是不可能的，因为太短，除非名人说了重要的话，会被媒体关注，对于企业营销来讲，只是空中楼阁。微博、微信、App网站，新东西越来越多，加上原来的官网、官方博客、企业论坛、SNS主页、竞价后台等等，看看得几个推广经理才能管得过来？

话说回来，做网络营销最不容忽视的是网络新闻、网站优化、口碑建设、竞价广告、社会化媒体这几块。单靠网络新闻做起来的有，单靠竞价做起来的有，两者结合就更好了，单靠社会化媒体做起来的大企业真是少。就说杜蕾斯是靠微博做起来的，只是在过程中用了这个方法，其实更多的时候在用新闻营销、论坛营销、博客营销，微博只是其中之一。

（资料来源：https://www.cmmo.cn/article-184018-1.html.）

（三）电子邮件推广

电子邮件推广是通过电子邮件的方式向目标用户传递有价值信息的一种网络营销手段。一般认为，有效的电子邮件推广有三个基本因素：基于用户许可，通过电子邮件传递信息，信息对用户是有价值的。虽然电子邮件推广是较老的推广方式之一，但与网络营销的其他方式相比，电子邮件在客户到达率、营销效果计量、营销内容占时等方面具有独特的优势。

二、Web 2.0 时代的网络品牌传播

Web 2.0 是相对 Web 1.0 而言的，更注重用户的交互作用，用户既是网站内容的浏览者，也是网站内容的制造者；在模式上由单纯的"读"向"写"以及"共同建设"发展；由被动地接收互联网信息向主动创造互联网信息发展。Web 2.0 时代的推广主要包含三个方面。

（一）博客/微博营销

博客英文名为 blog，原为日志的意思。博客为每一个人提供了一个信息发布、知识交流的平台，博客使用者可以很方便地用文字、链接、影音、图片建立起自己个性化的网络世界。就具体的推广方式而言主要包括三种：在博客网站上做广告；发表专业文章，用来和公众沟通，并树立权威感；打造博客团队，通过公关公司发布博客日记，来影响主流媒体的报道。此外还需要通过监测博客网站，及时发觉当前谈论最多的公司或时下民众最关注的话题，为潜在的公关危机做好准备。

微博是博客的一种发展，可以看作是一种轻博客形式。但微博在信息源的表现（博客文章以个人观点表述为主要模式，微博内容则短小精悍，重点在于表达现在发生了什么有趣的事情）、信息传播模式（微博非常注重时效性）、用户获取信息及行为的差异（用户可以利用电脑、手机等多种终端方便地获取微博信息，发挥了"碎片时间资源集合"的价值）三个方面有着显著的不同。这些导致微博具有操作简单、信息发布便捷、互动性强、能与粉丝即时沟通、及时获得用户反馈、成本低廉等诸多优点。

（二）SNS 推广

SNS，即社会性网络服务，专指旨在帮助人们建立社会性网络的互联网应用服务。另一种常用解释为"社交网站"或"社交网"。如人人网、开心网即是此类网站。

SNS 可以充分展示人与人之间互动的特点，使得 SNS 可以满足企业不同的营销策略。包括开展各种各样的线上活动（悦活品牌的种植大赛、伊利舒化奶的开心牧场等）、产品植入

（地产项目的房子植入、手机作为礼品的植入等）及市场调研（在目标用户集中的城市开展调查，了解用户对产品和服务的意见）。此外，SNS营销可以有效降低企业的营销成本、实现目标用户的精准营销。当然，最重要的是，SNS营销是真正符合网络用户需求的营销方式，让用户参与，发挥用户自己的主动性。

（三）病毒式营销

病毒式营销是指依赖用户口碑传播的原理，在互联网上像病毒一样迅速蔓延，从而达到宣传和说服目的的营销形式。理论上，一切主要依赖口碑的营销形式都可以称为病毒式营销。病毒式营销是一种高效的信息传播方式，已被越来越多地应用于网络营销。

病毒式营销的实施大致可以分为五个步骤。

步骤一：精心构思"病毒"。"病毒"的传播工具包括邮件、论坛话题、博客文章、视频短片、网络图片、手机短信等。

步骤二：锁定低免疫易感原始群体。在"病毒"未大范围传播开之前，企业需要找到一些有影响力的关键人群即传播中的"意见领袖"。

步骤三：提供愉快的网络体验。提供愉快的网络体验是通过与消费者互动产生共鸣，让消费者在轻松的气氛中，对品牌有一个愉快的体验过程。

步骤四：激发顾客参与产品的创造、开发过程。企业可以利用热点事件、共同的族群情感以及最新流行的图片、歌曲等吸引受众的积极参与。

步骤五：选择有效的品牌信息传播平台。要找到容易把信息迅速传播出去的"病毒感染渠道"。比如知名的论坛及一些名人的博客、微博等。

第四节　网络品牌的维护和管理

一、网络品牌的维护

（一）网络域名的保护

树立域名的保护意识，及时注册与网络品牌相关的域名。购买与企业商标、品牌名称有关的网络关键字。通过行政的、法律的手段保护域名。

1. 保护企业知识产权

域名是知识产权的重要组成部分，近年来随着互联网的快速发展，企业线上业务逐渐增多，域名重要性日益凸显，域名争议和纠纷也随之增加。因此做好域名品牌保护，将域名纳入知识产权保护体系，能够减少企业纷争，更好地维护企业形象和利益。

 2. 建立企业无形资产

域名是企业的一种无形资产，是企业品牌的价值延伸，好的域名不仅能够加强用户对品牌的认知和信任，同时也能为企业带来更多的流量。因此做好域名品牌保护，能为持有者带来巨大的商业价值。

 3. 助力企业引流

一个简单明了且与企业名称或品牌相契合的域名，会让客户记忆深刻，产生较强的品牌联想。因此用于线上推广，可以帮助企业吸引更多客户流量，激发更多潜在客户。

 4. 充当企业私域流量入口

对企业而言，品牌域名极大满足了各种商业开发需要拓展的业务范围，可为品牌推广定位精准的用户人群，为企业构建庞大优质的私域流量池，从而实现用户消费的转变以及品牌营销的进一步裂变。

 5. 占领企业互联网专属阵地

对于具有长远眼光的公司而言，好的域名绝不只是一串简单的互联网定位标识。企业在运营网站前确定一个好域名，对日后市场推广、产品营销、企业品牌的建立至关重要，更有利于企业创建互联网专属阵地。

6. 减少品牌纷争

域名具有唯一性，且一般情况下采用先到先得的原则，因此随着互联网的快速发展，域名成为企业竞争的重要资源。因此加强域名品牌保护，及时做好对企业名称、品牌、创始人等相关域名的抢注和保护，构建完善的域名保护体系，不但能够为企业带来巨大的商业价值，同时也是维护企业形象及减少品牌竞争、域名纠纷的重要举措。

（二）网上声誉的保护

高度重视在网上声誉维护方面的投资。建立声誉预警机制，防患于未然。运用法律手段维护网上声誉。灵活运用公关技巧维护网上声誉。

建立网络品牌声誉保护机制。在网络时代，要保护品牌的声誉，需要建立一套科学的机制。如果公司能建立一套基于网络的保护系统，通过检测、搜索等方式，将有可能仿冒的公司和品牌域名及敌对性域名收入囊中，将能够避免因仿冒和敌对性域名给公司声誉和经营造成的有形和无形损失。

（三）网络品牌忠诚度的维护

提供特色产品和服务，保证信息的真实性。实施有效的网络顾客关系管理：建立客户互动管理系统；建立客户数据库；对客户进行差异化分析研究；采用会员制的一对一营销。

1. 提供满意的产品或服务以留住顾客

满意的产品或服务是一个综合的概念和完整的过程。例如，对订单或售出货物提供跟踪服务就是使客户满意的重要方法。由于顾客是通过网络订的货，企业同样应该用网络来跟踪顾客的订货，直至货物送到顾客手中。

2. 重视网页设计以吸引顾客

公司不论大小都要重视网页设计，特别是利用网站与用户之间的互动关系，建立起用户与用户之间、用户与网站之间的感情纽带。因此，网站应提供论坛、聊天室等多种服务功能。在这方面，充分利用互动性和即时性体现情感因素的虚拟社区是网站的最佳选择。

3. 寻找并培养特殊的顾客群体

每一个网络品牌都有特定的商品或服务，换句话说，就是都有其特定的消费群体。例如，提供计算机软件的公司，其潜在的顾客群体自然是广大计算机爱好者，特别是青少年。因此，举办关于计算机方面的论坛，或解答顾客的有关购买、安装计算机软件、硬件方面的问题，就是发掘潜在的顾客群体并培养其忠诚度的好方法。

4. 注意联络感情以稳定顾客

成功地把商品卖给顾客并不表示工作已做到了家,还必须努力让顾客再次来买其他东西。建立顾客数据库,并适时通过多种方式询问商品使用情况及征求对公司的意见,会让客户感到关心和亲切,这是一种维系顾客的好方法。

◇ 知识活页

论优秀域名在网络品牌中的重要性

域名城(domain.cn)2016年4月15日消息,根据美国网络对话以及国际商标协会的调查,在网络使用中,有1/3的使用者会因为网络上的品牌形象而改变其对原有品牌形象的印象,有50%的网上购物者会受网络品牌的影响,进而在离线后也购买该品牌的产品。网络品牌差的企业,年销售量的损失平均为22%。这说明,品牌是无形价值的保证形式,在网络之上品牌更为重要,网站成功的秘诀就在于创造一个响当当的网络品牌。

那么,若想创造一个网络品牌,重点是什么呢?答案很简单,拥有一个优秀的域名。域名作为网络品牌的核心已经毫无争议,众多企业和网站也大打域名牌。拥有一个优秀的域名究竟有哪些好处?

1. 获取更多的流量

某些域名自身就带有流量,像car.com域名未建立网站前,就有很多对车感兴趣的网友访问此域名。这样的域名建立网站后,未推广就会有很大的浏览量。所以,一个优秀的域名能带来访问量,并省下巨额的广告费用。

2. 有利于品牌推广

优秀的域名能够让客户很快记住并找到你,使推广事半功倍。在各大门户网站微博竞争中,新浪收购weibo.com以及weibo系列后缀域名就是极为成功的一个案例,weibo.com让网友感觉"微博"就是"新浪微博"。由于域名本身优势,将其他微博类网站远远甩在了后面。

3. 吸引回头率、激发潜在客户

优秀的域名是企业实力的象征。如果域名简明、易记,与企业名称或品牌相一致,会让客户记忆深刻。一个优秀的域名可以吸引更多的回头率、激发更多潜在的客户。就好像提到百度,就会想到它的域名是baidu.com;奇虎360,它的域名就是360.com;京东,它的域名就是jd.com。

4. 创造品牌价值

域名绝不只是一个简单的网址，对于具有长远眼光的公司，在运营网站前确定一个优秀的域名，对日后市场推广、产品营销、企业品牌的建立至关重要。一个优秀的域名是企业在市场竞争中获得持久优势的利器。

（资料来源：https://www.sohu.com/a/69452689_268758.）

二、网络品牌的管理

企业要认识和利用网络营销战略，积极利用新技术加强网络品牌的管理。

（一）深化用户体验，突出品牌个性

在"互联网＋"时代，信息的传播可以做到零成本，在这种环境要发展品牌，提高品牌的认知度和忠诚度，就要提高品牌的差异化和个性化。网络环境区别于传统购物环境，使得顾客忠诚的建立与维持更加困难。为了减弱这些不利因素，网络品牌应该力争做到贴近顾客，让顾客参与到产品的设计和传播中，根据顾客需求设计、生产商品，注重超出消费者在使用产品或体验服务时建立起来的主观感受的预期，从而形成和提高品牌形象，将用户体验做到极致。

（二）精准顾客营销，注重大数据运用

品牌利用"互联网＋"将消费者、供应商和决策者联系起来，准确掌握生产、销售、运输的每一个环节。通过大数据技术构建的可溯源的信息系统，可以了解到每个销售出去的产品的产地、加工、质检过程，从而严格控制产品和服务的质量，使得"一切以用户为中心"的极致消费体验能更有效实施。

（三）品牌娱乐趣味化，重视网络口碑

在"互联网＋"时代，品牌的传播也从依靠强势媒介播放广告的方式转变为更加多样化的传播方式。品牌则可以为消费者提供互相交流的、有共同兴趣爱好的圈子，利用娱乐等信息包装产品进行传播，抓住意见领袖的引导作用，与他们合作以吸引消费者并产生互动。

（四）品牌内容化、场景化，重视情感互动

内容化和场景化是吸引互联网品牌消费者的新方式。移动互联网的发展使得人们购物的方式越来越多，商家为了吸引消费者，将销售的方式渗透到每一个方面。与对不同的商品和价格进行对比后再购买的传统货架电商不同的是，内容电商更注重消费者的喜好，他们在消费者欣赏内容的时候无形中接受商品信息并进行购买。

（五）利用信息技术，布局全渠道网络

数字资源 13-2
2022 全球品牌价值 500 强发布，微信蝉联"全球最强品牌"

目前数据分析处理技术越来越高效和精确，充分有效地利用好现代信息技术，可以更好地分析、掌握消费者的喜好，控制产品从生产、运输到销售的全过程，也可以更快捷地对市场的变化做出反应。互联网品牌全渠道发展是可以最大限度地覆盖消费者的，为消费者提供更多的消费方式，增强与消费者的互动及购买场景的体验感。

◇ **知识活页**

"淘品牌"

狭义的"淘品牌"是指"淘宝商城和消费者共同推荐的网络原创品牌"。2012年6月1日，淘品牌正式更名为天猫原创，是指在天猫平台上诞生成长的年轻品牌。这些年轻品牌气质非凡，是各个细分领域的佼佼者。广义的"淘品牌"概念，是指所有依附于第三方平台而发展起来的原创网络产品品牌，相对知名的淘品牌包括韩都衣舍、裂帛、茵曼、七格格等服装品牌，以及御泥坊、彼丽、PBA、芳草集等化妆品品牌。

淘品牌要发展壮大，需要突破自身多方面的短板。通常来说，淘品牌存在以下相对劣势：资金实力较弱，从网络平台获得的利润较低；产品力较弱，多依靠相对孤单的"爆款"打天下；模仿线下实体产品的现象较突出，产品相对缺少原创；淘品牌相互之间的同质性较高；消费者对淘品牌难辨真假，淘品牌难以在产品质量、信誉等方面给消费者充分的保证；对第三方互联网平台的依附性较强，同时也受制于第三方物流等。淘品牌要想取得更大的发展空间，就得解决以上问题。

◇ 本章小结

网络品牌是品牌的一种特殊的形式,即企业品牌在互联网上的存在,一是通过互联网手段建立起来的品牌,二是互联网对线下既有品牌的影响。网络品牌由品牌名称、品牌图案和品牌附属内容三部分构成。网络品牌是网络营销效果的综合表现,网络品牌的价值必须通过网络用户表现出来,网络品牌建设是一个系统的、长期的过程。

网络品牌建设,就是创造品牌在互联网上的知名度,推广品牌的名字和标志,传达品牌的信息,将人流吸引到网站上,通过互联网不断增加销售,不断拓展市场,使品牌发展壮大。由于网络品牌是基于互联网的传播建设,因而要注重网络品牌的市场定位、网络品牌的命名、选择适当的域名、创造良好的网上体验、进行网络品牌的形象设计。与传统的媒体传播品牌相比,网络品牌的传播发生了非常大的变化。Web1.0时代的推广方式有搜索引擎优化、网络广告推广、电子邮件推广。Web2.0时代的推广方式有博客/微博营销、SNS推广、病毒式营销。网络品牌的维护包括网络域名的保护、网上声誉的保护和网络品牌忠诚度的维护。

网络品牌的产生完全打破了传统品牌特别是产品品牌建立的模式,从根本上区别于传统意义上的品牌存在的价值。其发展趋势体现在品牌的网络感知程度、全平台营销、事件引起的消费选择、视觉搜索、增加交互性。因此,企业要认识和利用网络营销战略,积极利用新技术探索网络品牌发展策略:深化用户体验,突出品牌个性;精准顾客营销,注重大数据运用;品牌娱乐趣味化,重视网络口碑;品牌内容化、场景化,重视情感互动;利用信息技术,布局全渠道网络。

数字资源 13-3
练习与思考
及答案

数字资源 13-4
本章知识
链接

第十四章　品牌数字化与数字品牌

在数字经济时代,数字技术被广泛使用并由此带来了整个经济环境和经济活动的根本变革。对企业而言,品牌数字化转型已成为一种发展趋势,其关键在于颠覆思维和顶层设计,从企业发展的战略高度,从技术、业务、组织、管理、文化等方面实施全面的数字化转型。数字品牌是一种品牌管理技术,主要利用一系列数字方式包括基于互联网的关系、数字设备或数字媒体内容,开发企业品牌。数字品牌是通过数字媒体进行品牌表达的形式,也包括通过数字媒体进行品牌建立、维护和扩大的过程。简单地说,就是品牌的数字媒体表现形式。对于企业而言,紧跟时代潮流,打造数字品牌,已经成为企业的一项使命。

◇ 学习目标

本章主要阐述数字经济时代消费行为的变化以及对营销的挑战,数字品牌化的发展趋势、重要性以及数字品牌的价值,数字品牌构建的方法与策略,具体内容如下。

1. 知识目标
(1)了解数字品牌的定义、内涵、构成和特点;
(2)理解数字品牌的建立和传播过程;
(3)掌握数字品牌的维护和发展策略。

2. 能力目标
(1)能清晰表达数字品牌的定义,解释其内涵;
(2)能学会运用数字品牌建立和传播的方法;
(3)能结合实例分析数字品牌的发展策略。

3. 情感目标
(1)培养学生深刻理解数字品牌对企业营销和发展的重要意义;
(2)培养学生在互联网时代推动发展数字品牌、提升中国数字经济水平的意愿。

◇ 学习重难点

1. 数字品牌的重要意义

2. 数字品牌的构建与传播
3. 品牌数字化营销策略

◇ 本章关键词

数字经济　品牌数字化　数字品牌　数字营销

◇ 导入案例

以数字化赋能品牌发展，小仙炖获选 2022 中国数字化客户经营创新案例

近日，2022 中国数字化客户经营创新案例评选结果揭晓，"小仙炖公私域联合智能运营解决方案"成功入选榜单，与小仙炖共同获选的还有雅诗兰黛、嘉士伯、海信等国内外知名品牌。

2022 年政府工作报告提出，在新发展时代，要提升科技创新能力，促进数字经济发展，加强数字中国建设整体布局。对企业而言，以数字化驱动企业转型是品牌发展的必经之路。此次"中国数字化客户经营创新案例"评选，聚焦企业数字化运营实践，围绕实践领先性、案例创新性、应用成熟度、价值创造四个维度对候选实践案例进行评选。小仙炖凭借以用户为中心的数字化经营解决方案入选，充分彰显了小仙炖在以数据资产驱动品牌发展方面取得的突出成果。

一、以用户需求为核心，深耕精细化用户运营

作为鲜炖燕窝领导品牌，小仙炖鲜炖燕窝始终坚持以用户需求为核心，以数字化创新赋能精细化用户运营。小仙炖创新打造1对1滋补小管家服务团队，为用户提供贴心的陪伴式服务，根据用户的不同情况，提供日常滋补建议。在滋补小管家服务的基础上，小仙炖持续探索运用数字化营销工具，联动公域+私域，打造智能化运营闭环，实现运营动作可分析、过程可监测、结果可量化、原因可追溯、策略可针对性迭代的效果，进一步优化用户体验。在数字化赋能下，小仙炖收获了众多用户的认可和青睐，已实现连续五年鲜炖燕窝全国销量领先。

二、以数字化为支撑，坚持系统性创新发展方向

创新是品牌长期发展的关键，小仙炖秉承系统性创新理念，以数字化为底层支撑，通过品类、研发、商业模式创新等抓手，将传统燕窝滋补产品升级为一套完整的燕窝滋补解决方案，加深了传统滋补品与现代消费者的联结。

为有效解决滋补用户面临的痛点与难题，满足消费者对于新鲜、营养的需求，小仙炖创新鲜炖燕窝新品类，并创新引入 C2M 模式，省去中间商环节，用户下单，需求直达

工厂,每周冷鲜配送。C2M 模式的引入,大大缩短了产品到消费者的时间,实现用户与工厂互联,让燕窝滋补体验保持新鲜,同时也一举打破旧有固化的供需模式,打造出更加适合当下消费的新业态。

与此同时,小仙炖创新推出周期滋补服务模式,引入周期订阅服务,用户按年、按月订购,小仙炖每周新鲜炖煮、冷鲜配送。同时,小仙炖开发了"自助发货调整"小程序,实现了用户需求与生产计划的精准匹配,用户可以随时修改自己的发货时间和收货地址,在休假、出差等场景随意切换,帮助用户在快节奏的生活中养成周期规律服用的滋补习惯。数字化运营支持下的 C2M 商业模式创新与周期滋补服务模式创新,为以燕窝为代表的中式滋补行业带来全新的发展思路。

随着新一轮科技革命和产业变革深入发展,数字化转型已成为大势所趋。数字技术与各行业加速融合,为企业的数字化转型带来了新的机遇。相信以小仙炖为代表的中式滋补企业,也能搭乘数字化转型的东风,进一步驱动燕窝行业的科技及产业变革,进一步推动中式滋补行业的现代化突破。

■ 思考题:
1. 小仙炖是如何利用数字化赋能品牌发展的?
2. 请结合案例谈谈传统企业品牌如何利用数字化进行转型及创新。

(资料来源:https://baijiahao.baidu.com/s?id=1728873917124493941&wfr=spider&for=pc.)

第一节 数字经济时代与企业数字营销

一、数字经济时代

(一)数字经济概述

数字经济是信息经济的另一种称谓,旨在突出支撑信息经济的信息技术二进制的数字特征,是一种互联网经济。正如美国复合技术联盟主席 D.塔帕斯科特 1995 年出版的《数字经济——联网智力时代的承诺和风险》一书所说的那样,信息技术的数字革命,使数字经济成了基于人类智力联网的新经济。1998 年 4 月 15 日,美国商务部公布了以《浮现中的数字经济》命名的第一份研究报告,着重分析信息这一核心资源对宏观经济和微观经济的决定性作用。数字经济的发展是同信息技术尤其是互联网技术的广泛应用分不开的,也是同传统经济的逐步数字化、网络化、智能化发展分不开的。

数字经济的本质在于信息化。具体来说,信息化包括信息技术的产业化、传统产业的信息化、基础设施的信息化、生活方式的信息化等内容。现阶段,数字化的技术、商品与服务不仅在向传统产业进行多方向、多层面与多链条的加速渗透,即产业数字化;而且在推动诸如互联网数据中心建设与服务等数字产业链和产业集群的不断发展壮大,即数字产业化。中国重点推进建设的 5G 网络、数据中心、工业互联网等新型基础设施,本质上就是围绕科技新产业的数字经济基础设施,数字经济已成为驱动中国经济实现又好又快增长的新引擎,数字经济所催生出的各种新业态,也将成为中国经济新的重要增长点。

数字经济通过不断升级的网络基础设施与智能机等信息工具,互联网—云计算—区块链—物联网等信息技术,人类处理大数据的数量、质量和速度的能力不断增强,推动人类经济形态由工业经济向信息经济—知识经济—智慧经济形态转化,极大地降低社会交易成本,提高资源优化配置效率,提高产品、企业、产业附加值,推动社会生产力快速发展,同时为落后国家后来居上实现超越性发展提供了技术基础。数字经济也称智能经济,是工业 4.0 或后工业经济的本质特征,是信息经济—知识经济—智慧经济的核心要素。

数字经济是一个经济系统,在这个系统中,数字技术被广泛使用并由此带来了整个经济环境和经济活动的根本变化。数字经济也是一个信息和商务活动都数字化的全新的社会政治和经济系统。数字经济的商业模式运转良好,因为它创建了一个企业和消费者双赢的环境。

(二)数字经济特征

数字经济具有以下基本特征。

1. 快捷性

首先,互联网突破了传统的国家、地区界限,使整个世界紧密联系起来,把地球变成为一个"村落"。其次,突破了时间的约束;再次,数字经济是一种速度型经济。数字经济以接近于实时的速度收集、处理和应用信息,节奏大大加快了。

2. 高渗透性

迅速发展的信息技术、网络技术,具有极高的渗透性功能,使得信息服务业迅速地向第一、第二产业扩张,使三大产业之间的界限模糊,出现三大产业相互融合的趋势。

3. 自我膨胀性

根据梅特卡夫法则,网络的价值等于其节点数的平方,说明网络带来的效益将随着网络用户的增加而呈指数形式增长。在数字经济中,由于人们的心理反应和行为惯性,优势或劣势一旦出现并达到一定程度,导致"强者更强,弱者更弱"的"赢家通吃"的垄断局面。

4. 边际效益递增性

主要表现为:一是数字经济边际成本递减;二是数字经济具有累积增值性。

5. 外部经济性

网络的外部经济性是指,每个用户从使用某产品中得到的效用与用户的总数量有关。用户人数越多,每个用户得到的效用就越高。

6. 可持续性

数字经济在很大程度上能有效杜绝传统工业生产对有形资源、能源的过度消耗,造成环境污染、生态恶化等危害,实现了社会经济的可持续发展。

7. 直接性

由于网络的发展,经济组织结构趋向扁平化,处于网络端点的生产者与消费者可直接联系,降低了传统的中间商层次存在的必要性,从而显著降低了交易成本,提高了经济效益。

(三)科技的发展与数字经济

根据国家互联网信息办公室发布的《数字中国发展报告(2020年)》,目前我国的数字经济发展活力不断增强。数字经济持续快速增长,成为推动经济高质量发展的重要力量。我国数字经济总量跃居世界第二,成为引领全球数字经济创新的重要策源地。2020年,我国数字经济核心产业增加值占GDP比重达到7.8%。数字产业化规模持续增长,软件业务收入从2016年的4.9万亿元增长至2020年的8.16万亿元,计算机、通信和其他电子设备制造业主营业务收入由2016年的10万亿元增长至2019年的11万亿元。大数据产业规模从2016年的0.34万亿元增长至2020年的超过1万亿元。产业数字化进程提速升级,制造业重点领域企业关键工序数控化率、数字化研发设计工具普及率分别由2016年的45.7%和61.8%增长至2020年的52.1%和73%。我国电子商务交易额由2015年的21.8万亿元增长到 2020 年的 37.2 万亿元。信息消费蓬勃发展，2015 年至 2020 年，我国信息消费规模由 3.4 万亿元增长到 5.8 万亿元。

信息便民惠民加速普及。我国网民规模由 2015 年底的 6.88 亿人增长到 2020 年底的 9.89 亿人，互联网普及率由 50.3% 提升到 70.4%（见图 14-1）。网络提速降费力度不断加大，固定宽带和手机流量平均资费水平相比 2015 年下降幅度超过 95%，平均网络速率提升 7 倍以上。教育信息化 2.0 行动成效明显，截至 2020 年底，全国中小学（含教学点）互联网接入率达 100%，未联网学校实现动态清零。"互联网＋医疗健康"缓解老百姓看病就医难题，远程医疗协作网覆盖所有地级市 2.4 万余家医疗机构，5595 家二级以上医院普遍提供线上服务。电子社保卡累计签发 3.6 亿张，实现全部地市覆盖。

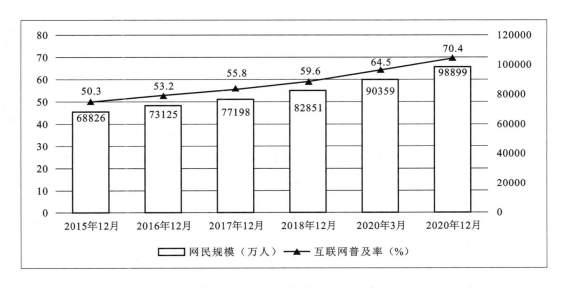

图 14-1　我国网民规模及互联网普及率（数据来源：CNNIC）

二、数字技术与数字先住民

过去的 20 多年间，中国网民从互联网跃迁到移动互联网时代，从而驱使中国消费者生活的各个方面（包括购物、社交、娱乐和工作等）都在迅速数字化、在线化和移动化。而伴随着大数据、云计算、物联网、虚拟现实和增强现实以及人工智能等前沿技术的落地和硬件设施的更新迭代，消费者的生活场景、行为甚至思想和情绪将进一步数字化和无缝联网，线上线下的边界正逐渐消失。

数字先住民是马克·普伦斯基（Marc Prensky）在 2001 年创造的一个术语，用来描述在无所不在的技术（包括计算机和互联网）时代成长起来的一代人。

数字先住民往往很早甚至是孩童时期就接触到互联网，享受现代科技和计算机带来的舒适感，认为技术是他们生活中不可或缺的一部分。发达国家中的大部分青少年和儿童被认为是数字先住民，主要通过计算机、社交网络服务和短信进行交流和学习。在商业环境中,数字先住民往往被营销人员视为一种新的、潜在的有利可图的消费者细分市场。正是因为对数字先住民的关注,许多品牌将社交媒体作为主要营销平台,促销也日益游戏化,开发了许多与数字原住民接触的营销技巧,包括挖掘广告数据以获得对这些新型消费者欲望和想法的了解及吸引他们的办法。

◇ 同步案例14-1

元气森林成长背后的数字化运营之道

元气森林成立于2016年,是一家互联网+饮料公司,专门生产无糖、低热量的产品。目前主要产品为燃茶和气泡水。自成立后,元气森林保持着一年一融资的节奏,2017年天使轮、2018年8月A轮、2019年3月B轮、2019年10月战略融资。据相关知情人士表示,元气森林正在进行新一轮融资,融资后的估值约为60亿美元。

元气森林的成功体现在其内容营销、数字化转型、渠道与供应链上的布局。它的背后,隐藏着在未来很长一段时间里真正行之有效的、数字化时代的新营销玩法。

一、内容营销战略,以消费者为中心输出内容——围绕用户来输出内容

打开小红书可以看到,有关元气森林的内容丰富多样,诸如元气森林乳茶妹cos有奖大赛、冬季限定甘王草莓气泡水、下午茶0元无限量免费吃……基本全是围绕年轻女性的消费生活场景。既有利益点的刺激,又有和我们生活相关的价值内容输出,具有很强的社交属性,能够引发大量UGC内容,在小红书上发酵。

2020年,元气森林将内容营销放至年轻人娱乐消费阵地——综艺,一整年元气森林共投放了6部综艺和1部电视剧,年底更是冠名了B站跨年晚会,吸引一大波年轻人的注意。而且元气森林在综艺投放上面,依然是遵循内容先行策略,注重内容的深度融合。

二、营销方式创新

整体上来说,新锐消费品牌大多是以差异化的细分品类为切入点,打造具有网红气质的产品,通过新型渠道布局、互联网化营销布局,让品牌声量与销量得到快速提高。

1.产品定位:挖掘市场细分品类,打造社交型产品

新消费品牌能够脱颖而出的第一步,就是对产品的精准把握,挖掘大市场下的细分品类,打造"社交货币型"产品。如钟薛高选择抢占雪糕的空白市场,打造出健康、低糖、低脂的中式瓦片造型雪糕。同时,它还拓展了用户的消费场景,将雪糕的场景不局限于夏天和户外,消费时间被拉长,展示了办公室等场景。

2. 渠道布局：稳抓新型渠道红利

在渠道布局上，以往都会选择电商渠道、商超渠道等形式，但是新消费品牌在此基础上，发力媒体带货渠道、直播渠道、高颜值线下门店/快闪店、入驻新型便利店，以此来助力品牌出圈。以元气森林为例，天猫、京东电商平台铺货，这是常规操作。最主要的两个渠道是直播与新型便利店。元气森林今年在抖音上与李佳琦、罗永浩合作进行了直播，借助明星力量直播带货。除此之外，抖音小店、小红书、小程序这类媒体渠道，或者是自己开辟网红店，也是新消费品牌的新选择。

3. 内容"种草"：以小红书为首发，为品牌积累用户

内容"种草"，已经成为新消费品牌这几年的统一选择，不过，在选择"种草"平台、达人策略、"种草"类型等内容上会略有不同。在"种草"平台上，新消费品牌都会选择小红书、抖音、微博、B站，进行内容"种草"，有些品牌则会有主次之分。在达人策略上，元气森林在不同平台的达人类型选择不同，小红书以腰尾部多元化类型达人为主，在微博上更强调明星"种草"，抖音上头腰部偏美食、好物分享类的达人居多；钟薛高则选择明星"种草"，为品牌背书，以腰尾部、素人多元化类型的达人同时铺量，扩大"种草"范围；而王饱饱则偏爱头部级别的美食、美妆、搞笑剧情类达人，同时会通过站内流量为达人引流。

4. 私域营销：构建私域导流路径，实现拉新促活长效运营

对于企业来说，当私域流量达到一定量级后，企业的获客成本就会越来越低，同时还可以运用私域流量进行精准营销与智能用户运营。还是以元气森林为例，主要通过公众号，盘活粉丝。为此，元气森林有元气研究所公众号，在平台上发布新品、体验官招募、福利活动等各种福利，调动用户黏性，另外有商城链接，便于用户直接购买。

5. 跨界共振：品牌多元，线上线下联动

跨界共振，就是通过动漫、定制开发等形式，将更多的形象与内容赋予品牌自身。在联动方式上，主要有合作推出联名款、线上发起跨界话题、线下新品发布会等形式。如钟薛高与娃哈哈联手推出AD钙奶味的"未成年雪糕"话题。元气森林选择的大多是大众品牌，钟薛高选择与泸州老窖、荣威汽车、小仙炖等行业品牌推出联名款；王饱饱则比较青睐国产动漫，推出了罗小黑、超级猩猩等动漫IP。

三、构建全链路触点，打造内容之下的数字化私域池

数字化营销的前提是，构建数字化全链路，也就是将品牌营销众多触点汇聚，形成品牌的私域流量池，并且打通营销链路。

元气森林副总裁宗昊认为，市场行为中尊重消费者是核心所在，而不仅仅是营销，而"Z世代"的独特性、多场景化的需求是元气森林产品线聚焦和不断满足的。宗昊认为元气森林抓住了线上模式的快速反应优势，通过数据回流和用户反馈把原有快消品从研发到终端的周期不断缩短，获得年轻消费者真正想要的产品，从而在短时间内推出短款产品。以气泡水为例，两年时间推出了十几个口味，以满足"Z世代"在不同场景、不同心情的细分需求。

> 现阶段,越来越多食品饮料企业对数字化开始注重。早在2014年,可口可乐就在澳大利亚试验了一种智能冰柜,它甚至可以借助人脸识别技术来实现精准广告投放,并有数据显示可以帮助饮料销量提升12%。这种数字化的发展势头,并不只局限于销售端,而是全产业链的,最终目的也是通过实时的数据反馈,大幅提升公司整体经营效率。
>
> (资料来源:http://www.retail-it.cn/m/view.php?aid=3370.)

三、数字经济时代的营销挑战

中国移动互联网的发展,已经从使用人数、生活场景渗透、移动支付覆盖、移动电商交易额等各项指标超越全球其他任何一个市场,这给营销传播带来巨大挑战:商品过剩、信息爆炸与碎片化、消费者自主意识觉醒、兴趣点的高流动性,使市场变化剧烈、扑朔迷离。被誉为"整合营销传播之父"的唐·舒尔茨在其著作《重塑消费者——品牌关系》中提出,在新的形势下营销人员必须有危机意识和革新意识:"今天的数字先住民可以轻松地活跃于线上与线下、数字与模拟空间、现实与虚拟世界,如果我们还希望与他们进行有效沟通,无疑需要新的概念和方法。"互联网的发展尤其是移动互联网的崛起产生许多新的营销传播触点,它们在推动营销传播范式的进化。多样化且不断变化的消费者需求是营销传播范式革新的内驱力;科技在破坏原有媒体传播秩序的同时也带来新的路径可能,过程中也不可避免地重新定义消费者、品牌与之对话的模式,这些核心驱动源及其变化将决定营销发展的方向和趋势,创新或重塑营销传播范式。

美国的威利·洛曼曾经把世界定义为业务关系,现在已经被重新定义为品牌关系,包括比过去小得多的人类互动的尺度和更多的品牌"接触"次数,而且通常是数字化的形式。企业更加依赖新的工具和更少的个体,客户对我们的评价比我们对自己的评价更重要。普通人可能认为数字品牌主要关注我们的徽标或网站设计,以及它如何影响消费者对我们品牌的认知。但是,这要复杂得多。在一个有许多在线接触点(如网站或应用程序、搜索引擎结果、在线评论或社交媒体讨论)的互联世界中,大多数决策都是在数字空间体验品牌后做出的。

◆ 知识活页

随着全球范围内品牌数字化转型2.0的开始,国内品牌更需要面向产业互联网时代，及时储备人才，搭建新型组织结构与调配职能，以场景应用驱动业务运营模式数字化，逐步切换为云架构基础设施，为企业全面转型升级做好准备。

对于一些小而美的品牌而言，其生存之道区别于大品牌规模化发展，那些具有一定专业水准和工艺水平的匠人、设计师、农人、达人、买手顺应主流消费群体多元化情感型需求，具备敏捷优势，对接平台快速获得生产供应商、组货、营销、流通与零售能力。数字化全国大市场将分散的需求聚拢，孕育小而美的个性化特色品牌，成为长尾需求市场的有益补充。

（资料来源：https://www.sohu.com/a/318645711_99987923.）

四、数字经济时代数字营销发展趋势

（一）数字营销重构了商业与品牌构建的逻辑

在数字经济时代，企业数字营销重构了商业与品牌构建的逻辑，从自上而下、以品牌为中心、竞争为导向到完全"以消费者为中心"。打败移动的不是联通，而是腾讯！打败柯达胶卷的不是别的胶卷公司，而是数码相机，打败数码相机的是手机！打败康师傅的不是统一，而是外卖。这些景象，都在说明，商业与品牌因互联网"重新连接"而重构了新消费意义和新价值。

品牌开始呈现出新的格局，依托于互联网平台的原生品牌进入消费潮流，比如小米、三只松鼠、乐纯酸奶等；互联网快速迭代塑造了周期性消费潮流，从最早的黄太吉到如今的丧茶、喜茶，注重体验和分享的新消费品牌在不断演变，满足了消费者的消费升级、个性化、品牌认知空挡的需求；本土品牌通过融入互联网文化而获得了经典重生，典型的如中国李宁、老干妈、大白兔等国货品牌通过跨界、国潮行动、设计焕新、年轻化表达，以及对话新消费者，实现品牌的焕新。

（二）互联网重构了内容产业链与传播链

在人人都是自媒体的时代，内容消费者与生产者"产销合一"，任何触点和热点都成为媒介和传播源头。对于营销者来说，我们要去观察和捕捉微妙且汹涌的时代情绪。例如，丢书大作战、青蛙旅行、社会人小猪佩奇、延禧攻略的火爆无不是捉住社会的情绪裂变。对于品牌来说，今天需要思考如何找到消费者的情绪触点，制造社交货币，让消费者主动传播品牌。例如，《战狼2》56.94亿票房的背后，是对于爱国情绪的触发；江小白的红火是对于年轻人的焦虑的调侃和自嘲。

（三）数字营销重构了消费行为模式

今天，消费者已经从"计划购买"演变为"实时购买"，从"次日达"到"现在就要"。品牌要想聚集消费者的注意力，需要考虑如何增强场景体验感和仪式感，通过制造消费的仪式感，才能让品牌形成新的社交势能。例如，天猫"双11"、京东"618"就是对于消费欲望的一种刺激和满足，让很多过去消费者计划购买的东西提前实现，变成了实时购买，而以拼多多为首的拼团社交电商、小程序电商和智慧零售场景也在不断制造新的消费场景和体验，通过次日达、当日达、半小时达等新体验，让消费者的需求不断被释放。

（四）消费人群从瓦解的大众到重聚的精众

人群不断细分化、个性化，传统的人口学和社会学特征已经无法定义今天的消费者，用户社群化、垂直化趋势明显。今天，兴趣成了划分圈层文化的重要标准，"嘻哈""街舞""电竞"等圈层都是如此，而互联网正在推动小众圈层亚文化实现大众化渗透。纵观近两年的爆款"网综"，都是圈层文化的演绎。

今天，消费也成为活在互联网时代的消费者寻找自我的过程。因此，品牌人设更加重要，寻找"人设"也是Z世代消费的重要驱动力之一，不管是"佛系"养娃，还是网易荣格心理测试的火爆，都代表着人们在不断寻找自我，品牌如果能帮助其表达自我，就能找到共鸣圈层。

（五）娱乐营销的多元化重构

新粉丝经济时代到来，明星、网红、KOL齐头并进，让娱乐产业更加多元化。随着互联网的发展，传统的造星模式和路径也在不断被颠覆和创新，打造的明星也越来越多样，使得明星的概念越来越泛化，微博大V、KOL、网红、话题明星、流量小鲜肉等都是明星。

对于品牌和营销人来说，对于明星的选择既要曝光又要销量，带货也成为新的王道。除了机场带货女王杨幂，像口红一哥李佳琦、快手带货红人等正在成为品牌带货的新选择，因为这些所谓"带货王"自带粉丝、自带渠道、自带制作能力，正在与传统广告公司分一杯羹，成为数字营销行业的新势力。

（六）商品越来越内容化

连接商品的不再是媒介，而是"人"，越来越多的人，热衷于共享消费偏好和消费信任，催生了"种草经济"。用户评价与口碑推荐一直是电商平台"运营"的重点，从淘宝的五星好评到微博红人经济，这几年电商平台对"UGC内容"的扶持有增无减，打开主流电商购物App首页，就会发现除了商城、购物车，首页的中心位置还有平台专门给用户腾出来的"草地"。如主打用户分享内容社区的小红书、什么值得买。还有京东中间位置是"发现"、网易考拉App有"种草社区"、网易严选首页正中心位置是"识物"等。

"种草"能力与"内容创造"成为品牌营销的重要能力。知萌咨询机构发布的《2019中国消费趋势报告》显示,来自电商平台上的评论对消费者的购买决策影响最大,占53.4%。55.1%的消费者通过社交应用分享如朋友圈、微博等。当然,成功的"种草"需要对消费者的情感进行刺激,让消费者发现"买了这个你就和我一样"。

(七)互联网进入万物皆媒时代

智能技术让数字营销从"精准到达"到"场景共鸣",智能化的需求匹配与情感激活成为"AI"的关键。知萌咨询机构携手百度携手联合发布的《AI赋能营销白皮书》指出,基于AI技术和大数据驱动,未来营销将打破传统户外营销壁垒,全面赋能线下屏幕和终端,具有线上线下打通、多场景、多终端的特点,万物皆媒体的时代正在到来。同时,智能化+大数据驱动数字营销从"传播"转变为"传播+服务",通过探针/LBS、聊天机器人、可穿戴设备、车联网等帮助品牌实现场景计算、体验管理和即刻响应,激发品牌新活力,拓宽品牌新路径。

过去的10年,是中国互联网经济风云变化、快速发展的10年。经过10年的演变,互联网经历了从PC端到移动端的转变,内容也逐渐从图文转向长短视频,互联网媒体形态已经发生了巨大的变化,所有的营销都已经成为数字营销。而面向未来,当我们面对的新技术越来越多,数字营销的"道"变得更重要,趋势与策略要先于技术与呈现,基于消费者生活的真实洞察,构建出能够与消费者达成情感共鸣的创意,并通过最新的技术,实现更大范围的精准和智能化的覆盖,这才是"好"的数字营销,洞察为先、创意为本、技术为桥、互动为势、整合为王,融合、协同和共生是数字营销不变的法则。

数字资源14-1
数字营销成功案例
(伊利的"四全运营体系")

第二节　品牌数字化与数字品牌

一、数字化对传统品牌带来的改变

数字化将对传统品牌带来五大改变。

(1)提升品牌营销效率。第一代、第二代以及第三代互联网都带来不同程度的优化,而新型数字品牌可以对营销流程追踪并使其数字化。

(2)丰富品牌无形资产价值变现的途径,如发行 NFR、数字礼券等,使流程数字化、具体化、可追踪。

(3)用户/利益相关方(数字社群)参与品牌无形资产的创建,使用区块链来记账,确保各方的权益。根据相应的激励机制,开发可用的智能合约代码自动执行相关的作业。整个营销流程变成新型可编程经济体系,分享了品牌无形或是有形资产的利润。

(4)品牌(以及企业整体)评估从现在的复杂流程,变成可信、可审计、自动化、智能化的流程。

(5)企业内部管理流程会有重大改变,不再是传统管理和治理方式,而是"链化"的企业内部管理。不论是收入、支出、营销、文件、科研、物流、仓库等都将"链化"。通过链上数字化、自动化验证、流程协作、流转自动化等,在提升效率的同时能够降低企业成本。

二、品牌数字化转型

我们都知道,未来已来的风口就是数字化智能新时代。在数字化经济时代,品牌如何数字化转型是品牌布局的主要方向。那么,如何数字化转型,实现品牌企业裂变式发展呢?品牌专家认为,品牌数字化转型的关键在于颠覆思维、顶层设计,要把它上升到企业发展的战略高度,从技术、业务、组织、管理、文化等方面进行全面的数字化转型变革,它是企业商业模式的重新塑造,而不是简单的技术升级等。品牌实现数字化转型的方式如下。

(一)建立数字创新模型

如今,数字创新不是空话,很多企业主动进行数字创新,建立数字创新的商业模型,取得了辉煌的成绩。比如,著名企业阿里巴巴,就是数字化转型成功企业代表。大家知道,阿里巴巴以前只是网上交易平台,如淘宝、天猫等品牌,但是,近几年来,阿里巴巴主动数字化转型,建立了数字创新商业模式,不断地延伸产品和服务。如今,它是中国最大的大数据公司、最先进的智能无人超市、最大的移动支付公司等,它逐步向数字化智能新时代迈进。

(二)创建数字化运营模式

确定了数字化企业战略之后,就可以利用数据和技术,在数字化条件下,如何重新定义企业的运行和管理,推动品牌企业内部主动变革和改造。在数字化新时代,企业清晰地描绘业务功能、流程、与组织架构之间的关系;员工、团队、各组成职能部门之间有效互动;每个部门日常工作做到标准化、数字化、可视化等。比如,世界著名品牌西门子,一百多年来做到基业长青,就是敢于主动变革,与新时代起舞。近年来,它实施了数字化转型战略,它的运营模式,就是基于同一个底层的数据库,把所有的人、IT系统、自动化系统,通过云端联通在一起,为现实工厂在虚拟世界里建立一个"数字化双胞胎",提高企业效率和核心竞争力。

(三)实现数字化人性管理

如何实现数字化管理?关键在于企业家要重视数字与人性的关系管理。在数字化新时代,管理内涵更加人性化,不仅企业员工有自我的个性张扬需求,而且目标消费者互动更加紧密,定制化成为常态,"你中有我、我中有你"的融合更加明显。比如,家电著名品牌海尔,通过对传统生产模式的颠覆与升级,打造"按需设计、按需制造、按需配送"的互联网工厂体系,使整个制造过程实现高度的柔性,满足个性化定制的需求。再比如,华为公司内部管理"工时绩效"系统,体现"多劳多得"的公平性,它通过数字技术实现管理,如华为云技术、数据分析、数据挖掘,以及数据呈现可视化等,提高了工作及决策效率。

(四)培养数字人才与技能

在数字化智能时代,企业家及高层必须懂得数字化,具备数字思维,并且通过培训等方式,帮助管理高层进入数字新时代。同时,企业必须自我变革,构建数字化体系,通过公司文化和激励措施来吸引、留住和开发与数字时代相关的人才与技能。企业采用不同的组织架构及工作方法,使智能机器人与员工有效地合作,并整合在业务流程之中,提高品牌核心竞争力。比如,1836年成立的施耐德品牌,是一家历史悠久的企业。它是如何数字化转型的?在向数字化迈进的过程中,施耐德公司网罗了很多数字化人才,特别重视员工数字化技能培训,并在多个方面改变了业务模式的设计。

数字资源14-2
时尚品牌的
数字化增长

施耐德公司数字业务设计,首先,尽可能把产品与互联网连接起来,建立以信息为基础的服务;其次,采用敏捷产品开发流程,建立新的数字化服务机构;最后,利用数字技术,改变销售人员与客户的传统互动方式,真正实现数字化管理与创新,把施耐德"华丽转身"为数字化现代企业,焕发了新的生命力,它值得中国企业学习。

三、数字品牌概念

2022年8月7日,由中国科技新闻学会元宇宙科技传播专委会组织编写的《Web3 时代的新型数字品牌白皮书》在第十六届中国品牌节上发布，引起了数字经济产业的普遍关注。它的意义在于明确指向了下一代互联网与传统经济最大的结合点和应用场景，那就是新型数字品牌。该白皮书引用了《哈佛商业评论》的观点，认为数字技术在未来几年"可能成为品牌与其消费者之间的核心数字接触点，并且由品牌本身控制。"

关于数字品牌的定义，由于理论比较新，研究者并不多。维基百科的定义为：数字品牌主要通过企业官方数字渠道或其他数字媒体建立互动，从而形成个人或组织的身份识别，建立知名度与美誉度。数字品牌是一种品牌管理技术，主要利用互联网品牌和数字营销相结合，利用一系列数字方式包括基于互联网的关系、数字设备或数字媒体内容，开发一个品牌。数字品牌是通过数字媒体进行品牌表达的形式，也包括通过数字媒体进行品牌建立、维护和扩大的过程。数字品牌所做的承诺并不局限于互联网，而媒体的互动能力，使数字化品牌更容易传送承诺。

对于数字品牌，我们可从以下六个方面来理解。

（一）数字品牌是一种忠诚

当网站吹嘘自己惊人增长的用户、订户、点击率和页面浏览量时，互联网的发展看起来越来越像一场竞赛。但在当前拥挤的互联网市场上，仅仅吸引上网者的眼球是不够的，重要的是，不但吸引更多的人的眼球，并且让尽量多的眼球尽量长时间地"黏"在自己的网上，网站"黏性"比点击率更重要。

网站"黏性"是未来保证品牌最重要的条件。因此当某位 CEO 向你吹嘘他的网页浏览量时，你应该追问一个广告商人、风险投资者和投资银行家都会关心的问题：该网站的"黏性"是多少？网络忠诚意味着你让用户有足够的理由回访你的网站。这种忠诚首先要从信任开始，一旦你得到这种信任，你就赢得了开拓市场的无限商机。在网上，你可以同客户建立一对一的个性化联系，甚至得到他们的允许开展直销。

（二）数字品牌是一种形象

公司在所有与消费者进行沟通的过程中所体现出来的形象，构成网络品牌的重要内容。ActivMedia Research 的一项报告称，有 25% 的成年美国人对于圣诞节期间到处充斥的 dot com 广告，在没有特殊刺激的情况下记忆率仅有 1%，可见，大笔的媒体广告费白花了。

为什么会这样？其实是一个品牌问题。确实，那些广告都设计得很有趣，让人们觉得很有创意，但是，它们体现了你要表达的品牌的本质内容吗？大多数情况是没有。而更糟的是，几乎所有人只记得名字中的"dot com"的部分，而不是品牌本身的名字。所以，疯狂的所谓"dot com"广告对树立"互联网"这个品牌卓有成效，而对树立公司的品牌成效甚微。因此希望人们不要再把什么都和网络扯到一起以显示自己的前卫。InfoSpace 毫不犹豫地将其官方名称"InfoSpace dot com"中的"dot com"去掉了，为什么？正如一位分析家指出的，该公司的品牌是 InfoSpace，而"dot com"只是一个后缀。去掉"dot com"看上去是件小事，但它意义重大。这不仅是把"dot com"从名字中去掉，更重要的是把注意力转移到公司实际的品牌上来。

（三）数字品牌是一种承诺

网络企业应如何来建立、管理数字化品牌？网站的第一个目标应该是：选择一个与众不同的价值观作为自己的核心承诺来吸引目标顾客。对消费者而言，数字品牌是一种承诺，因而服务比产品更重要。公司与顾客的任何接触点——站点的外观、服务人员接电话的态度、包裹寄送的速度、回馈的便捷性、站点的易浏览性、技术故障的排除、高附加值的服务、对用户的友善度……所有这些都是品牌的表现形式，其和公司的标志都是"品牌"的重要部分。所以一个站点提供的产品和服务以及公司在整个沟通过程中所体现的特色与品质，决定了一个品牌的真正价值，而这不是广告所能敲定的。

（四）数字品牌是消费者导向

企业界如何对待消费者，也许是一个永远无法"完成"的概念，永远有更好的对待消费者的态度。以前没有这样做的原因，也许是技术条件不成熟，一旦技术条件成熟，先行者自然就得到一种全新的力量，这种力量很快就会变成一种品牌，落后者就会面临被淘汰的命运。由于数字品牌更注重消费者导向，所以，个性化永远比大众化更为重要。

（五）数字品牌是一种沟通

研究证明，与顾客建立互动性的沟通关系是企业成功的关键。互联网对于企业营销有巨大价值，其原因之一就在于，如果正确地运用互联网的互动特性，就可以使企业与顾客在沟通过程中建立起更紧密的关系。

（六）数字品牌依附的是网络企业

虚拟网络企业拥有无限的可能性，用户无限、创造性无限、国界无限，因而从数字品牌角度来讲，虚拟企业比实体企业更为重要。以 eBay 这家经营网络购物的公司为例，没有任何库存，一切作业外包，也不花任何营销费用，成本如此精简，甚至一切商品均以成本价出售，立志要成为全球最便宜的网上商店，这种经营模式以及背后所隐藏的竞争实力，是传统实体企业无法想象的。

四、数字品牌的优势

尼葛洛庞帝在《数字化生存》中谈到,数字化将改变大众传播的本质,它能让我们更好地成长。数字化技术让人们实现对海量数据的收集、挖掘与分析,并能够发现精准的目标消费者、发现目标消费者的精准消费情境,实现对广告效果进行精准评估。

目前,越来越多的B2B品牌所有者积极管理其数字品牌形象。然而,在这一努力中,其面临两个关键挑战。第一,在数字环境中,信任在参与竞争中位于偏远地区且更难实现的客户更加重要。第二,随着社交媒体参与度的不断提高,品牌声誉更容易受到损害。品牌所有者可能别无选择,只能承认其正在失去对自己品牌的控制,将品牌建设视为对话环境中的互动过程,并授权客户共同创建品牌。

(一)传统品牌的局限性

传统品牌缺乏数字化基因,难以及时理解不同用户在不同触点的需求,也无法获得与客户建立深层关系所需要的详细信息。掌握了数字化和实体互动方式的品牌,将在市场上处于最佳位置,能最大化与客户之间的关系,从而扩大其客户群。

传统品牌及时获取数据的能力较弱。这些数据除了实时性交易数据,还有用户净推荐值、活动参与数据、原生流量、客户评论等数据,恰恰是后者有利于挖掘出品牌及其产品或服务所引起的情感反应。这对于跟踪核心客户的需求以及规划产品开发路线都非常重要。

在当今的全渠道零售世界中,这些创新的数字原生公司比传统品牌更具优势。它们从第一天开始就一直在收集和分析客户数据。这些品牌对消费世界的看法与传统截然不同,而且全部基于数据。如何看待客户,如何展开市场营销,如何确定购买过程中的触点,其都能从第一手数据中得到的,真实而具体。

Bonobos品牌创始人安迪·邓恩认为,这种新的数字原生品牌有三个重要的DNA。DNA 1:数字世界是第一品牌平台。DNA 2:纵向整合其设计和生产的产品;DNA 3:建立一对一的品牌,以满足客户的特定需求和偏好。

(二)数字品牌的优势

1. 善于发挥数据能力

数字(原生)品牌首先具有数据优势。其从一开始就认识到数据的价值,并从可获得的每一个来源中精心收集数据购买历史,包括现场聊天以及来自社交媒体平台的见解。其使用Web表单和调查表来加深对客户及其需求的了解。通过数据收集和分析,数字原生品牌的营销人员可以了解每组购物者的购买路径并创造每位客户想要的体验。

在全渠道零售中,并非每个客户都有相同的力程,也不是每个客户都参与到每个触点。一些购物者可能会拿起电话并按订单致电来响应电视广告。其他人可能会看到一个广告牌然后响应移动广告并在线订购。对于销售人员而言,重要的是了解购买路径现在是个性化的,购物者可以选择自己的消费历程。传统零售品牌尤其是像 Gap 和 Victoria's Secret 这样的品牌正在努力保持领先,并意识到需要采用类似亚马逊的一些策略,否则就有可能走 Payless 和 Toys Us 之路。

2. 用数字技术支撑销售

Facebook 和 Youtube 等有影响力的品牌加速了虚拟现实技术的采用、内容创建和内容消费。在允许上传和传输 360 度视频之后,Facebook 推出了 360 度广告,包括来自 AT&T、雀巢和其他品牌的视频广告。Youtube 还推出了 360 度虚拟现实视频和所有 Youtube 的虚拟电影院,这些视频支持与 Google Cardboard 兼容的设备。Facebook 首席执行官马克·扎克伯格在公司 2015 年第二季度财报电话会议上对投资者说:"在视频之后,沉浸式 3D 内容显然是下一步。"以钟表公司 Daniel Wellington 为例,凭借创新的网红营销模式,该钟表公司在 2012 年至 2016 年间从无到有,增长到了 2 亿欧元的收入。2016 年,该公司的净利润为 48%,这是数字(原生)品牌的潜力。

3. 直接采购产品原料

数字(原生)品牌正在通过削减中介来瓦解低效的传统供应链。其与供应商的直接关系使其能够促进快速反应,响应快速迭代产品的需求。通过直接采购原料模式,零售商可以降低 2% 至 4% 的平均成本。通过直接采购,Warby Parker 和 Casper 等品牌绕过了过时的行业标准和成本结构,在短短几年内,销售额超过了 1 亿美元。其他公司如 Everlane,利用与工厂的关系,更好地推销其材料,并为客户提供产品透明又真实的成本制造价格。

4. 全方位多维度提升品牌体验

今天,品牌是产品、购物者体验和客户服务的组合。数字(原生)品牌寻求建立强大的生活方式品牌,利用与人们密切的交谈来影响他们的选择。为了建立这样的线上社区,数字原生品牌以非常引人注目的方式和一致的调性展示产品。数字(原生)品牌的产品代表了品牌的身份,其产品和包装都是为在社交媒体上共享而设计的。这些品牌在很大程度上依赖于通过多种营销渠道展示的视觉内容。为了扩展内容创建并满足内容需求,这些品牌通常依赖于用户生成的内容。以品牌 Glossier 为例,作为其核心推广战略的一部分,在 Instagram 上推出了自己的产品线。Glossier 首席执行官艾米莉·韦斯(Emily Weiss)估计,Glossier 90% 的收入都要归功于 Instagram 上的粉丝。在过去,电商主要是零售商分销其他公司的商品,在互联网上提供最大规模的低价商品选择,市场竞争变得越来越烈。数字(原生)品牌已经找到了另一种途径——直接到消贾者(Direct-To-Consumer)模式,拥有所有权控制权的电商公司的成长,直接改变面向消费品牌的交易数量。在整个电子商务领域,该模式越来越普遍。对于数字原生品牌,电商道是一个支持层,而不是核心资产。以 Harry's、Dollar Shave Club、Walker 公司为例。通过直接向消费者销售,这些数字(原生)品牌不仅能够控制自己的分销,而且能够更好地控制自己的品牌故事,直接向客户传递信息。因此,他们收集大量的客户数据,让他们能够更好地测试和开发新产品。实体的重要性并没有丧失。随着它们的成熟,该类品牌往往会扩展业务范围,要么通过体验式实体零售,要么通过独家合作。2007 年创立的 ALO YOGA 就是这样一个品牌。该公司发展了线下业务,并在比佛利山开设旗舰店。8000 平方英尺的实体店容纳一个瑜伽和健身工作室,康普茶和一个休息区,所有这些使得 ALO YOGA 成为一个非常流行的瑜伽品牌。

5. 大量灵活地使用网络媒体平台

数字(原生)品牌通过一对一的营销对社群建设产生了巨大的影响。这些品牌将其客户服务和内容带到其客户群活跃的大社交平台上。贝恩咨询公司发现:67%的消费者声称使用公司的社交媒体柔道为客户服务,72%的消费者预期品牌会在一小时内做出回应。然而,80%的互动没有得到品牌的回应。当公司通过社交媒体参与并响应客户服务请求时,这些客户在公司的花比其他客户多 20%到 40%。数字(原生)品牌试图保持高度的社会参与度,目的不仅仅是卖货。他们建立数字体验,客户可以参与其中,分享他们的品牌忠诚。这些体验特别迎合了千禧一代和年轻化的客户。以 Instagram 为例,每个 Instagram 帖子的平均参与率为 0.8%,然而,24 个数字(原生)品牌的平均参与率达到了 150%。社交媒体的兴起开启了人与品牌之间的对话,零售业正处于一个独特的时刻,凭借技术,品牌可以迅速扩张,但仍然可以保持一对一的联系,提升客户体验。

◇ 知识活页

数字原生品牌就是一种开创性的全新零售方式。这一概念由 Bonobos 品牌创始人安迪·邓恩创造,是指在线上网络平台上诞生和迅速发展,并有可能向线下实体店发展的规模化企业品牌。

数字原生品牌的缔造者往往是那些出生于 20 世纪 80 年代至 2000 年初的数字先住民消费者,他们通过网络讲故事来销售商品。

(资料来源:https://www.zhihu.com/question/366536636.)

第三节　打造数字品牌

一、数字品牌的构成

在许多类别中，新的数字品牌，包括实体世界品牌的网络扩展，将取代迄今为止一直占据市场主导地位的品牌。换言之，互联网正在将其抛诸脑后。线下世界中提供的产品和服务的价值主张基本上是有限的"点解决方案"，只满足部分消费者的需要或欲望。例如，信用卡允许客户支付货款，这是一个针对更广泛领域如购物或旅行需求的点式解决方案。"点解决方案"更多的是在功能方面的好处，如书店的商品组合或信用卡的利率和条款，但公司交付过程或关系好处的能力往往受到真实世界无数实际和经济因素的限制。这些限制中的许多都被网络解决了，因此那些希望打造成功数字品牌的企业，必须大幅扩大其为客户提供服务的优势。例如，公司正在利用网络，通过克服真实世界在时间、空间和记忆上的差距，促进用户之间的协作与沟通，构建让客户寻求从供应商那里购买产品的逆向市场，为客户改进购买流程来提高效率。

围绕消费者体验打造数字品牌有两个原因。第一，这种方法迫使品牌建设者采纳消费者的视角。第二，它迫使管理者关注管理其数字品牌与消费者的互动的各个方面，从产品或服务设计到营销信息，销售和履行流程及售后服务工作。

数字品牌可以看成是"数字渠道和资产用于传达品牌定位（或目的），作为多渠道品牌传播或参与计划的一部分"。因此，让我们重命名"数字品牌"的"数字通信"，并考虑其在企业战略和品牌规划的背景下的作用。受众被广告和营销信息轰炸，这些信息抑制了建立特殊联系的能力。互联网上到处都有相同的人才或专业技能，但你与竞争对手的不同之处在于你的故事以及它在数字空间中的表现方式。数字品牌是建立你的品牌在数字空间的故事和存在。数字品牌是与目标受众建立有意义联系的关键。这关系到使用你独特的主张，使你自己和你的产品在竞争中脱颖而出。

数字品牌的构成如图 14-1 所示。

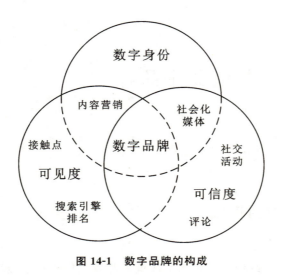

图 14-1　数字品牌的构成

（一）数字身份

数字品牌必须不同于我们传统的品牌理念。一个品牌不能只告诉我们它代表什么，然后期望我们相信它。一个品牌需要活出自己的价值观，然后通过数字品牌传播这些价值观。用于建立数字身份的两种强大媒介是内容营销和社会化媒体。

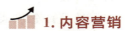 **1. 内容营销**

当你被问及你的成长经历，什么激励着你，或者你是如何实现某些目标的，你可能会发现自己在讲一个故事，一个关于你所面临的挑战和克服的障碍的故事。更重要的是，这些挑战如何影响你提供的产品或你开发的产品或服务。

本质上，这就是你的身份。

了解你所面临的挑战与目标受众的需求及需求之间的关系非常重要。内容营销最适用于提供适合用户旅程各个阶段的相关内容，通过一系列战略性内容传达你的产品或服务是如何成为解决方案的。

重要的是要注意，提供超越你所提供的价值是开始建立你的身份的最佳方式。强化你的价值主张或为什么你比竞争对手更优秀，是继续与目标受众接触的最佳方式。

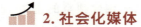 **2. 社会化媒体**

你的社交媒体活动传达了你品牌的声音。从你的状态更新到你回应评论的方式传达你品牌的声音。你的社交媒体活动是一个伟大的意识建设者，可以用来塑造你的身份。

如果您不确定如何开始，请从社交倾听开始，帮助告知您的数字身份。检查观众聊天，以引导您的数字身份。你不必根据你的观众想要什么来改变你的身份。你需要改变你对听众说话的方式，你的身份将被这种经历塑造。

（二）可见度

1. 接触点

数字品牌的第二个组成部分是可见度。考虑所有这些接触点，你的目标受众在数字空间中接触到你的品牌，这包括你的网站、在线搜索结果、社交媒体网络和评论网站。当然，优先权和资源放在"受控"接触点上，比如你的网站，但最有影响力的接触点是那些"不受控"的接触点，即你的评级和评论网站。

2. 搜索引擎排名

你的可见性的一个关键部分是你的受众的搜索引擎结果。被列在搜索引擎的顶端不仅有助于提高你的知名度，而且表明你了解目标受众的需求，了解他们的搜索行为。

搜索引擎结果也能建立可信度，因为许多消费者认为，如果一个品牌在他们的搜索引擎结果中显示在第一位，那么它必然非常可信。

（三）可信度

你可以花数年的时间建立你的信誉，但它可能需要几秒钟被摧毁。积极与目标受众建立反馈循环以保护你的信誉非常重要。一个正确建立的数字品牌可以利用所有评论收集反馈，从而提高可信度。

社交活动也有助于提高你的可信度。当使用数字品牌的社交活动时，我们必须考虑整体的用户体验，并注重透明度和信任。如果你关注你的追随者并做出真实的回应，你自然会增加你的可信度。

二、构建数字品牌的条件或基础

（一）是否拥有充足的资源

资源包括人员、设备、技术或现金等有形资产，还有程式设计、网页设计、资讯、商誉等无形资产，拥有取之不竭、用之不尽的资源，是网络企业永续经营的最基本条件，但若只靠资源，要在如此诡谲多变的环境中脱颖而出，是绝对不够的。

（二）是否满足消费者需求

一个以消费者为导向的时代，不再是卖方提供什么，买方就买什么，而是买方要什么，卖方就提供什么。因此企业经营的发力点，就需从消费者需求的角度出发，才能吸引顾客上网，从而在网站上产生消费行为。

（三）是否善用网络特性

电脑及网络的主要特性是指："电脑可以储存大量资料；而网络可以让资讯快速流通。"网络上的信息可以跨越国界，使用者可以在网络上化身为任何其想成为的人物。网络的想象力，可说是前所未有地冲击、挑战着我们的视听及想法，若商业网站要经营得与众不同，势必要好好研究网络的特性。根据自己的定位，将其特性发挥至极大化。商业网站无法提供给消费者无可取代的商品，就无法立足于社会。

（四）是否具有核心能力

根据哈默尔和普哈拉的定义，所谓核心能力是指"不论是否经过事先处理、组织，而企业所拥有的特殊才能"。这种能力无法被轻易模仿，而企业也因拥有这项能力所包含的专业与知识而卓然出众，并掌握一定的竞争力，在市场上占有独特的优势。而核心能力的重点，在于能够决定一个企业能做什么，不能做什么，因为知道不做什么，才能免去不必要的浪费。

（五）是否不断创新

在网络的世界中，没有一套放诸四海而皆准的准则，也没有参考范例，很多想法及观点，在以前或许不可能，但在今日或未来并不代表不可能，而且很有可能会是企业成功的关键。值得注意的是"今日成功的经验并不意味着未来将会适用；反之亦然"。因此，企业绝不能因眼前的成功而沾沾自喜，必须随时创新和翻新，挑战自己。最好的企业经常是颠覆者，肯义无反顾地把自己一手建立起来的东西彻底摧毁重建，以创造企业源泉。

（六）是否制定了良好的营销策略

有了一个好产品，若无良好的营销策略加以支持，也是枉然。因此举凡网站的名称、网址、促销活动等，都是营销策略中不可或缺的一环。除此之外，在营销的世界中，品质好的产品不一定畅销，但是一旦产品先被客户认定是好的，通常都会有较高的市场占有率，因此如何让消费者认定你是好的，也是一个不得不去注意的问题。

（七）是否找到了正确的获利模式

安迪·葛洛夫说"网络正如同哥伦布发现新大陆",一切都充满着新奇、刺激及无限可能性,虽然现今大部分的商业网站在经营上仍处于亏损状态,但从长远的眼光来看,仍是一块大金矿,故如何在经营上找到正确的获利模式,可以说是一门大学问。

只有考察网络企业是否符合上述七项要求,才能在对品牌要素和营销模式进行有效整合的过程中,决定是否可以形成强势的数字品牌。

◇ **同步案例14-2**

"家家养的牛"品牌数字化营销

一、思考

国民收入提高,对于更"新鲜"的鲜奶的需求推动低温奶市场快速增长,相关数据显示,2015—2022年,相较于常温白奶、低温鲜奶复合增长高达10%以上;受低温鲜奶的工艺所限,低温鲜奶从产出到消费的全过程都必须保持在0~6℃的冷链中。由于运输半径小等因素,无法实现产销分离。

渠道结构上,错开常温白奶强势渠道(如超市、便利店等),布局新兴现代渠道形成差异化;更多选择送奶入户、生鲜电商、KA卖场、特供等渠道,借助现代物流完成"最后一公里"的配送,实现消费触达,快速渗透。后续随着新技术应用(如智能货柜、营销数字化、私域运营等),冷链成本进一步下降,有望构成低温鲜奶的发展契机。

因此,低温鲜奶市场增长的前提条件在于供应链建设,需要上游和终端销售市场在空间上保持一致协作,即如何更好地贴近市场和消费者,并获得供应链体系高效的支撑,完成鲜奶复购及增强消费黏性。

二、挑战

没有品牌,就没有真正的竞争力。新消费时代,品牌才是最大的流量池。

家家养的牛初期的快速发展,得益于自身乳制品供应链。后续随着市场环境的变化,品牌持续增长面临诸多的挑战。一是消费原点有了移动,95后、Z世代,很显然,他们成为市场的主力消费者,而且基本上活跃在那些年轻的平台,如抖音、快手、小红书等。对传统经营而言,这或许是最大的挑战。二是消费趋势的转变,例如,从物质层面的购买到精神层面的购买、娱乐化、场景化、IP化、价格消费转向价值消费。三是品牌需要更贴近消费者,从产品服务端更要及时回应市场变化;市场竞争不再是单一维度的,环境变得更加复杂,品牌需要更加鲜明、有差异性的品牌主张和精细化的运营;受不确定因素影响,转型、营销数字化成为必然;消费者的注意力变得稀缺和分散,硬广的效力越来越弱,对IP内容的要求越来越高,品牌创意比拼激烈。

> **三、行动**
>
> ExBrand 智方营创与"家家养的牛"品牌紧密合作，运用 ExBrand"增长飞轮方法论"帮助其探索如何最大化地提升与消费者的关联性。我们首先进行了行业及竞品分析，深入洞察"家家养的牛"的核心竞争力及品牌内涵，并针对目标客户展开研究，以发掘"家家养的牛"需要关注的用户需求和市场机会。通过调研，我们找到了客户关系，并且具有优势的空白点。我们为其制定了全新品牌策略，以更人性化的品牌定位颠覆品牌的刻板印象。我们还分析了尚未发掘的消费者购买动机，并让全新品牌形象凸显"家家养的牛"品牌核心价值，并传递"家家养的牛"赋予人们的"新鲜离您足够近"的品牌承诺。
>
> 基于全新的品牌策略和品牌识别，ExBrand 和 Timing 营销为"家家养的牛"开发了私域流量与会员忠诚度计划相结合，为用户提供除折扣以外的数字化品牌体验，以"不负春光，与礼相遇"为主题的社交裂变活动。这一品牌营销活动让更多用户参与共创，提高了品牌认知度的传播。
>
> 激活认识是品牌增长的关键，更多的人知道和更多的购买的是品牌的长期需求。搭建品牌私域流量池，通过微信公众号沉淀用户，并利用企业微信、小程序工具搭建社群，游戏化营销"惊喜盲盒"商城完成 1V1 品牌互动和留存转化。这是未来中小型企业提升品牌运营能力的必答题。通过这一手段，提高品牌与消费者的黏合度和认知度。不但能第一时间获得深度客户数据，还能与消费者建立情感连接与参与度。
>
> **四、成果**
>
> "家家养的牛"的品牌策略、品牌 IP 和数字化运营绩效营销活动勾勒出了消费者所期待的品牌形象和数字体验。随着品牌私域用户运营活动的持续开展，这一品牌体验在加深了品牌用户参与度外，还为参与的用户提供进一步认识品牌的机会。此外，除了为"家家养的牛"品牌提高了销售收入和复购，还巩固了用户的品牌忠诚度，为品牌持续增长提供内生性动力。
>
> （资料来源：http://www.exbrand.com.cn/work/92.html。）

三、打造数字品牌

数字品牌塑造的逻辑在于重构，从以往的以商品为中心升级为以用户需求为中心。数字化品牌的塑造与管理过程，呈现出更加去中心化、网络效应特征，更像是一个全新连接器，整合着用户的情绪反应与互动行为，企业与用户在数字空间共创品牌故事与存在感，共创新价值与新商业模式。

（一）数字承诺

营销人员如何建立和管理数字品牌？营销者的第一个目标应该是为吸引目标客户的真正独特价值主张选择核心承诺，其中五项承诺特别有效。

（1）让业务（从买书到价格搜索）更快更好更便宜的数字品牌提供的便利承诺。如与大多数第一代电子企业一样，亚马逊网站也是基于这一承诺而建立的。

（2）让人们在任何活动中都感觉自己是赢家的品牌提供关于成就感的承诺。例如，ETrad 这家公司承诺会帮助消费者成功地管理他们的财务。它提供的服务已经超越了金融工具和研究的组合，还提供了很多有用的创新，如证券跟踪和预警服务。

（3）旨在吸引（甚至刺激）消费者的游戏和其他活动提供乐趣和冒险的承诺。这些活动通常利用"沉浸式"技术，例如，允许在线观众在观看马拉松比赛中能够听到跑步者心跳的声音，Quokka 等数字品牌体育运动正围绕沉浸式技术打造其整个业务。

（4）为消费者提供自我表达和认可的承诺。Ralston Purina Dog Chow 的网站允许消费者创建显示宠物图片和故事的主页，GeoCities 公司帮助消费者通过构建和展示自己的网页表达自己。

（5）俱乐部或社区提供归属感和优势的承诺。例如，一位女性可以与另一位女性在 iVillage.com 网站上分享故事和技巧。Mercata.com 提供了一个更具体的解决方案，通过聚集用户社区的购买力而帮助其以更优惠的价格购买各种商品。

（二）从承诺到交付

数字品牌做出的承诺并非互联网独有，而是媒体的互动功能使数字品牌更容易迅速、可靠、回报性地交付以兑现承诺。实际上，这意味着承诺必须转化为特定的互动功能和网页设计功能，共同为消费者打造无缝体验，如一键式订购和自动匹配购物帮助等设计功能，有助于实现便利承诺；协作工具如聊天室或者评级功能有助于实现归属感承诺。

管理者不应该低估这个转换过程的挑战。例如，这对在零售行业围绕便利承诺构建数字品牌意味着什么？你喜欢什么样的内容？聊天室、个性化、一键订购和协作筛选呢？数字品牌创建者不能提供其无法兑现的承诺，提供的承诺如果超出销售和留住客户的需要，就是浪费资金。

技术极使得面向客户和股东的品牌差异越来越大。当其进入时，这些方式将变得越来越清晰。确定所有能够实现的以下目标的设计：兑现承诺，建立可行的商业模式。今天的数字品牌建设者必须有至少六组设计工具，这些工具在技术上足够强大，有助于创建独特的以及相关的用户体验，其开始展示为数字市场赚钱的能力。

1. 个性化工具

创建个性化界面的软件在电子商务和客户之间,拥有巨大的价值承诺。对于雅虎来说,其已经选择为自己建立一个"My Yahoo!"页面。个性化工具也存在风险以及实际的运营挑战,例如管理隐私、侵入性和机会成本。因此,许多实践者仍然质疑个性化工具的短期投资回报。

 ### 2. 消费者评级等协作工具

协作工具促进了口碑传播,也就是所谓的"品牌化"人际沟通。例如,买家提供的评级,易趣上的卖家,"与朋友一起购物"功能。愤怒的公牛讨论板和 Pert 的病毒式营销(鼓励消费者通过电子邮件向他们的朋友发送获取免费 Pert Plus 样本的说明)。

 ### 3. 采购流程优化工具

消费者评级等协作工具虽然对内容和面向社区的数字品牌至关重要,但并未得到充分利用。采购流程优化工具消除了此类物理世界约束。因为需要走进一家商店购买一种产品。亚马逊的一次点击,例如,订购系统通过节省重复客户来简化交易。Peapod 的购物清单保存,消费者通过记录他们以前购买的产品来计时。事实上,大多数电子购物者在过去十年中退出了购买过程。

 ### 4. 自我服务工具

自我服务工具允许客户获得答案和结果,而无须延误。这些工具包括用于跟踪订单的软件、准备报表、在线更改地址,这些对于银行、零售商和其他需要帮助的电子商务来处理大量交易来说是不可或缺的。

5. 产品设计工具

这种工具是指是否允许消费者配置选项或从头开始定制产品和服务。例如,戴尔电脑让客户通过从一系列选项中进行选择,在线设计自己的系统;Music.com 和 Listen.com 可以将不同艺术家的音乐下载到一张唱片上,但需要创建手工制作的订单系统来捕获。

6. 动态定价工具

动态定价工具改变了固定零售价格的束缚,允许适合个人交易特定环境的那些价格。这些工具有多种形式,包括 eBay 和 uBid 的拍卖,以及 Priceline 提供的"自己命名"的优惠。"动态定价"是许多类别中潜在的"杀手级应用",可以让客户在价格之间做出更广泛的权衡。

(三)重构商业模式

随着数字品牌建设者将承诺与设计结合起来,其还必须调整将维持其业务的商业模式。对于大多数知名品牌的管理者来说,将其带到网上的过程本身就是迫使其对业务进行根本性的重新考虑的过程。数字品牌提供了与线下世界的同行相比更丰富的消费者体验,因此能够通过利用比任何一个实体世界的企业都能享受到的更多、更广泛的收入和利润来赚钱。幸运的是,数字品牌的商业机会范围随着它的发展而急剧扩大,可以从传统上无关的收入和利润池中获取。数字品牌要建立围绕消费者的体验是昂贵的,因此必须扩大商业模式。许多不同的收入来源最终使数字品牌和电子商务能够支持其为消费者提供更丰富的体验。线上消费者对产品类型和功能效益的期望组合与线下消费者的预期不同,营销人员必须采用多种商业模式才可以成功。

有以下六种基本商业模式可供选择。

(1)零售模式。对供应商或产品进行聚合以为买家交易提供便利。

(2)媒体模式。公司聚集受众以从第三方如广告商中获得收入。

(3)咨询模式。专家(如投资顾问或个人购物顾问)向消费者提供无偏见的建议,并收取一定费用。

(4)定制化制造模式。一家制造定制产品的公司如机车制造商,进行一次性生产运行。

(5)自己动手做。企业(如麦当劳或宜家)提供用于或促进消费者自助的服务。

(6)信息服务模式。企业收集、处理相关信息。

例如,Priceline 结合了零售和媒体模式,因此享受远远优于其他在线和线下旅行社的经济优势。应用零售模式,该公司可整合旅游服务供应商,如航空公司。应用媒体模式,它通过给其顾客关于产品和服务的建议把其受众在第三方广告商那里变现。

戴尔将定制和自己动手的模型结合,该公司为消费者提供了一个无与伦比的性能排列组合的新模式组合选择。另外,在线菜单和引导说明通过由现场客户服务代表处理的选择过程可以更快捷和不易出错,而且戴尔这种优越的工艺流程成本也较低。

创建成功的数字品牌需要管理者重新考虑如何看待互联网和品牌。长期以来,线下品牌为有限的客户需求提供狭窄的解决方案。在网上,客户已经学会了期望他们光顾的公司会满足他们更全面的需求和愿望。要在网上取得成功,这些公司将不得不创建能够满足这一期望的成熟的互联网业务或者数字品牌。

◇ 本章小结

数字经济是信息经济的另一种称谓,旨在突出支撑信息经济的信息技术二进制的数字特征,是一种互联网经济。数字经济具有快捷性、高渗透性、自我膨胀性、边际效益递增性、外部经济性和可持续性等七大特征。

在数字经济时代,企业营销面临很大挑战。数字经济时代的数字营销有以下七大发展趋势:数字营销重构了商业与品牌构建的逻辑,互联网重构了内容产业链与传播链,数字营销重构了消费行为模式,消费人群从瓦解的大众到重聚的精众,娱乐营销的多元化重构,商品越来越内容化,互联网进入万物皆媒时代。

在数字经济时代,品牌如何数字化转型是品牌布局的主要方向。品牌专家认为,品牌数字化转型的关键在于颠覆思维、顶层设计,要把它上升到企业发展的战略高度,从技术、业务、组织、管理、文化等方面进行全面的数字化转型变革。品牌数字化转型的方式有建立数字创新模型、创建数字化运营模式、实现数字化人性管理、培养数字人才与技能。

数字品牌是通过数字媒体进行品牌表达的形式,也包括通过数字媒体进行品牌建立、维护和扩大的过程。简略地说,就是品牌的数字媒体表现形式。与传统品牌相比,数字(原生)品牌具有善于发挥数据能力、用数字技术支撑销售、直接采购产品原料、全方位多维度提升品牌体验和大量灵活地使用网络媒体平台等优势。

数字品牌由数字身份、可见度、可信度等构成。构建数字品牌的条件或基础包括:看企业是否拥有充足的资源;看企业是否能够满足消费者的需要;是否善用网络特性;应注意核心能力;企业是否不断创新;是否制定了良好的营销策略;是否找到了正确的获利模式。打造数字品牌从数字承诺、从承诺到交付、重构商业模式等几个方面展开。

数字资源 14-3
练习与思考
及答案

数字资源 14-4
本章知识
链接

第十五章 品牌价值链管理

品牌价值是一种品牌权益,是消费者对于品牌的认可所赋予品牌的物理功能之上的情感和体验附加值。品牌价值不仅与生产者的特殊劳动投入的数量和质量有关,也与市场上消费者的认可程度有关。品牌价值的高低,不仅决定企业的核心竞争力、有利于品牌延伸,还可以彰显品牌文化的魅力。与营销价值链相似,品牌价值链模型揭示了品牌价值的生成要素以及生成过程,是一种基于品牌权益创造的理论模型。通过品牌价值链管理,企业可以快速、有效地提升品牌价值。

◇ 学习目标

本章主要阐述品牌价值的内涵和作用,以及品牌价值链模型及其管理等理论知识。本章的学习目标包括知识目标、能力目标和情感目标三个方面,具体内容如下。

1. 知识目标
(1)了解品牌价值的概念、内涵及作用;
(2)理解品牌价值链概念及模型;
(3)掌握品牌价值链管理策略。

2. 能力目标
(1)能清晰表达品牌价值的定义,阐释其内涵;
(2)能阐述品牌价值对于企业的作用和意义;
(3)能学会运用品牌价值链模型对企业品牌进行管理。

3. 情感目标
(1)培养学生对品牌价值的感知;
(2)培养学生识别品牌价值传递的文化、价值观、历史传承等意义。

◇ 学习重难点

1. 品牌价值概念的理解
2. 品牌价值链模型的理解
3. 品牌价值链模型在企业管理中的应用

◇ **本章关键词**

品牌价值　品牌价值链　品牌价值链模型

◇ **导入案例**

以情怀为支点，重塑武汉老品牌

"大白兔"最近成为新网红，这个来自上海的老品牌，日前推出了奶糖味香水、沐浴乳。之前推出润唇膏，上线预售被"秒光"。"情怀"正在成为消费的一种情绪拉动。最近，传统企业和品牌，纷纷在节令期间推出当下热门衍生商品，让传统符号被年轻人记住，成为快消品市场新风尚。

对一座城市的市民来说，老字号确实意味着回忆和情怀。在武汉人的成长记忆里，二厂的汽水、精武的鸭脖、四季美的汤包、蔡林记的热干面等，都是生活的气味。遗憾的是，如今，像"大白兔"那样生龙活虎的老字号，在武汉并不多见。老字号之所以"老"，一方面是因为时间久远，另一方面是因为产品确实"老"了。比如一些食品老字号，重油重糖的工艺已经不再适应现在的饮食习惯；有的是经营方式老了，比如不能真空保存，不能远途快递等，跟不上现代服务需求。现代生活方式，重塑了消费内涵。现代消费不仅是经济行为，也是文化行为，还有服务价值。

情怀本身，可以看作消费中的文化价值体现，比起新兴品牌来说，它具有先天的品牌文化优势。这种优势，既是老字号长久生存的原因，同时也滋生了老字号不愿转型的惰性。

另一个老品牌六神，推出了花露水味的鸡尾酒，虽然吸睛无数，但市场反响远没有达到预期，恐怕是因为没有在现代消费价值链上找到位置。老字号要振兴，形式只是外力，关键是要不断改变自己"老"于市场的部分。认清当下的消费市场，找准时下的流行趋势，根据消费者的需求，及时自我改善、自我提升。

端午未至，武汉曹祥泰的绿豆糕前已经排起了数十米的长队。武汉市民对老武汉的品牌，尤其是舌尖上的生活，一直都抱有极深的感情。

一个声名远扬的老字号，不但是知名企业，也往往会成为一座城市的名片和形象代言者，武汉在生活领域上拥有众多名声响亮的老字号品牌，不仅名噪一时，也飞往全国各地。这些武汉老品牌、老字号不应在优胜劣汰中自然隐退，也不应在情怀中渐行渐远，而要以情怀为支点，撬动消费供给的升级提档，让"老"配方开出"新"风尚。

■ 思考题：

武汉老字号的品牌价值如何得以延续和发展？

（资料来源：http://www.app.dawuhanapp.com/p/99260.html.）

第一节　品牌价值概述

一、品牌价值概念

品牌价值是一种品牌权益。基于这个认识，20世纪80年代以来，关于品牌权益的研究开始在西方盛行。卡内基·梅隆大学的皮特教授认为，品牌权益是指"对企业、经销商或消费者而言，品牌赋予产品的附加价值"。大卫·艾克教授认为，品牌权益指"与品牌、品牌名称和品牌标识等相关的一系列资产或负债，它们可以增加或减少通过产品或服务给企业（或）构建的价值"。一般而言，品牌权益包括财务权益、顾客权益和延伸权益。品牌价值是品牌权益的核心，以财务价值为基础的品牌权益可以比较准确地显示品牌的价值。凯文·凯勒认为，品牌价值是品牌客户、渠道成员和母公司等方面采取的一系列联合行动，能使该品牌产品获得比未取得品牌名称更大的销量和更多的利益，还能使该品牌在竞争中获得一个更强劲、更稳定、更特殊的优势。

品牌价值是消费者对于品牌的认可所赋予品牌的物理功能之上的情感和体验附加值。品牌价值不仅与生产者的特殊劳动投入的数量和质量有关，也与市场上消费者的认可程度有关，是企业特殊的劳动收入和市场、社会的认可相互结合、互相推动的结果。

◇ **同步案例15-1**

2022年中国品牌百强榜发布：12个品牌首次上榜，腾讯蝉联榜首

8月25日，凯度BrandZ 2022年最具价值中国品牌100强排行榜发布。数据显示，最具价值的100个中国品牌总价值连续第二年超越1万亿美元，达到了1.24万亿美元。其中，12个品牌首次上榜，腾讯蝉联榜首，全球第五。据悉，这是凯度BrandZ榜单的第12次发布，2022年的发布主题为"穿越周期·韧性增长"，旨在探讨如何在充满不确定的VUCA时代建设高质量的强大品牌，带领企业穿越周期，实现可持续发展。作为全球知名大型品牌建设数据库，凯度BrandZ的数据在全球品牌价值评估领域具有重要参考价值，被誉为品牌界的"奥斯卡"。

从上榜品牌的总体情况来看，高质量和可持续发展将成为未来品牌建设的核心。如今的强品牌不仅要拥有出色的产品性能和服务水准，还要展现优秀的社会形象，将社会的发展目标融合到企业的日常运营中。凯度集团大中华区CEO及BrandZ全球主席王幸表示："过去一年，中国品牌多重承压，风险性和复杂性前所未有。逆势之下，腾讯依然坚持用长期主义推动社会价值共创，充分展现了中国品牌的韧性和活力，也为中国品牌可持续发展提供了参考。"

表15-1为凯度BrandZ 2022年最具价值中国品牌100强排行榜前十位。

表15-1　凯度BrandZ 2022年最具价值中国品牌100强排行榜前十位

2022年排名	品牌	行业
1	腾讯	媒体和娱乐
2	阿里巴巴	零售
3	茅台	酒类
4	抖音	媒体和娱乐
5	美团	生活服务平台
6	中国工商银行	银行
7	京东	零售
8	华为	消费科技
9	海尔	物联网生态
10	中国平安	保险

（资料来源：https://baijiahao.baidu.com/s?id=1742112556860655188&wfr=spider&for=pc.）

二、品牌价值内涵

（一）品牌价值的来源

品牌对于企业而言具有重要意义，这一点毋庸置疑，但是对于品牌价值的来源，学术界一直有着许多不同的看法。有学者认为品牌价值源于品牌的资产价值或者财务价值，即给企业带来超出无品牌产品销售的溢价收益；也有学者认为品牌价值的来源主要是市场，即消费者对于品牌的认可和忠诚度。

目前，品牌价值来源的阐述有三个主要角度：财务角度、营销角度和经济学角度。

1. 财务角度

财务角度观点认为，品牌价值来源于品牌的资产价值或财务价值，即给企业带来超出无品牌产品销售的溢价收益，它的变化将直接增加或减少公司的货币价值，而绝大多数的品牌评价方法也以此作为出发点。

2. 营销角度

营销角度观点认为，品牌是由包括产品功能利益、服务承诺和情感的象征性价值等构成的复合组织。品牌价值的体现在于它对于消费者是否有价值，它反映了消费者根据自身的需要对某一品牌的偏爱、态度和忠诚程度。

3. 经济学角度

1）新古典经济学：增加经济利润

新古典经济学的前提是假设人具有完全理性和信息完备的特点。因此从经济学角度出发，品牌的价值体现在对经济利润的影响上，这种影响是通过需求价格弹性的变化实现的。企业通过品牌来形成差异，突出自己产品的不可替代性。

2）新制度经济学：降低交易成本

新制度经济学的前提是假设人只有有限理性且信息不完备的特点。因此从经济学角度出发，品牌的价值解释为降低交易成本。交易成本包括事前交易成本和事后交易成本。当品牌成为一个符号而被社会认同和接受，消费者、供货商和经销商不必在商品选择上花费过高的成本，也可以减少交易频繁变动带来的转换成本。

3）信息经济学：显示产品质量

信息经济学的前提是假设信息具有非对称性。因此从经济学角度出发，品牌的价值解释为避免逆向选择的信号传递。信息经济学认为在市场中,关于交易的信息在买卖双方的分布是不对称的,可能导致高质量产品反而被低质量产品驱逐出市场,从而给买卖双方都带来经济损失。品牌信号的传递价值越来越高,品牌可以为企业形成产品的独特标签,帮助消费者形成品牌消费习惯甚至品牌忠诚。

(二)品牌价值的构成

从消费者角度来看,品牌价值体现在两个方面:产品功能性消费价值和产品感知效用价值。产品功能性消费价值就是产品的基础价值,比如人们购买冰箱是为了满足冷藏食物的需要,而产品的感知效用价值则是我们在选择不同品牌的冰箱时,感受是不同的。从企业角度来看,品牌价值体现在产品价值、服务价值、营销价值和超乎消费者心理预期的价值等诸多方面。品牌价值同一般的商品价值从生成到实现的过程并无本质区别,不同的是,品牌价值包含了更多生产者的复杂劳动,比如独特的创意设计、丰富的脑力活动、细心的服务、先进的工艺等。品牌赋予了产品更多的精神内涵,具有独特的价值文化,因而使得产品价值更加丰富。

大卫·艾克认为,品牌作为一种资产,其价值衡量和构成有五个方面:一是该品牌名称可以带来的额外价值;二是该品牌名称对顾客的选择喜好会产生的影响;三是该品牌被取代要付出的代价;四是该品牌的股票价格;五是该品牌创造利润的能力。

三、品牌价值的作用

(一)决定企业核心竞争力

随着品牌经济的到来,处在这个时代中的企业必须以品牌为核心进行运作,并注重自身品牌价值的维护,只有这样才能在市场中保持自身的竞争力。

企业竞争力是指对企业的竞争优势形成最有力的核心要素。品牌经济是工业化发展的产物,在这一发展进程中,更多的是大批量、多规格、标准化的产品,市场规模扩大,对于企业和产品的制度约束、规则要求也越来越多,价值要素产生"溢价",用户关系、文化使命、社会责任等因素也越来越受重视,并被认为和创利能力一起影响企业发展。在这样的时代背景下,品牌可以形成独特的产品个性、差异化的产品需求、赋予消费者新的情感体验,让企业在生产标准化、市场需求差异化和消费者体验至上化方面都获得强大的竞争力。

(二)有利于品牌延伸

品牌延伸是品牌管理者集中力量在一个品牌上进行经营管理,当该品牌达到一定的知名度时,管理者在原品牌基础上开发新的品牌或产品,利用已有知名品牌的渠道、资源、美誉度、运营经验等来进行新品牌的运营,并获得收益的过程。

进行品牌延伸的优势有:① 通过企业内部协作减小企业的营销成本;② 母品牌的美誉度吸引了顾客的消费,可减少顾客的风险;③ 子品牌也可以提升母品牌或企业品牌的实力和形象;④ 占领市场领域,改变竞争对比,形成行业进入壁垒。

在品牌延伸的过程中,要注意不要让品牌延伸伤害到母品牌的形象。过度延伸也有可能使品牌淡化,例如三九集团最广为人知的是三九感冒灵和三九胃泰,但是三九集团曾推出过"三九冰啤",啤酒与胃药是否有些自相矛盾?美国的派克钢笔作为高端钢笔品牌而广受美国民众的喜爱,但是派克为了打入低端钢笔市场推出了三美元一支的钢笔,此举并没有让派克成功拓展低端钢笔市场,相反还流失了一部分高端钢笔消费者,使品牌形象受到损伤。

(三)彰显文化魅力

品牌是一个企业软实力和硬实力相结合的表现。对于传统老字号品牌来说,产品功能诉求可能与目标消费者的需求不吻合,但是老字号具有不可复制的历史所形成的传统印记;秉承诚信思想,这种思想是中国传统文化的积淀;具有独特的工艺和产品特色,因此需要寻求与现代消费者之间的契合,中国本土老字号品牌的不断延伸可以弘扬和彰显中国传统文化的魅力。

如同我们熟知的"七尺布精神""硬骨头精神""北方炉精神",中国品牌也是如此,从"中国制造"到"中国创造",再到一众国产优秀的科技、服饰、文化娱乐品牌的兴起,都在世界舞台展现了中国人的精神和品质。优秀的品牌价值不仅仅体现在高市场占有率,更体现在它传达出了什么精神和文化。

◇ **知识活页**

品牌价值是品牌所有者的利益相关方与客户的关系价值,包含了品牌内在的功能价值、情感价值、观念价值等诸多要素的总和。一定程度上,要素具有使品牌价值倍增的乘数关系效应:品牌价值=品牌功能价值×品牌情感价值×品牌观念价值×关系密度×关系强度×关系交互度+其他要素。

对组织而言,高品牌价值意味着更强的组织能力、更高的溢价、更大的市场规模、更强的品牌延伸能力,以及更紧密的客户关系。

(资料来源:郭伟.品牌管理:战略、方法、工具与执行[M].北京:清华大学出版社,2016.)

第二节　品牌价值链模型

一、品牌价值链的概念

确定一个强势品牌的定位和建立品牌共鸣都是十分重要的营销目标。对营销人员来讲,在组织内部说明品牌的营销活动可以创造价值,尤其是股东价值,从而获得营销支持,这显然也是一件极为重要的事情。为更好地理解营销投入的投资回报率,我们需要一个品牌的价值链模型。品牌价值链模型是一种评估品牌资产创建中投入与产出的结构化方法。该模型能评估出哪些营销活动创造了品牌价值。品牌价值链模型认为组织中许多人都能影响品牌资产的创建,我们需要注意与之相关的品牌效应。品牌价值链可以为品牌经理、首席营销官、总经理和首席执行官提供不同的支持信息。

品牌价值链模型有几个基本假设:① 假设品牌价值最终源于顾客;② 假设品牌价值创造过程始于公司投资一个针对实际或潜在顾客的营销方案;③ 假设相关的营销活动会影响顾客心智(即顾客对品牌的所知、所感),顾客心智进而影响品牌的市场业绩,即有多少顾客,在何时购买,支付的价格是多少等;④ 投资者考量该品牌的市场业绩、置换成本、收购价格及其他因素,然后完成总的股东价值评估和专门的品牌价值评估。

数字资源 15-1
戴尔成功之道

品牌价值链模型同时也假设了一些相关的影响因素。这些相关因素决定了前一阶段创造的价值能有多少转移或"增值"到下一阶段。从开始的营销项目投资到最后的股东价值,这里面存在三个调节价值生成过程的乘数,分别是项目质量乘数、市场环境乘数和投资者情绪乘数。

二、品牌价值链模型

Keller 和 Lehmann(2003)在营销价值链理论的基础上,创建了基于品牌权益创造活动的品牌价值链模型,如图 15-1 所示。

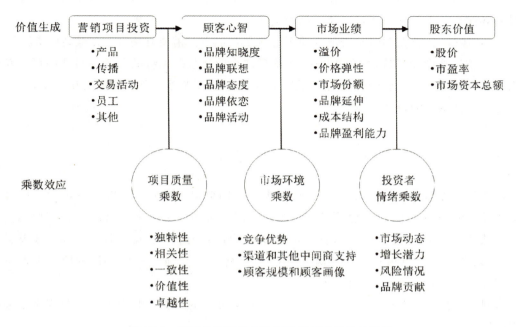

图 15-1 基于品牌权益创造活动的品牌价值链模型

（一）营销项目投资

第一个价值阶段往往被看作是对品牌价值发展做出贡献的营销项目投资。关于营销项目投资的活动有很多，如产品的研发与设计、贸易支持活动或中间商支持活动、营销传播（包括广告、促销、个人推销、直接互动的营销等）。

投资并不一定能保证品牌价值创造的成功，营销项目投资所产生的价值是否可以沿着品牌价值传递到下一阶段，取决于营销项目投资和项目质量乘数的性质。

（二）项目质量乘数

营销项目是否能影响顾客心智取决于该营销项目的质量，我们利用宏观经济学中的乘数效应来反映项目质量变化引起的对顾客心智的连锁影响程度。判断项目质量的方法如下。

(1)独特性：该营销项目是否足够独特？该营销项目是否在现有基础上进行了创新？是否具有差异性？

(2)相关性：该营销项目对于顾客是否有意义？该营销项目是否能提升顾客心中的品牌价值？

(3)一致性：该营销项目前后是否有较好的延续性？该营销项目是否可以和过去的营销项目有效衔接，让品牌发展得更好？

(4)价值性:该营销项目可以在多大程度上创造长期或短期价值?短期来看是否能提升销量和利润?长期来看是否可以建立品牌资产?

(5)卓越性:该营销项目是否能反映企业智慧?单个营销项目是否符合最高标准?

一个被认真设计、与顾客高度相关、正确反映企业智慧的独特的营销项目往往可以获得高回报,同时要注意的是,营销项目也要正确结合特定消费者心理和当地文化政策,避免文化差异给营销带来的负面影响。

(三)顾客心智

定位理论提出心智是营销的主战场,为现代营销奠定了基础。顾客心智包含了顾客心理关于品牌的一切联想事物:感受、体验、形象、态度和信念。科特勒定义的5A模型认为,一个品牌从用户知晓到该用户成为真正的忠诚客户,会经过以下五个阶段:Aware(吸引)、Appeal(兴趣)、Ask(欲望)、Act(行动)、Advocacy(粉丝)。企业要针对不同的阶段采取不同的营销策略,达到不同的营销目的。

(1)吸引,指顾客获取商品信息、查看广告、搜索品牌的过程。此阶段的企业策略是进行品牌扩展。

(2)兴趣,指顾客点击广告、进入商城、对品牌进行研究比较的过程。此阶段企业通常采用品牌联想的方式强化顾客记忆,提升顾客对这个品牌感知到的属性和利益的强度、积极性以及独特性。品牌联想是品牌价值的主要来源。

(3)欲望,指顾客咨询朋友、电话咨询客服、店内体验或预约的过程。此阶段的企业策略是丰富顾客营销体验,建设大数据标签体系,制定个性化营销活动。

(4)行动,指顾客下单购买、使用、咨询或投诉的过程。此时品牌需要提升销量,实现营销一体化,对于网络店铺可以实行自动化销售和智能客服。

(5)粉丝,指顾客对品牌产品的推荐、分享和再购买,表达了顾客对品牌的忠诚度。此阶段顾客使用品牌,与他人谈论品牌,搜索品牌相关信息、促销的频率会提升,企业可以建立会员生态系统,对会员进行精准分析和挖掘。在顾客心智中创建价值是品牌资产和品牌价值建设中很重要的一个环节。当顾客体现出深刻的品牌知晓度、独特而积极的品牌联想、积极的品牌态度和强烈的品牌忠诚时,品牌价值就体现了。

(四)市场环境乘数

市场环境乘数影响从顾客心智到品牌市场业绩这一过程,市场环境乘数可从以下三个方面进行考虑。

(1)竞争优势:竞争对手的营销投入有多少?本企业与之相比是否具有竞争优势?

(2)渠道和其他中间商支持:企业的营销伙伴(如供应商、经销商等)可以在哪些方面为企业营销活动提供帮助和支持?其为品牌做了哪些强化?

(3)顾客规模和顾客画像：有多少顾客会被本品牌所吸引？哪些类型的顾客会更加青睐本品牌？

我们要将在顾客心智中创造的价值最终转化成客观的市场业绩，需要竞争者不能对我们形成威胁，或者需要销售渠道伙伴或中间商能够提供更加强有力的支持，又或者需要一定数量的可盈利顾客被这个品牌吸引。

市场的竞争环境会对品牌产生深远影响。对于市场的新进入者而言，消费者会将行业现有领导者和新进入者进行对比，会在心中对新进入者有更高的要求，因此新进入者必须有别于行业内现有领导者的差异性和不可复制性。在稳定的市场格局下，企业需要密切关注竞争对手的状况，随时对竞争对手的营销活动做出恰当反应。

（五）市场业绩

顾客心智对市场业绩的影响体现在溢价、价格弹性、市场份额、品牌延伸、成本结构和品牌盈利能力这六个方面。溢价和价格弹性反映了顾客愿意为相差不多的产品支付多少品牌溢价，价格上升或下降时，顾客对于产品的需求会减少或者增加多少。市场份额亦称市场占有率，指某企业某一产品（或品类）的销售量（或销售额）在市场同类产品（或品类）中所占比重，用来测量品牌销售量相关的营销项目是否成功。这三个方面反映了该品牌一段时间内的直接收入。品牌价值的创造需要更多的品牌溢价、更高的市场份额和价格下降的弹性反应以及价格上升的非弹性反应。

品牌延伸是品牌策略的重要方面，是指品牌在支持品类拓展以及新产品方面取得的成功，用来衡量品牌增加收入流的能力。成本结构也称成本构成，从成本结构可以体现品牌成功占据顾客心智而减少的营销支出。这五个方面结合起来就成为品牌市场业绩——品牌盈利能力。

◇ **知识活页**

顾客心智包括顾客脑海中一切关于品牌的事物——思想、感受、体验、形象、感知、信念和态度，可以用 5A 来测量顾客心智的五个重要方面：

(1)品牌知晓度（Awareness），是指顾客回忆、再辨认该品牌的程度和难易度，以及顾客识别该品牌相关的产品或服务的程度和难易度。

(2)品牌联想（Association），是指顾客对该品牌所感知到的属性和利益的强度、积极性以及独特性。

(3)品牌态度（Attitude），是指关于品牌质量和品牌满意度的总体评价。

(4)品牌依恋（Attachment），是指顾客对品牌的忠诚度。品牌依恋是高度依恋、忠诚的状态——顾客拒绝更改品牌,或品牌可以经受住产品或服务失败等负面新闻。

(5)品牌活动(Activity):顾客使用品牌、与他人谈论品牌,搜索品牌有关信息、促销及重大事件的频率。

(资料来源:凯文·莱恩·凯勒,王海忠,陈增祥.战略品牌管理(全球版·原书第 4 版)[M].北京:机械工业出版社,2021.)

(六)投资者情绪乘数

投资者和金融分析师会考虑品牌评估和投资决策中的许多因素,具体如下。

(1)市场动态:从市场整体来看,金融市场发生了哪些动态性变化(如市场利率、资金供给)?

(2)增长潜力:品牌和品牌所处行业的未来增长潜力和发展前景如何?经济、社会、法律和文化等外部因素有哪些积极作用?不利因素又是如何起到阻碍作用的?

(3)风险情况:品牌面临的风险有哪些?品牌如果遇到了抑制因素会有多脆弱?在有利因素前又能如何把握机会?

(4)品牌贡献:某个特定品牌在公司品牌组合中有多重要?

如果公司在一个非常健康的行业中运作,没有严峻的环境障碍,并且品牌对公司的收益做出重要贡献,有光明的未来,那么该品牌在市场中创造的价值就比较可能在股东价值中反映出来。

(七)股东价值

基于现在可用的和可预测的所有品牌信息以及其他相关考虑,金融市场能够对品牌价值形成意见,并做出对品牌价值有直接财务影响的各种评估。其中,公司股价、市盈率和市场资本总额是三个尤为重要的指标。强势品牌不但能为股东带来丰厚的回报,而且获利风险更小。

第三节 品牌价值链管理

一、品牌价值链管理启示

根据品牌价值链模型,营销者需要在营销项目的设计和传播上下足功夫,然后使项目质量乘数和市场环境乘数尽可能最大化,从而使投资转化为财务收益。品牌价值链也给品牌管理者提供了一种结构化的、直观了解品牌价值创造的方式。

品牌价值链能给我们带来一系列启示。

(1)价值创造始于营销项目投资活动。价值创造的必要非充分条件是资金充足、设计良好且能高效执行的营销项目。现在的市场环境致使营销人员不可能不付出就"空手套白狼",也不可能出现早先那种靠一个灵感就能赢得天下的情况了。

(2)价值创造不仅需要最初的营销投资,三个乘数中的每一个都能在不同阶段的价值转换中增加或减少市场价值。价值创造是一方面,更重要的是保证创造的价值可以稳定且顺利地向下一阶段转移。但是很多情况下,营销者无法控制这些不利于价值创造的因素,如投资者行业情绪。如何正确认识这些因素的不可控性、如何正确处理这些不利因素,决定了品牌是否能成功创造品牌价值。

(3)品牌价值链为后续追踪价值创造提供了一张详细的路线图。这张图可以为品牌工作的各个方面提供便利,让市场调研和情报工作更加便捷,每一个价值阶段和乘数过程都有一套评估方法,有三个信息来源,每个信息来源都设计一个乘数和一个阶段。营销项目投资直接来源于营销计划和营销预算,我们可以通过定量和定性的顾客研究来评估顾客心智和项目质量乘数。市场业绩和市场环境乘数会表现在市场扫描和内部会计记录中,通过对投资者的分析和访谈,我们可以估计出股东价值和投资者情绪乘数。

二、品牌价值链管理策略

对品牌价值链的适当调整可以提高它的相关性和适用性。第一,价值链模型会提示一些反馈回路。第二,在一些情况下,价值创造并不会按顺序发生。第三,某些营销互动的效果可能会有些分散,并不能及时看到结果。第四,品牌价值链指标的均值和方差可能都很重要。因此,我们在进行品牌价值链管理时可采取以下策略。

（一）进行品牌定位，强化品牌形象

同一行业内会有许多其他的品牌竞争者，对品牌进行定位，确定品牌的共同点有利于进行品牌表现。同类产品会具有许多共同的特性，消费者对于共同点的判断足够合理且可信，这也是对一个品牌最基础的要求。确定差异点可以强化品牌形象，企业能够为顾客提供满足其特殊偏好的某种独特产品或服务，从而使该企业具有区别于其竞争对手的差异化，强化消费者对于品牌形象的记忆。

（二）创建与顾客之间适当的品牌关系

一个品牌从用户知晓到该用户成为真正的忠诚客户，创造强势品牌需要建立深度的、广泛的品牌知晓度；需要有顾客积极的、可获得的品牌响应；建立密切的、积极的品牌关系。品牌需要让顾客和品牌关系密切，具有较高忠诚度，并积极寻求与品牌互动的方式，主动与他人分享自己的体验。

（三）实现品牌共鸣

品牌共鸣反映了顾客和品牌之间的一种和谐关系。品牌需要激发顾客对于该品牌合适的认知评价和情感反应，反过来又需要建立品牌身份，并且通过品牌表现和品牌形象来形成正确的品牌内涵。一个有着恰当品牌身份和品牌内涵的品牌能使顾客认为品牌和自己相关，甚至觉得"这就是我的产品"。

◇ **同步案例15-2**

茶饮品牌"蜜雪冰城"通过品牌共鸣提升品牌价值

现今，奶茶已经成为年轻人消费的热门饮品。在奈雪的茶、喜茶纷纷以高端价格获取巨大收益时，蜜雪冰城却以低价的独特优势获得了大众的青睐。蜜雪冰城的营销策划公司华与华根据这一优势，研究受众心理，采用了选符号、设标准、玩IP、搞谚语、造活动的五个基本方法，在各大视频网站发布蜜雪冰城主题曲MV。一石激起千层浪，这一魔性又洗脑的视频引起了大量网友关注，引发消费者品牌共鸣，迅速登上各大平台热榜。而2021年暑假期间，郑州遭受巨大暴雨，蜜雪冰城总部在受灾严重的郑州，被淹自救之后第一时间捐出2200万元，被网友调侃"都是雪王几毛几毛攒下来的"。制作"魔性"歌曲MV，设计"雪王"的IP形象，蜜雪冰城的成功不仅是互联网新媒体本身的优势，更是精分市场、精准定位消费受众群体与品牌关系营销的共同作用，从而引发消费者的品牌共鸣。蜜雪冰城在全国所开的门店中,经济发达地区如上海、北京门店数量较其他品牌的奶茶店偏少,且未能形成连锁气候,反而是经济欠发达地区,如河南、山东、四川等地的门店数量居多。究其原因,是工资水平更低,蜜雪冰城有价格优势,有人愿意买;经济欠发达地区租金更低,成本更低,有人愿意开店。因其价格低廉,蜜雪冰城也被贴上过"土"的标签。但是蜜雪冰城并没有因此而转向高端营销方式,而是接受并坚持其定位,走平民路线,制作了十分接地气的MV。魔性洗脑的MV尽管不是阳春白雪一般高雅,却贴合了自己独特的受众的心理,宣传方式与产品定位贴合。对蜜雪冰城来说,无论路线是高端还是平民,只要把产品卖出去,受消费者喜欢,就是成功的营销。在蜜雪冰城的主题曲MV的评论区,蜜雪冰城官方站置顶了一位网友评论:"去年疫情蜜雪冰城捐了700万元,并且买单了所有抗洪战士的柠檬水。"良好的企业形象是企业有生命力的重要保障,蜜雪冰城树立了有大爱、有社会担当的企业形象。

(资料来源:彭靖婉.浅析互联网新媒体时代企业品牌广告的创意营销:以茶饮品牌"蜜雪冰城"为例[J].经营管理者,2021(9).)

◇ 本章小结

品牌价值是品牌客户、渠道成员和母公司等方面采取的一系列联合行动,能使该品牌产品获得比未取得品牌名称更大的销量和更多的利益,还能使该品牌在竞争中获得一个更强劲、更稳定、更特殊的优势。可以从三个角度来阐述品牌价值的来源:财务角度、营销角度和经济学角度。从消费者角度来看,品牌价值体现在两个方面:产品功能性消费价值和产品感知效用价值。从企业角度来看,品牌价值体现在产品价值、服务价值、营销价值和超乎消费者心理预期的价值等诸多方面。品牌价值的作用是决定企业核心竞争力、有利于品牌延伸和彰显文化魅力。

品牌价值链模型是一种评估品牌资产创建中投入与产出的结构化方法。该模型由营销项目投资、顾客心智、市场业绩和股东价值四个价值生成要素,以及项目质量乘数、市场环境乘数和投资者情绪乘数三个乘数效应组成,它能评估出哪些营销活动创造了品牌价值。

根据品牌价值链模型,营销者需要在营销项目的设计和传播上下足功夫,然后使项目质量乘数和市场环境乘数尽可能最大化,从而使投资转化为财务收益。品牌价值链也给品牌管理者提供了一种结构化的,直观了解品牌价值创造的方式。在进行品牌价值链管理时,可以采取以下策略:进行品牌定位,强化品牌形象;创建与顾客之间适当的品牌关系;实现品牌共鸣。

数字资源 15-2
练习与思考
及答案

参 考 文 献

[1] 菲利普·科特勒.营销管理[M].梅清豪,译.11版.上海:格致出版社,上海人民出版社,2003.

[2] 梁东,连漪.品牌管理[M].北京:高等教育出版社,2012.

[3] 王海忠.高级品牌管理[M].2版.北京:清华大学出版社,2021.

[4] 王海忠.品牌管理[M].北京:清华大学出版社,2014.

[5] 冯丽云.品牌营销[M].北京:经济管理出版社,2006.

[6] 朱立.品牌管理[M].北京:高等教育出版社,2008.

[7] 黄静.品牌营销[M].北京:北京大学出版社,2008.

[8] 王海忠.重构世界品牌版图——中国企业国际知名品牌战略[M].北京:北京大学出版社,2013.

[9] 程宇宁.品牌策划与推广——策略规划与整合传播的流程、工具与方法[M].北京:中国人民大学出版社,2016.

[10] 李和平.品牌经营与管理[M].广州:暨南大学出版社,2007.

[11] 苏勇,史健勇,何智美.品牌管理[M].北京:机械工业出版社,2017.

[12] 张延斌.品牌管理[M].天津:南开大学出版社,2016.

[13] 苗月新.品牌管理理论与实务[M].北京:清华大学出版社,2016.

[14] 郑佳.品牌管理[M].杭州:浙江大学出版社,2010.

[15] 费明胜,刘雁妮.品牌管理[M].北京:清华大学出版社,2014.

[16] 何佳讯.战略品牌管理:企业与顾客协同战略[M].北京:中国人民大学出版社,2021.

[17] 吴芹,屈志超.品牌战略与管理[M].北京:首都经济贸易大学出版社,2019.

[18] 庞守林.品牌管理[M].2版.北京:清华大学出版社,2016.

[19] 万后芬,周建设.品牌管理[M].北京:清华大学出版社,2006.

[20] 李和平.品牌经营与管理[M].广州:暨南大学出版社,2007.

[21] 特蕾西·L.塔腾,迈克尔·R.所罗门.社会化媒体营销:第3版[M].戴鑫,严晨峰,译.北京:机械工业出版社,2020.

[22] 余晓丽.数字品牌营销[M].北京:科学出版社,2020.

[23] 梅琪,王刚,黄旭强.新媒体内容营销实务[M].北京:清华大学出版社,2021.

[24] 郭伟.品牌价值管理:中国品牌的困境与出路[M].北京:中国人民大学出版社,2010.

[25] 王成荣.品牌价值论:科学评价与有效管理品牌的方法[M].北京:化学工业出版社,2008.

[26] 吴冰冰.中国驰名商标的命名研究[D].上海:上海师范大学,2007.

[27] 张文文,王佳,郝雪婷.趣味性设计在白酒品牌中的应用——以重庆小酒"江小白"为例[J].中国民族博览,2018(10):164-166.

[28] 杜玉珍,赵京.顾客感知价值对品牌至爱的影响——基于消费者信任的中介作用[J].商业经济研究,2021(19):83-87.

[29] 郭美晨.中国品牌发展的区域差异及动态演进[J].数量经济技术经济研究,2020,37(4):165-180.

[30] 齐永智,闫瑶.品牌价值链视角的品牌权益演进与影响[J].经济问题,2018(8):66-73.

[31] 李义敏,高攀,孟华.基于企业与顾客双重视角的品牌资产价值形成路径研究[J].经济经纬,2015,32(6):83-88.

[32] Supphellen M,Gronhaug,K. Building foreign brand personalities in Russia:the moderating effect of consumer ethnocentrism[J]. International Journal of Advertising,2003(22):203-226.

[33] Rojas-Méndez J,Erenchun-Podlech I, Silva-Olave E. The ford brand personality in chile[J]. Corporate Reputation Review,2004,7(3):232-252.

[34] Harris E G,Fleming D E. Assessing the human element in service personality formation:personality congruency and the Five Factor Model[J]. The Journal of Services Marketing,2005,19(4):187-199.

[35] Smith A C T,Graetz B R,Westerbeek H M. Brand personality in a membership-based organization[J]. International Journal of Nonprofit and Voluntary Sector Marketing,2006,11(3):251-267.

[36] Ekinci Yuksel, Hosany Sameer. Destination personality:an application of brand personality to tourism destinations[J]. Journal of Travel Research,2006,45(2):127.

[37] Murphy L,Moscardo G,Benckendorff Pi. Using brand personality to differentiate regional tourism destinations[J]. Journal of Travel Research,2007,46(1):5.

[38] Kelle K L. Conceptualizing,measuring,and managing customer-based brand equity[J]. Journal of Marketing,1993,57(1):1-22.

[39] Aaker J L, Fournier. Brand as a character,a parter and a person:three perspectives on the question of brand personality[J]. Advance in Consumer Research,1995(232):391-395.

与本书配套的二维码资源使用说明

本书部分课程及与纸质教材配套数字资源以二维码链接的形式呈现。利用手机微信扫码成功后提示微信登录，授权后进入注册页面，填写注册信息。按照提示输入手机号码，点击获取手机验证码，稍等片刻就会收到 4 位数的验证码短信，在提示位置输入验证码成功后，再设置密码，选择相应专业，点击"立即注册"，注册成功（若手机已经注册，则在"注册"页面底部选择"已有账号？立即登录"，进入"账号绑定"页面，直接输入手机号和密码登录）。接着按照提示输入学习码，须刮开教材封面防伪涂层，输入 13 位学习码（正版图书拥有的一次性使用学习码），输入正确后提示绑定成功，即可查看二维码数字资源。手机第一次登录查看资源成功以后，再次使用二维码资源时，在微信端扫码即可登录进入查看。